本书为国家社科基金重大项目"中国人权实践弘扬和丰富全人类共同价值研究"（22ZDA127）的阶段性成果。

南开大学人权研究系列丛书

基于中国实践的人权理论研究

以人的发展为视角

常健 等◎著

中国社会科学出版社

图书在版编目（CIP）数据

基于中国实践的人权理论研究：以人的发展为视角 / 常健等著 . —北京：中国社会科学出版社，2023.6

（南开大学人权研究系列丛书）

ISBN 978 - 7 - 5227 - 1967 - 2

Ⅰ.①基⋯　Ⅱ.①常⋯　Ⅲ.①人权—理论研究—中国　Ⅳ.①D621.5

中国国家版本馆 CIP 数据核字（2023）第 100405 号

出 版 人	赵剑英	
责任编辑	冯春凤	
责任校对	张爱华	
责任印制	张雪娇	

出　　版	中国社会科学出版社	
社　　址	北京鼓楼西大街甲 158 号	
邮　　编	100720	
网　　址	http://www.csspw.cn	
发 行 部	010 - 84083685	
门 市 部	010 - 84029450	
经　　销	新华书店及其他书店	

印　　刷	北京君升印刷有限公司	
装　　订	廊坊市广阳区广增装订厂	
版　　次	2023 年 6 月第 1 版	
印　　次	2023 年 6 月第 1 次印刷	

开　　本	710×1000　1/16	
印　　张	28.25	
插　　页	2	
字　　数	463 千字	
定　　价	168.00 元	

凡购买中国社会科学出版社图书，如有质量问题请与本社营销中心联系调换
电话：010 - 84083683

目　　录

第一章　人权的结构体系

对人权的不同理解，不仅涉及个别权利及其表述方式，而且在更深层次上涉及人权的体系结构和相应的理论解释。一个可接受的人权体系理论必须具备四项功能：为所有人权提供具有足够解释力的理论基础；一以贯之地解释各项人权之间的逻辑关系；为处理各项人权之间的冲突提供可行的指导原则；为平衡人权与其他公共利益提供适宜的指导原则。

尽管 1993 年世界人权大会就提出各类人权应当受到平等重视，但在人权体系主流理论中，各项人权之间实际存在着"核心—支持"的结构关系：有些人权处于人权体系的核心地位，有些人权处于支持性地位。核心人权的设定不仅涉及对人和人权本质的理解，而且涉及人权保障的核心维度、人权间关系的核心结构、保障人权的核心义务、限制人权的合理方式以及评价人权发展状况的核心标准。

传统西方主流人权体系理论的最主要特征，可以概括为以个人自由权利为核心。当代人权体系正在呈现出的一个显著变化，是将发展权置于人权体系中更为核心的地位。这种变化有着深刻的历史背景和现实原因，同时也预示着对人权本质的理解正在超越传统自由主义理论的局限。

第一节　关于人权结构的三种分析视角

关于人权之间的关系结构，存在着各种不同的观点。

一　人权代际结构分析视角

代际关系结构分析视角是以人权的历史发展阶段为线索，将人权的内容按提出的阶段进行分类，并主张不同阶段人权之间具有某种内在的结构关系。这种主张最典型的表现形式就是三代或四代人权说。

法国人权学者卡雷尔·瓦萨克（Karel Vasak）首先提出了三代人权理论。他认为，1789 年的法国大革命产生了以公民权利和政治权利为主要内容的第一代人权；20 世纪初俄国的十月革命促进了以经济、社会和文化权利为主要内容的第二代人权；20 世纪五六十年代殖民地和被压迫人民的解放运动促进了以民族自决权、发展权、和平权、环境权等为主要内容的第三代人权。瓦萨克认为，三代人权对应了法国大革命时提出的自由、平等、博爱的三大理念，其人权类别可以称为自由权利、平等权利、社会连带权利。从其推动主体角度，也有学者将其分别称为第一世界人权、第二世界人权、第三世界人权。

从代际人权的结构分析视角出发，一些学者提出了第四代人权。例如，徐显明 2006 年提出将"和谐权"作为第四代人权[①]，认为它超越了前三代人权的对抗精神；马长山等人 2019 年提出将"数字人权"作为第四代人权；张文显 2019 年提出以"美好生活权"或"幸福生活权"为统领的第四代人权[②]，其主要内容包括安全人权、环境人权、数字人权[③]。

然而，人权提出的时间顺序更多反映的是对人权认识的发展过程，以及推动人权认识发展的历史发展进程，它并不能直接体现各项人权间的结构关系。尽管人权的历史阶段分类可以为我们理解人权间的结构关系带来很大的启发，但将人权提出的历史阶段直接分析人权间的结构关系，不足以揭示各项人权之间的内在联系。因此，对人权结构的研究应当进一步从各项人权之间的内在关系出发，揭示它们相互依赖、相互制约的关系。

二　人权义务结构分析视角

与人权代际结构分析视角不同，人权义务结构视角是以人权所对应的义务为线索，区分出两类不同的权利，并探讨二者间的结构关系。

人权义务结构论最基本的表现形式是将人权分为消极权利和积极权

---

①　徐显明：《和谐权：第四代人权》，《人权》2006 年第 6 期。

②　马长山：《智慧社会背景下的"第四代人权"及其保障》，《中国法学》2019 年第 5 期。

③　张文显：《新时代人权法理的七大命题》，《人权》2019 年第 3 期。

利。消极权利是指那些要求国家只需要履行尊重和不干涉的消极义务来保障的权利，而积极权利则是那些要求国家采取积极的行动来保障的权利。与消极权利和积极权利的区分对应的分别是自由权和社会权的区分，公民权利和政治权利与经济、社会和文化权利的区分，消极自由与积极自由的区分，以及第一代人权与第二代人权的区分等。

但正如许多学者所指出的，这种两分法本身是充满矛盾的，所谓的"消极人权"并非依靠国家消极不作为就能实现，而所谓"积极人权"也同样需要国家履行尊重和不任意干涉的义务。"所有的人权既要求积极主动，也要求消极克制。强行分离两类人权既是不顾现实，也是对人权完整性的系统侵犯和割裂。"①

三　人权内容结构的谱系分析视角

从人权内容的相互联结、互为条件的关系出发来研究人权结构，可以更深刻地揭示出各项人权之间的内在联系。特别是对目的性和手段性互联逻辑关系的分析，更鲜明展示出对人权本质的深度思考。对人权间关系进行内容结构的谱系分析，主要存在两种主张：一种是将生存权作为核心权利，另一种是将自由权作为目的性权利。

（一）以生存权为核心的人权结构分析

徐显明教授在 1992 年提出了"生存权在当代人权体系中核心地位的确立"②，并力图从生存权出发来解释其他各项人权。他分析指出，生命是生存权的自然形式，财产是生存权实现的物质条件，劳动是实现生存权的一般手段，社会保障是生存权的救济方式，发展是生存权的必然要求，环境、健康、和平是生存权的当代内容，国家职能的转换是生存权的保障，并认为生命权、尊严权、财产权、劳动权、社会保障权、发展权、受教育权、自由权、环境权、健康权、和平权等都是生存权的表现方式和包含的内容③。

杨庚教授也赞同将生存权作为最基础性的权利，但做出了不同的谱系

---

① 齐延平等：《人权观念的演进》，山东大学出版社 2015 年版，第 67—68 页。

② 徐显明：《生存权论》，《中国社会科学》1992 年第 5 期。

③ 徐显明：《生存权论》，《中国社会科学》1992 年第 5 期。

分析。他认为,人的基本权利有四种:生存权、发展权、平等权和自由权。它们之间的关系是:前一种权利是后一种权利的基础,后一种权利是在前一种权利基础上发展起来的。从人权的内在关系来界定,首要的人权是生存权和发展权,是最基本的权利;平等权和自由权以生存权和发展权为基础,并且是前二者的升华。①

需要指出的是,这种分析将生存权作为了所有其他人权的逻辑起点。但正如马岭教授所指出的,要区分生存与生存权,"生存是一种状态和事实,生存权是一种权利。生存就是活着,生存权是活着的权利。一个人活着不等于他有活着的权利,生存着不等于享有生存的权利"②。杨鑫在此基础上进一步分析指出:"生存的基础性地位表现在人的自然的存在之中,在这里,没有生存,也就没有人的存在。但是在现实社会中,社会关系的复杂性决定了人的本质存在的复杂性,人不仅是自然的人,同时也是存在于社会关系之中的人。与前者一样,后者也是人的存在的本质规定。因而,在现实的人权保障实践中,过于强调生存权的主导地位是不恰当的,这背离人作为社会存在的本质属性。不过由于不同国家具体的社会经济条件,某一国家在特定的历史阶段优先考虑生存权问题也是基于现实比较合理的战略安排。但是生存权只是一项基础性的权利,而绝不是最终的目的。"③

(二) 将自由权作为目的性权利的人权结构分析

齐延平运用结构分析方法,对人权的内容谱系进行了分析。他认为,在人权逻辑结构的维度上,存在着五个既有深远历史基础、又有强烈现实需求的权利主题,它们相互联结、互为条件,处于一种通过目的性与手段性互联的逻辑关系之中。其中,"自由权是人权保障的根本目的,平等权为人权保障提供了制度构架,财产权是人权实现的物质基础,生存权为人权保障提供了底线条件,发展权代表了人权发展的趋势和方向"④。

然而,将自由权作为人权保障的根本目的,而将发展权作为人权发展

---

① 杨庚:《论生存权和发展权是首要的人权》,《首都师范大学学报》(社会科学版)1994年第4期。

② 马岭:《生存权的广义与狭义》,《金陵法律评论》2007年秋季卷,第82页。

③ 杨鑫:《生存权的基本内涵及其在人权体系中的地位》,《武汉科技大学学报》(社会科学版)2014年第2期。

④ 齐延平等:《人权观念的演进》,山东大学出版社2015年版,第68—69页。

的趋势和方向，这背后的理论基础需要予以进一步追问。更深入的分析显示，将自由权作为人权保障的根本目的，是以自由主义人权理论为基础的。而将所有人的自由全面协调发展作为人权保障的根本目的，则超越了传统自由主义人权理论的眼界，成为人权结构理论的突破方向。中国国务院新闻办公室 2019 年 9 月发表的《为人民谋幸福：新中国人权事业发展 70 年》（白皮书）中，总结中国人权事业 70 年发展，明确提出"促进人的自由全面发展是人权的最高价值追求"①。我们将这种将人的自由全面协调发展作为人权最终目的的人权结构理论称为"以人的发展为导向的人权理论"。在下面两节中，我们将对人权结构的自由主义理论和以人的发展为导向的人权理论进行更深入的分析，试图揭示这两种人权结构理论的理论内容和现实意义

第二节　关于人权结构的自由主义理论

自由主义是西方长期以来占据主导地位的人权理论。在人权结构的问题上，自由主义人权理论的最核心观点，就是将个人自由作为终极的目的性权利，而将其他各项人权作为实现个人自由的手段或条件。

一　自由主义人权理论的起源

早在西方近代启蒙时期，英国思想家就从自然法理论出发，将生命、自由和财产权作为不可放弃的主要自然权利。霍布斯提出，最重要的自然权利就是每一个人按照自己所愿意的方式运用自己的力量保全自己生命的自由。洛克指出："自然状态有一种为人人所应遵守的自然法对它起着支配作用；而理性，也就是自然法，教导着有意遵从理性的全人类：人们既然都是平等和独立的，任何人就不得侵害他人的生命、健康、自由或财产。"② 人们在参加社会时放弃他们在自然状态中所享有的平等、自由和执行权，而把它们交给社会，由立法机关按社会的利益所要求的程度加以

---

① 国务院新闻办公室：《为人民谋幸福：新中国人权事业发展 70 年》，人民出版社 2019 年版，第 13 页。

② ［英］洛克：《政府论》（下），叶启芳、瞿菊农译，商务印书馆 2005 年版，第 4 页。

处理，但是这只是出于各人为了更好地保护自己、他的自由和财产的动机，社会或立法机关的权力绝不容许扩张到超出公众福利的需要之外，而是必须保障每一个人生命、自由或财产的权利。① 法国思想家卢梭认为，人生而自由、平等，这是人的本性的结果，属于天然的权利。人们只有为了自身的利益才让渡自己的自由。因此，合法的社会权利并非产生于暴力，而是产生于契约。社会公约一旦受到破坏，每个人马上就恢复了他原有的权利，收回了他天然的自由，丧失掉约定的自由。② 德国启蒙思想家康德则进一步认为，天赋的权利只有一项，就是与生俱来的自由。而自由就是不屈从别人强制的意志，而且根据普遍的法则，它能够和所有人的自由并存。依据权利，公民享有三种不可分离的法律属性，即宪法规定的自由、公民的平等和政治上的独立。③

　　启蒙思想家作为近代西方人权思想的奠基者，他们将个人自由权利视为主要人权的主张，直接影响了其后近两百多年的人权话语体系。例如，1689 年的英国《权利法案》就主要涉及了公民的请愿权利，国会议员的选举自由，国会内的演说自由、辩论或议事自由，财产权利，以及人身自由权利等。1776 年的美国《独立宣言》写道，"我们认为这些真理是不言而喻的：人人生而平等，他们都从他们的'造物主'那边被赋予了某些不可转让的权利，其中包括生命权、自由权和追求幸福的权利"。1789 年的法国《人权和公民权宣言》指出："在权利方面，人们生来是而且始终是自由平等的。""任何政治结合的目的都在于保存人的自然的和不可动摇的权利。这些权利就是自由、财产、安全和反抗压迫。""自由就是指有权从事一切无害于他人的行为。因此，个人的自然权利的行使，只以保证社会上其他成员能享有同样权利为限制。"④

二　自由主义人权理论的三次拓展

　　随着社会的发展，对人权的需求也在发展，这使得以个人自由权利为

---

　　① 参见［英］洛克《政府论》（下篇）第二章，叶启芳、瞿菊农译，商务印书馆 1964 年版，第 59、6、77—78、79—83 页。

　　② 参见［法］卢梭《社会契约论》，何兆武译，商务印书馆 1980 年版，第 1—6 页。

　　③ 参见［德］康德《法的形而上学原理——权利的科学》，沈叔平译，商务印书馆 1991 年版。

　　④ 《人权和公民权宣言》，1789 年 8 月 26 日通过。

核心的自由主义人权理论先后经历了三次拓展。①

第一次是功利主义对自然权利理论的批判，使对自由权利的论证加入了社会功利的考虑，要求以社会总体福利对自由权利予以约束。功利主义认为，人权的哲学基础不是形而上学的自然法或其他的先验假设，而是植根于人的经验世界中的苦乐标准。功利主义哲学家密尔指出，拥有一种权利，就是社会应当保护某个人拥有某种东西。为什么社会应当保护某个人拥有某种东西？其理由只能是社会功利。② 在《论自由》一书中，密尔对凡是可以从脱离功利的抽象权利的概念引申出来的论据一概弃而不用。相反，在一切道德问题上，他总是诉诸功利。他认为，真正的自由，是人们按照自己的道路去追求自己的好处的自由，前提是不试图剥夺他人的这种自由，不试图阻止他人取得这种自由的努力。但这种自由的理由是：人类如果彼此容忍各照自己所认为好的样子去生活，比强迫每人都照他人所认为好的样子去生活，得到的好处会更多。人类之所以有理有权可以个别地或者集体地对其中任何分子的行动自由进行干预，唯一的目的只是自我防卫，即防止对他的危害。③ 从功利主义的视角来看，对自由权利的规定不应该仅仅限于不影响他人享有同样的自由，还要考虑对社会总体福利的影响。政府的职能不应仅仅是以消极的方式确保个人自由，还应从增加社会总体福利的考虑出发，承担必要的财富再分配等积极职能。

第二次扩展是罗尔斯对社会契约论的创新，使人权话语体系以自由主义所容许的方式包含了社会和经济权利的内容。罗尔斯不赞成功利主义关于为了满足多数人利益可以牺牲少数人权利的主张，并通过两个正义原则来论证经济和社会权利对自由权利的补充限度。罗尔斯的正义论由两个原则构成，第一个原则是"每个人对与其他人所拥有的最广泛的基本自由体系相容的类似自由体系都应有一种平等的权利"，第二个原则是"社会的经济的不平等应这样安排，使它们（1）被合理地期望适合于每一个人的利益；并且（2）依系于地位和职务向所有人开放"④。第一个原则确定

---

① 关于自由主义三次扩展的观点，参见刘明《自由主义人权观的人性基础及其局限——历史主义的分析视角》，《文史哲》2020 年第 5 期。

② 参见［英］穆勒（密尔）《功利主义》，徐大建译，上海人民出版社 2008 年版，第 55 页。

③ 参见［英］密尔《论自由》，程崇华译，商务印书馆 1996 年版，第 9—13 页。

④ ［美］罗尔斯：《正义论》，何怀宏等译，中国社会科学出版社 1988 年版，第 56 页。

公民的平等自由，第二个原则确定社会及经济不平等。罗尔斯的两个原则首先确定了自由权利的优先性。罗尔斯所说的"公民的基本自由"包括政治上的自由（选举和被选举担任公职的权利）及言论和集会自由，良心的自由和思想的自由，个人的自由和保障个人财产的权利，依法不受任意逮捕和剥夺财产的自由。① 罗尔斯指出："这两个原则是按照先后次序安排的，第一个原则优先于第二个原则。这一次序意味着：对第一个原则所要求的平等制度的违反不可能因较大的社会经济利益而得到辩护或补偿。"② 罗尔斯的排序意味着"承认自由相对于社会经济利益的绝对重要性将是合理的"③。罗尔斯将"自由的优先性"作为正义的第一个优先原则，它被表述为"两个正义原则应以词典式次序排列，因此，自由只能为了自由的缘故而被限制"④。这一原则包含着两个方面，首先是第一原则对第二原则的优先性。对此，罗尔斯解释道："我把自由的优先性看成是平等自由的原则对第二个正义原则的优先。两个原则处在词典式的次序中，因此自由的主张首先应该被满足。只有自由的主张获得满足之后，其他原则才能发挥作用。"其次，它要求只能用自由的理由来限制自由。他解释道："自由的优先性意味着自由只有为了自由本身才能被限制。"⑤ "对于平等的自由的否定仅当它为提高文明水平，从而为这些自由在一定阶段上能被享受所必需时，才能得到辩护。"⑥ "确定自由的权利和减少人们自由的唯一理由，只能是由制度所规定的这些平等权利会相互妨碍。"⑦ "当词典式次序有效时，对第一原则所包括的基本自由的限制仅仅是为了自由本身，即为了确保同一种自由或不同的基本自由适当地受到保护，并且以最佳的方式调整一个自由体系。"⑧ 具体来说，对自由的合理限制有两种情况："（1）一种不够广泛的自由必须加强由所有人分享的完整自由体系；（2）一种不够平等的自由必须可以为那些拥有较少自由的公民所

① 〔美〕罗尔斯：《正义论》，何怀宏等译，中国社会科学出版社 1988 年版，第 57 页。
② 〔美〕罗尔斯：《正义论》，何怀宏等译，中国社会科学出版社 1988 年版，第 57 页。
③ 〔美〕罗尔斯：《正义论》，何怀宏等译，中国社会科学出版社 1988 年版，第 59 页。
④ 〔美〕罗尔斯：《正义论》，何怀宏等译，中国社会科学出版社 1988 年版，第 292 页。
⑤ 〔美〕罗尔斯：《正义论》，何怀宏等译，中国社会科学出版社 1988 年版，第 234 页。
⑥ 〔美〕罗尔斯：《正义论》，何怀宏等译，中国社会科学出版社 1988 年版，第 145 页。
⑦ 〔美〕罗尔斯：《正义论》，何怀宏等译，中国社会科学出版社 1988 年版，第 60 页。
⑧ 〔美〕罗尔斯：《正义论》，何怀宏等译，中国社会科学出版社 1988 年版，第 194 页。

接受。"① 而罗尔斯的第二个正义原则论证了在不违反自由权优先原则的情况下，政府可以采取积极措施保障弱势群体的经济和社会权利。

第三次扩展是阿玛蒂亚·森以"能力路径"取代罗尔斯的"资源路径"。他们认为，人权仅仅关注资源分配是不够的，对于很多公民来说，即便拥有了基本的资源，但如果不具备某些能力，他们仍然有可能难以过想过的生活。社会制度和公共政策应关注公民的能力，将人权的基础建立在能力之上。他认为，只有基于可行能力的实质自由，才能真正保障机会自由。可行能力是人具有实质选择自由的前提，通过它一个人才能真正主导自己的生活，并尽可能实现自己的潜能。可行能力能够保障人们拥有追求自己目标的基础，使人们真正有机会能选择自己想要过的生活。而对可行能力的保障，是人权的重要内容。② 在森看来，能力是"功能状态"这一向量的集合，反映了人们能够选择过某种类型的生活的自由。"功能状态"既包括那些最基本的生存需要，如获得良好的营养供给、身体健康、避免死于非命和早夭等等；也包括更为复杂的成就，例如感觉快乐、获得自尊、参加社会活动等等。③

尽管自由主义理论经历了上述三次显著的自我扩展，但它始终是将个人自由权利作为人权体系的核心。第一，它将自由作为人的本质和尊严；第二，它将各项个人自由权作为人权的核心内容，而将其他人权作为保障个人权利得以实现的支持性权利；第三，它将保障个人自由权利作为人权保护的核心维度，将尊重和保护人权作为公共机关保障人权的核心义务；第四，它将保障个人自由权利作为合理限制其他人权的根据，而能够限制自由权利的则只能是自由权利；第五，它将个人自由权利的尊重和保护状况作为评价人权状况的核心标准，而将其他人权的实现状况只作为第二层次的评价内容。

三　自由主义人权结构理论的核心原则

近代西方是在反抗封建专制的背景下提出人权主张的，因而首先提出

---

① ［美］罗尔斯：《正义论》，何怀宏等译，中国社会科学出版社 1988 年版，第 292 页。

② Amartya Sen, "Human Rights and Capabilities", *Journal of Human Development*, 2005（6），p. 159.

③ ［印］阿玛蒂亚·森：《论经济不平等——不平等之再思考》，王利文、于占杰译，社会科学文献出版社 2006 年版，第 257—258 页。

的人权是个人的自由权利,并形成了以个人自由权为核心的人权理论。自由主义是封建主义走向衰亡以及随之成长起来的市场或资本主义社会的产物,自由主义与资本主义社会的发展一直保持了紧密的联系。甚至它被视作是一种元意识形态,即作为基础规则的意识形态,而不仅仅是一种简单的意识形态。①

自由主义人权理论有几个内在的特征。

首先,自由主义人权理论是以个人主义为特征的。在价值排序上,所有的自由主义者至少认为个人具有极为重要乃至至高无上的价值;看待、分析社会问题时,自由主义也是从个人出发,集体不过是个人的加总。自由主义是以对个人的信奉与对建立一个可以满足个人利益或实现个人成就的社会的信奉为主题的一种政治意识形态。自由主义者相信,人类说到底是一个个具有理性的个体,这意味着每个人都应当享有最大限度的自由,与所有人的自由相容的自由。② 自由主义人权理论强调个体权利而否定集体权利,认为人权是个人的、固有的、绝对的抽象的永恒不变的天然权利,个人的权利是生来具有的、不可转让不可放弃的,强调人的价值、权利与自我的不可分离,鼓吹保护个人人权,提出"全世界自由社会中,所有人民都享有发表个人政治理念的权利","个人的政治主张是人权的基本成分",把个人人权置于集体人权之上。以个人为主导的人权是资本主义私有制的产物,与资本主义的政治经济制度相联系,它强调个性的发展、个人的尊严与价值、个人的绝对民主与自由以及个人权利与个人利益的至高无上,以自我为中心来确定行为的价值准则。③ 个人主义认为人人都是有理性的,并具有利己性,人人都可以依据自己的理性做出符合自己利益的选择。个人主义相信个人的理性选择,但在同时则对国家权力抱有深深的警惕之心。从总体而言,自由主义人权理论对社会权持反对态度。同时,由于国家是作为保障人权的手段出现的,因此,其本身并不存在权利;而所谓的集体,其所代表的也只是作为个人的权利的集合,自身并不享有所谓人权。因此,自由主义人权观总体上也反对集体人权的概念。

---

① [英]安德鲁·海伍德:《政治学核心概念》,天津人民出版社 2008 年版,第 76 页。

② [英]安德鲁·海伍德:《政治学核心概念》,天津人民出版社 2008 年版,第 74 页。

③ 姚元良、徐其仁:《西方国家人权观剖析》,《上海社会科学院学术季刊》1997 年第 3 期。

其次，自由主义人权理论将个人自由作为最核心的人权。西方的传统是自由主义，在整个人权发展过程中就是以自由主义为核心，不断扩展和增量的。虽然自由主义人权理论也包括很多新的权利，但它的结构仍然是以自由权为核心的。虽然自由主义人权理论"承认人权也包括经济权、社会文化权，但实际观察和论断人权状况时，并不把它们放在天平的砝码之中。至于生存权、发展权，一般都不予承认"①。

再次，自由主义人权理论具有西方中心主义的特征，忽视了其他国家的文化背景和现实挑战。自由主义理论认为人权具有普世性，即存在普遍适用的人权。自由主义"普遍人权"的重要理论基础是"人性"，这种人性包括人的尊严和人的需求。在自由主义的诸多人性假设中，自由被放在了最高位置，这是与西方的文化及各方面因素有一定关联的。然而不同文化中，对尊严和自由的理解是不相同的，尊严和自由在整体价值体系中的地位和作用也是存在差异的。自由主义的"普世人权观"存在理论上的困境，而内含这种自由主义伦理体系和政治理念的普遍人权观如果向全球推进，则存在文化帝国主义的嫌疑。英国学者米尔恩曾对此状况给予中肯的批评。他指出，《世界人权宣言》（以下简称《宣言》）关于人权的理想标准是由体现了自由民主工业社会的价值观和制度的各种权利构成的，它包括了这些价值观和制度。世界上大多数国家事实上并未处在自由民主工业社会中，因此，《宣言》将那些西方价值加诸其他国家身上，无疑将成为乌托邦式的空想。他同时认为，西方世界所公认的人权概念"忽视了作为个人之个性的社会基础"②。

最后，自由主义者将自由作为人权中的目的性权利。罗尔斯将自由分为三个方面，即自由的行动者，自由行动者所摆脱的种种限制和束缚，以及自由行动者自由决定去做或不做的事情。因此，对自由的一般描述的形式是：这个或那个人（或一些人）自由地（或不自由地）免除这种或那种限制（或一组限制）而这样做（或不这样做）。这样，当个人摆脱某些限制而做（或不做）某事，并同时受到保护而免受其他人的侵犯时，我

---

① 朱穆之：《论人权》，五洲传播出版社1998年版，第210页。
② ［英］A. J. M. 米尔恩：《人权哲学》，王先恒等译，东方出版社1991年版。

们就可以说他们是自由地做或不做某事。① 罗尔斯注意到了实现自由需要一定的条件和手段，但他是从自由的分配角度来对其进行解释和处理。他指出："由于贫穷、无知和缺乏一般意义上的手段，有些人不能利用他们的权利和机会，这种情形有时被人们归为由自由所限定的各种约束。不过，我并不打算这样看，而宁可认为这些事情影响了自由价值，即由第一原则所规定的个人权利的价值。""如果两个原则一起被采用，那么社会基本结构就要被安排来最大限度地提高在一切人享有的平等自由的完整体系中的最少受益者的自由价值。这确定了社会正义目的。"② 通过这些对限制和调整自由所使用的标准的解释，罗尔斯要显示的是"自由优先性的意义"③，以及"限制自由的理由来自自由原则本身"④。他用"无知之幕"下人们的选择对此作出解释："如果原初状态中的人们假定他们的基本自由能够有效地加以运用，他们一定不会为了经济福利的改善而换取一个较小的自由，至少是当他们获得了一定数量的财富之后不会这样做。仅当社会条件使这些权利不能有效运用时，一个人才能接受社会条件的限制。仅当拒绝平等的自由成为提高文明的质量、以便使平等的自由在一定阶段上能为所有的人享有的必要条件时，这种拒绝才能为人们接受。"⑤

尽管不同的自由主义思想家对人权的主张存在一定的差异，但是在有关人权结构的问题上，却大都秉持同一个理论假定，就是将个人自由权利作为人权中的核心权利或目的性权利。英国哲学家洛克将生命、健康、自由和财产权利作为不可放弃的自然权利，法国哲学家卢梭将自由和平等权利视为国家和法律必须保障的最基本人权。美国《独立宣言》将生命权、自由权和追求幸福的权利作为从"造物主"那里被赋予的"不可转让"的权利。《弗吉尼亚权利法案》第一条规定："一切人生而同等自由、独立，并享有某些天赋的权利，这些权利在他们进入社会的状态时，是不能

---

① ［美］罗尔斯：《正义论》，何怀宏等译，中国社会科学出版社 1988 年版，第 193 页。

② ［美］罗尔斯：《正义论》，何怀宏等译，中国社会科学出版社 1988 年版，第 194—195 页。

③ ［美］罗尔斯：《正义论》，何怀宏等译，中国社会科学出版社 1988 年版，第 195 页。

④ ［美］罗尔斯：《正义论》，何怀宏等译，中国社会科学出版社 1988 年版，第 233 页。

⑤ ［美］罗尔斯：《正义论》，何怀宏等译，中国社会科学出版社 1988 年版，第 528—529 页。

用任何契约对他们的后代加以褫夺或剥夺的；这些权利就是享有生命和自由，取得财产和占有财产的手段，以及对幸福和安全的追求和获得。"法国《人权和公民权宣言》第二条指出："任何政治结合的目的都在于保存人的自然的和不可动摇的权利。这些权利就是自由、财产、安全和反抗压迫。"美国政治哲学家罗尔斯认为国家必须尊重的基本人权清单包括生命权、自由权、财产权和形式平等权。他的正义论的第一原则是"每个人对与其他人所拥有的最广泛的基本自由体系相容的类似自由体系都应有一种平等的权利"。

四　自由主义人权结构理论的视野局限

自由主义人权理论在反抗封建专制的过程中曾经发挥了积极的进步作用，但随着社会的发展，特别是新的全球化时代的到来，这种人权理论正日益显示出其局限性，并在现实中面临日益严峻的挑战。

首先，它导致人权保障措施限于法律意义上的自由权保障，政府更偏向承担消极的"尊重"义务和事后的"保护"义务，缺少更加积极的措施为人的发展创造适宜条件，从而导致弱势群体实际无法真正享有自由。例如，美国虽然是世界上的头号强国，但却不采取积极措施消除贫困，贫困人口居高不下。

其次，它导致对个人自由权利缺乏必要的限制，使个人自由权利与其他人权和公共利益之间难以协调。例如，美国政府虽然在保障犯罪嫌疑人的各项个人权利方面采取了相对比较严格的措施，但对于造成每年数万人死亡的枪支泛滥问题却束手无策。

再次，西方国家以这种人权话语体系来评判发展中国家的人权状况，总是以在个人自由权利保障方面没有达到西方国家的要求而否定这些国家在促进人权方面取得的巨大进步。

最后，当发展中国家按照这套人权话语体系的要求以保障个人自由权为核心来推进人权事业时，其实际效果往往由于缺乏必要的发展条件而无法实现其初衷，不少国家还因弱势群体无法实现自身生活的改善而出现严重的社会动荡。由此可见，西方以个人自由权利为核心的主流人权话语体系的历史局限性已经使其正在丧失推进各国人权事业发展的原动力，国际人权事业亟须根据时代发展的要求和人权实践的经验教训来突破自由主义人权话语体系的局限，重新构建能够真正促进人权实现的新的人权话语体系。

正如马克思所指出的，在资本主义市场经济条件下，自由主义所说的平等和自由"本身就是不平等和不自由的"，在这个意义上的人权"本身就是特权"。马克思批判了自由主义将人理解为孤立的个人，他从人的社会性的类本质出发，指出"只有在集体中，个人才能获得全面发展才能的手段，也就是说，只有在集体中才能有个人自由"。马克思所设想的未来社会形式是"以每个人的全面而自由的发展为基本原则"。同时，马克思主义经典作家强调，个人的自由发展不应当以牺牲其他人的自由发展为条件，而应当是"每个人的自由发展是一切人的自由发展的条件"。马克思主义经典作家揭示了近代自由主义人权理论中平等的表面性和虚伪性，强调人权应当扩大到社会和经济领域。恩格斯指出："平等应当不仅是表面的，不仅在国家的领域内实行，它还应当是实际的，还应当在社会的、经济的领域中实行。"

现代社群主义也对现代新自由主义提出批评，认为新自由主义者推崇个人自由，反对一切限制个体自由的外在因素，主张无牵挂的"自我"状态，将不履行对他人和社群的义务视为应当允许的"正当的冷漠"。但是，正如泰勒所指出的，完全自足的自我状态是不存在的，任何人都离不开社会；权利也不是无条件的，它总与一定的义务相伴。

第三节　人权理论研究范式的竞争与发展

进行人权理论研究，必须关注人权理论建构所采用的研究范式，了解各种研究范式的理论假定、分析框架、论证方式及其优长与局限，以及各种研究范式的竞争与变化趋势。①

范式（paradigm）概念是美国科学哲学家托马斯·库恩（Thomas Kuhn）在1962年《科学革命的结构》一书中提出的，它是指科学共同体在一定历史时期内共同接受的信念，包括假说、理论、准则和方法等，涉及

---

① 本节内容参见常健、殷浩哲《人权理论研究范式的竞争与转换》，《人权研究》2020年第1期。

对某种本体论、认识论和方法论的基本承诺。范式的突破导致科学的革命，而科学的革命实质就是范式的转换。① 库恩本人对范式概念的用法并不严格，后来的学者在使用这一概念时同样宽窄不一。"范式"概念不仅适用于经验科学研究，而且对规范科学研究也有一定的解释力。人权理论研究的范式主要涉及人权理论的基本假定、分析框架、论证方式和核心问题。

回顾历史，人权理论研究曾产生多种不同的研究范式。这些范式之间相互较量，被称为"范式竞争"。竞争的结果并不能简单地决定范式的对错或生死，但却会导致主导地位的更替，它被称为"范式转换"。人权理论研究范式的转换，在某种程度上反映了人权理论面临的困境，它同时为人权理论的突破提供了条件。

一方面，人权的现实发展需要更具涵盖性和解释力的理论来加以论证。自近代以来，人权在主体、内容、保障形式和义务承担者等方面都出现逐渐扩展之势。在主体方面，人权的主体范围经历了从非普遍人权到普遍人权的逐步扩张过程，从限于男性、有产的欧洲公民，逐步包括了妇女、未成年人、无产者、解放的奴隶、少数族裔和独立后的殖民地人民。在内容方面，最初的人权主要包括自由权利和政治权利；随着社会主义运动的兴起，逐渐包括了各种经济、社会和文化权利，以及妇女、儿童、老年人、残疾人等特定群体的权利；随着非殖民化运动、全球化的发展，又出现民族自决权、自然资源权、发展权、和平权、环境权利等民族、人民和人类的集体人权。在人权保障形式方面，也呈现出从最初的国内人权立法向国际人权立法发展的趋势。最初的人权立法只限少数欧美国家，后来逐渐扩展到大多数国家。第二次世界大战后，联合国制定了《世界人权宣言》和一系列国际人权公约，并建立了国际人权机制；欧洲、美洲、非洲、阿拉伯国家也制定了地区性的人权文件和公约，并建立了相应的人权保护机制。在人权义务承担者方面，也出现了从国家向社会的扩展。最初的人权义务承担者主要是国家和行使国家权力的政府。随着人权内容的扩展，保障人权也成为企业和非企业社会组织社会责任的重要内容。人权

---

① 参见［美］托马斯·库恩《科学革命的结构》，李宝恒，纪树立译，上海科学技术出版社1980年版。

本身的现实发展，使得原有的人权理论捉襟见肘，难以对在主体、内容、保障形式和义务承担者等方面都大幅扩展后的人权作出必要和充分的解释。这迫使人权理论家不断反思和探索，超越已有人权理论的局限，拓展理论解释空间，建立更具解释力的人权理论。

另一方面，对人权的理论分析和论证一直存在着范式间的竞争，推动人权理论的更新换代。无论是神学范式与人学范式的竞争与转换，客体性范式与主体性范式的竞争与转换，主客体范式与主体间范式的竞争与转换，以及基础范式与社会建构范式的竞争与转换，都推动了人权理论研究的变革。这种变革使得所构建的人权理论具有了更广的理论解释力和更高的未来预测力。

总结人权理论研究的发展历史和研究范式的变化趋势，可以发现人权理论的研究范式经历了几次较大的竞争与转换，分别是神学范式与人学范式的竞争与转换，本质主义范式与现象主义范式的竞争与转换，客体性范式与主体性范式的竞争与转换，主客体范式与主体间范式的竞争与转换，基础范式与社会建构范式的竞争与转换，义务论范式与目的论范式的竞争与转换。人权理论研究范式的转换不仅意味着理论研究的重大变革，而且意味着理论解释力和预测力的提升。

一　神学范式与人学范式的竞争与转换

所谓"神学范式"，就是将神作为人权的最终来源，将神与人的关系作为论证人权的分析框架，将人被赋予的"神性"作为人权内容合法性的根据。与此相对，所谓"人学范式"，则不再将人与神的关系作为分析框架，而是将人的特性、需求、生存环境或相互关系作为人权合法性的最终依据。

在西方中世纪，占主导地位的社会规范理论研究范式是基督教经院神学范式，论证的核心命题是"君权神授"。西方最初的人权理论并没有抛弃经院神学论证范式，而是将"神授"的内容从封建等级权力和等级义务转换为平等的人权。这种转换是借助于对经院哲学中"自然法"概念的重新解释来实现的，它所产生的经典理论就是影响深远的"自然权利"理论。

尽管古希腊时期的赫拉克利特就提出了自然法与人为法的区分，古罗马哲学家西塞罗将自然法同理性与正义联系在一起，但到了中世纪，自然法被经院哲学家视为从属于上帝创造的永恒法，认为只有神才能将法律、正义和理性统一起来。托马斯·阿奎那将法分为永恒法、自然法、人类法和神授法。其中，永恒法是上帝对宇宙秩序的安排；自然法是永恒法对人类的关系，可以透过理性得知；人类法是国家制定的法令，从属于自然法；神授法是基督教圣经，是自然法和人类法的补充，用来指导人类的精神生活。正是由于自然法是人类可以通过理性来认知的永恒法，因此西方近代的启蒙思想家借助于对自然状态的分析，指出人拥有神所赋予他们的自然权利，并进一步通过对行使自然权利所带来问题的分析，论证了自然权利通过社会契约在人类法中的存在方式。在这种论证方式中，自然权利的最终根据并不是人类理性，而是神的意旨。但理性在发现、确定和正确行使自然权利方面具有积极的作用。通过这种人权神授或天赋人权的论证方式，西方启蒙思想家为人权奠定了理论基础。

英国哲学家洛克的分析论证是：根据自然法，人类天生都是自由、平等和独立的，如不得本人的同意，不能把任何人置于这种状态之外，使受制于另一个人的政治权力。但在自然状态下，由于缺少明确规定的法律、依法裁判的公正裁判者和执行正确判决的权力，因此人们自愿组成社会，放弃单独行使的惩罚权力，交由他们中间被指定的人按照社会所一致同意的规定来专门加以行使。虽然人们在参加社会时放弃他们在自然状态中所享有的平等、自由和执行权，而把它们交给社会，由立法机关按社会的利益所要求的程度加以处理，但这只是出于各人为了更好地保护自己、他的自由和财产的动机，社会或立法机关的权力绝不容许扩张到超出公众福利的需要之外，而是必须保障每一个人生命、自由或财产的权利。[1] 法国哲学家卢梭的论证是以天然权利和约定权利的区分为基础。他分析道，人生而自由、平等，这是人的本性的结果，属于天然的权利。人们只有为了自身的利益才让渡自己的自由。因此，合法的社会权利并非产生于暴力，而是产生于契约。自然状态中各种不利于人们的障碍，超过了每个个人的自

---

[1]　参见洛克《政府论》（下篇）第二章，叶启芳、瞿菊农译，商务印书馆1964年版，第59、56、77—78、79—83页。

保能力，人类如果不改变生活方式，就会面临毁灭。因此，人们只能联合起来，形成克服阻力的合力。这种联合要以全部的共同力量来捍卫和保护每一个参加联合者的人身和财产，同时又使每个人只服从他自己，并且仍然同以前一样自由。这就是社会契约要解决的问题。人们通过社会契约把支配自己的权利交了出来，但也获得了同样的权利支配所有的参加联合者，这样便得到了与自己失去的相等价的一切，而又得到更大的力量保持自己的所有物。这种产生出一个道义上的集合体来代替每个定约者的个别人身，它使每个人都共同地把自己的人身和全部力量放在公意的最高指挥之下，并将每一个成员接受为整体不可分割的一部分。社会公约一旦受到破坏，每个人马上就恢复了他原有的权利，收回了他天然的自由，丧失掉约定的自由。①

自然权利理论深刻影响了近代西方的政治变革和人权实践。例如，美国 1776 年的独立宣言声明："我们认为这些真理不言而喻，所有的人生来平等，拥有造物主赋予他们的不可剥夺的权利，其中包括生命权，自由权和追求幸福的权利。"但自然权利理论也在论证效力、理论解释力和社会接受等方面都面临着明显的硬伤。在论证效力方面，神赋人权只是一种神学的断言，自然状态只是一种设想，从自然状态到社会状态的转型并不是基于历史的事实，在此基础上建立起的人权理论经不住后来学者的进一步推敲。在理论的解释力方面，从自然法中所能推出的自然权利非常有限。霍布斯认为，最重要的自然权利就是每一个人按照自己所愿意的方式运用自己的力量保全自己生命的自由；洛克认为必须在社会契约下保障的自然权利也只包括了个人的生命、自由和财产权利。随着人权内容的不断丰富和发展，自然权利学说难以解释更加丰富的人权内容。② 在社会接受方面，人权神授的论证方式对基督教徒和其他有神论者可能是有意义的，但对于无神论者可能是无法理解和接受的。因此它不能为无神论者提供可以

———————

① 参见［法］卢梭《社会契约论》，何兆武译，商务印书馆 2008 年版，第 18—20 页。

② 参见 Jeremy Waldron, *God, Locke, and Equality: Christian Foundations in Locke's Political Thought* (CUP, 2002), N. Wolterstorf, *Justice: Rights and Wrongs* (Princeton University Press, 2007), Mark Murphy, "Theological Voluntarism", in Edward N. Zalta (ed.), *The Stanford Encyclopedia of Philosophy* (Fall 2008 Edition), http://plato.stanford.edu/archives/fall2008/entries/voluntarism-theological/。

接受的理论解释。①

　　但自然权利学说也为后来人权理论的发展留下了诸多的启发。除了人权神赋的自然法学说之外，该理论还提出了对自然权利加以限制的社会契约，社会契约不仅是人类理性和集体意识的体现，而且考虑到了人类生活的现实利益。后来批判自然权利学说的唯物主义、功利主义和先验理性主义理论，就是在这些启发的基础上，将人权的基础从神赋向现实利益、人类理性和集体契约方向转换。

二　本质主义范式与现象主义范式的竞争和转化

　　从哲学研究的总体趋势来说，近代哲学特别是 20 世纪以来的哲学发展，出现了本质主义范式与现象主义范式的竞争与转换。

　　西方由苏格拉底和柏拉图所开创、到黑格尔达到极致的哲学传统是本质主义的。所谓"本质主义"，也被称为"实体主义"，是以经验世界与本体世界二元区分与对立为前提，将变动不安的经验世界只看作是一种现象，是虚假世界；而将绝对不变的本体世界视为本质，是真实世界。② 它"相信万物皆有其不变的本质且这种本质可以被理性发现、描述"③。

　　与此相对，西方近代由休谟和康德所开创并经胡塞尔到海德格尔所发展的新的哲学范式是现象主义的，它认为人的认识不是认识现象背后的实体或本质，而是把握现象的统一性。④

三　客体性范式与主体性范式的竞争与转换

　　客体性范式和主体性范式是人权范式的两种形态。所谓"客体性范式"，是用人的客观利益作为人权合法性的论证依据，其典型代表是法国的百科全书派和英国的功利主义。所谓"主体性范式"，则是将人的主体特征作为人权合法性的论证依据，用人的自由、理性、自主性、基本需求等来推论人权的必然性。其典型代表是德国哲学家康德的理论。

---

①　参见詹姆斯·W. 尼克尔、大卫·A. 雷迪《论人权的哲学基础》，安恒捷、童寒梅译，《研究生法学》2014 年第 2 期。

②　杨寿堪：《实体主义和现象主义》，《中国人民大学学报》2001 年第 5 期。

③　韩震：《本质主义重建及反思的现代性》，《哲学研究》2008 年第 12 期。

④　杨寿堪：《实体主义和现象主义》，《中国人民大学学报》2001 年第 5 期。

自然权利理论以神赋人权的论证为人权理论建立的超自然基础，受到了唯物主义者和功利主义者的批判。

法国百科全书派哲学家霍尔巴赫将卢梭关于社会契约必须符合"公意"的观点进一步推广到自然状态。一方面，他认为，人的权利就在于自由地运用自己的意志，运用自己的才能，去谋取自己的幸福所必需的东西；另一方面，他指出，即便在自然状态中，人的权利也受到理性的限制，理性规定他只能把自己的才能用在自保和谋求自己的真正幸福上。在社会状态中，人的权利或行动自由受到公道的限制，他的行动只能合乎社会的福利，只能有利于人群。如果行使自己的权利和自由时有损于同社会的人，那他就是不公道的。因此，社会人的权利就在于他所行使的自由符合他对同社会人的公道。社会凭借法律来规范其成员的活动，不让他们彼此损害。法律就是社会的意志。如果法律支持每个社会成员享有其权利，保证成员不受任何侵犯，保障人人都能安享人身自由，安享自保和幸福所必需的利益，那就是公道的。在一个真正自由的国度里，每一个公民都在法律下享有为自己的福利或个人利益而劳动的权利，不容许任何人违反共同利益，或者危害同胞的福利。一个社会只有在下列条件下，才是自由的，即：全体成员一律服从公道，而不服从人的意志；前者是不能改变的，后者是非常容易变化的。一种正当的自由只容许每一个人有权寻求它自己的利益，而不损害另一个人的利益，只要一离开公平、美德、道德的规则，就不再是自由的，而是放荡的了。自由并不给人反抗权威的权利，或者不守规则的权利；自由给人的权利是做他应当做的事，不做他要求的事。总之自由就是只服从法律。一个公民反抗合法权威时并不是行使他的自由，那时他是一个丧失理智的人。①

英国功利主义哲学家边沁批评自然权利为"胡说八道"，认为自然权利的逻辑前提是错误的。他指出，权利不可能来自于某种不证自明的先验假设，而只能从经验的现实生活中寻找。权利本身就是利益，能够给享有者带来好处。②

---

① 参见［法］霍尔巴赫《普遍道德学》第二卷第二、三章，王太庆译，载黄楠森、沈宗灵《西方人权学说》上册，四川人民出版社1994年版，第138、142—143页。

② Jeremy Bentham, *The Work of Jeremy Bentham*, Vol. ll, John Bowring (ed.), Russell & Russell Inc., 1962, p. 501.

约翰·斯图亚特·密尔（又译"穆勒"）进一步发挥了边沁提出的功利主义的观点。在他看来，拥有一种权利，就是社会应当保护某个人拥有某种东西。为什么社会应当保护某个人拥有某种东西？其理由只能是社会功利。① 在《论自由》一书中，他对凡是可以从脱离功利的抽象权利的概念引申出来的论据一概弃而不用。相反，在一切道德问题上，必须诉诸功利。他认为，真正的自由，是人们按照自己的道路去追求自己的好处的自由，前提是不试图剥夺他人的这种自由，不试图阻止他人取得这种自由的努力。但这种自由的理由是：人类如果彼此容忍各照自己所认为好的样子去生活，比强迫每人都照他人所认为好的样子去生活，得到的好处会更多。人类之所以有理有权可以个别地或者集体地对其中任何分子的行动自由进行干预，唯一的目的只是自我防卫，即防止对他的危害。②

将保障利益作为解释人权的基础，实际上是将人权建立在了人的快乐、偏好满足、福利等实质性的目的之上，而不再仅仅是消极性的自由或选择。这种目的论范式的主张可以在三个方面扩大人权理论视野和解释力。第一，人权的哲学基础不是形而上学的自然法或其他的先验假设，而是植根于人的经验世界中的苦乐标准，它受到人们生活于其中的政治、经济和法律制度的约束。第二，人权内容不应该仅仅局限于个人选择自由这种消极自由权，还应该包含经济、社会和文化方面的实质性的积极自由权，它们都同样与人们的幸福密切相关。密尔认为，要保障"最大多数人的最大幸福"，首先要求避开那些重要的不幸，即身体和精神痛苦的根源——贫困、疾病等。他认为，其中的很多不幸是可以消除的。以贫困为例，贫困在一切意义上都意味着痛苦，然而完全可以通过社会的智慧、个体的善意和远见来消除贫困③。第三，政府的功能不再仅仅是确保消极自由的"有限政府"，为了增加社会的总体福利，政府还应承担必要的财富再分配等积极功能。密尔认为，无论是个人还是社会，都有某种责任消除贫困，增加贫困者的福利。在再分配的问题上，他支持向富人征税，以造

---

① ［英］穆勒（密尔）:《功利主义》，徐大建译，上海人民出版社 2008 年版，第 55 页。

② ［英］密尔:《论自由》，程崇华译，商务印书馆 1996 年版，第 9—13 页。

③ ［英］穆勒:《功利主义》，刘富胜译，光明日报出版社 2007 年版，第 24 页。

福社会。在提及向地主征收土地增值税的时候，他指出，"当然不是要拿走任何人的任何东西，而只是把由环境创造的财富增量用于造福社会，而不是听凭它成为某一阶级的不劳而获的财富。"①

但这种以利益保障为基础的人权理论，引起了许多人权理论家的担心。因为根据这种理论范式，只要能最大限度地促进幸福或福利，就可以侵犯某些人权。这种理论范式的另一个困难在于，如果将人权作为促进最大幸福的工具，那么对人权的认可就不是依靠规范性方式的确定，而是依靠对利益的计算和比较。但对利益的计算和比较具有较大的主观性和不确定性，因而为形成普遍而稳定的人权共识增加了困难。这迫使后来的理论家在人权理论的建构中更加强调理性的作用，把先验理性作为人权的最终基础，使人权在理性的基础上成为一种绝对的义务。这在德国哲学家康德的理论中达到了登峰造极的地步。

伊曼纽尔·康德从先验理性主义出发，认为人们心中先天地存在着某种永恒不变、普遍适用的道德法则，其基本内容被他表述为"不论做什么，总应该做到使你的意志所遵循的准则永远同时能够成为一条普遍的立法原理"②，康德将其称为"绝对命令"。但人不仅是理性的存在者，也是感性的存在者。因此，道德法则的存在必须以人能够摆脱自然因果性和感性的制约为前提，这被康德称为"自由"。康德指出："我们必须假设有一个摆脱感性世界而依理性世界法则决定自己意志的能力，即自由。"③"只有自由者才会有道德。"④ 他认为，人所拥有的自由"是所有道德法则并且因此也是所有的权利以及义务的来源"⑤。同时，根据普遍的道德法则，可以确定自由权利的行使法则，即"外在地要这样去行动：你的意志的自由行使，根据一条普遍法则，能够和所有其他人的自由并存"⑥。在此基础上，康德进一步推论：对于具有自由选择能力和理性的人来说，

---

① ［英］穆勒：《政治经济学原理及其在社会哲学上的若干运用》（下卷），商务印书馆1991年版，第390—391页。

② ［德］康德：《实践理性批判》，商务印书馆1961年版，第30页。

③ ［德］康德：《实践理性批判》，商务印书馆1961年版，第135页。

④ ［德］康德：《道德形而上学探本》，商务印书馆1957年版，第61页。

⑤ ［美］莱斯利·阿瑟·马尔霍兰：《康德的权利体系》，赵明、黄涛译，商务印书馆2011年版，第56页。

⑥ ［德］康德：《法的形而上学原理》，沈叔平译，商务印书馆2005年版，第41页。

他们必须服从的另一个普遍的道德法则，就是将每个人都作为目的，而不能只作为工具或手段。康德指出："每个人应该将他自己和别人总不只当做工具，始终认为也是目的——这是一切有理性者都服从的规律。"① 但在康德看来，这只是一个道德上的"应当"，只有在由遵从此规律的所有有理性者组成的"目的国"中才可以完全实现。他说："在最终的目的国中，人就是目的本身，那就是说，没有人（甚至于神）可以把他单单用作手段，他自己永远是一个目的。"②

在这种先验理性论证的基础上，康德认为，天赋的权利只有一项，就是与生俱来的自由。而自由就是不屈从别人强制的意志，而且根据普遍的法则，它能够和所有人的自由并存。同时，每个人都享有天赋的平等，即不受别人约束的权利，但是这种权利同时是他可以同别人彼此约束的权利。依据权利，公民享有三种不可分离的法律属性，即宪法规定的自由、公民的平等和政治上的独立。③

康德的先验理性论证使尊重和维护权利成为一种绝对的义务。康德认为，道德是必须履行的绝对命令或义务的系统，与我们的愿望无关。康德通过基本的绝对命令确证了人权。这种义务论被后来一些自由主义人权理论家所沿袭。例如20世纪的人权理论家德沃金（Ronald Dworkin）认为，权利在政治论述方面的功能，就像在打扑克牌时所出的"王牌"。个人权利就是在社会整体利益面前打出的王牌，它要求个人不能因促进某些公共社会幸福或满足大多数人的喜好而作出牺牲。但这并不是说权利在任何情况下都不能受到限制，他的主张是：除非出现某种相抗衡的权利或其他强烈的道德理由来表明为什么某种权利在特定的事例中应该受到限制，否则这项权利就应该受到尊重。④ 当代正义理论家诺齐克根据康德关于"人是目的"的基本原则，认为不应当将权利当作要实现的目标，而应当作为对要采取行动的"边际约束"（side constraints），即在任何行动中都不得

---

① ［德］康德：《道德形而上学探本》，商务印书馆1957年版，第48页。

② ［德］康德：《实践理性批判》，商务印书馆1961年版，第134页。

③ 参见［德］康德《法的形而上学原理——权利的科学》，沈叔平译，商务印书馆1991年版。

④ 参见［美］德沃金《认真地看待权利》（英文版），哈佛大学出版社1977年版，第102页。

违反的约束。这种义务论观点与目的论的最主要区别在于要求禁止在追求目标时违反这些道德约束。他指出，"我坚决认为，对我们可以做些什么的道德边际约束，反映了我们的个别存在的事实，说明了没有任何合乎道德的拉平行为可以在我们中间发生。我们中的一个生命被其他生命如此凌驾，以达到一种更全面的社会利益的事情，决不是合乎道德的。我们中的一些人要为其他人做出牺牲，也决不能得到证明。以下这一根本的观念：存在着不同的个人，他们分别享有不同的生命，因此没有任何人可以因为他人而被牺牲——这正是道德边际约束存在的根据"①。

对于人为什么要被当作目的而不仅仅是手段，后来的哲学家们也从人的主体性出发作出了各种解释。安东尼·朗格卢瓦（Anthony J. Langlois）概括了六种基于主体的某种特性来论证人权的理论，包括基于人的尊严、理性、自主性、平等、基本需求和潜能实现能力。② 诺齐克认为，对产生道德边际约束来说，这些主体特性的每一个单独看来都是必要的，但是不充分的，必须将其综合起来。综合来看，人是一种能够为其生命构造一个长远计划的存在，具有按照某种选择的全面观念调节和指导其生活的能力。一个人按照某种全面的计划塑造他的生活，就是在赋予他的生活以某种意义。正是这种追求有意义生活的能力，使人成为一种特殊的存在，也使对人的行为必须遵循道德边际约束。③

将人的某种特性作为人权的基础，面临着理论上的困难。正如后现代人权理论家科斯塔斯·杜兹纳所指出的，人性是一个模糊的概念，不能作为规范性价值的渊源，理解人权必须将人权视为依赖于他者而存在，人权方能回归至其本来面目而成为后现代的标准。④ 尼克尔和雷迪也指出，对任何真正的、普遍的和完整的道德准则的存在和内容的讨论都会产生合理

---

① ［美］诺齐克：《无政府、国家与乌托邦》，何怀宏等译，中国社会科学出版社1991年版，第42页。

② Anthony J. Langlois, Chapter 1: Normative and Theoretical Foundations of Human Rights, in Michael Goodhart, *Human Rights: Politics & Practice*, Oxford: Oxford University Press, 2009, pp. 18 – 19.

③ 参见常健、李国山编著《欧美哲学通史》（现代哲学卷），南开大学出版社2003年版，第473页。

④ 参见［英］科斯塔斯·杜兹纳《人权的终结》，季乐宇译，《南京大学法律评论》2003年春季号，第21页。

的分歧。鉴于该分歧的深度、普遍性与难解性和对人权公众确证的需要，通过更有限、较少争议的方式来确证人权将会更有意义。① 杜兹克进一步认为，我们无须将应有权利归属于道德理性，而应当从关系性角度来理解人权。即是说，在诸多权利构造了我的权利和人格之前，就产生了我的义务，产生了尊重他人尊严之要求的根本转向。② 这意味着人权理论的建构范式从主体性向主体间性转换。

四　主客体范式与主体间范式的竞争与转换

所谓"主体间范式"，就是不再将主体性或客体性作为人权的合法性来源，而是将主体间关系作为人权的论证依据，试图将人权归结为主体间共识的产物。这种共识可以是对洛克和卢梭所讨论的社会契约的引申，或罗尔斯所讨论的"反思平衡"的理性共识，它们不考虑具体的社会历史情境；也可以是历史制度主义的历史共识，考虑在不同社会和历史条件下可能形成的不同共识。

英国哲学家约翰·罗尔斯关注的核心问题是正义。但他认为，仅仅以定义和逻辑真理的方式来建立一种实质性的正义论，显然是不可能的。对道德概念的分析和演绎，远不足以构成道德哲学的基础。必须允许道德哲学应用可能的假定和普遍的事实，面对人们实际具有的正义感来建立正义论的原则。他把自己建立正义论的方法称为"反思的平衡"（reflective equilibrium）。他解释说，对一个人正义感的最好解释，并不是那种与他在考察各种正义观之前就具有的判断相适应的解释，而是那种与他在反思的平衡中形成的判断相适应的解释。而这种判断是在一个人衡量了各种提出的正义观之后达到的，"这种情况我把它叫作反思的平衡。它是一种平衡，因为我们的原则和判断最后达到了和谐；它又是反思的，因为我们知道我们的判断符合什么样的原则和是在什么前提下符合的。此时可以说一切都有条有理。但这种平衡并不是一定稳固的，而是容易被打破的。这一方面是由于对加于契约状态之条件的进一步考察；另一方面是由于那些可

---

① 参见詹姆斯·W. 尼克尔、大卫·A. 雷迪《论人权的哲学基础》，安恒捷、童寒梅译，《研究生法学》2014 年第 2 期。

② 参见［英］科斯塔斯·杜兹纳《人权的终结》，季乐宇译，《南京大学法律评论》2003年春季号，第 36 页。

能导致我们修改自己判断的特殊情形"①。他写道:"我并不要求提出的正义原则一定要是必然真理或来自这种真理。一种正义观不可能从原则的自明前提或条件中演绎出来,相反,它的证明是一种许多想法的相互印证和支持,是所有观念都融为一种前后一致的体系。"②

罗尔斯对功利主义的研究范式提出尖锐的批评。首先,达到功利主义的最自然的方式,就是对作为一个整体的社会采取对一个人适用的合理选择原则,将社会的选择原则解释为个人选择原则的扩大。个人的原则是要尽可能地推进他自己的福利。因此,为了未来较大的利益,个人总是可以做出某种自我牺牲。以此类推,社会的原则也应是尽可能地推进群体的福利。因此,为了提高社会成员的总体福利,个人可以作出牺牲。可见,功利主义只是关心福利的总量,而不关心福利在个人之间如何分配。但罗尔斯认为,适用于整体制度的原则,决不能与用于个人及其在特殊环境中行动的原则混淆起来。这两种原则适用于不同的主题。他写道:"社会的每一成员都被认为是具有一种基于正义、或者说基于自然权利的不可侵犯性,这种不可侵犯性甚至是任何别人的福利都不可逾越的。正义否认为使一些人享受较大利益而剥夺另一些人的自由是正当的。把不同的人当作一个人来计算他们的得失的方式是被排除的。因此,在一个正义的社会里,基本的自由被看作是理所当然的。由正义保障的权利不受制于政治的交易或社会利益的权衡。"③ 其次,功利主义是一种目的论的理论。一种目的论理论是把善定义为独立于正当。它首先指定一种独立的善,然后指出正当是最大限度地增加已经指定的善的东西。古典功利主义将善定义为欲望的满足,而正确的分配就是产生最大满足的分配。但罗尔斯认为,善并不独立于正义,相反,正义优先于善。正当原则和正义原则使某些满足没有价值,它们对何种行为是善给出了限制。最后,罗尔斯指出,功利主义的根本问题在于它的社会观。古典的功利主义把组织良好的社会设想为一种对社会资源的有效管理,这种管理能最大限度地增加总的欲望体系的满足。但在罗尔斯看来,组织良好的社会应当是一个互利互惠的合作体系。

①　[美] 罗尔斯:《正义论》,何怀宏等译,中国社会科学出版社1988年版,第18页。
②　[美] 罗尔斯:《正义论》,何怀宏等译,中国社会科学出版社1988年版,第18页。
③　[美] 罗尔斯:《正义论》,何怀宏等译,中国社会科学出版社1988年版,第25页。

因此，它应当是一个公平的社会，并且只能在保证公平的前提下来追求对社会成员需求的最大满足。

罗尔斯认为，社会正义原则应当是在公平的状态下达成的，是那些想促进自己利益的自由的和有理性的人们，在一种平等的最初状态（initial situation）中，为确定他们合作的基本条件而达成的契约。这种观点将洛克、卢梭和康德所提出的社会契约论提高到一个更高的抽象水平。这种达成正义原则的原初状态（original position），不可以被看作是一种实际的历史状态，而应被理解为一种用来达到某种确定的正义观的纯粹假设的状态。在这种状态下，人们处于一种"无知之幕"（veil of ignorance）之后。首先，没有人知道他在社会中的地位，包括阶级地位和社会出身，也没有人知道他在先天的资质、能力、智力、体力等方面的运气。其次，他们也不知道自己特定的善的观念，不知道他的合理生活计划的特殊性，甚至不知道他们的特殊的心理倾向。再次，各方不知道这一社会的经济或政治状况，或者它能达到的文明和文化水平。这些可以保证任何人在选择正义原则时都不会因自然的机遇或社会环境中的偶然因素得益或受害。由于所有人的处境都是相似的，无人能够设计有利于他的特殊情况的原则，这使得正义原则成为一种公平的协议结果。罗尔斯将由此产生的正义原则称为"作为公平的正义"（justice as fairness）。这并不是指正义概念和公平概念是同一的，而是指正义原则是在一种公平的原初状态中被一致同意的。

罗尔斯认为，在上述原初状态下，人们不会选择功利原则。因为那些认为他们都是平等的、有同样资格相互提出要求的人们，决不会同意这样一个原则：即为了使某些人享受较大的利益就损害另一些人的生活前景。因为每个人都希望保护他自己的利益，保护他提出他自己的善的观念的权利，没有理由认为为了达到一个较大的满意的净余额，就可以默认对自己的不断伤害。

这样，在原初状态下的人们将会选择两个正义原则：第一个原则是：每个人对与其他人所拥有的最广泛的基本自由体系相容的类似自由体系都应有一种平等的权利，这被称为"平等的自由原则"。这一原则用于支配权利与义务的分派，确定与保障公民的平等自由。公民的基本自由包括政治上的选举和被选举担任公职的权利，言论和集会自由；良心的自由和思想的自由；个人的自由和保障个人财产的权利；依法不受任意逮捕和剥夺财产的自由。按照这一原则，这些自由都要求是一律平等的，正义社会中的公民应当拥有同样的基本权利。

第二个原则是：社会的和经济的不平等应这样安排，使它们被合理地期望适合于每一个人的利益，并且依系于地位和职务向所有人开放。在这个原则中，地位和职务向所有人开放的要求被称为"机会公平原则"，而不平等的安排应适合于每一个人的利益的要求被称为"差别原则"。正义的第二个原则用于调节社会和经济利益的分配，指定与建立社会及经济不平等的方面。它主要针对收入和财富的分配，以及对那些利用权力、责任方面的不相等或权力链条上的差距的组织机构的设计。虽然财富和收入的分配无法做到平等，但它必须合乎每个人的利益，同时，权力地位和领导性职务也必须是所有人都能进入的。人们通过坚持地位开放而运用第二个原则，同时又在这一条件的约束下，来安排社会的和经济的不平等，以便使每个人都获益。这里所说的人是指占据着由社会基本结构确定的各种地位、职务等的代表人。这里所说的期望是指从他们的社会地位所展望的生活前景。同时，如果假定各种期望间的不平等是像链条式地联系着的，也就是说，如果一种利益提高了最底层人们的期望，它也就提高了其间所有各层次人们的期望；同时再假定期望都是紧密啮合的，即不可能增减任何代表人的期望而不影响到所有别的代表人的期望，特别是最少得益者的期望；那么就可以将差别原则中关于社会的和经济的不平等的安排应当期望"适合于每一个人的利益"的要求，进一步阐述为"适合于最少受惠者的最大利益"。也就是说，当且仅当境遇较好者的较高期望是作为提高最少获利者的期望计划的一部分而发挥作用时，它们才是公正的。

罗尔斯进一步指出，上述所选择的正义原则是按照先后次序安排的。首先，第一个原则优先于第二个原则，他称之为"自由的优先性"。这意味着自由只能为了自由的缘故而被限制。一种不够广泛的自由必须加强由所有人分享的完整自由体系；一种不够平等的自由必须能够被那些拥有较少自由的公民所接受。这说明，对第一个原则所要求的平等自由制度的违反，不可能因较大的社会经济利益而得到辩护或补偿。财富和收入分配及权力的等级制，必须同时符合平等的公民自由权利和机会自由权利。不允许在基本自由和经济社会收益之间进行交换。减少人们自由的唯一理由，只能是由制度所规定的这些平等权利会相互妨碍。其次，第二个正义原则优先于效率原则和最大限度追求福利总额的原则，公平机会原则优先于差别原则，他称之为"正义对效率和福利的优先"。这意味着：一种机会的不平等，必须扩展那些机会较少者的机会；一种过高的社会储存率必须最终减轻承受这一重负的人们的负担。

罗尔斯所采取的"反思的平衡"的论证方式，不再以主体的某种特征或绝对的先验理性为基础来论证人权及其合理性。但他同样有一些假定，例如，他的社会观假定是：组织良好的社会并不是对社会资源的有效管理，使其能够最大限度地增加总的欲望体系的满足；相反，社会是一种为了相互利益的合作冒险形式，它既具有利益一致的一面，也具有利益冲突的一面。因此，组织良好的社会应当是一个互利互惠的合作体系。再如，他也假定人是理性的、合理的、自由和平等的。但他并没有像康德那样将这些假定作为不证自明的公理，而是可以通过"反思的平衡"加以确证的。同样，他也反对功利主义将人权建立在利益计算的基础上，但他也不排除利益的考量，但这种考量是所有假定主体在"无知之幕"后面对正义原则及其排序的考量，而不是个人每时每刻的利益得失计算。

罗尔斯在研究范式方面最重要的突破，就是将主体间性作为正义和人权理论的出发点。首先，他不是将社会看作是个人的简单集合体，而是将社会视为一种为了相互利益的合作冒险形式。其次，他不是从孤立个人的得失角度来确定其应有的权利，而是认为组织良好的社会应当是一个互利互惠的合作体系，从互利合作的角度来确定正义的原则和应有的权利。再次，在主体运用理性进行正义原则的选择时，他设置了无知之幕的限制，这使得主体的判断不是根据现实确定的某种个人条件，而是基于自我的各种可能的状况，富有或贫穷，聪明或愚笨，生于社会上层或底层……其实际效果是各种可能的自我之间的主体间协商。最后，他在后期著作《政治自由主义》中，意识到在理性多元化的现实社会中，公民不可能都信仰同一道德学说，因此他不再将公平正义原则作为一种道德哲学原则，而是将其作为一种政治原则，它独立于各种宗教、哲学和道德学说之外，是一种应当能够获得各种合乎理性的宗教、哲学和道德学说的"重叠共识"（overlapping consensus）的支持，引导人们达到一种"公共理性"（public reason）。

尽管罗尔斯的研究实现了从主体性范式、客观性范式向主体间范式的转换，但这种转换仍然是在抽象的层面进行的，缺乏现实条件的考量和历史建构过程的分析。尽管他反对基础主义的论证范式，但他仍然不能摆脱用抽象的原则分析来为丰富的现实确定规范的基础主义范式。在"无知之幕"逐渐打开后，人们知晓了所处的社会历史条件，但仍然可以用在无知之幕下所确定的正义原则来指导立法和执法过程。这使得他的主体间范式仍然是基础主义理论范式的一种特殊形式。而真正突破基础范式的则是后来出现的各种建构主义人权理论。

五　基础范式与社会建构范式的竞争与转换

所谓"基础范式"，从本体上来说，就是认为"任何事物都有其基质，是这些基质构成事物存在的本质"①。在认识论上，根据里查德·福默顿（Richard Fumerton）的说法，基础主义就是主张"所有的知识或被确证的信念最终都建立在非推论性知识或被确证信念的基础之上"②。根据这种主张，如果能够找到一种"不证自明"的信念，并在此基础上推论其他信念，就能建立起严格可靠的知识体系。许多为人权作出哲学论证的理论家就是采用基础主义的研究范式，试图为人权找到一种不证自明的基础。他们认为，如果能为人权找到此类基础，就能够解释人权普遍性和限制条件。

与基础范式相对，社会建构范式将知识视为由社会建构的，而不是现实的"映象""表征""表象"。任何一种知识的形成都渗透了人对认识对象的处理，所谓真理或社会科学知识并不是被"发现"的，而是被"发明"的，是建构的产物。建构不是个体建构，而是社会性建构。从建构范式出发，人权被视为一种具有历史偶然性和文化相对性的社会建构。采用建构范式的典型代表包括法学家马丁、社会学家沃特斯和莫里斯、政治学家唐纳利和格雷格等人。

在法学领域，凯克斯·马丁（Kex Martin）认为，仅仅是一项道德要求还不能构成人权，人权应当是获得了明确的社会承认的权利。他认为，

---

① 韩震：《本质主义重建及反思的现代性》，《哲学研究》2008 年第 12 期。

② See Richard Fumerton, "Foundationalist Theories of Epistemic Justification", in Edward N. Zalta（ed.）, *The Stanford Encyclopedia of Philosophy*, 2016, https：//plato. stanford. edu/entries/ justep-foundational/.

人权与其他普遍的道德权利不同的是，它的主要接收人是政府，因此要求得到特定社会承认并保护。在没有公民权的等级社会特别是奴隶社会里，并不存在人权。

在社会学领域，社会学家布赖恩·特纳（Bryan Turner）1993 年在《社会学》杂志上发表了《人权理论大纲》①，它被认为是当代人权社会学研究的开山之作。他认为，人权是全球化社会过程的一个重要特征，可以被视为一种全球意识形态（global ideology）。但从社会学的观点来说，他将人权视为没有内在价值的"社会事实"（social facts without inherent value）。他同意弗尔拉克（J. Foweraker）和兰德曼（T. Landman）从政治学角度作出的分析，认为公民的概念与近代民族国家有密切的联系②。同时他又认为，这种政治形式同时受到了帝国主义、全球化、地区化、移民工人、难民和原住民等等社会问题的影响。由于全球化产生的问题不只限于民族国家内部，所以公民权利的概念必须扩展为人权的概念。③

但特纳的人权理论仍然采用了基础范式。他认为，对"人的脆弱性"（human frailty）和"人身体的脆弱性"（vulnerability of the human body）的共同体验，可以为普遍人权原则提供道德基础，因为"人的脆弱性是人的存在的普遍经验"④。而人们对人权的主张则可以用"集体同情"来加以论证："我的论证最终假定了同情也是人类脆弱性的结果或补充。人们要求其权利得到承认，是因为他们在其他人的困境中看到了他们自己的（可能的）悲惨。"⑤ 根据这种基础范式的假定，他认为人权的概念可以用人类需要用社会制度来保护人的脆弱性但社会制度又会反过来对人类构成

---

① Bryan S. Turner, "Outline of a Theory of Human Rights", *Sociology*, 1993, 27 (3), pp. 489 – 512.

② J. Foweraker and T. Landman, *Citizenship Rights and Social Movements: A Comparative and Statistical Analysis*, Oxford: Oxford University Press, 1997.

③ B. S. Turner, "Introduction: Rights and Communities: Prolegomenon to A Sociology of Rights", *Australian and New Zealand Journal of Sociology*, 1995, 31 (2), pp. 1 – 8.

④ B. S. Turner, "Introduction: Rights and Communities: Prolegomenon to A Sociology of Rights", *Australian and New Zealand Journal of Sociology*, 1995, 31 (2), p. 505; B. S. Turner and C. Rojek, *Society and Culture: Principles of Scarcity and Solidarity*, London: Sage, 2001, p. 110.

⑤ B. S. Turner, "Outline of A Theory of Human Rights", *Sociology*, 1993, 27 (3), p. 506.

威胁这个困境来加以解释①。这一困境内在于现代社会，而将人权以社会和法律的方式制度化，是近代解决这一困境的最主要努力。

社会学家马尔克姆·沃特斯（Malcolm Waters）对特纳采用的基础主义研究范式提出尖锐批评。他认为，关于人权的社会学理论必须采取社会建构范式，将人权的普遍性本身视为一种社会建构（social construction）。他指出："社会建构主义主张，社会制度不是普适的，而是具有历史的偶然性和文化的相对性。我要主张的是，关于人权的一种适当的社会学理论实际上必须采取社会建构主义观点，人权是一种制度，像任何其他制度一样，它针对的是具体的文化和历史情境，它的普遍性恰恰在于它本身是人的创造物。"②他认为，人权话语的崛起，不是像特纳所主张的那样可以用人的脆弱性、制度威胁和集体同情来加以解释，而是要用权势阶层的利益主张来加以解释。世界人权宣言最初的设计和后来的扩展与实施都可以用四组利益来加以解释：（1）第二次世界大战联合起来的胜利者污化和惩罚被其击败的敌人的利益；（2）冷战中的超级大国削弱相互合法性的利益；（3）超级大国将其干预其他国家事务的行为合法化的利益；（4）弱势群体针对国家主张自己权利的利益。③

对于沃特斯的批评，特纳的辩解是："主张可以根据人的脆弱性的概念来为人权建立基础主义的本体论，同时承认人权是根据人们所建立的社会的具体特征而以偶然的和多样性的方式建构起来的并且是政治利益斗争的特定产物，这二者之间是高度一致的。基础主义本体论的目的……是要对侵犯人权进行规范评价提供一种普遍的基础。"④

对于特纳与沃特斯之间的争论，社会学家莫里斯（L. Morris）评论道：社会学是否可以为人权提供规范性的基础论证是有争论的。尽管特纳的论证具有一定的说服力和影响力，但对社会学来说，如果它们将注意力

---

① B. S. Turner, Outline of A Theory of Human Rights, *Sociology*, 1993, 27（3），p. 502.

② Malcolm Waters, "Human rights and the Universalisation of Interests: Towards a Social Constructionist Approach", *Sociology*, 1996, 30（3），p. 593.

③ Malcolm Waters, "Human rights and the Universalisation of Interests: Towards a Social Constructionist Approach", *Sociology*, 1996, 30（3），p. 597.

④ B. S. Turner, "A Neo-Hobbesian Theory of Human Rights: A Reply to Malcolm Waters", *Sociology*, 1997, 31（3），p. 566.

集中于权利的社会建构及其不确定性，并提供理论的和概念的工具来回答"权利是如何进入社会的"，"它们在社会中是如何运行的"，权利服务于"哪些人的目的"，"它们保护的是哪些人的利益"，以及"它们在多大程度上受到法律文本和实践的保证和限制"，将会使该领域置于更为安全的基础之上。莫里斯进一步认为，社会建构主义社会学可以表明，"几乎没有什么权利是绝对的，大多数权利都是在某种程度上受到限制的和有条件的"。① 因此，社会学应当宣布和研究权利的不确定性。② 从社会建构主义的视角来看，普遍的人权应当被视为具有"社会的和历史的偶然性，是特定时间、地点和环境的产物，是不断进步的作品"③。凯恩·普鲁默（Ken Plummer）提出，"社会学家将权利视为发明物"④，如果以这种方式来看待权利，就必须更加关注在这种发明和建构过程中的社会行动者，这样才能更充分地理解人权机制。里查德·威尔逊（Richard Wilson）提出，迫切需要"在制度化权力的历史限制内根据社会行为者的行动和意向"对人权进行更细致的研究。⑤ 达米安·肖特（Damien Short）将社会学基于建构范式对人权的研究所涉及的主题概括为：权利是如何进入社会的？权利是如何社会建构的——由谁、为了谁以及在什么社会情境中？特定的社会行为者如何并为什么主张和接受权利？权利如何受到其产生和运行的社会、政治和经济环境的影响？社会建构起到何种作用——是促使还是限制还是二者兼有？权利在多大程度上受到法律的保证或限制？权力关系是否影响权利的建构和功能？权利实际会保护哪些人的利益？⑥

　　在政治学领域，美国政治学者杰克·唐纳利（Jack Donnelly）在 1999

---

① L. Morris, "Sociology and Rights: An Emergent Field", in L. Morris, ed., *Rights: Sociological Perspectives*, New York: Routledge, 2006, p. 11.

② L. Morris, "Sociology and Rights: An Emergent Field", in L. Morris, ed., *Rights: Sociological Perspectives*, New York: Routledge, 2006, p. 25.

③ L. Morris, "Sociology and Rights: An Emergent Field", in L. Morris, ed., *Rights: Sociological Perspectives*, New York: Routledge, 2006, p. 26.

④ K. Plummer, "Rights Work: Constructing Lesbian, Gay and Sexual Rights in Late Modern Times", in L. Morris, ed., *Rights: Sociological Perspectives*, New York: Routledge, 2006.

⑤ R. A. Wilson, "Human Rights Culture and Context: An Introduction", in R. A. Wilson, ed., *Human Rights, Culture and Context: Anthropological Perspective*, London: Pluto, 1997, pp. 3 – 4.

⑥ Damien Short, "Chapter 6: Sociological and Anthropological Approaches", in Michael Goodhart, *Human Rights: Politics & Practice*, Oxford: Oxford University Press, 2009. p. 97.

年发表了《国际人权的社会建构》① 一文，用社会建构主义对人权进行分析。他批评当代自由主义人权理论家试图将人权的发展历史视为"自然权利的内在逻辑的逐渐展开"。在他看来，"在围绕人权观念的有序的社会和政治生活中，没有什么自然的和不可避免的东西。今天我们奉为权威的这个特殊的权利清单反映着对历史的特定条件的一种偶然回应"。② 然而，"国际人权规范的历史偶然性并不使其权威性有任何减损。它们既不是通过我们意志的行为而任意确定的，也不能通过我们的意志行为而改变，它们深深地植根于塑造我们生活的社会建构之中。它们所反映和要实现的人的尊严的愿景，主导着当代国际社会，被几乎所有国家接受为具有权威性——无论它们在实践中如何偏离这些规范。人权已经成为 20 世纪后期社会和政治现实的核心的甚至可能是决定性的因素"③。

针对人权具有绝对普遍性的主张，唐纳利提出，人权只具有相对的普遍性（relative universality），这种普遍性分为三个层次：第一是法律的普遍性，即人权已经被几乎所有国家接受为具有国际法约束力的义务。第二是重叠共识（overlapping consensus）的普遍性，这是借用政治哲学家罗尔斯完备性学说（comprehensive doctrines）与正义的政治学概念之间的区分，各种不同的完备性学说可以在正义的政治概念上达成重叠共识。这种共识只是部分的，不是完全的，它只限于正义的政治概念。人权是一种正义的政治概念，它不是道德理论的范畴，而是政治、法律和社会理论的范畴。人权也可以基于多种不同的道德理论，如康德主义、功利主义、新亚里士多德主义、马克思主义、社会建构主义、后现代主义等等，它们基于自身不同的理由参与对人权的重叠共识，这种共识是在第二次世界大战以后出现的。第三种是功能共识，即人权代表着一套应对现代市场和国家对

---

① J. Donnelly, "The Social Construction of International Human Rights", in T. Dunne and N. J. Wheeler (eds.) *Human Rights in Global Politics*, Cambridge: Cambridge University Press, 1999, pp. 71 – 102.

② J. Donnelly, "The Social Construction of International Human Rights", in T. Dunne and N. J. Wheeler (eds.) *Human Rights in Global Politics*, Cambridge: Cambridge University Press, 1999, p. 84.

③ J. Donnelly, "The Social Construction of International Human Rights", in T. Dunne and N. J. Wheeler (eds.) *Human Rights in Global Politics*, Cambridge: Cambridge University Press, 1999, p. 85.

人的尊严所带来的"标准威胁"(standard threats)的"最佳做法"(best practices)。①

唐纳利进一步认为,人权最终依赖于社会决定才能存在。人权像所有的社会实践一样需要论证,但这种诉诸"基础"的论证最终只是一种同意或假定,而非证明。② 他具体分析了人权的五种相对性:(1)本体论的相对性:人权不是现实自然构造的组成部分,它不是在任何地方和所有时间都适用的;(2)历史和人类学的相对性:人权是对现代市场和国家所带来的标准威胁的历史的偶然回应,它们在传统的非国家和非市场的社会中并不存在,也没有理由假定它将适用于未来非常不同类型的社会;(3)基础的相对性:人权具有相当数量的相当不同的基础;(4)享有的相对性:人权虽然被普遍持有,但是由各个国家来实施,因此其享有要相对于一个人偶然的出生地和生活地;(5)规范的相对性:人权的清单反映着社会学习的过程,它针对的是对人的尊严的历史的、特定的和偶然的标准威胁。③

本杰明·格雷格(Benjamin Gregg)在2012年出版的《作为社会建构的人权》一书中,运用社会建构主义方法从政治学角度提出了自己的人权观点。他指出:"我的看法与许多人权思维截然不同,他们坚持认为这种权利的有效性必须是直接普适的,实际是先验的。这种思维趋向于空想,或是形而上学的空想,或是神学的空想。我对二者都作了足够长的分析,表明这样假定的普适人权被证明是不可实现的。而我的现实主义的、针对本土的、出生时很小的、司空见惯的人权,其有效性却可以扩展,跨越不同的文化和政治共同体,即使它考虑的是任何本土环境或任何具体环境的独特和特别的特征。它允许人权具有普适的有效性,如果这种有效性被解释为世俗的、现实的和偶然的:作为某种非给定或显露而达到的东西。"④

---

① Jack Donnelly, *International Human Rights*, Fourth Edition, Westview Press, 2013, pp. 38 –42.

② Jack Donnelly, *Universal Human rights: in Theory and Practice*, Third Edition, Ithaca and London: Cornell University Press, 2013, p. 22.

③ Jack Donnelly, *Universal Human rights: in Theory and Practice*, Third Edition, Ithaca and London: Cornell University Press, 2013, p. 99.

④ Benjamin Gregg, *Human Rights as Social Construction*, Cambridge: Cambridge University Press, 2012, p. 3.

他强调人权是本土的、带有地方特色的和偶然的，并主张从实用主义的角度来理解这种偶然性。他写道："我主张人权最好被理解为对想要达到的结果的一种实用的迫切要求（pragmatic imperative），以区别于比如对客观真理的认识论上的迫切要求。"①

人权理论研究从基础范式向建构范式的转换，会使对人权的解释失去某种程度的道德绝对性，增加其社会历史的相对性。这种从神坛的"跌落"，对人权来说未尝不是一件幸事。只有将人权视为现实社会历史条件下的主体间建构的产物，才能使其摆脱绝对普适主义的乌托邦命运，增强其在复杂多样的现实条件下的规范约束力。

六　义务论范式与目的论范式的竞争与转换

在人权的性质上，基础主义与建构主义的范式竞争与转换，表现为义务论范式与目的论范式之间的竞争和转换。

义务论范式将人权视为一种绝对的道德命令，不受社会功利考虑的限制。尊重人权的绝对义务或是来自于上帝的赐予或神圣立法者的规定，或是基于人类理性的绝对命令。启蒙时代的"自然权利"学说，康德理性推演出的先验"绝对命令"，诺齐克的最小"边际约束"论，德沃金的"王牌"比喻，都是这种义务论范式的表现形式。

自由主义的人权观是个人主义的，这一主张主要体现在两个方面。第一，人权的享有主体只能是个人，不能是任何集体。这一主张否认国家、民族等集体拥有自决权、和平权、环境权、发展权等集体权利，而是认为这些权利都最终还原为个体人权。在实践上，自由主义的这一主张忽视了广大发展中国家争取独立和自决发展本国经济、政治和文化事业的诉求。在理论上，这一主张低估了集体权利的价值和作用。例如，同样产生于欧美文化的共和主义者认为，自由的国家是个人自由的前提，对一个共和主义的国家来说，免受外国干涉的"政治独立"和按照自己的意愿实行"共和自治"，是一个国家应有的权利②。可见，在某些非自由主义者看

---

① Benjamin Gregg, *Human Rights as Social Construction*, Cambridge：Cambridge University Press，2012，p. 5.

② ［英］昆廷·斯金纳：《近代政治思想的基础》（上卷），奚瑞森、亚芳译，商务印书馆2002 年版，第 26、76 页。

来，国家、民族等集体同样具有权利，而且这些权利是不可还原的，并具有根本的价值。第二，个人主义的另一个体现是，个人的权利高于集体诉求。例如，罗尔斯明确提到，每个人的善都是平等的，都有其独立的地位，那些以全体善或公共利益之名牺牲个人的分配都将受到约束①。自由主义的这一主张是义务论的，即个人权利构成了一套权威性的约束，国家等任何集体都不可以假借公共利益之名侵犯个人权利。这一主张忽略了权利本身的边界以及权利之间的冲突，而且低估了现实政治的复杂性。例如，按照个人主义的人权观，每个人都具有迁徙他国的自由，任何人或国家都不能够限制。但是，这一主张明显仅仅是"自欺欺人"，欧美等主要的自由主义国家对移民的限制恰恰是最为严苛的，而其理由恰恰是安全或秩序等公共利益。

与此不同，目的论范式将人权视为为了达成某种善而必须建立的社会规范。人权的合理性在于它是否和在多大程度上促进了某种善。善可以分为外在善和内在善。功利主义和结果主义将外在善作为目的。功利主义将善定义为人类的福祉或福利，如果遵守人权规范能够使整体或平均的幸福或福利最大化，它就具备了正当性。结果主义也是通过确定善的目标来论证人权规范，但并不认为有必要去努力促进善的最大化。与功利主义和结果主义不同，自然法理论将内在善作为目的，这些善是通过理性可知的。②

七　自由主义人权理论的研究范式及其转换

从人权理论发展的历史来看，在西方占主导地位的是自由主义人权理论。从其理论建构范式来看，主要是基于神学主义、本质主义、基础主义、主体主义和义务论范式。但随着现实人权主体、内容、保障方式和义务承担者的不断扩展，传统自由主义也试图扩大其解释范围并增强其解释能力。但这种扩大范围和增强能力的要求受到本质主义、基础主义、主体主义和义务论范式的局限，因而出现了两种变化方向：一是自由主义理论

----

① John Rawls, *A Theory of Justice*, Cambridge：Harvard University press，1971. p. 31.

② 参见詹姆斯·W. 尼克尔、大卫·A. 雷迪《论人权的哲学基础》，安恒捷、童寒梅译，《研究生法学》2014 年第 2 期。

通过突破原有研究范式来增加理论的解释力；二是在研究范式的转换过程中产生了新的人权理论，如与自由主义相对的以人的发展为导向的人权理论。

自由主义人权理论，从权利结构的角度来说，就是将个人自由作为人权的核心人权，认为自由权利的基础是人的特殊属性，是一种不应受到现实条件和其他利益考量限制的绝对权利。

自由主义人权理论自提出以来，面临着一系列现实难题和理论困境。从面临的现实难题来说，自由主义最初要论证的人权只是几项有限的个人自由权利和政治权利。随着人权体系的不断扩展，人权的内容在不断增加，不仅包括了更多的自由权利和政治权利，而且包括经济、社会和文化权利；人权的主体也在不断扩大，不仅包括了妇女、儿童、贫困人口、残疾人的权利，而且包括了少数族裔、殖民地人民、发展中国家人民的权利，甚至提出了全人类的生存权、持续发展权、和平权、环境权等人类集体权利。人权的保障方式也出现了国际化的变化趋势，从仅为一国国内管辖事项，到出现了地区性的人权公约和保障机制，到各种国际人权公约加入国家数量的大幅提升，到联合国成立人权理事会后实行的人权普遍定期审议。人权的义务承担者的范围也再现了新的变化，从国家及其政府扩大到企业特别是跨国企业，以及各种非企业的社会组织。对自由主义人权理论来说，人权的这些现实变化，提出了理论必须解释的新问题，其中包括但不限于：（1）如何论证经济、社会和文化权利的必要性及其与自由权利之间的关系；（2）人权是否具有绝对性，可以完全不考虑其他公共利益和社会后果，如何论证人权与社会公共利益之间的关系；（3）集体和人类能否作为人权的主体，如何论证个人人权与集体人权的关系；（4）人权的产生和实现是否依赖于某些现实条件，如何论证人权普遍性与相对性、多样性、特殊性之间的关系；（5）是否应当对特定群体的人权予以特殊保护，如何论证人权的平等享有与特殊保护之间的关系；（6）人权在什么意义可以作为国际保护事项，如何论证国家主权与国际人权保护之间的关系。这些必须解释的人权现实问题不断迫使自由主义人权理论扩展自身的理论视野，以便包容对上述问题的合理解释。

当自由主义面临上述现实问题的解释需求力图扩展自己的理论视野

时，会在扩展到一定程度时感受到这些研究范式本身的边界和局限。因此，自由主义人权理论阵营就出现了两种选择的分裂：一种选择是坚持在上述理论范式的框架内寻找解释的方式，使自由主义人权理论日益精细和"内卷化"；另一种选择是突破上述研究范式的限制，但仍然坚持自由主义的基本原则，从而产生了许多"另类"的自由主义人权理论。

第四节　习近平关于尊重和保障人权论述中对人权理论的探索

　　2021 年 12 月，中共中央党史和文献研究院汇编的《习近平关于尊重和保障人权论述摘编》一书，从尊重和保障人权的视角汇总了习近平的相关论述，将改革开放以来特别是十八大以来党和政府的一系列战略部署和各项工作提高到人权角度加以认识。习近平指出："实现人民充分享有人权是人类社会的共同奋斗目标。"① "近代以后，中国人民历经苦难，深知人的价值、基本人权、人格尊严对社会发展进步的重大意义，倍加珍惜来之不易的和平发展环境，将坚定不移走和平发展道路、坚定不移推进中国人权事业和世界人权事业。"②

　　2022 年 2 月 25 日，习近平在十九届中央政治局第三十七次集体学习时就中国人权发展道路再次发表重要讲话，他指出："呵护人的生命、价值、尊严，实现人人享有人权，是人类社会的共同追求。" "实现中华民族伟大复兴中国梦的过程，本质上就是实现社会公平正义和不断推动人权事业发展的进程"；"我国开启了全面建设社会主义现代化国家、向第二个百年奋斗目标进军的新征程。我们要统筹国内国际两个大局，深刻认识做好人权工作的重要性和紧迫性，更加重视尊重和保障人权，推动我国人权事业健康发展。"③

---

　　①　中共中央党史和文献研究院编：《习近平关于尊重和保障人权论述摘编》，中央文献出版社 2021 年版，第 51 页。

　　②　中共中央党史和文献研究院编：《习近平关于尊重和保障人权论述摘编》，中央文献出版社 2021 年版，第 4 页。

　　③　习近平：《坚定不移走中国人权发展道路　更好推动我国人权事业发展》，《求是》2022年第 12 期。

党和国家领导人对人权问题的集中论述，显示了中国最高领导层在新时代全面推进中国人权事业发展的政治意愿、战略计划和实践行动，为今后全面提升中国人权保障水平提供了具体指导。同时，它也蕴含着对人权事业发展的理论思考和创新探索，对于中国人权理论的研究具有重要的启发意义。可以从以下七个方面来概括这些有重要启发意义的理论思考和探索。①

一　对人权产生和发展的思考

人权究竟是天赋不变的，还是历史地产生和发展的，这是人权理论界长期争论的一个基本问题。习近平运用历史唯物主义研究方法，从现实历史发展过程来阐述人权存在的意义。他指出："人权是历史的、具体的、现实的，不能脱离不同国家的社会政治条件和历史文化传统空谈人权。""马克思、恩格斯对资产阶级人权理论的历史进步意义给予肯定，同时也对其否定人权的社会性、历史性、阶级性进行了彻底批判。马克思指出，'个体是社会存在物'，'权利决不能超出社会的经济结构以及由经济结构制约的社会的文化发展'。"② 这一论述将人权放在具体的社会历史环境之下，从人类的实践经历来解释人权对社会发展进步的重大意义，把人权从"天赋"或"神赋"转变为人类的建构。

习近平不仅将人权看作是历史产生的，而且看作是随着社会发展而不断发展的。他反复强调"在人权问题上没有完成时，只有进行时；没有最好，只有更好"③；"人权保障没有最好，只有更好"④。这表明，他将人权理解为一种处于发展过程中的理念、规范和实践，不仅人权保障的实践是发展的，而且人权的理念和规范也是发展的。

---

① 本节内容参见常健《人权事业的理论探索——学习习近平关于尊重和保障人权论述的体会》，《人权研究》季刊，2022 年第 1 期。

② 习近平：《坚定不移走中国人权发展道路　更好推动我国人权事业发展》，《求是》2022 年第 12 期。

③ 中共中央党史和文献研究院编：《习近平关于尊重和保障人权论述摘编》，中央文献出版社 2021 年版，第 3 页。

④ 中共中央党史和文献研究院编：《习近平关于尊重和保障人权论述摘编》，中央文献出版社 2021 年版，第 51 页。

二　对人权主体的思考

传统人权理论将人权的主体限定于个人，随着民族自决权和特定群体权利的提出和发展，是否存在集体人权成为理论界激烈争论的问题之一。习近平从国家政治的高度提出"以人民为中心的发展思想"①，并把这一思想运用到对人权的思考上，提出了"奉行以人民为中心的人权理念"②。习近平在论述人权过程中多次将人民作为主体，例如："在更高水平上保障中国人民的人权"③；"不断提高尊重与保障中国人民各项基本权利的水平"④；"保证人民平等参与、平等发展权利"⑤；"有效保障了人民发展权益"⑥；"尊重人民主体地位，尊重人民群众在实践活动中所表达的意愿、所创造的经验、所拥有的权利、所发挥的作用"⑦。在十九届中央政治局第三十七次集体学习时，习近平更明确地指出："人民性是中国人权发展道路最显著的特征。人权不是一部分人或少数人享有的特权，而是广大人民群众享有的普惠性人权。"⑧ 这些论述将人民作为人权的主体，是强调人民作为一个整体对人权的享有，是对集体人权的肯定。

与此同时，习近平也强调要尊重和保障每个个体所拥有的权利。他指出，"我们的方向就是让每个人获得发展自我和奉献社会的机会，共同享

---

① 中共中央党史和文献研究院编：《习近平关于尊重和保障人权论述摘编》，中央文献出版社 2021 年版，第 34 页。

② 中共中央党史和文献研究院编：《习近平关于尊重和保障人权论述摘编》，中央文献出版社 2021 年版，第 22 页。

③ 中共中央党史和文献研究院编：《习近平关于尊重和保障人权论述摘编》，中央文献出版社 2021 年版，第 51 页。

④ 中共中央党史和文献研究院编：《习近平关于尊重和保障人权论述摘编》，中央文献出版社 2021 年版，第 7 页。

⑤ 中共中央党史和文献研究院编：《习近平关于尊重和保障人权论述摘编》，中央文献出版社 2021 年版，第 34 页。

⑥ 中共中央党史和文献研究院编：《习近平关于尊重和保障人权论述摘编》，中央文献出版社 2021 年版，第 21 页。

⑦ 中共中央党史和文献研究院编：《习近平关于尊重和保障人权论述摘编》，中央文献出版社 2021 年版，第 40 页。

⑧ 习近平：《坚定不移走中国人权发展道路　更好推动我国人权事业发展》，《求是》2022 年第 12 期。

有人生出彩的机会，共同享有梦想成真的机会"①；"要维护社会公平正义，保证人人享有发展机遇、享有发展成果。"②

在人权主体问题上，既强调人民整体可以作为人权的主体，又不忽视每个个人作为人权享有的主体，这就避免了以个人权利否定人民集体权利或以集体权利来否定个人权利这两种偏向。

三　对人权目的的思考

人权的最终目的是什么，或人权本身是否就是目的本身，这是人权理论界长期讨论的问题之一。一些理论将人权本身作为目的，一些理论将个人自由作为人权的目的，还有一些理论将社会功利作为人权的目的。

习近平在关于人权的论述中，反复强调"促进人的全面发展"，不仅将其作为"发展的出发点和落脚点"③，而且将其置于论述各项人权保障之后的结尾句，将其显示为保障各项人权所要追求和达到的最终目的。例如："把生存权、发展权作为首要的基本人权，协调增进全体人民的经济、政治、社会、文化、环境权利，努力维护社会公平正义，促进人的全面发展"④；"在更高水平上保障中国人民的人权，促进人的全面发展"⑤。将人自身的全面发展作为保障各项人权的最终目的，既超越了西方自由主义将人的自由作为人权的最终目的的观点，也超越了功利主义将功利作为人权目的的主张，是对马克思主义关于实现人的自由全面发展理想的运用和发展。

四　对人权内容和结构的思考

习近平关于人权的论述涉及一系列权利，包括生命权、健康权、安全

---

① 中共中央党史和文献研究院编：《习近平关于尊重和保障人权论述摘编》，中央文献出版社 2021 年版，第 34 页。

② 中共中央党史和文献研究院编：《习近平关于尊重和保障人权论述摘编》，中央文献出版社 2021 年版，第 92 页。

③ 中共中央党史和文献研究院编：《习近平关于尊重和保障人权论述摘编》，中央文献出版社 2021 年版，第 21 页。

④ 中共中央党史和文献研究院编：《习近平关于尊重和保障人权论述摘编》，中央文献出版社 2021 年版，第 22 页。

⑤ 中共中央党史和文献研究院编：《习近平关于尊重和保障人权论述摘编》，中央文献出版社 2021 年版，和 51 页。

权、环境权、工作权、财产权、教育权、宗教信仰自由、选举权和被选举权、知情权、参与权、表达权、监督权等等。如何理清这些权利之间的关系，不同的人权理论有不同的主张。习近平在论述中强调"生存权和发展权是首要的基本人权"①，并主要围绕这两大权利展开分析。

（一）对生存权的分析

生存权首先涉及人民的温饱问题。习近平指出"生存是享有一切人权的基础，人民幸福生活是最大的人权。"②"中国解决了十三亿多人口的温饱问题，让七亿多人口摆脱贫困，这是对世界人权事业的重大贡献"③。

在关于生存权的论述中，习近平经常使用"民生"这一概念，强调要"消除贫困、保障民生"④。民生的内容比温饱更广泛，医疗卫生、社会保障、社会治安、人居环境等都被概括为"民生事情"⑤。民生事项的范围和重点也是在变化的。习近平指出："当前，民生工作面临的宏观环境和内在条件都在发生变化，过去有饭吃、有学上、有房住是基本需求，现在人民群众有收入稳步提升、优质医疗服务、教育公平、住房改善、优美环境和洁净空气等更多层次的需求。"⑥ 这些论述为生存权范畴提供了更全面的解释。

在生存权的论述中，习近平特别强调生命、健康、平安、环境的重要地位。在生命权方面，他指出，"要始终把人民生命安全放在首位"⑦。

---

① 中共中央党史和文献研究院编：《习近平关于尊重和保障人权论述摘编》，中央文献出版社2021年版，第21页。

② 习近平：《坚定不移走中国人权发展道路 更好推动我国人权事业发展》，《求是》2022年第12期。

③ 中共中央党史和文献研究院编：《习近平关于尊重和保障人权论述摘编》，中央文献出版社2021年版，第6页。

④ 中共中央党史和文献研究院编：《习近平关于尊重和保障人权论述摘编》，中央文献出版社2021年版，第92页。

⑤ 中共中央党史和文献研究院编：《习近平关于尊重和保障人权论述摘编》，中央文献出版社2021年版，第94页。

⑥ 中共中央党史和文献研究院编：《习近平关于尊重和保障人权论述摘编》，中央文献出版社2021年版，第95页。

⑦ 中共中央党史和文献研究院编：《习近平关于尊重和保障人权论述摘编》，中央文献出版社2021年版，第71页。

"人命关天，发展决不能以牺牲人的生命为代价。这必须作为一条不可逾越的红线。"① 在健康权方面，面对新冠肺炎疫情的严峻威胁，习近平指出："生命重于泰山。……把人民群众生命安全和身体健康放在第一位，把疫情防控工作作为当前最重要的工作来抓。"② "在重大疫情面前，我们一开始就鲜明提出把人民生命安全和身体健康放在第一位。……人民至上、生命至上，保护人民生命安全和身体健康可以不惜一切代价！"③ "尽最大努力做到不遗漏一个感染者、不放弃一个病患者，切实尊重每个人的生命价值和尊严。"④ 在人身安全权方面，习近平强调："平安是老百姓解决温饱后的第一需求，是极重要的民生，也是最基本的发展环境。"⑤，在环境权方面，习近平强调："良好生态环境是最普惠的民生福祉。民之所好好之，民之所恶恶之。环境就是民生，青山就是美丽，蓝天也是幸福。发展经济是为了民生，保护生态环境同样也是为了民生。"⑥

（二）对发展权的分析

在关于发展权的论述中，习近平着重分析了发展的目的、目标和手段。

在发展的目的上，习近平强调"发展的最终目的是为了人民"，并进一步指出："在消除贫困、保障民生的同时，要维护社会公平正义，保证人人享有发展机遇、享有发展成果。"⑦

在发展的目标上，习近平强调"共同富裕"和"共享发展成果"。他

---

① 中共中央党史和文献研究院编：《习近平关于尊重和保障人权论述摘编》，中央文献出版社2021年版，第71页。

② 中共中央党史和文献研究院编：《习近平关于尊重和保障人权论述摘编》，中央文献出版社2021年版，第76页。

③ 中共中央党史和文献研究院编：《习近平关于尊重和保障人权论述摘编》，中央文献出版社2021年版，第78页。

④ 中共中央党史和文献研究院编：《习近平关于尊重和保障人权论述摘编》，中央文献出版社2021年版，第82页。

⑤ 中共中央党史和文献研究院编：《习近平关于尊重和保障人权论述摘编》，中央文献出版社2021年版，第72页。

⑥ 中共中央党史和文献研究院编：《习近平关于尊重和保障人权论述摘编》，中央文献出版社2021年版，第103页。

⑦ 中共中央党史和文献研究院编：《习近平关于尊重和保障人权论述摘编》，中央文献出版社2021年版，第92页。

指出，"在全面建设社会主义现代化国家新征程中，我们必须把促进全体人民共同富裕摆在更加重要的位置"①。他强调，共同富裕不是平均主义。"共同富裕是社会主义的本质要求，是中国式现代化的重要特征。我们说的共同富裕是全体人民共同富裕，是人民群众物质生活和精神生活都富裕，不是少数人的富裕，也不是整齐划一的平均主义。"②

在发展手段上，他强调通过参与经济、政治、社会和文化生活实现人的发展。

在参与经济生活方面，习近平特别强调工作权利保障。他指出："一个人没有就业，就无法融入社会，也难以增强对国家和社会的认同。"③"党和国家要实施积极的就业政策，创造更多就业岗位，改善就业环境，提高就业质量，不断增加劳动者特别是一线劳动者劳动报酬。要建立健全党和政府主导的维护群众权益机制，抓住劳动就业、技能培训、收入分配、社会保障、安全卫生等问题，关注一线职工、农民工、困难职工等群体，完善制度，排除阻碍劳动者参与发展、分享发展成果的障碍，努力让劳动者实现体面劳动、全面发展。"④ 同时，习近平也强调保障财产权的重要意义。他指出："对中等收入群体来说，财产权是他们对社会信心的主要来源。保护好产权、保障财富安全，才能让他们安心、有恒心，才能稳定他们的预期。"⑤

在参与政治生活方面，习近平强调要保障人民各项民主权利。他指出："人民当家作主是社会主义民主政治的本质和核心。人民民主是社会主义的生命。没有民主就没有社会主义，就没有社会主义的现代化，就没有中华民族伟大复兴。我们必须坚持国家一切权力属于人民，坚持人民主

---

① 中共中央党史和文献研究院编：《习近平关于尊重和保障人权论述摘编》，中央文献出版社2021年版，第65—66页。

② 中共中央党史和文献研究院编：《习近平关于尊重和保障人权论述摘编》，中央文献出版社2021年版，第66—67页。

③ 中共中央党史和文献研究院编：《习近平关于尊重和保障人权论述摘编》，中央文献出版社2021年版，第117页。

④ 中共中央党史和文献研究院编：《习近平关于尊重和保障人权论述摘编》，中央文献出版社2021年版，第91页。

⑤ 中共中央党史和文献研究院编：《习近平关于尊重和保障人权论述摘编》，中央文献出版社2021年版，第94页。

体地位，支持和保证人民通过人民代表大会行使国家权力。要扩大人民民主，健全民主制度，丰富民主形式，拓宽民主渠道，从各层次各领域扩大公民有序政治参与，发展更加广泛、更加充分、更加健全的人民民主。"①习近平特别强调："人民是否享有民主权利，要看人民是否在选举时有投票的权利，也要看人民在日常政治生活中是否有持续参与的权利；要看人民有没有进行民主选举的权利，也要看人民有没有进行民主决策、民主管理、民主监督的权利。社会主义民主不仅需要完整的制度程序，而且需要完整的参与实践。"② 习近平将中国的民主实践称为"全过程民主"，指出："人民民主是一种全过程的民主，所有的重大立法决策都是依照程序、经过民主酝酿，通过科学决策、民主决策。"③

在参与社会生活方面，习近平强调要保障教育公平。他指出："教育公平是社会公平的重要基础。必须不断促进教育事业发展成果更多更公平惠及全体人民，以教育公平促进社会公平正义，着力提高欠发达地区特别是贫困地区教育发展水平，发展全民教育、终身教育，加快建设学习型社会，大力提高国民素质，努力让每个人享有受教育的机会，获得发展自身、奉献社会、造福人民的能力。"④

在参与文化生活方面，习近平强调发展公共文化事业，指出："发展文化事业是满足人民精神文化需求、保障人民文化权益的基本途径。要坚持为人民服务、为社会主义服务的方向，坚持百花齐放、百家争鸣的方针，全面繁荣新闻出版、广播影视、文学艺术、哲学社会科学事业，着力提升公共文化服务水平，让人民享有更加充实、更为丰富、更高质量的精神文化生活。"⑤

---

① 中共中央党史和文献研究院编：《习近平关于尊重和保障人权论述摘编》，中央文献出版社2021年版，第13页。

② 中共中央党史和文献研究院编：《习近平关于尊重和保障人权论述摘编》，中央文献出版社2021年版，第16—17页。

③ 中共中央党史和文献研究院编：《习近平关于尊重和保障人权论述摘编》，中央文献出版社2021年版，第25页。

④ 中共中央党史和文献研究院编：《习近平关于尊重和保障人权论述摘编》，中央文献出版社2021年版，第103页。

⑤ 中共中央党史和文献研究院编：《习近平关于尊重和保障人权论述摘编》，中央文献出版社2021年版，第104页。

五　对人权推进方式的思考

在人权事业的推进方式上，习近平的论述重点涉及四个推进原则，即依法推进、协调推进、务实推进、平等推进。

在依法推进方面，习近平强调，"宪法是每个公民享有权利、履行义务的根本保证"①；要"加强人权法治保障"②，"通过制度安排，依法保障人民权益"③；"我们要依法保障全体公民享有广泛的权利，保障公民的人身权、财产权、基本政治权利等各项权利不受侵犯，保证公民的经济、文化、社会等各方面权利得到落实"④；要把维护人民权益"落实到依法治国全过程"⑤。

在协调推进方面，习近平强调，要"努力促进经济、社会、文化权利和公民、政治权利全面协调发展"⑥。

在务实推进方面，习近平反复强调要"着力解决好人民最关心最直接最现实的利益问题"⑦，"既尽力而为又量力而行"⑧，"顺应人民群众对美好生活的向往……以保障和改善民生为重点"⑨，"在学有所教、劳有所

---

① 中共中央党史和文献研究院编：《习近平关于尊重和保障人权论述摘编》，中央文献出版社 2021 年版，第 135 页。

② 中共中央党史和文献研究院编：《习近平关于尊重和保障人权论述摘编》，中央文献出版社 2021 年版，第 4 页。

③ 中共中央党史和文献研究院编：《习近平关于尊重和保障人权论述摘编》，中央文献出版社 2021 年版，第 138 页。

④ 中共中央党史和文献研究院编：《习近平关于尊重和保障人权论述摘编》，中央文献出版社 2021 年版，第 136 页。

⑤ 中共中央党史和文献研究院编：《习近平关于尊重和保障人权论述摘编》，中央文献出版社 2021 年版，第 144 页。

⑥ 中共中央党史和文献研究院编：《习近平关于尊重和保障人权论述摘编》，中央文献出版社 2021 年版，第 4 页。

⑦ 中共中央党史和文献研究院编：《习近平关于尊重和保障人权论述摘编》，中央文献出版社 2021 年版，第 38 页。

⑧ 中共中央党史和文献研究院编：《习近平关于尊重和保障人权论述摘编》，中央文献出版社 2021 年版，第 39 页。

⑨ 中共中央党史和文献研究院编：《习近平关于尊重和保障人权论述摘编》，中央文献出版社 2021 年版，第 6 页。

得、病有所医、老有所养、住有所居上持续取得新进展"①，"确保人民依法享有广泛充分、真实具体、有效管用的民主权利"②。

在平等推进方面，他强调要"保证公民在法律面前一律平等"③，"通过制度安排，依法保障人民权益，让全体人民依法平等享有权利和履行义务"④，要"努力克服人为因素造成的有违公平正义的现象，保证人民平等参与、平等发展权利"⑤。

习近平还特别强调对妇女、少数民族、农民权利的平等保障。

在保障妇女平等权利方面，他指出："长期以来，男女平等、尊重妇女的观念越来越深入人心，同时也要看到，妇女发展仍然不平衡，针对妇女的歧视依然存在。这其中，既有一些历史和现实的原因引起的问题，如对妇女就业歧视问题、农村妇女土地及相关权益保障问题等，也有新形势下产生的新问题，比如二孩政策放开后的妇女职业发展、网络时代维护妇女权益等挑战。解决这些问题，需要从国家层面治理，对严重侵犯妇女权益的犯罪行为要坚决依法打击，对错误言论要及时予以批驳。"⑥ 他强调，要"让性别平等落到实处"⑦，"消除对妇女的歧视和偏见……努力消除一切形式针对妇女的暴力，包括家庭暴力。我们要以男女平等为核心，打破有碍妇女发展的落后观念和陈规旧俗"⑧。

在保障少数民族平等权利方面，他指出："要根据不同地区、不同民

---

① 中共中央党史和文献研究院编：《习近平关于尊重和保障人权论述摘编》，中央文献出版社 2021 年版，第 32 页。

② 中共中央党史和文献研究院编：《习近平关于尊重和保障人权论述摘编》，中央文献出版社 2021 年版，第 40 页。

③ 中共中央党史和文献研究院编：《习近平关于尊重和保障人权论述摘编》，中央文献出版社 2021 年版，第 136 页。

④ 中共中央党史和文献研究院编：《习近平关于尊重和保障人权论述摘编》，中央文献出版社 2021 年版，第 138 页。

⑤ 中共中央党史和文献研究院编：《习近平关于尊重和保障人权论述摘编》，中央文献出版社 2021 年版，第 32—33 页。

⑥ 中共中央党史和文献研究院编：《习近平关于尊重和保障人权论述摘编》，中央文献出版社 2021 年版，第 125 页。

⑦ 中共中央党史和文献研究院编：《习近平关于尊重和保障人权论述摘编》，中央文献出版社 2021 年版，第 128 页。

⑧ 中共中央党史和文献研究院编：《习近平关于尊重和保障人权论述摘编》，中央文献出版社 2021 年版，第 121 页。

族实际，以公平公正为原则，突出区域化和精准性，更多针对特定地区、特殊问题、特别事项制定实施差别化区域支持政策。要依法保障各族群众合法权益，依法妥善处理涉民族因素的刑案事件，依法打击各类违法犯罪行为，做到法律面前人人平等。"①

在保障农民平等权利方面，他指出："教育、文化、医疗卫生、社会保障、社会治安、人居环境等，是广大农民最关心最直接最现实的利益问题，要把这些民生事情办好。新增教育、文化、医疗卫生等社会事业经费要向农村倾斜，社会建设公共资源要向农村投放，基本公共服务要向农村延伸，城市社会服务力量要下乡支援农村，形成农村社会事业发展合力，努力让广大农民学有所教、病有所医、老有所养、住有所居。"②

六　对人权实现检验标准的思考

对于人权实现的检验标准，理论界依据对人权的不同理解存在着不同的主张。习近平从"以人民为中心"的理念出发，强调要以人民的满意作为工作效果的衡量标准，要求"把人民拥护不拥护、赞成不赞成、高兴不高兴、答应不答应作为衡量一切工作得失的根本标准"③。这同样也被作为人权实现的检验标准。他多次强调："人民幸福生活是最大的人权。……中国发展成就归结到一点，就是亿万中国人民生活日益改善。"④"我们要着力解决人民群众所需所急所盼，让人民共享经济、政治、文化、社会、生态等各方面发展成果，有更多、更直接、更实在的获得感、幸福感、安全感"⑤，"让广大人民群众获得感、幸福感、安全感更加充

---

① 中共中央党史和文献研究院编：《习近平关于尊重和保障人权论述摘编》，中央文献出版社 2021 年版，第 131 页。

② 中共中央党史和文献研究院编：《习近平关于尊重和保障人权论述摘编》，中央文献出版社 2021 年版，第 94 页。

③ 中共中央党史和文献研究院编：《习近平关于尊重和保障人权论述摘编》，中央文献出版社 2021 年版，第 38 页。

④ 中共中央党史和文献研究院编：《习近平关于尊重和保障人权论述摘编》，中央文献出版社 2021 年版，第 7 页。

⑤ 中共中央党史和文献研究院编：《习近平关于尊重和保障人权论述摘编》，中央文献出版社 2021 年版，第 40 页。

实、更有保障、更可持续"①。"民主不是装饰品,不是用来做摆设的。人权也不是装饰品,也不是用来做摆设的。""我们把人权普遍性原则同中国实际结合起来,从我国国情和人民要求出发推动人权事业发展,确保人民依法享有广泛充分、真实具体、有效管用的人权。"②他特别强调指出:"评价一个国家是否有人权,不能以别的国家的标准来衡量,更不能搞双重标准,甚至把人权当作干涉别国内政的政治工具。"③"我们发展人权事业,不是以西方所提的那个标准为圭臬。不论发展到什么阶段,我们的人权事业都要按照我国国情和人权要求来发展,达到了我们确立的目标和水平就是好的"④。

七　对全球人权治理的思考

习近平指出,"发展人权是全人类共同的事业",并要求"坚持积极参与全球人权治理"⑤。在对全球人权治理的思考方面,习近平一方面强调维护各国人民的各项集体权利,另一方面强调国际关系民主化。而要实现这两个目标,就必须共同构建人类命运共同体。

(一) 维护各国人民的集体权利

在维护各国人民的集体权利方面,习近平特别强调各国人民的生存权、发展权、和平权、环境权。

在生存权方面,习近平强调,"消除贫困,自古以来就是人类梦寐以求的理想,是各国人民追求幸福生活的基本权利"⑥,国际社会尤其应当

---

① 中共中央党史和文献研究院编:《习近平关于尊重和保障人权论述摘编》,中央文献出版社 2021 年版,第 66 页。

② 习近平:《坚定不移走中国人权发展道路　更好推动我国人权事业发展》,《求是》2022年第 12 期。

③ 习近平:《坚定不移走中国人权发展道路　更好推动我国人权事业发展》,《求是》2022年第 12 期。

④ 中共中央党史和文献研究院编:《习近平关于尊重和保障人权论述摘编》,中央文献出版社 2021 年版,第 13 页。

⑤ 习近平:《坚定不移走中国人权发展道路　更好推动我国人权事业发展》,《求是》2022年第 12 期。

⑥ 中共中央党史和文献研究院编:《习近平关于尊重和保障人权论述摘编》,中央文献出版社 2021 年版,第 168 页。

"关注广大发展中国家民众的生存权和发展权"①。

在发展权方面，习近平指出："发展是实现人民幸福的关键。在人类追求幸福的道路上，一个国家、一个民族都不能少。世界上所有国家、所有民族都应该享有平等的发展机会和权利。我们要直面贫富差距、发展鸿沟等重大现实问题，关注欠发达国家和地区，关爱贫困民众，让每一片土地都孕育希望。"② "大家一起发展才是真发展，可持续发展才是好发展。"③ "我们主张，各国和各国人民应该共同享受发展成果。每个国家在谋求自身发展的同时，要积极促进其他各国共同发展。世界长期发展不可能建立在一批国家越来越富裕而另一批国家却长期贫穷落后的基础之上。只有各国共同发展了，世界才能更好发展。"④ "我们要争取公平的发展，让发展机会更加均等。各国都应成为全球发展的参与者、贡献者、受益者。不能一个国家发展、其他国家不发展，一部分国家发展、另一部分国家不发展。"⑤

在和平权方面，习近平指出，要"维护世界和平稳定，增进人类共同利益"⑥。"恐怖主义和极端思潮泛滥，是对和平与发展的严峻考验。打击恐怖主义和极端势力，需要凝聚共识。"⑦ "我们主张，各国和各国人民应该共同享受安全保障。各国要同心协力，妥善应对各种问题和挑战。越是面临全球性挑战，越要合作应对，共同变压力为动力、化危机为生机。面对错综复杂的国际安全威胁，单打独斗不行，迷信武力更不行，合作安

①　中共中央党史和文献研究院编：《习近平关于尊重和保障人权论述摘编》，中央文献出版社2021年版，第51页。

②　中共中央党史和文献研究院编：《习近平关于尊重和保障人权论述摘编》，中央文献出版社2021年版，第192—193页。

③　中共中央党史和文献研究院编：《习近平关于尊重和保障人权论述摘编》，中央文献出版社2021年版，第167页。

④　中共中央党史和文献研究院编：《习近平关于尊重和保障人权论述摘编》，中央文献出版社2021年版，第161—162页。

⑤　中共中央党史和文献研究院编：《习近平关于尊重和保障人权论述摘编》，中央文献出版社2021年版，第165页。

⑥　中共中央党史和文献研究院编：《习近平关于尊重和保障人权论述摘编》，中央文献出版社2021年版，第162页。

⑦　中共中央党史和文献研究院编：《习近平关于尊重和保障人权论述摘编》，中央文献出版社2021年版，第172页。

全、集体安全、共同安全才是解决问题的正确选择。"①

在环境权方面，习近平指出："人类进入工业文明时代以来，在创造巨大物质财富的同时，也加速了对自然资源的攫取，打破了地球生态系统平衡，人与自然深层次矛盾日益显现。近年来，气候变化、生物多样性丧失、荒漠化加剧、极端气候事件频发，给人类生存和发展带来严峻挑战。新冠肺炎疫情持续蔓延，使各国经济社会发展雪上加霜。面对全球环境治理前所未有的困难，国际社会要以前所未有的雄心和行动，勇于担当，勠力同心，共同构建人与自然生命共同体。"②

（二）国际关系民主化

全球人权治理的一个重要目标，就是实现国际关系的民主化。为实现这一目标，习近平强调要维护各国主权平等，尊重各国自主选择的权利，尊重文明多样性，促进不同文明之间对话，促进发展中国家在政治和经济方面的平等参与。

在维护主权平等和各国自主选择权方面，习近平指出："我们主张，各国和各国人民应该共同享受尊严。要坚持国家不分大小、强弱、贫富一律平等，尊重各国人民自主选择发展道路的权利，反对干涉别国内政，维护国际公平正义。"③

在尊重文明多样性方面，习近平指出，要"尊重世界文明多样性、发展道路多样化"④。"文明相处需要和而不同的精神。只有在多样中相互尊重、彼此借鉴、和谐共存，这个世界才能丰富多彩、欣欣向荣。"⑤

在促进不同文明之间对话方面，习近平指出："文明之间要对话，不要排斥；要交流，不要取代。人类历史就是一幅不同文明相互交流、互

---

① 中共中央党史和文献研究院编：《习近平关于尊重和保障人权论述摘编》，中央文献出版社 2021 年版，第 162 页。

② 中共中央党史和文献研究院编：《习近平关于尊重和保障人权论述摘编》，中央文献出版社 2021 年版，第 189 页。

③ 中共中央党史和文献研究院编：《习近平关于尊重和保障人权论述摘编》，中央文献出版社 2021 年版，第 161 页。

④ 中共中央党史和文献研究院编：《习近平关于尊重和保障人权论述摘编》，中央文献出版社 2021 年版，第 162 页。

⑤ 中共中央党史和文献研究院编：《习近平关于尊重和保障人权论述摘编》，中央文献出版社 2021 年版，第 167 页。

鉴、融合的宏伟画卷。我们要尊重各种文明，平等相待，互学互鉴，兼收并蓄，推动人类文明实现创造性发展。"[1] "中国主张加强不同文明交流互鉴、促进各国人权交流合作，推动各国人权事业更好发展。"[2] 要"坚决摒弃冷战思维和强权政治，走对话而不对抗、结伴而不结盟的国与国交往新路"[3]。

在促进发展中国家在国际政治和经济事务中的平等参与方面，习近平指出，要"推动国际关系民主化"[4]，"完善全球经济治理，提高发展中国家代表性和发言权，给予各国平等参与规则制定的权利"[5]。

（三）共同构建人类命运共同体

为了共同实现各国人民的各项人权，促进国际关系的民主化，习近平呼吁各国人民同心协力，构建人类命运共同体，"建设持久和平、普遍安全、共同繁荣、开放包容、清洁美丽的世界。要相互尊重、平等协商"[6]；"中国人民愿同各国人民一道，秉持和平、发展、公平、正义、民主自由的人类共同价值，维护人的尊严和权利，推动形成更加公正、合理、包容的全球人权治理，共同构建人类命运共同体，开创世界美好未来"[7]。

综观习近平关于尊重和保障人权的论述，可以看到对人权本质、实现方式和检验方式的深度思考，它对于人权学界的理论创新具有重要的启发意义。习近平指出："要依托我国人权事业发展的生动实践，提炼原创性

---

[1]　中共中央党史和文献研究院编：《习近平关于尊重和保障人权论述摘编》，中央文献出版社2021年版，第167页。

[2]　中共中央党史和文献研究院编：《习近平关于尊重和保障人权论述摘编》，中央文献出版社2021年版，第164页。

[3]　中共中央党史和文献研究院编：《习近平关于尊重和保障人权论述摘编》，中央文献出版社2021年版，第176页。

[4]　中共中央党史和文献研究院编：《习近平关于尊重和保障人权论述摘编》，中央文献出版社2021年版，第162页。

[5]　中共中央党史和文献研究院编：《习近平关于尊重和保障人权论述摘编》，中央文献出版社2021年版，第165页。

[6]　中共中央党史和文献研究院编：《习近平关于尊重和保障人权论述摘编》，中央文献出版社2021年版，第176页。

[7]　中共中央党史和文献研究院编：《习近平关于尊重和保障人权论述摘编》，中央文献出版社2021年版，第180—181页。

概念，发展我国人权学科体系、学术体系、话语体系。要加强人权智库和人权研究基地建设，着力培养一批理论扎实、学术精湛、熟悉国际规则、会讲中国人权故事的高端人权专家。"[①] 这要求人权理论工作者开拓思路和眼界，从人权的实践经验中吸取充分的养分，面对百年未有之大变局，创新人权理论，促进中国人权事业和世界人权事业的健康发展。

第五节　以人的发展为导向的人权结构理论

以人的发展为导向建构人权结构体系，由此形成的人权理论遵循社会建构主义的研究范式，展现出独特的人权历史观、目的观和结构观。[②]

一　研究范式

以人的发展为导向的人权理论的研究范式是现象主义的、人学的、主体间的、建构主义的、目的论与义务论相结合的，强调人权的目的性、条件性、历史性、相对性和主体间性。

首先，以人的发展为导向的人权研究范式不是神学范式，而是人学范式。与传统自由主义不同，以人的发展为导向的人权理论不是将神作为人权的来源，而是从人自身的实践来探讨人权的来源。它对人权的论证不需要假设一个至高至善至能的神，通过神对人的创造来赋予人以神的某种独一无二的神性，从而说明人权的普遍性、绝对性、不可转让性。相反，它要通过人的生存需求、实践方式和历史境遇来探讨人权的起源与发展和在现实条件下的普遍性与约束力。

其次，以人的发展为导向的人权研究不再采取传统的主体性范式或客观性范式，而是采用主体间范式。它不再从人的某种主体性或客观的某种因素直接推论人权，而是去探讨在一定的社会条件下主体的需求如何达成以及达成了怎样的人权共识，这一过程受到了哪些因素的影响。

再次，以人的发展为导向的人权研究范式不是传统本质主义范式，而

---

①　习近平：《坚定不移走中国人权发展道路　更好推动我国人权事业发展》，《求是》2022年第12期。

②　本节内容参见常健《发展主义人权理论及其基本建构》，《学术界》2021年第12期。

是采取现象主义范式。它不再去探究人权现象背后的绝对本质，而是去努力发现人权现象与其他社会现象之间的稳定和有规律性的联系。

又次，以人的发展为导向的人权研究不再采取基础主义研究范式，而是转向建构主义研究范式。它不再去为人权寻找一种绝对确定的基础，而是去探讨人权在现实社会中是如何建构起来的。

最后，以人的发展为导向的人权研究不再采取绝对的义务论或粗糙的目的论。不再把保障人权作为一种绝对的义务，而是作为一种受现实社会条件限制的义务；不再把保障人权的合理性建立在个人功利计算或主体内在自由实现的基础上，而是建立在社会成员共同发展的基础上。

二　人权历史观

与传统自由主义人权理论不同，以人的发展为导向的人权理论研究不是从神权或人的主体性来推论人权的必然性，而是将人权视为特定社会历史条件下的主体间共识。更具体地说，人权是社会发展特定阶段人们为满足社会成员共同生活的需要所达成的社会共识。这种社会共识的形成与社会的结构有一定的联系，但这种联系并不是结构主义所主张的单向结构决定关系，而是既包括了一定社会结构对社会意识的决定作用，也包括了社会主体对既定社会结构的重新建构。考察人权观念和规范的发展史，可以看到人权观念和规范与两个社会现象具有密切的联系，一个是市场经济的出现和发展，一个是全球化交往的出现。前者与人权的出现相关联，后者与人权的普遍化相关联。换言之，人权是在市场经济的历史背景下各国在全球化交往的实践中为了满足共同需求所建构起来的具有普遍性的社会规范。

（一）人权是市场经济下提出的人的主体性问题

人权的出现与市场经济的出现和发展具有结构性的关联。一方面，市场经济要求个人的独立、自由和平等，以满足市场交换的要求；另一方面，市场经济造成的两极分化，导致底层群体的反抗，要求建立社会保障制度，保护市场经济中的弱势群体权利。

在1843年秋所写的《论犹太人问题》中，马克思对资本主义社会中以自由权利为核心的人权观的特殊的社会本质进行了深刻的剖析，揭示了在资本主义条件下这种自由主义人权观的局限性。他指出：人权之作为人权，是和公民权不同的。和公民不同的这个人究竟是什么人呢？不是别人，就是市民社会的成员。不同于公民权的所谓人权，无非是市民社会的成员的权利，即脱离了人的本质和共同体的利己主义的人的权利。自由就是从事一切对别人没有害处的活动的权利。自由这项人权并不是建立在人与人结合起来的基础上，而是在人与人分离的基础上。自由这一人权的实际应用，就是私有财产这一人权。私有财产这项人权，就是任意地、和别人无关地、不受社会束缚地使用和处理自己财产的权利，这项权利就是自私自利的权利。这种个人自由和对这种自由的享受，构成了市民社会的基础。这种自由使每个人不是把别人看做自己自由的实现，而是看做自己自由的限制。可见，任何一种所谓人权，都没有超出利己主义的人，没有超出作为市民社会的成员的人，即作为封闭于自身、私人利益、私人任性、同时脱离社会整体的个人的人。在这些权利中，人绝不是类存在物，相反地，类生活本身即社会却是个人的外部局限，却是他们原有的独立性的限制。把人和社会连接起来的唯一纽带，是天然必然性，是需要和私人利益，是对他们财产和利己主义个人的保护。①

在 1857—1858 年的《经济学手稿》中，马克思从生产关系的角度对资本主义社会中自由和平等的本质进行了剖析。他指出，如果说经济形式，交换，确立了主体之间的全面平等，那么内容，即促使人们去进行交换的个人材料和物质材料，则确立了自由。可见，平等和自由不仅在以交换价值为基础的交换中受到尊重，而且交换价值的交换是一切平等和自由的产生的、现实的基础。作为纯粹观念，平等和自由仅仅是交换价值的交换的一种理想化的表现；作为在法律的、政治的、社会的关系上发展了的东西，平等和自由不过是另一次方的这种基础而已。交换价值，或者更确切地说，货币制度，事实上是平等和自由的制度。这种平等和自由证明本身就是不平等和不自由的。② 在《资本论》第 3 卷中，马克思进一步指出，创造资本主义社会的各种权利的，是生产关系。一旦生产关系达到必须改变外壳的程度，这种权利和一切以它为依据的交易的物质源泉就会

① 马克思：《论犹太人问题》，《马克思恩格斯全集》第 3 卷，人民出版社 2002 年版，第 180—185 页。

② 马克思：《经济学手稿》，《马克思恩格斯全集》第 30 卷，人民出版社 1995 年版，第 199—200 页。

消失。

对 21 个各类市场经济体制国家人权保障制度的分析发现，市场经济体制与人权保障制度之间具有内在的关联性。市场经济体制的建立和发展推动着人权保障制度的建立和完善。① 这在一定程度上表明，市场经济是人权保障的内生动力，市场经济体制要求以保障人权作为社会的基本规范。

首先，市场经济体制与个人自由权利之间是相互促进的，特别是法律人格权、人身自由权、自由迁徙权、财产权、隐私权和平等权与市场经济体制的建立和发展具有更为内在的联系。市场经济体制的建立和发展也推动了公民的各项政治权利的保障，特别是知情权、表达权、参与权、监督权、选举权等。

其次，市场经济体制的建立和发展与经济和社会权利保障相互制约，并在相对平衡的条件下相互促进。市场竞争导致的贫富分化，会引发社会分裂，使市场经济体制无法持续运行，因此要求在保障个人自由权利的同时，进一步保障经济、社会和文化权利。对各国人权保障历史的考察显示，对工作权利、基本生活水准权利、社会保障权利、健康权利和受教育权利的保障，为市场经济提供了健康、可持续的劳动力，而市场经济带来的政府税收增加也为这些权利的保障提供了比较充分的经济基础。但国家福利制度也在一定程度上降低了劳动者的工作动力，在一定程度上减弱了在全球市场中的竞争力，因此，经济、社会和文化权利与市场经济发展是相互制约的，只有在平衡的条件下才能相互促进。

最后，特定群体权利的保障与市场经济的发展也呈现出相互制约的关系。一方面，对妇女、儿童、老年人、残疾人等特定群体权利的保障，可以为市场经济的运行和发展提供和谐的社会环境；另一方面，市场经济的发展水平决定着对特定群体权利保障的经济基础。保障特定群体权利的福利政策需要通过税收的转移支付，它既会减少用于投资的资金，又会增加消费需求。只有在相对平衡的条件下，才会促进市场经济的发展。

（二）人权的内容随市场经济的发展而发展

如前所述，人权经历了一系列发展阶段，在主体方面从非普遍主体过

---

① 参见常健、黄爱教《市场经济体制与人权保障制度》，中国社会科学出版社 2022 年版，第 383—389 页。

渡到普遍主体,从个人主体扩展到集体主体;在内容上,从自由权利和政治权利扩展到经济、社会和文化权利,从个人权利扩展到民族、人民和人类的集体权利;在保障形式上,从国家机制扩展到地区和国际机制;在义务承担者方面,从国家和政府扩展到企业和非企业社会组织。

对21个国家市场经济不同发展阶段人权保障制度的研究表明,市场经济不同发展阶段的人权保障会存在差异:公民权利和政治权利是市场经济初始发展阶段的主要人权诉求,市场经济的平衡发展阶段需要进一步保障经济和社会权利。

对市场经济先发国家人权保障制度的考察显示,其人权保障制度的发展呈现出明显的阶段性:在市场经济体制的初建时期主要强调公民权利和政治权利的保障,到了市场经济的平衡阶段不断增加对经济社会权利的保障和对弱势群体权利的保障。但不同模式的市场经济体制国家进入人权平衡保障时期的时间有一定差异:与实行自由市场经济体制的国家相比,实行社会市场经济体制和国家主导型市场经济体制的国家相对更早进入人权的平衡保障时期。

对市场经济后发国家人权保障制度的考察显示,人权保障制度发展的阶段不如市场经济先发国家明显。因为市场经济起步较晚,市场经济后发国家通常都会吸取市场经济先发国家进入相对平衡阶段后的人权保障制度,因此其人权保障制度在初始阶段就比先发国家的初始阶段更加平衡地保障两类人权。但从不同经济体制转型的国家在两类权利的保障重点上呈现出一定差异:从传统经济转型的市场经济后发国家在其市场经济初建阶段更加强调对个人自由权利的保障;从计划经济转型的市场经济后发国家在其市场经济发展的初建阶段尽管也主要推进对个人自由权利的保障,但在人权保障总体格局上相对更加平衡。

(三)经济全球化是人权普遍化的重要基础

随着全球化时代的到来,交往的全球化要求形成某种共同遵守的交往规则。正是在这种全球交往的时代背景下,才出现了具有更普遍意义的"人权"理念。具体来说,第二次世界大战使各国人民普遍认识到侵犯人权对世界和平与安全的威胁,随后起草的《世界人权宣言》不仅包含了西方国家的思想,而且通过中国学者张彭春的工作吸收了东方的儒家思想。世界大多数国家对《世界人权宣言》的承认和对国际人权公约的签署和批准，体现了这种共识的形成。由此可以认为，人类的全球化实践和交往是促进"人权"共识形成的现实基础。

社会学家特纳指出，人权是全球化社会过程的一个重要特征。全球化创造了许多不完全属于民族国家内部的问题。[①] 公民权利一方面与民族国家的出现有关，另一方面也受到了帝国主义、全球化、地区化、移民工人、难民和原住民等等社会问题的影响。由于全球化产生的问题不只限于民族国家内部，所以公民权利的概念必须扩展为人权的概念。[②]

三　人权目的观

从人的发展视角出发，人权存在着目的性。与自由主义人权理论不同，以人的发展为导向的人权理论并不是将个人自由作为人权的终极目的，而是将所有人自由全面协调发展作为人权所要实现的终极目的。

（一）密尔论人的个性发展

密尔认为，个人的个性发展在一定条件下能促进共同体的相互联系。他指出："相应于每人个性的发展，每人也变得对于自己更有价值，因而对于他人也能够更有价值。他在自己的存在上有了更大程度的生命充实；而当单位中有了更多的生命时，由单位组成的群体中自然也有了更多的生命。"[③] 他同时强调，每个人的发展会存在相互冲突，因此有必要以发展制约发展。他指出："为着防止人性的较强标本侵蚀他人的权利，必要数量的压制还不能免去；但是，即使从人类发展的观点来看，也是所得足以厚偿所失的。个人因被阻碍不得餍足其损害他人的意向而失去的发展手段，主要都以他人的发展为代价而得回了。并且，甚至就他本人来说，正因约束了他本性中自私性部分的发展才使其社会性部分可能有更好的发展，得失之间也是足以充分相抵的。一个人为他人之故而受制于正义的严格规律，这正足以发展他的以他人的利益为自己的目标的情感和能力。"[④]

---

① B. S. Turner, Outline of A Theory of Human Rights, *Sociology*, 1993, 27 (3), pp. 489 – 521.

② B. S. Turner, Introduction: Rights and Communities: Prolegomenon to A Sociology of Rights, *Australian and New Zealand Journal of Sociology*, 1995, 31 (2), pp. 1 – 8.

③ ［英］密尔：《论自由》，程崇华译，商务印书馆1996年版，第67页。

④ ［英］密尔：《论自由》，程崇华译，商务印书馆1996年版，第67页。

（二）马克思主义经典作家关于人的自由和全面发展的论述

促进人的全面发展是马克思主义的基本主张。马克思在《资本论》中指出，"每个人的全面而自由的发展"是比资本主义更高级的社会形式的基本原则，即每个社会成员既要自由地发展和发挥他们的全部力量和才能，又必须把其他人的发展看作是自己发展的条件，并用自己的发展去促进社会全体成员的全面发展。坚持人的全面发展要求必须以人为中心，解放人、发展人、实现人，把人的全面发展和人的综合素质的提高看作是社会发展的核心和最优先、最高目标。不仅关注当代人的发展，而且关注后代人的可持续发展；不仅满足人的物质生活需要，还要满足人的社会生活、精神生活的需要；坚持以人的综合素质提高为本，使人的综合素质得到充分发展，以人的综合素质的优先、充分发展引领、统摄经济社会发展，努力建立一个以人的全面发展为中心的社会。①

马克思批判了自由主义人权理论，将人的自由和全面发展作为人类发展的目的王国。马克思分析了人从依赖关系向自由发展转变的三个阶段："人的依赖关系（起初完全是自然发生的），是最初的社会形态下，人的生产能力只是在狭窄的范围内和孤立的地点上发展着。以物的依赖性为基础的人的独立性，是第二大形态，在这种形态下，才形成普遍的社会物质变换，全面的关系，多方面的需求以及全面的能力的体系。建立在个人全面发展和他们共同的社会生产能力成为他们的社会财富这一基础上的自由个性，是第三个阶段。第二个阶段为第三个阶段创造条件。"② 在《资本论》中，马克思指出：共产主义是"以每个人的全面而自由的发展为基本原则的社会形式"③。1877 年马克思在《给"祖国记事"杂志编辑部的信》中将共产主义理解为"在保证社会劳动生产力高度发展的同时又保证人类最全面的发展的这样一种经济形态"④。到了共产主义，"作为目的本身的人类能力的发展，真正的自由王国，就开始了"⑤。

---

① 成应斌：《坚持以人的全面发展为纲》，《陕西日报》2013 年 6 月 18 日。
② 《马克思恩格斯文集》第 8 卷，人民出版社 2009 年版，第 52 页。
③ 《马克思恩格斯选集》第 2 卷，人民出版社 2012 年版，第 267 页。
④ 《马克思恩格斯全集》第 19 卷，人民出版社 1963 年版，第 130 页。
⑤ 《马克思恩格斯全集》第 25 卷，人民出版社 1974 年版，第 927 页。

在《共产党宣言》中，马克思说：共产主义"是这样一个联合体，在那里，每个人的自由发展是一切人的自由发展的条件"①。"一个人的发展取决于和他直接或者间接进行交往的其他一切人的发展"②，"不言而喻，要不是每一个人都得到解放。社会也不能得到解放"③，"在真正的共同体的条件下，各个人在自己的联合中并通过这种联合获得自己的自由"④，"只有在共同体中，个人才能获得全面发展其才能的手段"⑤。

作为终极目的性人权的发展权是个人权利还是集体权利？与作为手段性权利的发展权不同，作为终极目的性权利的发展权不是孤立个人的权利。马克思从人的人类社会属性和人的相互结合出发来阐释人所要求的真正人权，认为"人是最名副其实的社会动物，不仅是一种合群的动物，而且只有在社会中才能独立的动物"⑥。从人的这种社会性的类本质出发，人权应当是在人的相互结合中的人权，自由是在人类集体关系中的自由，"只有在集体中，个人才能获得全面发展才能的手段，也就是说，只有在集体中才能有个人自由"⑦。

受上述经典分析的启发，可以认为，作为终极目的性权利的发展权不能界定为孤立个人的权利或笼统的集体权利，而应当以个人与集体相互联系的方式加以界定。它是一种个人权利，但是每个人与他人相互协调地自由和全面发展的权利。与此同时，它也是一种集体权利，是所有成员以协调的方式实现集体的自由全面发展的权利。

（三）阿玛蒂亚·森和纳斯鲍姆关于人的可行能力的分析

在国际人权理论领域，阿玛蒂亚·森和玛莎·C. 纳斯鲍姆（Martha C. Nussbaum）所提出的能力主义路径也开始重视人的发展的人权意义。

在《以自由看待发展》一书中，阿玛蒂亚·森反对把发展看作是 GDP 增长、个人收入提高、工业化、技术进步或社会现代化，指出应当

---

① 《马克思恩格斯选集》第 1 卷，人民出版社 1995 年版，第 294 页。
② 《马克思恩格斯全集》第 3 卷，人民出版社 1960 年版，第 515 页。
③ 《马克思恩格斯全集》第 20 卷，人民出版社 1971 年版，第 318 页。
④ 《马克思恩格斯选集》第 1 卷，人民出版社 1995 年版，第 119 页。
⑤ 《马克思恩格斯选集》第 1 卷，人民出版社 1995 年版，第 119 页。
⑥ 《马克思恩格斯选集》第 2 卷，人民出版社 2012 年版，第 684 页。
⑦ 《马克思恩格斯全集》第 1 卷，人民出版社 2012 年版，第 199 页。

以自由的视角重新解读发展的目的、意义和标准。根据他的理解，自由既是发展的首要目的，也是促进发展不可缺少的手段。① 在阿玛蒂亚·森看来，发展的目的应当是为了增强人的可行能力并发挥人的全部潜能。他区分了发展的首要目标和终极目标。发展的首要目标是消减现实世界中对可行能力的限制，尽力扩展可行能力的范围和程度。发展的终极目标是通过可行能力的扩展，最终使人能自主地主导自己的生活，逐步实现人的潜能的全部发挥和人类充盈。阿玛蒂亚·森进一步区分了两种形式的自由：一种是程序方面的自由，对于它的限制是强制一个人做什么事，因而缺乏选择的自由；另一种是机会方面的自由，对它的限制并不是限制主体选择的自由，而是拒绝提供实质性行为的基础。他认为，只有基于可行能力的实质自由，才能真正保障机会自由。可行能力是人具有实质选择自由的前提，通过它一个人才能真正主导自己的生活，并尽可能实现自己的潜能。可行能力能够保障人们拥有追求自己目标的基础，使人们真正有机会能选择自己想要过的生活。而对可行能力的保障，是人权的重要内容。② 在阿玛蒂亚·森看来，发展的目的应当是为了增强人的可行能力并发挥人的全部潜能。他区分了发展的首要目标和终极目标。发展的首要目标是消减现实世界中对可行能力的限制，尽力扩展可行能力的范围和程度。发展的终极目标是通过可行能力的扩展，最终使人能自主地主导自己的生活，逐步实现人的潜能的全部发挥和人类充盈。尽管阿玛蒂亚·森在这里仍然将发展视为手段，将自由视为目的，但他所理解的自由，是人自身能力的扩展和潜能的实现，这本质上是人的发展。在这个意义上，阿玛蒂亚·森虽然仍然沿用了传统自由主义的"自由"这一概念，但他对"自由"概念的运用已经从消极任意的形式自由转向实现自身潜能的实质自由，他的人权理论已经从传统的自由主义走向了发展主义。

玛莎·C. 纳斯鲍姆（Martha C. Nussbaum）在阿玛蒂亚·森理论的基础上，进一步提出了10种"核心能力"（central capabilities），即(1) 生命；

---

① ［印］阿玛蒂亚·森：《以自由看待发展》，任赜、于真译，中国人民大学出版社2002年版，第1—2页。

② Amartya Sen, Human Rights and Capabilities, *Journal of Human Development*, 2005（6）: p. 159.

（2）身体健康；（3）身体完整；（4）理智、想象力和思想；（5）情感；（6）实践理性；（7）社会交往（友谊＋尊重）；（8）其他物种；（9）娱乐；（10）控制环境。① 她认为，这 10 种核心能力是内在于基本社会正义理念的重大的人之权益（human entitlements）。② 她将这些核心能力也称为"核心人权"，指出："如果我们讨论的是特定民族国家，则我们有权追问其是否保障了人民的上述十种核心能力（核心人权）。如果它没做到，那么这个国家连最低限度的正义也没有达到。"③ 她对自由放任主义的（Libertarian）或新自由主义人权理论提出质疑，并认为她所主张的能力进路与美国宪法的新自由主义解释是相抵触的。她以政治权利为例，指出："通过以能力语言来定义权利保障，我们宣明，如果这一权利话语仅仅停留在纸面上，一国的人民并不真正享有有效的参政权——参政权在此是作为一种关乎判断社会正义与否的权利的示例：只有当存在有效措施，使人们真正有能力参政时，人们才被真正授予权利。在许多国家，妇女享有名义上的参政权，但不具备能力意义上的参政权。例如，如果她们离开家门，她们就可能面临暴力威胁。质言之，以能力语言进行考量，为我们思考保障一个人权利的真正含义问题提供了标尺。"④ 在这个意义上，她将这些核心能力视为具有优先性的"王牌"："我所认可的能力，与人权一样，在相对追求总体福利具有非常强大的优先性这一意义上，就是'王牌'，只要任何一项能力未能实现，那么国家便不具有最低限度正义。"⑤ 与阿玛蒂亚·森不同，纳斯鲍姆特别强调政府对保障这些核心能力（核心人权）具有积极的义务。她指出："我并不赞同森关于权利（或核心能力）与国家作为没有概念关联的观点。……如果一项能力确定被纳入能力清单（或者，如果特定权利确实被纳入人权清单），各政府即有义务予以保护和保障，运用法律和公共政策实现此一目的。"⑥

---

① Martha C. Nussbaum, "Capabilities and Human Rights", *Fordham Law Review* 66（1977），pp. 285 – 288.

② ［美］纳斯鲍姆：《能力、权益与权利：补充和批判关系》，《人权》2015 年第 3 期。

③ ［美］纳斯鲍姆：《能力、权益与权利：补充和批判关系》，《人权》2015 年第 3 期。

④ ［美］纳斯鲍姆：《能力、权益与权利：补充和批判关系》，《人权》2015 年第 3 期。

⑤ ［美］纳斯鲍姆：《能力、权益与权利：补充和批判关系》，《人权》2015 年第 3 期。

⑥ ［美］纳斯鲍姆：《能力、权益与权利：补充和批判关系》，《人权》2015 年第 3 期。

她进一步指出："能力进路明确主张，保障一个人的权利，仅仅基于消极的国家作为是不够的。"①

纳斯鲍姆也不赞成阿玛蒂亚·森关于能力只涉及有关机会的人权或自由，而不涉及有关程序的人权或自由的观点，而认为能力涉及所有人权。她指出："能力的范围是什么？森认为，人权概念广于能力概念，因为人权概念当中包含程序和机会两者，而能力涉及的是机会，而非程序。我对此并不信服。事实上，我无法明白这一两分法主张的理由。如果要过符合人之尊严的生活，人们需要有能力做到的许多事情之一，便是按照与他人平等的条件，使用法律体系；而这一权利经常受阻的方式之一，就是人被设置不对等的程序障碍。正当程序权，是为所有现代宪法所保障的，并与平等法律保护密切相关的程序性权利，但它同时也是作为完全平等公民行事和受对待的基础性机会。"②

阿玛蒂亚·森的能力路径仍然着眼于自由，而不是任何目的本身。能力是一种自由，而不是一种实现状态：它所涉及的是一个人进行有效选择的自由所依赖的一些可供选择的功能集合，而不是功能状态本身③。森的这个分析似乎暗示，他的能力观念所涉及的主要是一个人实现其选择目标所需要的一些实质性自由，而不是具体目标的实现状态。在这种意义上讲，森所提出的以能力为基础的人权观，仍然是自由的衍生物。与阿玛蒂亚·森不同，纳斯鲍姆认为能力表征了一种公民理想，在这种意义上，纳斯鲍姆实际上将人权的基础建立在某种特定的目的之上，而不再仅仅以自由或选择为基础。将人权视作是"一个人所拥有的一类尤为紧迫和道德上得到辩护的要求，这一要求之所以成立，仅仅是因为人是一个成熟的人类个体，而不用考虑他在某个特定的国家、阶层、性别、种族、宗教或性群体中的成员身份"。它们表达了"一个自由而有尊严的人类存在者，作为一个选择的制定者"这样一个特殊的公民理想。纳斯鲍姆同时将这种观点视作是一种"政治自由主义"的形式，即是跨文化的和普遍有效的。④

---

① ［美］纳斯鲍姆：《能力、权益与权利：补充和批判关系》，《人权》2015 年第 3 期。

② ［美］纳斯鲍姆：《能力、权益与权利：补充和批判关系》，《人权》2015 年第 3 期。

③ Amartya Sen, "Elements of a Theory of Human Rights", *Philosophy & Public Affairs*, Vol. 32, No. 4 (2004), p. 334.

④ Martha Nussbaum, "Human Rights Theory: Capabilities and Human Rights." *Fordham Law Review* 66 (1997): pp. 286 – 296.

通过能力来分析人权，要求制度安排和公共政策不能仅仅关注财富分配，还应关注公民实现其各自目标所需要的可行能力。能力路径所提出的人权要求是方方面面的。例如，它要求建立一个健全的民主审议制度，使得公民能够在民主实践中提升自己的沟通能力、协商能力和表达利益要求的能力等；还要求国家的宪法、法律等权威性的规范将以能力为基础的权利确定下来，确立义务主体和权利主体，并确定其实现方式，比如义务教育、对残障人士的保护，等等。通过能力路径看待人权，已经产生了较大的实践影响，联合国开发计划署发布的年度《人类发展报告》实际上就是以能力理论为基础的。

（四）中国共产党将促进人的自由全面发展作为人权的最高价值追求

20 世纪 90 年代以来，中国提出将生存权和发展权作为首要人权，将实现发展权置于人权事业发展战略的首要位置。这一观点的提出是基于理论和现实的双重考虑。在理论上，中国依据马克思主义对"抽象自由"进行了全面的批判，把人的全面发展作为社会发展的最终目的，这为确立发展权在人权话语体系中的核心地位奠定了理论基础。在现实中，中国是世界最大的发展中国家，必须将促进经济发展作为中心工作，通过保障个人和人民的发展权，来促进其他各项人权的实现。在实践中，中国坚持以经济建设为中心，为提升各项人权的保障水平打下了坚实的物质基础；中国提出了科学发展观，为联合国千年发展目标的达成作出了杰出的贡献。

党的十八大报告全面阐释了以人民为中心的发展观，将"促进人的全面发展"作为全面建成小康社会的新目标和新要求。在党的十八大报告中，三次明确提出"促进人的全面发展"。党的十八大修改的党章总纲中，在"在生产发展和社会财富增长的基础上不断满足人民日益增长的物质文化需要"之后，特别加上了"促进人的全面发展"。党的十八届五中全会更是提出了要把"促进人的全面发展作为发展的出发点和落脚点"。中国共产党奉行人民至上的价值取向，视人民为推动发展的根本力量，努力做到发展为了人民、发展依靠人民、发展成果由人民共享；把增进人民福祉、促进人的全面发展作为发展的出发点和落脚点，充分调动人民的积极性、主动性、创造性，使人民成为发展的主要参与者、促进者和受益者。全面建成小康社会和实现中华民族伟大复兴的中国梦，就是让人民有更好的教育、更稳定的工作、更满意的收入、更可靠的社会保障、更高水平的医疗服务、更舒适的居住条件、更优美的环境，让每个人都能更有尊严地发展自我和奉献社会，共同享有人生出彩的机会，共同享有梦想成真的机会。①

习近平总结了中国的人权发展道路，多次指出了人的全面发展与人权、人的尊严和人的价值之间的关系。2014 年 3 月 27 日在中法建交五十周年纪念大会上的讲话中，习近平指出："中国梦是追求幸福的梦。中国梦是中华民族的梦，也是每个中国人的梦。我们的方向就是让每个人获得发展自我和奉献社会的机会，共同享有人生出彩的机会，共同享有梦想成真的机会，保证人民平等参与、平等发展权利，维护社会公平正义，使发展成果更多更公平惠及全体人民，朝着共同富裕方向稳步前进。"② 2015 年 9 月 16 日，在致"2015·北京人权论坛"贺信中，习近平指出，"对各国人民而言，发展寄托着生存和希望，象征着尊严和权利"，"中国人民正在为实现中华民族伟大复兴的中国梦而奋斗，这将在更高水平上保障中国人民的人权，促进人的全面发展"③。2016 年 12 月 4 日，在致"纪念《发展权利宣言》通过 30 周年国际研讨会"的贺信中，习近平指出："发展是人类社会永恒的主题。联合国《发展权利宣言》确认发展权利是一项不可剥夺的人权。……多年来，中国坚持以人民为中心的发展思想，把增进人民福祉、保障人民当家作主、促进人的全面发展作为发展的出发点和落脚点，有效保障了人民发展权益，走出了一条中国特色人权发展道路。"④ 2018 年 12 月，在致纪念《世界人权宣言》发表 70 周年座谈会的信中，习近平强调："中国坚持把人权的普遍性原则和当代实际相结合，走符合国情的人权发展道路，奉行以人民为中心的人权理念，把生存权、发展权作为首要的基本人权，协调增进全体人民的经济、政治、社会、文

---

① 国务院新闻办公室：《发展权：中国的理念、实践与贡献》，人民出版社 2016 年版。

② 习近平：《在中法建交五十周年纪念大会上的讲话》，《人民日报》2014 年 3 月 29 日第 2 版。

③ 习近平：《致"2015·北京人权论坛"的贺信》，《人权》2015 年第 5 期。

④ 习近平：《致"纪念〈发展权利宣言〉通过 30 周年国际研讨会"的贺信》，《人权》2017 年第 1 期。

化、环境权利，努力维护社会公平正义，促进人的全面发展。"①

在中国发布的发展权白皮书中明确指出了发展权性质和在人权中的目的性地位："发展既是消除贫困的手段，也为实现其他人权提供了条件，还是人实现自身潜能的过程。发展权贯穿于其他各项人权之中，其他人要为人的发展和发展权的实现创造条件。"② 在国务院新闻办公室 2019 年 9 月发表的《为人民谋幸福：新中国人权事业发展 70 年》（白皮书）中，总结中国人权事业 70 年发展，将"促进人的自由全面发展是人权的最高价值追求"作为"以人民为中心的人权理念"的重要内容。③

以上思想发展成果给我们的启发是：人的自由全面协调发展是人权的最高价值追求，是人的主体性、尊严和价值的核心。在这个意义上，"所有人的自由全面协调发展"应该被定义为终极目的性人权。

四　人权结构观

以人的发展为导向的人权理论将所有人的自由全面协调发展作为人权的总目标，重新构建人权的结构体系。首先，它将发展权作为人权中的目的性权利，这里所说的发展不是指经济或社会的发展，而是指人的发展；不是指孤立个人的发展，而是指所有人的自由全面协调发展。为了实现作为目的性的发展权，一方面需要将生存权作为基础性的权利，因为人无法生存，就失去了发展的前提条件；另一方面，需要将参与权作为手段性权利，因为如果主体缺乏参与经济、政治、社会和文化生活的条件，就无法实现自身的全面发展。与此同时，为了保障所有人的自由和协调发展，需要将自主权作为条件性权利，将平等权作为约束性权利，只有自主的参与才能保障自由的发展，只有平等的参与才能保障所有主体的协调发展。由此建立的以人的发展为导向的人权结构体系如图 1 – 1 所示。

将发展权作为目的性权利，要求政府在保障人权方面承担更多积极的义务。中国为全面建成小康社会而设置的各项目标和任务，正体现了国家

---

① 《习近平致信纪念〈世界人权宣言〉发表 70 周年座谈会强调 坚持走符合国情的人权发展道路 促进人的全面发展》，《人权》2019 年第 1 期。

② 国务院新闻办公室：《发展权：中国的理念、实践与贡献》，人民出版社 2016 年版，第 5 页。

③ 国务院新闻办公室：《为人民谋幸福：新中国人权事业发展 70 年》，人民出版社 2019 年版，第 13 页。

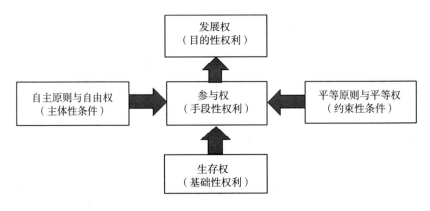

图 1 - 1　人权结构体系

为保障所有社会成员的自由全面协调发展所采取的积极行动。

（一）目的性权利与支持性权利的区分

为了确立发展权在人权体系中的核心地位，首先需要区别两类人权，一类是目的性权利，一类是支持性权利。

目的性人权涉及人权所要达到的最终目的和要实现的根本价值，支持性人权涉及为了达到目的性人权而必须保障的各种条件。由于目的和实现条件的相对性，目的性权利与支持性权利的区分也具有相对性。一些权利相对于某个目的性权利是支持性权利，而相对于另一些支持性权利却可能是目的性权利。因此，人权理论的重要功能，一方面，要在各项人权中区分出哪些是目的性权利，哪些是支持性权利，并按照这种目的和实现条件之间的结构关系，建立起人权的体系；另一方面，要确定哪项或哪类人权是终极的目的性权利，它是人权体系的"定海神针"，是处理各项人权之间关系的指南。

区分目的性人权和支持性人权，特别是确立终极的目的性人权，具有重要的理论意义和现实意义。各项人权在现实的行使中会出现相互矛盾，这被称为"人权冲突"。解决人权冲突的理论方式，就是分析各项人权之间的结构关系，根据"目的性权利—支持性权利"的区分来确定各项人权实现的优先排序，并根据这种优先排序来确定对处于冲突关系中的哪项人权的行使给予优先考虑，对哪项人权的行使予以必要的限制。

根据《世界人权宣言》的精神，保障人权是为了维护人的尊严和价值。因此，如何确定哪些人权是目的性权利，特别是终极的目的性权利，哪些人权是支持性权利，涉及对人的尊严和价值的理解。对人的尊严和价值的不同理解，就会对目的性权利和支持性权利有不同的区分，从而也成为不同人权理论的重要标识。

根据宗教神学的理解，神是人的目的，也是人的尊严和价值的来源。根据这种理解，神的权利是目的性权利，人的权利只是支持性权利。之所以赋予人以人权，是为了使人更好地服从上帝，遵从上帝的召唤。根据中世纪的自然法理论，人定法要服从自然法，自然法是上帝为人类设立的法律，它是上帝永恒法中关于人类的部分。近代西方人权理论就是从自然法理论推演出自然权利的存在，因而这种理论被命名为"自然权利理论"。根据自然权利理论，上帝赋予人以理性，使人拥有了自由。因此，对人来说，自由就成为终极性的权利，成为所有其他人权要实现和保障的目的。这种自由权，在理论上是面对上帝并相对于其他物种的自由，在现实中是摆脱封建束缚的自由。然而体现的并不是人的完全主体性，而只是人的"半主体性"。在后世哲学中，近代德国哲学家康德以"人是目的"的命题来推进对人的完全主体性的承认，20世纪德国哲学家尼采以"上帝死了"来追问人类道德的基石，德国存在主义哲学海德格尔和法国哲学家萨特通过探询人的存在与物的存在的区别推进人本主义思潮，用人的本体论自由来论证人在道德上应当享有自由权利。从这个意义上来说，自由主义人权理论的最核心的底线原则，就是将个人的自由不仅仅作为支持性权利，不仅作为一般的目的性权利，而且作为终极的目的性权利。自由主义人权理论最经典的教条是：自由只能被自由限制。换言之，当个人自由权利与其他人权发生冲突时，其他人权作为支持性权利要让位于个人自由权利。

与自由主义人权理论不同，以人的发展为导向的人权理论不再相对于上帝来定义人的主体性，而是将人作为独立于上帝的完全主体；不再把自由视为人的主体性的最终体现，而是把人的发展和自我实现作为人的主体性的最终体现，是人的尊严和价值的最终体现；不再把人的自由权作为最终的目的性权利，而是把人的发展权作为最终的目的性权利，人享有自由权是为了实现人的发展权，相对于发展权，自由权只是支持性权利；当某项自由权的行使与发展权的实现发生冲突时，应该受到限制的不再是发展权，而是妨碍发展权实现的该项自由权。从这个意义上来说，以人的发展为导向的人权理论与自由主义人权理论的最核心的区别，就是将发展权作为终极的目的性权利。

（二）四类支持性权利

为了实现作为目的性权利的发展权，需要四类支持性权利。

第一类支持性权利是基础性权利。生存权是最主要的基础性权利，它涉及对每个社会成员基本生存条件的保障。生存是人的发展的主体物质前提，如果人的基本生存得不到保障，发展就失去了主体。生存权要为每个社会成员的生存提供基本条件的保障，它包括但不限于基本生活水准的权利，获得基本公共卫生服务的权利，获得医疗救治的权利，获得社会保障的权利，健康的生活环境的权利，和平生活的权利等。

第二类支持性权利是手段性权利。参与权是最主要的手段性权利，它涉及个人参与经济、政治、社会和文化生活的权利。人是社会性存在，只有在参与社会生活的过程，才能实现自身的发展。参与权一方面尊重和保护社会成员参与社会生活的自由，另一方面为社会成员参与社会生活提供条件，它包括但不限于参与经济生活的权利，如工作权、财产权等；参与政治生活的权利，如选举权和被选举权、担任公职的权利、监督权等；参与社会生活的权利，如受教育权、结社权等；参与文化生活的权利，如文化权利、知识产权等。

第三类支持性权利是主体性条件，主要是自主原则和自由权。自主和自由是人的发展的主体性前提，缺乏自由，人就无法作为主体自主地实现自身的发展。自由权要防止对个人自由的任意侵犯，它包括但不限于法律人格权，人身自由权，自由获取和交流信息的权利，思想、主张和信仰自由权，表达自由权，迁徙自由权，婚姻自由权，隐私权等。

第四类支持性权利是约束性条件，它主要涉及平等原则和平等权。平等权涉及对各类权利主体的平等保护和救济。无救济无权利，只有当权利遭受侵犯时获得及时有效的救济，社会成员才能真正享受到人权的保障。平等保护权为各类主体在各种情境下遭受的权利侵犯提供平等的保护和救济，它包括但不限于法律面前的平等权利，不受歧视的权利，获得公平审判的权利，不受虐待的权利，不受奴役的权利，妇女、儿童、老年人、残疾人、语言和文化上的少数人受特殊保护的权利等。

五　以人的发展为导向的人权观的理论价值和现实意义

以所有人的自由全面协调发展作为终极目的性人权所构造起来的人权结构体系，不仅具有深刻的理论意义，而且具有深远的现实意义。

（一）理论创新和学术价值

以人的发展为导向的人权理论，在人权理论研究方面有一些重要的突破。

第一，区分了目的性权利、手段性权利、基础性权利、条件性权利和约束性权利，这对于重新认识各项人权之间的结构关系提供了新的思路，为构建人权理论体系奠定了新的基础。

第二，重新定义了发展权的内涵。它区分了作为终极目的性权利的发展权与作为手段性权利的发展权，并将终极目的性人权的发展权定义为所有人的自由全面协调发展的权利。这是在总结马克思主义人权理论和当代人权理论研究最新发展的基础上，对发展权内涵的再认识，为发展权在人权体系中地位的提升奠定了更坚实的基础。

第三，它将所有人的自由全面协调发展的权利作为终极目的性权利，而将生存权、自主权、参与权和平等保护权作为支持性的权利，这是基于对人的存在、人的尊严和价值的重新认识。一方面，人的存在不在于消极自由，而在于具有自我发展的潜能；实现这种潜能，体现了人的个体尊严和独特价值；另一方面，人是社会性的存在，每个社会成员都需要在与其他社会成员合作的过程中来实现发展的潜能。实现这种相互协调的共同发展，体现了人的存在方式。为人的这种自由全面协调发展提供实现条件，构成了人权的根本要求。在这个意义上，作为终极目的性权利发展权所提出的并不只是一项人权要求，而是涉及对人权最核心、最根本要求的整体性保障。

第四，将所有人自由全面协调发展的权利作为终极目的性权利，要求人权保障的相应义务不应只是"尊重"这种不任意干涉的消极义务，也不应限于"保护"这种侵权后的救济义务，还应当包括为每个人的自由全面协调发展创造所需条件这种积极的"保障"义务，特别是要创造条件保障生存权、参与权和平等权的实现。

以人的发展为导向的人权理论实现了对自由主义人权理论的超越。这种超越不是对自由主义人权理论的简单抛弃，而是包含着批判与继承双重维度的"扬弃"。一方面，以人的发展为导向的人权理论分析并批判了自由主义人权理论将个人自由权利作为终极目的性权利，代之以将所有人的自由全面协调发展作为终极目的性权利，统摄所有其他手段性权利，成为人权体系的核心；另一方面，以人的发展为导向的人权理论并没有抛弃在自由主义人权理论中所提出的各项有价值的人权，而是将它们加以重新整合，包融于新的人权体系之中。这种重构只是改变了各项人权的关系结构，并没有抛弃原先人权体系中的合理内容。

超越了自由主义人权理论，以人的发展为导向的人权理论具有更强的理论协调力和现实解释力。一方面，它为包容现实实践中提出的各种新型的人权，如交通便利的权利、知情权、和平权、环境权等，提供了更广阔的空间，因为这些支持性的权利都可以被理解为实现发展权的必要条件；另一方面，它为协调和化解各种权利间冲突提供了更合理的机制，将各项冲突性的权利作为实现发展权所需要的相互制约的条件，并将它们置于促进所有人的自由全面协调发展的要求之下加以适当的相互限制。

（二）应用前景和现实意义

以人的发展为导向的人权理论具有重要和广阔的应用价值。

以人的发展为导向的人权理论可以为国家制定促进人权实现的计划和方案提供理论指导。根据以人的发展为导向的人权理论，国家在制定促进人权实现的计划和方案时，应当将所有社会成员的自由全面协调发展作为最终目标，并采取具体措施通过尊重、保护和保障各项支持性人权，促进发展权的持续实现。

以人的发展为导向的人权理论可以为建立人权实现的检验标准提供重要的理论依据。根据以人的发展为导向的人权理论，评价国家人权状况，要将所有社会成员的自由全面协调发展作为最终标准，全面和平衡评价各项支持性权利的实现状况。

以人的发展为导向的人权理论可以为改进国内和国际人权治理体系提供理论基础。根据以人的发展为导向的人权理论，各国和国际人权保障机制的核心任务，应当是促进所有人的自由全面协调发展。应当据此来评价各种工作机制的运行状况，并采取相应的改进措施。

以人的发展为导向的人权理论的运用将会产生深远的现实意义。

一方面，它有助于理解和解释中国人权事业的发展。中国人权事业数十年的发展实际上就是将所有社会成员的自由全面协调发展作为最终目的，坚持以人民为中心，把人民发展的需求作为人权事业发展的出发点和落脚点，通过全面建成小康社会实现人的全面发展。

另一方面，坚持以人的发展为导向的人权理论，有助于促进国际社会改善全球人权治理机制，以实现所有国家人民自由全面协调发展为目标，建立更加公正、合理和包容的国际秩序。

再一方面，以人的发展为导向的人权理论为指导，有助于凝聚各国人民在人权问题上的共识，消解因各国对各类权利的偏重程度不一而带来的对立和对抗，站在全球人类发展的更高视域求同存异、相互合作。

第六节　以人的发展为导向的人权理论在中国的实践

人权的实现不能仅靠人们的道德意识和美好意愿，它需要一系列现实的条件。要实现所有社会成员的自由全面协调发展，需要以行之有效的实际举措创造现实的实现条件。党的十八大报告将"人权得到切实尊重和保障"确立为全面建成小康社会和全面深化改革开放的目标之一，"切实"二字真切反映了中国在推进人权事业发展中明确的条件意识和踏实的务实精神，通过创造发展权保障所需要的各项条件，促进发展权和所有人权的稳步实现。

一　促进发展使人的发展获得坚实的经济基础

所有人的自由全面协调发展需要相应的经济社会条件作为物质基础。提供所需的这些物质条件，需要经济和社会的持续发展。中国坚持以发展促人权的方针，努力促进经济和社会发展，为各项人权目标的实现奠定基础。习近平指出："作为一个拥有 13 亿多人口的世界最大发展中国家，发展是解决中国所有问题的关键，也是中国共产党执政兴国的第一要务。"[①]"唯有发展，才能消除冲突的根源。唯有发展，才能保障人民的基

---

① 习近平：《致"纪念〈发展权利宣言〉通过 30 周年国际研讨会"的贺信》，《人权》2017 年第 1 期。

本权利。唯有发展，才能满足人民对美好生活的热切向往。"①

二　深化改革消除阻碍人发展的各种社会障碍

人的自由全面协调发展需要一定的制度保障。但一些制度设计和执行上的缺陷和不足，会阻碍发展权的实现，因此需要通过各种改革措施消除阻碍发展权实现的制度障碍。习近平总书记指出："中国正在全面深化改革，统筹推进经济、政治、文化、社会、生态文明等领域改革，努力破解发展难题，消除影响经济社会发展的体制机制障碍，不断为发展增添新动力。"②从发展权的实现角度来看，改革就是要消除阻碍发展机会平等享有、发展能力提升、发展条件保障、发展成果共享的各种体制机制障碍，为人的全面自由协调发展扫清前进道路。正如习近平总书记所指出的："我们要通过深化改革，让一切劳动、知识、技术、管理、资本等要素的活力竞相迸发，让一切创造社会财富的源泉充分涌流。""要靠通过不断改革创新，使中国特色社会主义在解放和发展社会生产力、解放和增强社会活力、促进人的全面发展上比资本主义制度更有效率，更能激发全体人民的积极性、主动性、创造性，更能为社会发展提供有利条件，更能在竞争中赢得比较优势，把中国特色社会主义制度的优越性充分体现出来。"③"我们要通过创新制度安排，努力克服人为因素造成的有违公平正义的现象，保证人民平等参与、平等发展权利。"④

三　依法治国使人的发展获得可靠的法治保障

人的自由全面协调发展需要明确每个人的权利和义务，通过法治规范每个人的理性行为。习近平总书记指出："公民的基本权利和义务是宪法的核心内容，宪法是每个公民享有权利、履行义务的根本保证。宪法的根

---

① 《习近平在联合国发展峰会上的讲话》，《人民日报》2015 年 9 月 27 日第 2 版。
② 习近平：《让工程科技造福人类、创造未来——在 2014 年国际工程科技大会上的主旨演讲》，《人民日报》2014 年 6 月 4 日 02 版。
③ 习近平：《切实把思想统一到党的十八届三中全会精神上来》，《人民日报》2014 年 1 月 1 日。
④ 习近平：《切实把思想统一到党的十八届三中全会精神上来》，《人民日报》2014 年 1 月 1 日。

基在于人民发自内心的拥护，宪法的伟力在于人民出自真诚的信仰。只有保证公民在法律面前一律平等，尊重和保障人权，保证人民依法享有广泛的权利和自由，宪法才能深入人心，走入人民群众，宪法实施才能真正成为全体人民的自觉行动。""保证宪法实施，就是保证人民根本利益的实现。只要我们切实尊重和有效实施宪法，人民当家作主就有保证，党和国家事业就能顺利发展。反之，如果宪法受到漠视、削弱甚至破坏，人民权利和自由就无法保障，党和国家事业就会遭受挫折。"①

四　从严治党使人的发展获得充分的政治保障

保障所有社会成员的自由全面协调发展，需要国家权力机关的组织和服务。然而，以保障人民权利为职责的执政者也存在异化为利用手中的权力侵犯人民权利的腐败者。在中国，要特别防止长期执政党成为享有特权的特殊利益集团，侵害公民的发展权，成为人民实现发展权的障碍。正如习近平指出的："我们党面临着许多严峻挑战，党内存在着许多亟待解决的问题。尤其是一些党员干部中发生的贪污腐败、脱离群众、形式主义、官僚主义等问题，必须下大气力解决。""人民把权力交给我们，我们就必须以身许党许国、报党报国，该做的事就要做，该得罪的人就得得罪。不得罪腐败分子，就必然会辜负党、得罪人民。"②"党内决不允许有不受党纪国法约束、甚至凌驾于党章和党组织之上的特殊党员。"③ 习近平特别强调要反对特权，指出："严以用权，就是要坚持用权为民，按规则、按制度行使权力，把权力关进制度的笼子里，任何时候都不搞特权、不以权谋私。"④"领导干部不论职务多高、资历多深、贡献多大，都要严格按法规制度办事，坚持法规制度面前人人平等、遵守法规制度没有特权、执行法规制度没有例外。越是领导干部，越是主要领导干部，越要自觉增强

---

①　习近平：《在纪念现行宪法公布实施30周年大会上的讲话》，人民出版社2012年版。

②　习近平：《在第十八届中央纪律检查委员会第五次全体会议上的讲话》，《人民日报》2015年1月30日。

③　习近平：《严明政治纪律，自觉维护党的团结统一》，载《十八大以来重要文献选编》（上），中央文献出版社2014年版，第133页。

④　习近平：《树立和发扬"三严三实"的作风》，载《习近平谈治国理政》，外文出版社有限责任公司2016年版，第381页。

法规制度意识，以身作则，以上率下，尤其要善于依法规制度谋事、依法规制度管人、依法规制度用权，自觉维护法规制度的严肃性和权威性。"①全面从严治党是要确保全面建成小康社会过程中有一个坚强的领导核心，核心问题是始终保持党同人民群众的血肉联系，始终保持党的先进性和纯洁性，重点是从严治吏、正风反腐、严明党纪，目标是增强自我净化、自我完善、自我革新、自我提高的能力。

---

① 习近平：《在十八届中央政治局第二十四次集体学习时的讲话》，载新华网，http：// www. xinhuanet. com/politics/2016－02/15/c_ 1118049481_ 2. htm。访问时间：2021 年 6 月 15 日。

第二章　作为目的性权利的发展权

第一节　发展权的提出及其内涵

一　发展权的提出

自 20 世纪 60 年代以来，联合国开始重视发展对于人权实现的影响，先后通过了《德黑兰宣言》（1968 年）《社会进步和发展宣言》（1969 年）《建立新的国际经济秩序宣言》（1974 年）《关于人权新概念的决议案》（1977 年），提出建立国际经济新秩序、促进发展中国家的经济发展对于实现人权的重要意义。1979 年联合国大会通过了《关于发展权的决议》，第一次明确提出"发展权利是一项人权，平等的发展机会既是各个国家的特权，也是各国国内个人的特权"[1]。

1986 年 12 月 4 日，联合国大会以第 41/128 号决议通过了《发展权利宣言》，这是一份里程碑式的文件。首先，它从人权角度对"发展"作出了明确的界定，"发展"的概念从单纯的经济增长转变为以人为中心的发展观。[2] 该宣言第 2 条第 1 款明确指出："人是发展的主体，因此，人应成为发展权利的积极参与者和受益者。"[3] 其次，它确定了发展权的内容和性质，指出发展权是"参与、促进并享受经济、社会、文化和政治发展"[4] 的权利，是应当平等享有的权利，"是一项不可剥夺的人权"[5]，它既是"每个人"的个人权利，也是"各国人民"的集体权利。再次，

---

① 《关于发展权的决议》，联合国大会 1979 年 11 月 23 日第 34/46 号决议通过。

② 参见联合国《三十年，你值得拥有》。

③ 联合国：《发展权利宣言》，联合国大会 1986 年 12 月 4 日第 41/128 号决议通过。

④ 联合国：《发展权利宣言》，联合国大会 1986 年 12 月 4 日第 41/128 号决议通过。

⑤ 联合国：《发展权利宣言》，联合国大会 1986 年 12 月 4 日第 41/128 号决议通过。

它确定了发展权的义务主体和义务要求，明确指出"创造有利于各国人民和个人发展的条件是国家的主要责任"①，要求各国"采取一切必要措施实现发展权利"。最后，它阐述了发展权与其他人权的关系，该宣言第1条第1款明确指出："发展权利是一项不可剥夺的人权，由于这种权利，每个人和所有各国人民均有权参与、促进并享受经济、社会、文化和政治发展，在这种发展中，所有人权和基本自由都能获得充分实现。"② 这可以被解读为发展权在各项人权中具有核心的地位，只有真正实现发展权，其他各项人权和自由才能获得充分实现。

2000年9月8日联合国大会第55届会议通过的《千年发展宣言》，将发展权的实现置于更加重要的位置。该宣言指出："我们决心使每一个人实现发展权，并使全人类免于匮乏。""我们将不遗余力，促进民主和加强法治，并尊重一切国际公认的人权和基本自由，包括发展权。""不得剥夺任何个人和任何国家得益于发展的权利。必须保障男女享有平等的权利和机会。"③

联合国2015年9月通过的《变革我们的世界——2030年可持续发展议程》为实现人的发展权确定了更明确的宗旨和更具体的目标。首先，它将让所有人充分发挥自己的潜能作为宗旨，明确指出"我们决心消除一切形式和表现的贫困与饥饿，让所有人平等和有尊严地在一个健康的环境中充分发挥自己的潜能"；"尊重机会均等以充分发挥人的潜能和促进共同繁荣的世界"；"如果人类中有一半人仍然不能充分享有人权和机会，就无法充分发挥人的潜能和实现可持续发展"；"今天，我们也在做出具有重要历史意义的决定。我们决心为所有人，包括为数百万被剥夺机会而无法过上体面、有尊严、有意义的生活和无法充分发挥潜力的人，建设一个更美好的未来"④。其次，它特别强调了赋予"权能"（empowerment），

---

① 联合国：《发展权利宣言》，联合国大会1986年12月4日第41/128号决议通过。

② 联合国：《发展权利宣言》，联合国大会1986年12月4日第41/128号决议通过。

③ 《千年发展宣言》，第55届联合国大会2000年9月8日通过（A/55/L.2），联合国网站：http：//www.un.org/chinese/ga/55/res/a55r2.htm。

④ 《变革我们的世界：2030年可持续发展议程》，联合国可持续发展峰会2015年9月25日通过，外交部网站：http：//www.fmprc.gov.cn/web/ziliao_674904/zt_674979/dnzt_674981/xzxzt/xpjdmgjxgsfw_684149/zl/t1331382.shtml。

指出要"必须增强弱势群体的权能。其需求被列入本议程的人包括所有的儿童、青年、残疾人（他们有 80% 的人生活在贫困中）、艾滋病毒/艾滋病感染者、老人、土著居民、难民和境内流离失所者以及移民"[1]。再次，该议程提出了 17 个可持续发展的具体目标，这些大目标又被细分为169 个小目标，其中涉及消除贫困和饥饿，保障健康的生活方式和包容与公平的优质教育，实现性别平等，提供水、环境卫生和负担得起的现代能源，促进包容和可持续的经济增长，促进充分就业，建设具备抵御灾害能力的基础设施和人类居住区，创建和平、包容的社会，应对气候变化，保护资源，减少国家内部和国家之间的不平等，重振可持续发展全球伙伴关系，等等。

二　发展权的内容

发展权的主体是所有人。在发展权的内容上，需要特别区分作为目的性的发展权与作为手段性的发展权。

（一）发展权的主体：人是发展权的主体

根据 1979 年《关于发展权的决议》，发展权作为一项人权"既是各个国家的特权，也是各国国内个人的特权"[2]。1986 年的《发展权利宣言》进一步强调，"人是发展的主体，因此，人应成为发展权利的积极参与者和受益者"，发展权既是"每个人"的个人权利，也是"各国人民"的集体权利。[3]

面对人类整体面临的发展问题，发展权的主体应当在个人、国家的基础上进一步将人类作为主体。人类不仅包括当代的人类，而且包括人类的子孙后代。当个人和国家的发展权与人类整体的发展权发生冲突时，应当以人类的发展对个人和国家的发展实施一定的约束，以便实现个人、国家和人类发展权的平衡保障。

---

① 《变革我们的世界：2030 年可持续发展议程》，联合国可持续发展峰会 2015 年 9 月 25 日通过，外交部网站：http://www.fmprc.gov.cn/web/ziliao_ 674904/zt_ 674979/dnzt_ 674981/xzxzt/xpjdmgjxgsfw_ 684149/zl/t1331382. shtml。

② 《关于发展权的决议》，联合国大会 1979 年 11 月 23 日第 34/46 号决议通过。

③ 联合国：《发展权利宣言》，联合国大会 1986 年 12 月 4 日第 41/128 号决议通过。

（二）发展权的内涵：人自身的全面发展

作为目的性人权，发展权的内涵应当是所有人的全面发展。然而，在联合国现有决议中所讲的发展权，还只限于手段性的发展权，即参与发展的权利。在 1979 年的《关于发展权的决议》中，发展权的内涵主要涉及"平等的发展机会"[①]。1986 年的《发展权利宣言》进一步扩充了发展权的内涵，指出发展权是"参与、促进并享受经济、社会、文化和政治发展"[②] 的权利。但是，从更深层的角度说，参与、促进和享受发展只是一种手段，而它最终的目的是要促进人自身的发展。从这个意义上说，应当将手段性的参与发展的权利与目的性的人自身发展的权利区别开来。发展权的最终目的，是通过参与、促进并享受经济、社会、文化和政治发展来实现人在经济、社会、文化和政治各方面的全面发展。正如中国发展权白皮书所指正的："中国把增进人民福祉、促进人的全面发展作为发展的出发点和落脚点。"[③]

另一方面，作为目的性人权和手段性人权的发展权，都应当是人全面发展的权利。《发展权利宣言》强调了作为手段性发展权的全面性，即全面参与、促进和享受经济、社会、文化和政治发展。但还需要进一步强调人通过参与发展而实现的人自身的全面发展，即人自身在经济、社会、文化和政治各个领域的发展。汪习根教授提出发展权可以细分为经济发展权、政治发展权、社会发展权、文化发展权和生态发展权五个方面的权利形式[④]，就是要强调发展的全面性。

（三）发展权的性质：所有人自主自由和平等协调的全面发展

发展权具有两个相互制约的属性。一方面，它是一项自主的权利，即发展权要实现人的自由发展；另一方面，它是一项平等享有的权利，即发展权要实现所有人的协调发展。

人的自主性是实现人的自身发展的重要前提，也是人自身发展的重要

---

① 《关于发展权的决议》，联合国大会 1979 年 11 月 23 日第 34/46 号决议通过。
② 联合国：《发展权利宣言》，联合国大会 1986 年 12 月 4 日第 41/128 号决议通过。
③ 国务院新闻办公室：《发展权：中国的理念、实践与贡献》，人民出版社 2016 年版，第 6 页。
④ 汪习根、吴凡：《论中国对"发展权"的创新发展及其世界意义》，《社会主义研究》 2019 年第 5 期。

规定性。一方面，缺乏自主性，人就只能被当作工具，无法实现自身的发展；另一方面，人的发展是人的潜能的实现。人有多种潜能，实现哪些潜能以及如何实现这些潜能，要依赖人的自主选择。这正是人的发展与自然生长的质的区别。如果不允许作出选择，那么尽管会有生长，但却无法实现人的真正发展。

在现实中，每个人在自由实现自身发展权的过程中会出现相互冲突，一些人的发展会阻碍另一些人的发展，一些人的发展诉求会成为另一些人发展的障碍。由于发展权的主体是所有人，因此，要实现所有人的自由发展，就必须解决所有人发展之间的协调问题。马克思从人的人类社会属性和人的相互结合出发来阐释人所要求的真正人权，认为"人是最名副其实的社会动物，不仅是一种合群的动物，而且只有在社会中才能独立的动物"①。从人的这种社会性的类本质出发，人权应当是在人的相互结合中的人权，自由是在人类集体关系中的自由，"只有在集体中，个人才能获得全面发展才能的手段，也就是说，只有在集体中才能有个人自由"②。马克思主义经典作家强调，个人的自由发展不应当以牺牲其他人的自由发展为条件，而应当是"每个人的自由发展是一切人的自由发展的条件"③。"一个人的发展取决于和他直接或者间接进行交往的其他一切人的发展"④，"不言而喻，要不是每一个人都得到解放，社会也不能得到解放"⑤。"在真正的共同体的条件下，各个人在自己的联合中并通过这种联合获得自己的自由"⑥。"只有在共同体中，个人才能获得全面发展其才能的手段"⑦。马克思和恩格斯在《共产党宣言》中明确指出："代替那存在着各种阶级以及阶级对立的资产阶级旧社会的，将是这样一个联合体，在那里，每个人的自由发展是一切人的自由发展的条件。"⑧

---

① 《马克思恩格斯全集》第 12 卷，人民出版社 1973 年版，第 734 页。
② 《马克思恩格斯全集》第 3 卷，人民出版社 1990 年版，第 84 页。
③ 《马克思恩格斯选集》第 1 卷，人民出版社 2012 年版，第 422 页。
④ 《马克思恩格斯全集》第 3 卷，人民出版社 1960 年版，第 515 页。
⑤ 《马克思恩格斯选集》第 3 卷，人民出版社 2012 年版，第 681 页。
⑥ 《马克思恩格斯选集》第 1 卷，人民出版社 2012 年版，第 199 页。
⑦ 《马克思恩格斯选集》第 1 卷，人民出版社 2012 年版，第 199 页。
⑧ 《马克思恩格斯全集》第 4 卷，人民出版社 2012 年版，第 422 页。

所有人的协调发展要求发展权应当是对每个人都是平等的，必须平等保障每个人的发展权。1986 年的《发展权利宣言》强调，发展权利作为一项不可剥夺的人权，要求"每个人和所有各国人民均有权参与、促进并享受经济、社会、文化和政治发展"①。2000 年《千年发展宣言》更加明确地指出，"我们决心使每一个人实现发展权"，"不得剥夺任何个人和任何国家得益于发展的权利。必须保障男女享有平等的权利和机会"②。汪习根教授专门提出并深入研究了"平等发展权"的概念，强调"人的全面发展是平等的发展。唯物史观的前提是现实的个人，而人的全面发展不能仅仅停留于'个人的全面发展'层次，作为一种'类存在物'，人的全面发展还应当包含人与人之间发展水平的协调，即平等发展"③。

第二节　中国学者对发展权在人权体系中地位的理论探讨

中国学者对发展权在人权体系中的地位进行了深入的研讨。值得注意的是，在研究中，除了先前已经提出的形态定位和排序定位之外，中国学者特别研究了发展权在人权体系中的结构定位和功能定位，提出发展权在人权体系中应当居于核心地位，发挥统摄、协调、整合各项人权的功能，并在此基础上提出了以发展权为核心重建人权理论体系的人权观。这些观点对于打破自由主义人权理论的垄断地位，根据中国和世界人权事业发展实践重新建构人权理论体系，无疑具有重要的启发意义。

一　发展权的排序定位：具有基础性和前提性的首要人权

2016 年 12 月 4 日，习近平主席在致"纪念《发展权利宣言》通过30 周年国际研讨会"的贺信中指出："中国坚持把人权的普遍性原则同本国实际相结合，坚持生存权和发展权是首要的基本人权。"④

① 联合国：《发展权利宣言》，联合国大会 1986 年 12 月 4 日第41/128 号决议通过。
② 《千年发展宣言》，第 55 届联合国大会 2000 年 9 月 8 日通过（A/55/L.2），联合国网站：http://www.un.org/chinese/ga/55/res/a55r2.htm。
③ 参见汪习根《平等发展权法律保障制度研究》，人民出版社 2018 年版，第 19 页。
④ 习近平：《致"纪念〈发展权利宣言〉通过 30 周年国际研讨会"的贺信》，《人权》2017 年第 1 期。

对发展权是首要人权的论证，主要基于理论和现实两个层面。在理论层面的论证主要是从基础论出发的，即认为发展权是其他人权实现的前提和基础。在现实层面的论证主要是基于中国作为发展中国家的现实，也扩展到发达国家仍然存在如何促进发展权实现的问题。

齐延平教授在《论发展权的属性》一文中指出："发展权是生存权这一首要人权的逻辑延伸，这一逻辑链环是在对西方传统消极人权观，也就是'唯有公民权利、政治权利才是人权'观念的质疑、解构、重塑过程中发展起来的。"①

汪习根教授在《中国发展权理论创新与实践贡献》② 中对发展权是首要人权的观点作出了更深入的论证。他指出，对人权体系中何种人权最为重要，存在不同观点。有的认为，公民人身自由是最基本的权利；有的认为，政治权利应位列榜首；还有的认为，人权没有高低之分，任何人权形式都同等重要。之所以存在这些分歧，关键在于价值观不同。他认为，发展权与生存权一道成为人权体系中的首要人权，主要是基于三个方面的理由：一是外部依据。"中国主张相互尊重国家主权，优先维护广大发展中国家人民的生存权和发展权。"③ 当今世界，贫富悬殊，许多发展中国家社会经济发展缓慢，发展中国家三分之一的人口生活在贫困线以下。只有消除不公正和不合理的国际政治经济旧秩序对发展所带来的极为不利的影响，建立公平合理的国际关系新秩序，才能为实现全体人类的共同发展创造积极条件。"对广大发展中国家人民来说，最紧迫的人权问题仍然是生存权利和经济、社会和文化发展的权利。因此发展权应优先受到重视。"④ 二是历史依据。中国是世界上人口最多的国家，人均资源相对贫乏，发展

---

① 齐延平：《论发展权的属性》，《纪念〈发展权利宣言〉通过 30 周年国际研讨会论文集》，国务院新闻办公室、外交部，2016 年 12 月 4—5 日，第 178 页。

② 汪习根：《中国发展权理论创新与实践贡献》，《纪念〈发展权利宣言〉通过 30 周年国际研讨会论文集》，国务院新闻办公室、外交部，2016 年 12 月 4—5 日，第 206—222 页。

③ "自 1981 年起，中国参加了联合国人权委员会起草《发展权宣言》的政府专家组的历届会议，并积极提出意见，直至《发展权宣言》于 1986 年在第四十一届联大获得通过。中国还积极支持人权委员会关于实现发展权问题的全球磋商，支持将发展权问题作为一个单独的议题在人权委员会加以审议。中国一直是人权委员会关于发展权问题决议的共同提案国"（1991 年《中国的人权状况》）。

④ 《中国的人权状况》，载《中华人民共和国国务院公报》1991 年第 39 期。

不平衡，同其他发展中国家一样，曾经长期遭受外国侵略、掠夺和压迫，战后又受"冷战"思维制约，经济社会发展严重受阻。① "享有生存权和发展权，历史地成为中国人民最迫切的要求。"三是理论依据。公平正义是社会的核心价值，全面平等地享有发展权，符合中国国情和全体人民的根本利益。四是现实依据。② 改革开放以来，"中国政府一直将解决人民的生存权、发展权问题放在首位"，大力发展经济，创造了国民经济年均增长全球第一的世界奇迹，人民生活水平极大提高。实践证明，"将人民的生存权、发展权摆在首位，在改革、发展、稳定的条件下全面改进人权状况，……所取得的成就也是举世公认的"③。当然，强调发展权的首要地位，并不是要否定其他人权的重要性。相反，在强调生存发展权利的同时，将保护公民政治权利和经济社会文化权利作为不可忽视的人权目标。因为，各类人权及其具体形式是相互依赖、相互关联、不可分离的。这就是一条"真正符合中国国情的促进和发展人权的道路"④，对全面尊重和保障人权具有至关重要的意义⑤。

李步云教授发表了《坚持生存权、发展权是首要人权》⑥ 的文章，主张"生存权和发展权是首要人权，是中国人权观的基本观点"。他指出，"有些学者对'生存权、发展权是首要人权'这一观点还存在误解"，这主要是因为《维也纳宣言和行动纲领》第 5 条明确指出："一切人权均为普遍、不可分割、相互依存、相互联系。国际社会必须站在同样地位上，用同样重视的眼光，以公平、平等的态度全面看待人权。固然，民族特性和地域特征的意义以及不同的历史、文化以及宗教背景必须要考虑，但是各个国家不论其政治、经济文化体系如何，都有义务促进和维护一切人权

---

① 汪习根：《中国发展权理论创新与实践贡献》，《纪念〈发展权利宣言〉通过 30 周年国际研讨会论文集》，国务院新闻办公室、外交部，2016 年 12 月 4—5 日，第 207—208 页。

② 汪习根：《中国发展权理论创新与实践贡献》，《纪念〈发展权利宣言〉通过 30 周年国际研讨会论文集》，国务院新闻办公室、外交部，2016 年 12 月 4—5 日，第 207—208 页。

③ 《中国人权事业的进展》，《中华人民共和国国务院公报》1995 年第 32 期。

④ 《中国人权发展 50 年》，《中华人民共和国国务院公报》2000 年第 10 期。

⑤ 汪习根：《中国发展权理论创新与实践贡献》，《纪念〈发展权利宣言〉通过 30 周年国际研讨会论文集》，国务院新闻办公室、外交部，2016 年 12 月 4—5 日，第 207—208 页。

⑥ 李步云：《坚持生存权、发展权是首要人权——"首要人权"观对人类可持续发展有极其重要意义》，《北京日报》2015 年 12 月 7 日第 18 版。

和基本自由。"① 李步云认为，中国政府参与了这份宣言的起草，并完全赞同这一"宣言"，主张"生存权、发展权是首要人权"与该条款并不矛盾。他从权利实现基础与发展中国家的人权发展战略两个方面分析了"生存权、发展权是首要人权"的特定含义。首先，从人权实现的基础来看，正如恩格斯在马克思墓前的演说中曾谈道，"人们首先必须吃喝住穿，然后才能从事政治、科学、艺术、宗教等等"，"马克思正是从这一最最简单的事实，悟出了一条历史发展的基本规律：生产力的发展是人类社会发展进步最终的决定性的力量"。换句话说，一个国家经济发展很落后，人们生活很贫困，要想民主、科学、文化发达还是很困难的。这也可以从一个最简单的道理来说明：当一个人还处于忍饥挨饿的时候，他最需要的不是一张选票，而是一袋面粉。第二，从发展中国家人权发展战略排序来看，由于各国具体国情不同，人权发展战略的优先事项会有很大差异。发达国家人们的生活水平高了，受教育程度高了，人们自然会更有兴趣和能力关心竞选；而发展中国家为了提高保障人权的整体水平，自然会把发展经济、提高人们的生活标准放在优先位置。这两点并不妨碍政府应对各类人权都予以重视②。

二　发展权的形态定位：具有概括性、补充性、兜底性的综合性权利

从发展权的形态来看，许多国内外学者将发展权看作是一种综合性权利。发展权独立专家森古波特（Arjun Sengupt）认为发展权有两个鲜明的特征，"首先，发展权是各项权利相互依存的一种综合权利，发展权的实现要求所有权利一起实现，而并非只实现权利的总和。其次，只有在至少一项权利改善又没有别的权利被侵犯的情况下，发展权才得以增进。"③但如何理解发展权的综合性，学者们有着不同的见解。在 2016 年对发展权的讨论中，中国学者提出了一些新的理解。

---

① 联合国：《维也纳宣言和行动纲领》，1993 年 6 月 25 日，中国妇女研究网：http://www.wsic.ac.cn/internationalwomenmovementliterature/13447.htm。

② 李步云：《坚持生存权、发展权是首要人权——"首要人权"观对人类可持续发展有极其重要意义》，《北京日报》2015 年 12 月 7 日第 18 版。

③ Arjun Sengupta，《作为人权的发展》，王燕燕编译，《经济社会体制比较》2005 年第 1 期。

　　夏清瑕教授对发展权综合性的解释是，发展权包含了所有其他人权。她指出："发展权打破了公民权利、政治权利和经济社会文化权利的意识形态分离，将两类人权统一到发展进程之中，承认所有人权相互关联、相互依赖，实现发展权的过程就是实现所有人权的过程。"①

　　齐延平在《论发展权的属性》一文中从发展权的概括性和兜底性来解释发展权的综合性。发展权的概括性首先表明它迥异于在人权体系中内涵特定、外延与人权体系、人权家族其他权种可以明确（哪怕是相对地明确）析分的一项权利（比如选举权），因为它是人权体系、人权家族中一类具有相似要求、资格、利益的总括性的权利。如果要力图努力证成发展权是一项可诉的具体权利，不仅是徒劳的，而且会打破人权已有的逻辑相对自洽的体系，而更为重要的是还会降低、消解其应有的理论意义与实践意义②。发展权的概括性特质提醒我们，使用全新的而不是传统的权利分析框架对之进行研究乃是必要的。传统权利分析框架最典型的就是与公民权利、政治权利第一代人权所匹配的分析框架，其哲学基础是消极权利观，其框架结构主要由权利主体、权利内容、侵权责任构成，其救济途径主要有赖于司法。围绕第二代人权是否属于人权的论争毫无悬念地也扩展到了第三代人权，但论争各方使用的分析框架和理论工具仍然是第一代的，第二代、第三代人权倡导者无一不自觉地陷入了反方的陷阱。在个人主义立场上，在自由主义进路上，人权主体是原子化的个人，各权种边界清晰（其实有的权利也是相互交叉的），侵权者特定化，司法上救济可操作，这一切构成了传统的人权分析框架和理论工具。但随着人权理论的发展、人权实践的进步，人权本身早已超越（不是替代）了其传统内涵，仍然使用传统分析框架和理论工具来分析人权就是作茧自缚。③ 既然发展权是一项概括性的权利，人们必然会问：那么它到底包含哪些权种呢？在

----

　　① 夏清瑕：《从发展权到立足人权的发展方针——联合国发展与人权结合的发展道路》，《新发展理念与人权保障——纪念〈发展权宣言〉通过30周年学术研讨会论文集》，中国人权研究会、武汉大学法学院、武汉大学人权研究院，武汉，2016年5月，第304页。

　　② 齐延平：《论发展权的属性》，《纪念〈发展权利宣言〉通过30周年国际研讨会论文集》，国务院新闻办公室、外交部，北京，2016年12月4—5日，第180页。

　　③ 齐延平：《论发展权的属性》，《纪念〈发展权利宣言〉通过30周年国际研讨会论文集》，国务院新闻办公室、外交部，2016年12月4—5日，第179—180页。

我们走出第一代人权（各权种都是相对比较基础性的、权种间界限都是相对比较清晰的）而进入到第二代、第三代人权哲学视野中，我们会发现各种权利交织连带、共生互促已是基本图景，在这样的图景中，意欲构建出发展权的树状家族谱系作业就是不可能的。① 发展权的概括性表明它如同平等权一样，是一项权利（不同于可诉的权利的意义上），但它首先是一项人权原则、法律原则②。

根据齐延平的观点，发展权的兜底性，体现在权利的主体和权利内容两个方面。在权利主体方面，发展权的兜底性表现在发达国家有责任为发展中国家实现发展权利创造国际条件。各国对创造有利于实现发展权利的"国际条件"负有主要责任，既内含着各国均负有责任，还内含着发达国家对发展中国家负有更多的责任，这种责任既是基于不公正的国际政治经济史的道义责任，也是基于当下全球化一体发展的伦理责任，更是基于现有国际人权法体系的国际法律责任。发展中国家除了自身负有采取行动实现发展的责任以外，借助发展权利向发达国家提出的"提供促进全面发展的适当手段和便利"（宣言第 4 条第 2 款）就体现了发展权的兜底性。同理，在国内层面上，除了采取措施确保人人发展权利均等之外，在教育、就业、脱贫等领域采取的纠偏措施，也体现了国家对弱势群体的兜底性保障。在权利内容方面，发展权的兜底性表明：由各种次级权利类别组合而成的人权体系，无论多么完备细密，但权利种类间总有难以涵盖的间隙，特别是随着社会生活方式的历史性变迁和人们探索自然、探索社会、探索自身深度的加深，总会出现定型的已有权利种类难以涵摄的要求，人权体系的空白与裂痕必然会急遽扩大，在这个时候，发展权作为一项兜底性权利，就可以很好地填充空白、弥补裂痕③。

叶传星指出，发展权作为综合性的权利，是说发展权贯穿于各类权利之中，在各类权利之中体现发展权的价值取向。在这个意义上，发展权也

① 齐延平：《论发展权的属性》，《纪念〈发展权利宣言〉通过 30 周年国际研讨会论文集》，国务院新闻办公室、外交部，2016 年 12 月 4—5 日，第 180 页。
② 齐延平：《论发展权的属性》，《纪念〈发展权利宣言〉通过 30 周年国际研讨会论文集》，国务院新闻办公室、外交部，2016 年 12 月 4—5 日，第 181 页。
③ 齐延平：《论发展权的属性》，《纪念〈发展权利宣言〉通过 30 周年国际研讨会论文集》，国务院新闻办公室、外交部，2016 年 12 月 4—5 日，第 181—182 页。

体现了各类权利的相互依赖性和不可分割性。发展权被认为是属于某些学者所言的第三代人权，这是突出强调发展权的连带性质。[1] 发展权归属于第三代人权，但显然它并不是要取代前两代人权，而是要从更充分实现这两代人权的角度提出，在当今时代全球连带性关系高度密切的背景中，如何更有效实现前两代人权，如何将发展的精神贯穿于前两代人权之中。从发展的角度来理解公民权和政治权利、经社文权利，也要认识到这两类权利之间的内在密切联系。而正是发展权的这种综合性特点，淡化了对人权的"代"的划分。各种权利之间都有内在的关联，每一种权利的充分实现都要依赖其他各项权利的发展。发展权的综合性最好被理解为，它是一种在各种权利体现发展权精神的综合性。发展权的核心应当是公民权利、政治权利与经济权利、社会权利以及文化权利等各项权利随着社会的发展进程而应当得以全面的发展。这个意义上的发展权，似乎也更像是贯穿于人权法体系的一项发展原则。可见，发展权为理解各项权利补充了发展的视角。也就是说，理解每一项权利，都可以将平等发展、公平发展、参与式发展等发展理念融入其中。发展权对各项权利的"渗透"，更突出强调各项权利与发展的关联，强调权利本身中所包含的发展含义，每一项权利中都有一种发展维度。这种"渗透"提示人们，应当在社会结构、社会转型、社会发展、社会公平的大背景下来认识人权。在这个意义上，认识发展权的综合性，意味着它有助于对各项权利在发展视角下进行统一的考察，尤其是考察影响各类权利得以充分实现的各种制度性、社会性的障碍。人权的实现要依托发展，不能脱离社会发展的阶段和实际情况，而提出不切实际的人权诉求。考虑到发展的渐进性、逐步性，发展既给人权的充分实现创造了现实的社会条件，也给人权的实现设置现实的界限[2]。

叶传星教授认为，发展权还是一项补充性权利。作为一项独立的权利类型，发展权是一种概括性的"一般权利"。发展权集中体现了人权的开放性特点。发展权显然并不可能替代其他已经在公约或法律中明确被确认的权利。发展权概念的提出，一方面有助于丰富各项权利的价值和内涵，

---

[1]　[法] 卡雷尔·瓦萨克：《人权的不同类型》，载《法哲学与法社会学论丛》，中国政法大学出版社 2001 年版。

[2]　叶传星：《发展权概念的定位：在政治与法律之间》，《纪念〈发展权利宣言〉通过 30 周年国际研讨会论文集》，国务院新闻办公室、外交部，北京，2016 年 12 月 4—5 日，第 306 页。

另一方面，发展权作为概括性权利，为新权利的生成和发展提供了一个空间。借助于发展权，可以提出在现有权利体系中尚未明示确认的一些具体的发展权利。发展权的补充性，使其可以具有推动人权体系不断发展的功能，促进有新的权利纳入到人权体系中，或者增加对权利的来自发展权的新解释。发展权的补充性功能，在全球连带关系日益增加的全球化背景中更明显地展示出来了。传统人权通常强调的是国家在国内制度体系中的角色，但全球体系的不断发展进程中，这些权利的实现遭遇到一些困境，也就是说，如果不考虑到国家间的密切团结、如果不借助于国际社会提供的压力、动力和帮助，国内人权的进程可能会更加缓慢。诸如气候变化、反贫困等都影响着所有人权的实现。在全球化背景下，为了实现公民权、政治权利以及经社文权利，需要借助于发展权所激发的发展框架，尤其是借助于发展权对传统人权所较少关注或忽略的人权，可以更多关注①。

三 发展权的功能定位：人权体系中的统摄者、协调者和整合者

在 2016 年对发展权的定位研究中，一些学者对发展权在人权体系中的功能进行了深入研究，指出了发展权对于所有其他人权具有统摄、协调、整合的重要功能。

张永和教授在《论"发展"与"发展权"》② 一文中分析了发展权在人权体系中的整合和协调功能。他指出，从发展体系来看，人权本身并不具有目的性价值，人权的产生是为了回应一个更为根本、更为终极的问题，即人的自由全面发展。在此，人权的关键并不简单在于实现特定的权利，相反，特定权利的实现是人发展的手段。而发展权之所以被认为是人必不可少的基本人权，其根本原因在于发展权有利于保障人有人格尊严、有权利自由地生存和发展。与作为实现发展权手段的发展主要指涉一个国家之经济社会文化各方面发展不同，作为发展权目的的发展是指人自身的发展，即人的自由全面发展。发展权理念追求人的全面发展。完整意义上的人是作为私生活、社会生活和政治生活主体的三重角色的统一体，丧失

---

① 叶传星：《发展权概念的定位：在政治与法律之间》，《纪念〈发展权利宣言〉通过 30 周年国际研讨会论文集》，国务院新闻办公室、外交部，北京，2016 年 12 月 4—5 日，第 304 页。

② 张永和：《论"发展"与"发展权"》，《纪念〈发展权利宣言〉通过 30 周年国际研讨会论文集》，国务院新闻办公室、外交部，北京，2016 年 12 月 4—5 日，第 349—353 页。

了经济、社会、文化和政治发展权中的任一方面，人都是不完整的。从权利内容的角度讲，发展权超越了经济社会文化权利以及公民权利与政治权利何者优先的纷争，认为两种权利的最终目的都在于实现人的全面自由发展。发展权并非是政治权利与经济社会文化权利的简单统合，而是强调各项权利之间的协调。因为只有在至少一项权利改善的同时而又没有其他权利被侵犯的情况下，发展权才能得以实现。发展权中任何一项权利遭到侵害都是对整体发展权的践踏，如果在实现某项权利的同时，没能很好地保护和促进其他权利的实现，那么此权利的实现则是不可能的，这体现了发展权的整体性①。

叶传星教授在《发展权概念的定位：在政治与法律之间》② 一文中认为发展权具有作为元权利的功能。他借用阿玛利亚·森（A. Sen）的"元权利"概念③，认为发展权是一项"元权利"。发展是充分实现人权的基本条件。没有经济、社会、政治和文化等各个方面的发展，个人要充分实现其各个方面权利显然是不大可能的。确认发展权，对于进一步促进各项其他权利的充分实现，具有重要意义。在这个意义上，可以说，发展权是其他所有人权和自由的一个条件或前提。发展权是一项前提性的"元权利"。作为"元权利"。发展权是创造一项权利的实现条件或政策的资格权。通过这种资格权，才有可能更充分地享受到这种权利。这个意义上的发展权对于所有人权而言，是一种前提性的权利。借助于这项元权利，个人可以获得参与发展进程的平等资格、公平分享发展成果的资格，可以将各类权利更加密切地联系在一起。因而，发展权作为人权体系中的元权利，重点在关注发展的过程性和对发展的参与性，关注个人及所有人民寻求参与发展和发展成果分配的公平机会，重在强调要求国家或国际社会制定促进更加公平发展和包括各项基本人权的政策和措施的资格与能力。发展权的元权利性质，说明发展权并不是简单地重复性地包括已有的各项人权，而是强调对这些权利可以从发展的角度予以理解，强调实现权利需要

① 张永和：《论"发展"与"发展权"》，《纪念〈发展权利宣言〉通过 30 周年国际研讨会论文集》，国务院新闻办公室、外交部，2016 年 12 月 4—5 日，第 352 页。

② 叶传星：《发展权概念的定位：在政治与法律之间》，《纪念〈发展权利宣言〉通过 30 周年国际研讨会论文集》，国务院新闻办公室、外交部，2016 年 12 月 4—5 日，第 296—310 页。

③ A. Sen, *Resources, Values and Development*, Basil Blackwell, 1984, chapter 2.

从权利的整体发展进程来考虑。发展权作为人权，关注并创造实现人权的更充分社会条件，尤其在国际社会中为人民争取实现其各项权利的全球环境和有利条件①。

齐延平教授在《论发展权的属性》② 一文中分析了发展权的动态性，认为这为人权砌入了"发展之基"。他指出，发展权进入人权体系，其更为重要的意义在于为人权哲学实现从静态向动态的历史性变革提供了可能。发展权首先表达的是一种全新的人权哲学，那就是国家在不侵犯人的基本权利与自由、在平等保障公民的经济、社会、文化等基本生存权利的基础上，还要积极创造条件，促进人权质量与水平的提升与发展。可见，作为人权哲学意义上的发展权，是在人权自由之基、平等之基上砌入的第三层——发展之基。发展维度贯穿所有的传统人权种类之中，又是传统各人权种类获得良好保障和向更高水平迈进的前提、条件和必要途径③。

四 发展权的结构定位：人权结构体系中的目的性权利

在 2016 年的发展权研讨中，一些学者明确提出了发展权在人权体系中的结构定位。常健和刘明在《论发展权在人权体系中的核心地位》④ 一文中，从结构定位的角度将发展权视为人权体系中的核心权利。

该文首先指出各项人权在人权体系中存在着结构性定位。尽管 1993 年世界人权大会就提出各类人权应当受到平等重视，但如果人权是一个体系而非散乱的权利丛，那么各项人权之间必然存在着一定的结构关系。其中有些人权居于核心地位，有些人权居于支持性地位。将何种权利视为人权体系的核心，涉及对人和人权本质的理解，涉及人权保障的核心维度，人权间关系的核心结构，保障人权的核心义务，限制人权的合理方式，以及评价人权发展的核心标准。因此，对这一问题的研究具有重要的理论

---

① 叶传星：《发展权概念的定位：在政治与法律之间》，《纪念〈发展权利宣言〉通过30周年国际研讨会论文集》，国务院新闻办公室、外交部，2016 年 12 月 4—5 日，第 304 页。

② 齐延平：《论发展权的属性》，《纪念〈发展权利宣言〉通过 30 周年国际研讨会论文集》，国务院新闻办公室、外交部，2016 年 12 月 4—5 日，第 177—182 页。

③ 齐延平：《论发展权的属性》，《纪念〈发展权利宣言〉通过 30 周年国际研讨会论文集》，国务院新闻办公室、外交部，2016 年 12 月 4—5 日，第 182 页。

④ 常健、刘明：《论发展权在人权体系中的核心地位》，《纪念〈发展权利宣言〉通过30周年国际研讨会论文集》，国务院新闻办公室、外交部，2016 年 12 月 4—5 日，第 31—37 页。

意义。

对于什么权利在人权体系中居于核心地位，存在着理论上的争论。该文根据对核心人权的不同认定，区分了自由主义人权观和发展主义人权观。自由主义人权观将个人自由权利作为人权体系的核心；而发展主义人权观则认为发展权在人权体系中具有核心的地位，其他各项人权都在不同层次上为发展权的实现提供基础和支撑。自由主义人权观在理论上受到了来自多方面的质疑，在实践中也产生了一系列严重的后果。发展主义人权观则力图超越自由主义人权观的局限，重构人权理论体系。

该文认为，目前居于人权领域主流的是自由主义人权理论，它将个人自由权作为人权体系的核心，这主要体现在五个方面：第一，主流人权学者在论证人权的来源与本质时，主要是将自由作为人的本质和尊严，并将个人自由权作为人权的核心内容。第二，近代西方各国是在反抗封建专制制度的背景下提出人权主张的。在这种背景下，首先提出的人权是各项个人自由权利，它们被作为人权的核心内容，并被称为"第一代人权"。欧美资产阶级革命时期所遗留下的这种人权传统，至今仍然主导着欧美国家的人权理论和实践。西方国家或是忽视经济、社会和文化权利，或者只是将经济、社会和文化权利视为实现各项自由权利的支持条件。第三，西方国家奉行法律中心主义，将在法律上可诉的人权作为"真正"意义上的人权。而法律上可诉的人权主要是各项个人自由权利。第四，在西方的核心价值排序中，自由被排在首位。这意味着当自由与其他价值发生冲突时，自由是优先的。例如，当代最著名的自由主义政治哲学家罗尔斯，在《正义论》中论证了两个正义原则，其中，以自由权为核心的第一个正义原则，要优先于以机会和公共物品的公平分配为核心的第二个正义原则[①]。第五，在评判各国的人权状况时，西方国家将各项自由权利的实现作为人权评价的核心维度。它们对发展中国家人权状况的指责，主要集中在个人自由权利方面。

该文进一步分析了自由主义人权观的历史贡献和现实困境，指出自由主义人权观在反抗封建体制的过程中曾经发挥了积极的作用，但其自身也

---

① ［美］约翰·罗尔斯：《正义论》，何怀宏等译，中国社会科学出版社 2009 年版，第196—197 页。

存在着一定的局限性。随着社会的发展，其局限性日益明显，并在现实中面临日益严峻的挑战。首先，它导致人权保障措施专注于自由权的核心维度，缺少为人的发展创造条件的人权保障措施，从而导致各种弱势或边缘群体空有自由却缺乏发展机会和条件，使其所享有的自由权成为一种缺乏积极内容的空洞自由。其次，它导致政府更偏向承担消极的"尊重"义务和事后的"保护"义务，却忽视采取积极措施履行"实现"义务。再次，当以个人自由权为核心标准来评判各国的人权状况时，其结论带有明显的自由权偏见。这导致对发展中国家的人权进步常常视而不见，看到的只是在自由权方面存在的不足，从而形成对发展中国家的片面批评，而对发达国家存在的人权问题不以为然，将西方发达国家作为人权保障的楷模。最后，它在实践中导致人权保障的自由主义陷阱。当一些发展中国家遵循自由主义人权观的主张，将自由权作为人权保障的核心维度，而忽视对发展权的保障时，其人权保障的实际效果与其初衷往往相去甚远，人民对国家和政府的满意度往往不增反降，不少国家还出现了严重的社会动荡。因此，人权事业的发展亟须根据时代发展的要求和人权实践的经验教训，突破自由主义人权观的局限，重构人权理论体系，促进各项人权的真正实现。

在批判自由主义人权观的基础上，该文明确提出将发展权置于人权体系的核心地位，并将这种观点称为"发展主义人权观"。它主要包含以下几层内容：第一，将人的发展作为人和人权的本质核心体现。人的本质不在于消极自由，而在于具有自我发展的潜能。实现发展潜能，体现了人的尊严和独特价值。为人的发展提供实现条件，构成了人权的本质要求。人的本质在于潜能的实现，而人权的本质就在于为人的潜能实现和人的发展创造公平的机会和基本的条件。第二，将发展权作为人权的核心维度，将其他人权作为实现发展权的条件或途径。保障人权的根本目的就是要促进人和社会的发展。各项人权都是在为实现发展权提供基础、条件或途径。生存权为实现发展权提供主体条件；教育权为实现发展权发掘潜能和培育能力；各项公民权利为实现发展权提供必要的自由；政治权利为平等享有发展权提供政治保障；经济、政治、社会和文化参与权利为实现发展权实现提供路径；社会保障权利体现了公平分享发展成果的发展权要求；环境权利保障发展权享有的代际公平。需要强调的是，认为发展权在人权体系中具有核心的地位并不是要否认个人自由权的重要性，而是将个人自由权视为实现发展权的重要条件。第三，将尊重、保护和促进发展权的实现作为国家承担的核心人权义务。将发展权作为理解人权的核心，意味着国家在保障人权方面不只是承担消极性的义务，而是要承担积极性的保障和促进实现的义务，在教育、医疗、最低生活保障、就业等经济、社会文化方面提供基本的条件和公平的机会，以便为人的发展权的实现创造良好的条件。第四，将促进发展权的实现作为其他各项人权限度的依据和化解人权间冲突的指导原则。各项人权的现实保障方式之间会出现冲突，将是否更好地促进发展权的实现作为化解人权间冲突的核心依据，能够对权利间关系进行综合性的考量，更全面地协调和平衡各项权利的实现方式。第五，将发展权的实现程度作为评价人权状况的核心标准。将发展权作为一项核心人权，意味着在国际人权机构以及对各国进行定期审查等事项的人权评价中，应该突出发展权的地位和意义，将与发展权相关的人权事项作为评估人权状况的核心部分①。

该文认为，发展主义人权观在理论上能够超越自由主义人权观的局限性，同时对促进世界人权事业的健康发展具有重要的现实意义。首先，它有助于克服国际人权领域的自由主义偏见，将自由权保障视为实现人的发展权的手段，从而对人权形成更加全面和深刻的理解，使国际人权事业朝着健康的方向发展。其次，它有助于克服自由主义人权评价标准的局限。将发展权作为人权的核心维度和评价的核心标准，可以对发展中国家取得的人权成就形成更清晰的理解。再次，它有助于防止人权发展战略的自由主义陷阱。从自由主义人权观出发所制定的人权发展战略，往往偏重强调改善自由权利的保障，其背后的假定往往是只要自由权有了充分的保障，社会就一定能够发展，各项人权的保障水平也能随之提高。但在现实中，片面地保障自由权，不处理好自由与发展的关系以及自由与社会秩序和安全之间的关系，社会的整体人权保障水平很难提升，而且经常由于爆发内战或社会动乱而使人权状况急剧恶化。从发展主义人权观出发来制定人权发展战略，能够平衡自由权保障与生存权保障，平衡个人权利保障与集体

---

① 常健：《发展权对传统人权视野的扩展》，《光明日报》2016 年 12 月 7 日第 10 版，光明网：http://epaper.gmw.cn/gmrb/html/2016 - 12/07/nw.D110000gmrb_ 20161207_ 3 - 10.htm。

权利保障，平衡人权保障与公共秩序、公共安全、公共卫生、公共道德等各项公共利益，使其相辅相成为发展权的实现创造适宜条件。最后，它有助于克服在人权保障上法律中心主义陷阱，促使各国政府更全面地承担尊重、保护、实现人权的三重义务，法律手段与政策手段并用，政府、企业与社会组织合力，推进发展权和各项人权的有效实现。

五　趋势分析

回顾中国人权界对发展权的研究，可以发现其呈现不断扩展和深化的趋势，从确定发展权的内容范围到确定发展权的特殊形态，从论证发展权的人权地位到提出发展权的优先排序，从分析发展权在人权体系中的功能到确认发展权在人权体系中的地位，这种研究的扩展和深化从一个侧面反映了中国人权理论研究正在不断走向深入。

从对发展权在人权体系中地位的研究来看，可以看到中国学者在广泛吸收和借鉴国外人权观点的基础上，提出了许多具有重要启发性的创新性主张。从多年前提出的生存权和发展权是首要人权的观点，到近年来特别是 2016 年提出的一系列新概念和新主张，如常健教授提出的发展权在人权体系中居于核心地位的观点，张永和教授提出的发展权在人权体系中具有协调和统摄功能的观点，齐延平教授所主张的发展权为人权体系在自由之维和平等之维上又增加了发展之维的观点，以及何志鹏教授提出的人权范式从以自由为基础向以发展为目的转换的观点，等等，都反映出中国人权学者基于中国人权实践的丰富经验，突破西方主流人权话语体系的局限，构建更具理论解释力和现实说服力的中国人权话语体系。

回顾人权思想、话语和理论的发展历史，可以看到人权的话语和理论体系随着时代的发展和实践的要求呈现出不同阶段的变化。而人权理论的生命力恰恰在于它能够因应实践的要求不断发展出更具理论解释力和现实说服力的人权话语。中国人权事业正在经历历史性的大发展，它在如何更好地实现人权发展方面提出了大量前所未有的问题，传统自由主义人权理论的回答捉襟见肘，无法满足中国人权发展的实践需求，这迫使人权理论工作者正视现实的问题和挑战，肩负起人权理论创新的历史重任，突破现有人权理论的历史局限和理论禁锢，提出更具解释力的人权理论观点，重构人权理论体系。可以预见，在中国人权事业发展实践的强有力推动下，中国人权理论创新会枝繁叶茂，展现出勃勃生机，绽放出更灿烂的花朵。

毋庸置疑，人权理论体系的创新和重构是一项异常艰巨的工作。从对发展权在人权体系中地位的研究来看，学者们的观点间存在着许多重要的分歧。例如，对于发展权是否是一项综合性权利，以及如何理解发展权是一项综合性权利，学者们提出了许多不同的见解；对于如何理解发展权是首要人权，学者们的解释也存在很大差异；对于发展权是否应在人权体系中居于核心地位，学者们之间出现了非常激烈的争论。不同观点之间的差异和争论反映了理论创新的迫切需求，推动着人权理论界开展更深入的理论研究，也预示着具有更强解释力的新的理论观点的诞生。

第三节　发展权在人权体系中的定位及其实现要求

以发展权作为终极目的性权利来建构人权体系，需要进一步厘清一系列内部结构问题，它涉及各类人权之间的结构关系。

一　发展权作为终极目的性权利和作为手段性权利

对于发展权有不同的定义。但特别需要区分的是作终极目的性权利的发展权与作为手段性权利的发展权。联合国《发展权利宣言》对发展权的定义是："发展机会均等是国家和组成国家的个人的一项特有权利，任何国家和组成国家的任何个人，都有参与发展、平等享有发展成果的权利。"这实际上是将发展权定义为一种手段性权利，即发展机会均等、参与发展和平等享有发展成果的权利，这些都是实现人的发展的必要条件和手段。而作为终极目的性权利的发展权，应当被定义为所有人自由全面协调发展的权利。作为手段性权利的发展权是为作为终极目的性权利的发展权服务的。

二　发展权与其他各项人权

2016 年国务院新闻办公室发表的《发展权：中国的理念、实践与贡献》白皮书指出："发展权贯穿于其他各项人权之中，其他人权为人的发展和发展权的实现创造条件。发展权的保障，既表现在经济、文化、社会、环境权利的实现之中，又表现在公民权利与政治权利的获得之中。"①
因此，不能脱离开其他各项人权来谈发展权，否则就会使发展权的实现成
为失去权利体系的根基。反过来，也不能离开发展权的核心地位来谈各项
人权，否则就会使各项人权失去重心指向，成为散乱甚至彼此排斥、相互
冲突的权利诉求。人权的整体性实现，必须坚持以发展权为核心，产生凝
聚效应并发挥协调功能，使其他各项人权共同参照、相互适应，从而形成
具有内在联系、相互促进的人权体系。

如前所述，发展权是终极目的性，而其他各项人权是支持性权利。作
为终极目的性权利，发展权在人权体系中具有五个重要的功能：第一，它
是其他各项人权要实现的最终目的，即其他各项人权最终都是为了实现所
有人自由全面协调的发展。第二，它是其他各项人权最终的价值皈依，即
其他各项人权都因促进了人的自由全面协调发展而获得价值。第三，它是
其他各项人权的性质和功能的确定者，其他各项人权的类别、性质和相互
关系最终都取决于它们与人的自由全面协调发展之间的关系。第四，它是
各项人权间冲突的最终协调依据，当各项人权的行使方式出现相互冲突
时，要依据它们与人的自由全面协调发展的关系来确定如何施加必要的限
制。第五，它是各项人权整体实现的最终检验标准，人权整体的实现与否
与实现程度最终要根据人的自由全面协调发展的实现与实现程度。

三　个人发展权与集体发展权

发展权是个人发展权与集体发展权的统一。国务院新闻办公室 2016
年发表的发展权白皮书指出："发展权是个人人权与集体人权的统一。中
国既重视个人发展权，又重视集体发展权，努力使二者相互协调、相互促
进。'每个人的自由发展是一切人的自由发展的条件'，没有个人的发展，
就没有集体的发展；同时，也只有在集体中，个人才能获得全面发展。发
展权既是每个人的人权，又是国家、民族和全体人民共同享有的人权，个
人发展权只有与集体发展权统一起来，才能实现发展权的最大化。"②

---

① 国务院新闻办公室：《发展权：中国的理念、实践与贡献》，人民出版社 2016 年版，第
6 页。

② 国务院新闻办公室：《发展权：中国的理念、实践与贡献》，人民出版社 2016 年版，第
6 页。

如前所述，发展权不是个人孤立发展的权利，而是所有人共同发展的权利。一方面，它是每个人与其他人协调发展的权利；另一方面，它是所有人共同协调发展的权利。人的发展是在相互联系中实现的。在现代社会中，人与人之间的相互合作成为日益重要的发展条件。但每个人的发展之间既有相互促进的方面，也有相互限制的方面；个人的发展与集体的发展同样既有相互促进的方面，也有相互制约的方面。因此，为了实现终极目的性的发展权，在各种支持性权利的实现方式方面，个人权利与他人权利、个人权利与集体权利之间需要相互限制，限制的总体原则和目的是为了实现所有人的自由全面协调发展。

四　发展权的平等保障与特殊保护

将所有人的自由全面协调发展作为终极目的性权利，一方面要求对每个人的自由和全面发展予以平等保障；另一方面要求对在社会发展中处于弱势地位的个人和群体予以一定的特殊保护，使其能够与其他个人和群体平等地享有和利用发展的机会、参与和促进发展并享有发展的成果，从而保障所有人的协调发展。

一般来说，少数民族、妇女、儿童、老年人、残疾人等特定群体由于社会历史原因、现实社会环境或自身生理条件的原因，其发展权的实现比其他群体存在更多困难，因此需要政府采取特殊措施予以帮助和照顾。在中国的现实条件下，农村贫困地区人民在社会发展中处于弱势地位，其发展权的实现需要政府采取一些特殊的帮扶措施。正如习近平总书记所指出的："全面建成小康社会，最艰巨最繁重的任务在农村、特别是在贫困地区。没有农村的小康，特别是没有贫困地区的小康，就没有全面建成小康社会。"①

五　发展权的国内实现与国际实现

发展权不仅涉及各国国内所有社会成员和所有群体的自由全面协调发展，而且涉及各个国家之间的协调发展。

---

① 习近平：《推动贫困地区脱贫致富、加快发展》，载《习近平谈治国理政》，外文出版社有限责任公司 2016 年版，第 189 页。

　　一方面，在当今世界的格局之下，各个主权国家是促进本国人民实现发展权的最主要的义务承担者。联合国《发展权利宣言》指出："各国对创造有利于实现发展权利的国家和国际条件负有主要责任。""各国有义务单独地和集体地采取步骤，制订国际发展政策，以期促成充分实现发展权利。""各国应采取步骤以扫除由于不遵守公民和政治权利以及经济、社会和文化权利而产生的阻碍发展的障碍。""国家有权利和义务制定适当的国家发展政策，其目的是在全体人民和所有个人积极、自由和有意义地参与发展及其带来的利益的公平分配的基础上，不断改善全体人民和所有个人的福利。""各国应在国家一级采取一切必要措施实现发展权利，并确保除其他事项外所有人在获得基本资源、教育、保健服务、粮食、住房、就业、收入公平分配等方面机会均等。应采取有效措施确保妇女在发展过程中发挥积极作用。应进行适当的经济和社会改革以根除所有的社会不公正现象。"

　　另一方面，全球化使得各个国家日益相互依赖、命运相连。因此，需要确立人类命运共同体意识，采取积极和必要的措施，协调各国发展政策，促进各国人民共同实现发展权。联合国《发展权利宣言》指出："各国有义务在确保发展和消除发展的障碍方面相互合作。"习近平指出："中国希望国际社会以联合国 2030 年可持续发展议程为新起点，努力走出一条公平、开放、全面、创新的发展之路，实现各国共同发展。"① 国务院新闻办公室发表的《发展权白皮书》指出："发展权应为各国人民共有共享。实现发展权既是各国的责任，也是国际社会的共同义务。发展权的实现既需要各国政府根据各自国情制定符合本国实际的发展战略和发展政策，也需要国际社会的共同努力。中国倡导各国坚持公平、开放、全面、创新的共同发展理念，着力促进包容性发展，为各国人民共享发展权创造条件。全球经济治理应该以平等为基础，更好反映世界经济格局新现实，增强新兴市场和发展中国家代表性和发言权，确保各国在国际经济合作中权利平等、机会平等、规则平等，实现发展权共享、共赢。"②

---

　　① 习近平：《致"纪念〈发展权利宣言〉通过 30 周年国际研讨会"的贺信》，《人权》2017 年第 1 期。

　　② 国务院新闻办公室：《发展权：中国的理念、实践与贡献》，人民出版社 2016 年版，第6 页。

在现行的国际经济政治秩序下，发展中国家在国际竞争中处于弱势地位，其发展权更容易受到发达国家的侵犯，其发展权的实现面临比发达国家更多的困难，因此需要国际社会对其予以特殊的帮助和照顾。联合国《发展权利宣言》指出："为促进发展中国家更迅速的发展，需采取持久的行动。作为发展中国家努力的一种补充，在向这些国家提供促进全面发展的适当手段和便利时，进行有效的国际合作是至关紧要的。"习近平主席指出："中国积极参与全球治理，着力推进包容性发展，努力为各国特别是发展中国家人民共享发展成果创造条件和机会。"①"国际社会应该积极推进世界人权事业，尤其是要关注广大发展中国家民众的生存权和发展权。"②

在现实国际政治环境中，由于各国之间存在着文化传统、社会制度和意识形态的差异，对如何看待和实现发展权乃至所有人权存在着难以避免的差异和分歧。人权观点的多元化和分歧，如果能够相互包容、相互借鉴，就会成为促进人权事业健康发展的动力。而如果因为观点分歧就相互对抗，非要将自己的观点强加给对方，就会对人权事业发展造成负面的影响。习近平指出："实现人民充分享有人权是人类社会的共同奋斗目标。""任何国家都需要不断加强和改进人权保护，适应时代的发展。""加强不同文明交流互鉴、促进各国人权交流合作，推动各国人权事业更好发展。""中国主张加强不同文明交流互鉴、促进各国人权交流合作，推动各国人权事业更好发展。"③ 习近平 2012 年 2 月 14 日在美国国务院出席午宴时讲话指出："由于各自现实国情和历史文化不同，中美在人权问题上存在分歧是正常的。纵观人类历史，人权事业的发展始终是一个不断改进和完善的过程。中美两国可以继续开展对话交流，落实两国元首达成的尊重对方从本国国情出发选择发展道路的共识，进一步完善两国人权事业。"④

---

① 习近平：《致"纪念〈发展权利宣言〉通过 30 周年国际研讨会"的贺信》，《人权》2017 年第 1 期。

② 习近平：《致"2015·北京人权论坛"的贺信》，《人权》2015 年第 5 期。

③ 习近平：《致"2015·北京人权论坛"的贺信》，《人权》2015 年第 5 期。

④ 习近平：《共创中美合作伙伴关系的美好明天——在美国友好团体欢迎午宴上的演讲》，《人民日报》2012 年 2 月 17 日 002 版。

六　发展权的代际享有

发展权是人类所有成员应享有的权利，不仅包括现存的人类成员，还包括未来的人类成员。同时，发展权的实现需要以一定的物质资源和环境为条件。地球上的物质资源是有限的，地球环境的维持是需要付出成本的。如果现存的人类成员只考虑自身发展权的实现，耗尽发展所需资源，破坏未来发展环境，就会使未来的人类成员失去实现发展权的条件。因此，现存人类成员实现发展权的方式应当受到未来人类成员发展权的约束和限制。国务院新闻办公室2016年发表的发展权白皮书指出："发展权的保障必须是可持续的。可持续发展是发展权的应有之义，体现着代际公平。发展不平衡、不协调、不平等，发展方式粗放，都是发展不可持续的表现。中国坚持以可持续的方式进行消费、生产，科学管理地球的自然资源，走可持续的、有复原力的经济社会发展道路，满足今世后代的需求。中国遵循平衡性、可持续性的发展思路，将人与自然和谐发展、经济与社会和谐发展视为实现和保障发展权的新样态。"①

第四节　全面建成小康社会与发展权的实现

中国全面建成小康社会将实现人的全面发展作为价值目标，这意味着全面建成小康社会将实现发展权作为整体目标，这为以人的发展为导向的人权理论提供了实践范本。

一　全面建成小康社会目标提出的历史背景

"小康"是一个古老的词汇，出自《诗经·大雅·民劳》"民亦劳止，汔可小康"，意指人民生活水平处于温饱与富裕之间的一种较为殷实幸福的状态。当代中国提出建设小康社会的目标，是根据中国的具体国情提出的阶段性发展战略。

（一）从小康社会到全面建设小康社会

党的十一届三中全会以后，邓小平同志立足于中国国情，放眼发展大

---

① 国务院新闻办公室：《发展权：中国的理念、实践与贡献》，人民出版社2016年，第6页。

势，提出了"小康社会"这一有中国特色社会主义的新概念。1979 年 12
月 6 日，邓小平同志在会见日本首相大平正芳时指出："我们的四个现代
化的概念，不是像你们那样的现代化的概念，而是'小康之家'。到本世
纪末，中国的'四个现代化'即使达到了某种目标，我们的国民生产总
值人均水平也还是很低的。要达到第三世界中比较富裕一点的国家的水
平，比如国民生产总值人均 1000 美元，也还得付出很大的努力。就算达
到那样的水平，同西方来比，也还是落后的。所以，我只能说，中国到那
时也还是一个小康的状态。"①

　　1982 年 9 月，党的十二大把小康作为主要奋斗目标和我国国民经济
和社会发展的阶段性标志。党的十二大报告提出："从一九八一年到本世
纪末的二十年，我国经济建设总的奋斗目标是，在不断提高经济效益的前
提下，力争使全国工农业的年总产值翻两番，即由一九八〇年的七千一百
亿元增加到二〇〇〇年的二万八千亿元左右。实现了这个目标，我国国民
收入总额和主要工农业产品的产量将居于世界前列，整个国民经济的现代
化过程将取得重大进展，城乡人民的收入将成倍增长，人民的物质文化生
活可以达到小康水平。"②

　　2002 年举行的党的十六大在总结建设小康社会进展时指出，经过全
党和全国各族人民的共同努力，"人民生活总体上实现了由温饱到小康的
历史性跨越""实现了现代化建设'三步走'战略的第一步、第二步目
标，人民生活总体上达到小康水平"。在此基础上，党的十六大报告进一
步提出了"全面建设小康社会"的目标："要在本世纪头二十年，集中力
量，全面建设惠及十几亿人口的更高水平的小康社会，使经济更加发展、
民主更加健全、科教更加进步、文化更加繁荣、社会更加和谐、人民生活
更加殷实。"经济建设的目标是"在优化结构和提高效益的基础上，国内
生产总值到 2020 年力争比 2000 年翻两番，综合国力和国际竞争力明显增
强。基本实现工业化，建成完善的社会主义市场经济体制和更具活力、更
加开放的经济体系。城镇人口的比重较大幅度提高，工农差别、城乡差别

---

① 邓小平：《中国本世纪的目标是实现小康》，《邓小平文选》第 2 卷，人民出版社 1994 年
版，第 237 页。

② 《全面开创社会主义现代化建设的新局面——在中国共产党第十二次全国代表大会上的
报告》，人民出版社 1982 年版。

和地区差别扩大的趋势逐步扭转。社会保障体系比较健全，社会就业比较充分，家庭财产普遍增加，人民过上更加富足的生活"；政治建设的目标是"社会主义民主更加完善，社会主义法制更加完备，依法治国基本方略得到全面落实，人民的政治、经济和文化权益得到切实尊重和保障。基层民主更加健全，社会秩序良好，人民安居乐业"；社会和文化建设的目标是"全民族的思想道德素质、科学文化素质和健康素质明显提高，形成比较完善的现代国民教育体系、科技和文化创新体系、全民健身和医疗卫生体系。人民享有接受良好教育的机会，基本普及高中阶段教育，消除文盲。形成全民学习、终身学习的学习型社会，促进人的全面发展"；生态环境建设的目标是"可持续发展能力不断增强，生态环境得到改善，资源利用效率显著提高，促进人与自然的和谐，推动整个社会走上生产发展、生活富裕、生态良好的文明发展道路"①。

（二）从全面建设小康社会到全面建成小康社会

2012 年举行的党的十八大总结了全面建设小康社会的进展，指出在过去十年取得了一系列新的历史性成就，为全面建成小康社会打下了坚实基础。在此基础上，党的十八大报告提出，"全面建成小康社会，加快推进社会主义现代化，实现中华民族伟大复兴，必须坚定不移走中国特色社会主义道路""确保到 2020 年实现全面建成小康社会宏伟目标"②。

根据中国经济社会发展实际，全面建成小康社会，"要在十六大、十七大确立的全面建设小康社会目标的基础上努力实现新的要求"。党的十八大报告提出了"五位一体"的建设目标：在经济建设方面，要保持经济持续健康发展，"转变经济发展方式取得重大进展，在发展平衡性、协调性、可持续性明显增强的基础上，实现国内生产总值和城乡居民人均收入比 2010 年翻一番。科技进步对经济增长的贡献率大幅上升，进入创新型国家行列。工业化基本实现，信息化水平大幅提升，城镇化质量明显提高，农业现代化和社会主义新农村建设成效显著，区域协调发展机制基本

---

① 江泽民：《全面建设小康社会，开创中国特色社会主义事业新局面——在中国共产党第十六次全国代表大会上的报告》，《求是》2002 年第 22 期。

② 胡锦涛：《坚定不移沿着中国特色社会主义道路前进 为全面建成小康社会而奋斗——在中国共产党第十八次全国代表大会上的报告》，《求是》2012 年第 22 期。

形成。对外开放水平进一步提高,国际竞争力明显增强"。在政治建设方面,要推进人民民主不断扩大,使"民主制度更加完善,民主形式更加丰富,人民积极性、主动性、创造性进一步发挥。依法治国基本方略全面落实,法治政府基本建成,司法公信力不断提高,人权得到切实尊重和保障"。在文化建设方面,要使文化软实力显著增强,"社会主义核心价值体系深入人心,公民文明素质和社会文明程度明显提高。文化产品更加丰富,公共文化服务体系基本建成,文化产业成为国民经济支柱性产业,中华文化走出去迈出更大步伐,社会主义文化强国建设基础更加坚实"。在社会建设方面,要使人民生活水平全面提高,"基本公共服务均等化总体实现。全民受教育程度和创新人才培养水平明显提高,进入人才强国和人力资源强国行列,教育现代化基本实现。就业更加充分。收入分配差距缩小,中等收入群体持续扩大,扶贫对象大幅减少。社会保障全民覆盖,人人享有基本医疗卫生服务,住房保障体系基本形成,社会和谐稳定";在生态文明建设方面,要在资源节约型、环境友好型社会建设方面取得重大进展,"主体功能区布局基本形成,资源循环利用体系初步建立。单位国内生产总值能源消耗和二氧化碳排放大幅下降,主要污染物排放总量显著减少。森林覆盖率提高,生态系统稳定性增强,人居环境明显改善"①。

2017 年举行的党的十九大对全面建成小康社会作出了进一步的部署。党的十九大报告指出:"从现在到 2020 年,是全面建成小康社会决胜期。要按照十六大、十七大、十八大提出的全面建成小康社会各项要求,紧扣我国社会主要矛盾变化,统筹推进经济建设、政治建设、文化建设、社会建设、生态文明建设,坚定实施科教兴国战略、人才强国战略、创新驱动发展战略、乡村振兴战略、区域协调发展战略、可持续发展战略、军民融合发展战略,突出抓重点、补短板、强弱项,特别是要坚决打好防范化解重大风险、精准脱贫、污染防治的攻坚战,使全面建成小康社会得到人民认可、经得起历史检验。"②

---

① 胡锦涛:《坚定不移沿着中国特色社会主义道路前进 为全面建成小康社会而奋斗——在中国共产党第十八次全国代表大会上的报告》,《求是》2012 年第 22 期。

② 习近平:《决胜全面建成小康社会,夺取新时代中国特色社会主义伟大胜利——在中国共产党第十九次全国代表大会上的报告》,人民出版社 2017 年版。

二 全面建成小康社会与人的全面发展

全面建成小康社会，其目标不仅是中国经济、政治、文化、社会、生态各个领域的发展，而且是要促进中国人的自由和全面发展。党的十八大报告中三次提到"促进人的全面发展"，党的十九大报告三次提到推动或促进"人的全面发展"。

全面建成小康社会的五大建设目标与人的全面发展之间存在着密切的联系。首先，经济建设是要为人的自由和全面发展提供所需的经济基础。其次，社会建设和生态文明建设，一方面，要为生存权的保障提供现实条件，包括社会保障、医疗、住房、社会安定和健康环境；另一方面，要使所有人包括社会中的各种弱势群体和子孙后代都能够共享发展的条件，包括扶贫，基本公共服务均等化，缩小收入差距，妇女儿童、老年人、残疾人的保障，通过改善生态环境创造可持续发展的条件等。最后，政治、社会和文化建设还要为参与权的平等实现创造所需的条件，如民主和法治政府建设、平等和充分的就业机会、提高全民受教育程度和创新人才培养水平，公共文化服务体系建设等。

党的十八届五中全会2015年10月29日通过的《关于制定国民经济和社会发展第十三个五年规划的建议》进一步提出，在实现全面建小康社会奋斗目标的过程中，必须坚持人民的主体地位，"人民是推动发展的根本力量，实现好、维护好、发展好最广大人民根本利益是发展的根本目的。必须坚持以人民为中心的发展思想，把增进人民福祉、促进人的全面发展作为发展的出发点和落脚点，发展人民民主，维护社会公平正义，保障人民平等参与、平等发展权利，充分调动人民积极性、主动性、创造性"①。

该建议特别提出，实现"十三五"时期发展目标，必须牢固树立创新、协调、绿色、开放、共享的发展理念，并指出"坚持创新发展、协调发展、绿色发展、开放发展、共享发展，是关系我国发展全局的一场深刻变革"②。五大发展理念不仅涉及经济和社会发展方式的深刻变革，而

① 《中共中央关于制定国民经济和社会发展第十三个五年规划的建议》，《人民日报》2015年11月4日。

② 《中共中央关于制定国民经济和社会发展第十三个五年规划的建议》，《人民日报》2015年11月4日。

且涉及在经济和社会发展中如何促进人的自由全面协调发展。①

　　（一）创新发展促进人的创新能力提升

　　所谓"创新发展"，根据党的十八届五中全会公报的解释，就是"把创新摆在国家发展全局的核心位置，不断推进理论创新、制度创新、科技创新、文化创新等各方面创新"，"把发展基点放在创新上，形成促进创新的体制架构，塑造更多依靠创新驱动、更多发挥先发优势的引领型发展"②。汪习根和朱林认为，"创新是一个主体自我学习、自主创造的动态过程，这个过程中主体除了获得物质利益，更重要的是获得精神利益——提升自身能力的机会"。从发展权的角度解读创新驱动发展道路，"意味着每一个人都是创新的主体，创新不再是专业技术人员和科研机构的特权，每一个人都享有参与创新过程并确保提升创新能力这一发展价值的实现，最大程度上体现了发展主体的全面性与涵摄性"。党的十八届五中全会提出的"创新发展"理念，不仅具有对经济发展的工具性价值，而且具有对人的自由和全面发展的目的性价值③。

　　发展不仅是物质财富的发展，更是人自身的发展，是人通过创造性工作来实现自身潜能的过程。诺贝尔经济学奖获得者阿马蒂亚·森指出，"发展必须更加关心提高生活质量和加强自由的能力"④，"发展的过程就是能力拓展的过程"⑤。联合国《发展权利宣言》指出，"创造有利于各国人民和个人发展的条件是国家的主要责任"。2015 年联合国通过的《2030 年可持续发展议程》进一步提出，要"让所有人平等和有尊严地在一个健康的环境中充分发挥自己的潜能"；"我们将努力创建有活力、可持续、创新和以人为中心的经济，促进青年就业和增强妇女经济权能，特

---

　　①　参见常健《"五大发展理念"对发展权理解的丰富和深化》，2016 年 3 月 10 日，新华网：http://news.xinhuanet.com/politics/2016 - 03/10/c_ 128786913. htm。

　　②　《中国共产党第十八届中央委员会第五次全体会议公报》，《中国经济信息》2015年第22 期。

　　③　汪习根、朱林：《论"新常态"与发展权》，《"中国经济发展新常态：发展权的可持续性保障"理论研讨会论文集》，2015 年 7 月 22 日。

　　④　Amartya Sen, *Development as Freedom*, New York：Anchor Books, 2002, p. 140.

　　⑤　Amartya Sen, *Development as Capability Expansion*, New York：Journal of Development Planning, 1989, pp. 41 - 58.

别是让所有人都有体面工作"①。

实现"创新发展"、提升人的创新能力要解决几个关键性问题。首先，要激发创新活力，形成创新的社会氛围。十八届五中全会公报提出，要"激发创新创业活力，推动大众创业、万众创新，释放新需求，创造新供给，推动新技术、新产业、新业态蓬勃发展"。其次，要制定创新发展战略，有计划地推动创新工程。十八届五中全会公报提出，要"深入实施创新驱动发展战略"，这包括发挥科技创新在全面创新中的引领作用，实施一批国家重大科技项目，在重大创新领域组建一批国家实验室，积极提出并牵头组织国际大科学计划和大科学工程；实施网络强国战略，实施"互联网＋"行动计划，发展分享经济，实施国家大数据战略；大力推进农业现代化，加快转变农业发展方式，走产出高效、产品安全、资源节约、环境友好的农业现代化道路；构建产业新体系，加快建设制造强国，实施《中国制造二〇二五》，实施工业强基工程，培育一批战略性产业，开展加快发展现代服务业行动。最后，要建立鼓励创新的体制机制，消除阻碍创新的各种体制机制障碍。十八届五中全会公报提出，要"构建发展新体制，加快形成有利于创新发展的市场环境、产权制度、投融资体制、分配制度、人才培养引进使用机制，深化行政管理体制改革，进一步转变政府职能，持续推进简政放权、放管结合、优化服务，提高政府效能，激发市场活力和社会创造力，完善各类国有资产管理体制，建立健全现代财政制度、税收制度，改革并完善适应现代金融市场发展的金融监管框架"②。

（二）协调发展与发展权的协调实现

所谓"协调发展"，根据党的十八届五中全会公报的解释，就是不断增强发展的整体性和协调性，在协调发展中拓宽发展空间，在加强薄弱领域中增强发展后劲。"正确处理发展中的重大关系，重点促进城乡区域协调发展，促进经济社会协调发展，促进新型工业化、信息化、城镇化、农业现代化同步发展，在增强国家硬实力的同时注重

---

① 《变革我们的世界：2030年可持续发展议程》，外交部网站：http：//www.fmprc.gov.cn/web/ziliao_674904/zt_674979/dnzt_674981/xzxzt/xpjdmgjxgsfw_684149/zl/t1331382.shtml。

② 《中国共产党第十八届中央委员会第五次全体会议公报》，《中国经济信息》2015年第22期。

提升国家软实力。"①

　　发展格局经常会出现失衡现象，使地区间、产业间、部门间形成巨大的发展差距，导致发展权实际享有的不均衡。联合国《发展权利宣言》第 8 条第 1 款规定："各国应在国家一级采取一切必要措施实现发展权利，并确保除其他事项外所有人在获得基本资源、教育、保健服务、粮食、住房、就业、收入公平分配等方面机会均等。应采取有效措施确保妇女在发展过程中发挥积极作用。应进行适当的经济和社会改革以根除所有的社会不公正现象。"

　　实现"协调发展"包括若干层面，它们涉及区域间、城乡间发展权的协调实现。首先是区域协调发展，缩小地区间的发展差距。十八届五中全会公报提出，要"推动区域协调发展，塑造要素有序自由流动、主体功能约束有效、基本公共服务均等、资源环境可承载的区域协调发展新格局"。其次是城乡协调发展，缩小城乡发展差距。五中全会公报提出，要"推动城乡协调发展，健全城乡发展一体化体制机制，健全农村基础设施投入长效机制，推动城镇公共服务向农村延伸，提高社会主义新农村建设水平"②。

　　（三）绿色发展与发展权的健康、公平和可持续实现

　　所谓"绿色发展"，根据党的十八届五中全会公报的解释，就是"促进人与自然和谐共生，构建科学合理的城市化格局、农业发展格局、生态安全格局、自然岸线格局，推动建立绿色低碳循环发展产业体系"；"坚持节约资源和保护环境的基本国策，坚持可持续发展，坚定走生产发展、生活富裕、生态良好的文明发展道路，加快建设资源节约型、环境友好型社会，形成人与自然和谐发展现代化建设新格局，推进美丽中国建设，为全球生态安全作出新贡献。加快建设主体功能区，发挥主体功能区作为国土空间开发保护基础制度的作用"③。"绿色发展"的理念体现了发展权健

---

① 《中国共产党第十八届中央委员会第五次全体会议公报》，《中国经济信息》2015 年第 22 期。

② 《中国共产党第十八届中央委员会第五次全体会议公报》，《中国经济信息》2015 年第 22 期。

③ 《中国共产党第十八届中央委员会第五次全体会议公报》，《中国经济信息》2015 年第 22 期。

康、公正和可持续发展的要求。

　　发展权的享有存在代际公正问题。如果当代人为了自身的发展用尽了资源、污染了环境，就会使后代人丧失了发展的条件并承担前代人发展的代价，这是对后代人发展权的侵犯。2015 年，是联合国《千年发展目标》到期日。联合国秘书长潘基文在《2030 年享有尊严之路》的报告中指出，新的发展议程"应确保将千年发展目标转变为更广泛和更具变革性的可持续发展议程"①。2015 年 9 月 25—27 日，联合国可持续发展峰会在纽约联合国总部举行，会议通过的《变革我们的世界：2030 年可持续发展议程》指出，要"让所有人平等和有尊严地在一个健康的环境中充分发挥自己的潜能"；"我们决心阻止地球的退化，包括以可持续的方式进行消费和生产，管理地球的自然资源，在气候变化问题上立即采取行动，使地球能够满足今世后代的需求"；"我们要创建一个每个国家都实现持久、包容和可持续的经济增长和每个人都有体面工作的世界。一个以可持续的方式进行生产、消费和使用从空气到土地、从河流、湖泊和地下含水层到海洋的各种自然资源的世界"②。

　　实现"绿色发展"需要解决三个方面的问题。首先是建立绿色发展的制度和机制。十八届五中全会公报提出，要"推动低碳循环发展，建设清洁低碳、安全高效的现代能源体系，实施近零碳排放区示范工程。全面节约和高效利用资源，树立节约集约循环利用的资源观，建立健全用能权、用水权、排污权、碳排放权初始分配制度，推动形成勤俭节约的社会风尚"。第二是要对环境污染的行为实施严格的追责和惩罚。十八届五中全会公报提出，要"加大环境治理力度，以提高环境质量为核心，实行最严格的环境保护制度，深入实施大气、水、土壤污染防治行动计划，实行省以下环保机构监测监察执法垂直管理制度"。第三，要实施生态保护。十八届五中全会公报提出，要"筑牢生态安全屏障，坚持保护优先、自然恢复为主，实施山水林田湖生态保护和修复工程，开展大规模国土绿

---

　　①　潘基文：《2030 年享有尊严之路》，转引自《2015 年联合国可持续发展峰会：17 个可持续发展目标》，中国可持续发展工商理事会网站：http://www.cbcsd.org.cn/kcxfz/20151014/84101.shtml。

　　②　《变革我们的世界：2030 年可持续发展议程》，外交部网站：http://www.fmprc.gov.cn/web/ziliao_674904/zt_674979/dnzt_674981/xzxzt/xpjdmgjxgsfw_684149/zl/t1331382.shtml。

化行动，完善天然林保护制度，开展蓝色海湾整治行动"①。

（四）开放发展与发展权的国际共享

所谓"开放发展"，根据十八届五中全会公报的解释，就是"顺应我国经济深度融入世界经济的趋势，奉行互利共赢的开放战略，发展更高层次的开放型经济，积极参与全球经济治理和公共产品供给，提高我国在全球经济治理中的制度性话语权，构建广泛的利益共同体"②。"深度融入世界经济"体现了相互依赖；"积极参与全球经济治理和公共产品供给，提高我国在全球经济治理中的制度性话语权"体现的是平等参与；"奉行互利共赢的开放战略""构建广泛的利益共同体"则体现了互利合作。"开放发展"理念体现了发展权的国际共享要求。

发展权涉及各国在发展中的合作共赢。联合国《发展权利宣言》第 3 条指出："1. 各国对创造有利于实现发展权利的国家和国际条件负有主要责任。2. 实现发展权利需要充分尊重有关各国依照《联合国宪章》建立友好关系与合作的国际法原则。3. 各国有义务在确保发展和消除发展的障碍方面相互合作。各国在实现其权利和履行其义务时应着眼于促进基于主权平等、相互依赖、各国互利与合作的新的国际经济秩序，并激励遵守和实现人权。"

实现"开放发展"需要解决四个重要问题。第一是放松管制，解除经济发展国际化的各种约束。十八届五中全会公报提出，要推进"双向开放"，"支持沿海地区全面参与全球经济合作和竞争，培育有全球影响力的先进制造基地和经济区，提高边境经济合作区、跨境经济合作区发展水平"。第二是提供相关服务，使经济的国际化交往更加便捷。十八届五中全会公报提出，要"完善法治化、国际化、便利化的营商环境"，"健全服务贸易促进体系，全面实行准入前国民待遇加负面清单管理制度，有序扩大服务业对外开放"。第三是务实合作，使合作各方能够共赢。十八届五中全会公报提出，要"推进同有关国家和地区多领域互利共赢的务实合作"，推进"一带一路"建设，推进国际产能和装备制造合作。第四

---

① 《中国共产党第十八届中央委员会第五次全体会议公报》，《中国经济信息》2015 年第 22 期。

② 《中国共产党第十八届中央委员会第五次全体会议公报》，《中国经济信息》2015 年第 22 期。

是建立国际经济新秩序，使各国能够获得公平的发展机会和公正的待遇。十八届五中全会公报提出，要"积极参与全球经济治理，促进国际经济秩序朝着平等公正、合作共赢的方向发展"①。

（五）共享发展与发展的平等参与和公平受益

所谓"共享发展"，根据十八届五中全会公报的解释，就是"坚持发展为了人民、发展依靠人民、发展成果由人民共享"，"人人参与、人人尽力、人人享有"②，使全体人民在共建共享发展中朝着共同富裕方向稳步前进，实现全体人民共同迈入全面小康社会。"发展为了人民"指明了发展的目的不是为了发展而发展，而必须以人的福祉作为根本目的。"发展依靠人民"明确了发展的参与权不能只是少数人的特权，而应当使人民平等地享有发展的机会。"发展成果由人民共享"阐明了发展的收益权应当是由人民平等享有，而不能是多数人付出却少数人享有。"共享发展"的理念体现了发展权的平等参与和公平受益的要求。

发展权要求平等参与发展和共享发展成果。联合国《发展权利宣言》第2条第1款和第3款指出："人是发展的主体，因此，人应成为发展权利的积极参与者和受益者"；"国家有权利和义务制定适当的国家发展政策，其目的是在全体人民和所有个人积极、自由和有意义地参与发展及其带来的利益的公平分配的基础上，不断改善全体人民和所有个人的福利"。第8条规定："1. 各国应在国家一级采取一切必要措施实现发展权利，并确保除其他事项外所有人在获得基本资源、教育、保健服务、粮食、住房、就业、收入公平分配等方面机会均等。应采取有效措施确保妇女在发展过程中发挥积极作用。应进行适当的经济和社会改革以根除所有的社会不公正现象。2. 各国应鼓励民众在各个领域的参与，这是发展和充分实现所有人权的重要因素。"

实现"共享发展"，要解决四个方面的问题。首先是均衡教育和充分就业问题，使每个人都有能力、有机会参与发展。党的十八届五中全会公报指出，要"提高教育质量，推动义务教育均衡发展，普及高中阶段教

---

① 《中国共产党第十八届中央委员会第五次全体会议公报》，《中国经济信息》2015年第22期。

② 《中国共产党第十八届中央委员会第五次全体会议公报》，《中国经济信息》2015年第22期。

育，逐步分类推进中等职业教育免除学杂费，率先从建档立卡的家庭经济困难学生实施普通高中免除学杂费，实现家庭经济困难学生资助全覆盖。促进就业创业，坚持就业优先战略，实施更加积极的就业政策，完善创业扶持政策，加强对灵活就业、新就业形态的支持，提高技术工人待遇"。第二，要解决工作报酬不合理问题，使劳动者的付出能够得到合理的回报。十八届五中全会公报指出，要"缩小收入差距，坚持居民收入增长和经济增长同步、劳动报酬提高和劳动生产率提高同步，健全科学的工资水平决定机制、正常增长机制、支付保障机制，完善最低工资增长机制，完善市场评价要素贡献并按贡献分配的机制"。第三，要提供充分的社会公共服务和社会保障，使经济发展成果能够转化为社会生活水平的普遍提升。十八届五中全会公报指出，要增加公共服务供给，提高公共服务共建能力和共享水平，"建立健全农村留守儿童和妇女、老人关爱服务体系"，"建立覆盖城乡的基本医疗卫生制度和现代医院管理制度"，"建立更加公平更可持续的社会保障制度，实施全民参保计划，实现职工基础养老金全国统筹，划转部分国有资本充实社保基金，全面实施城乡居民大病保险制度"。第四，要解决贫困地区和贫困人口的脱贫问题，补上社会发展的"短板"。联合国《2030年可持续发展议程》指出，"我们保证，绝不让任何一个人掉队。……我们将首先尽力帮助落在最后面的人"①。十八届五中全会公报提出，要"加大对革命老区、民族地区、边疆地区、贫困地区的转移支付"，"实施脱贫攻坚工程，实施精准扶贫、精准脱贫，分类扶持贫困家庭，探索对贫困人口实行资产收益扶持制度"②。

　　总之，五大发展理念为在经济和社会发展中提升人的创新发展能力、促进发展权的协调、可持续、公平实现提供了指导原则，其目标是实现经济发展与人的发展共赢，经济发展与人的生存环境改善共赢，经济发展与社会和谐共赢，国内各地区发展共赢，中国发展与世界发展共赢。

---

　　① 《变革我们的世界：2030年可持续发展议程》，外交部网站：http：//www.fmprc.gov.cn/web/ziliao_674904/zt_674979/dnzt_674981/xzxzt/xpjdmgjxgsfw_684149/zl/t1331382.shtml。

　　② 《中国共产党第十八届中央委员会第五次全体会议公报》，《中国经济信息》2015年第22期。

第五节　构建人类命运共同体与发展权的全球共享

在全球化时代，发展权的全球共享需要公正、合理和包容的国际秩序。然而，现存的全球人权治理机制呈现出高度政治化、选择性和双重标准的特征，一些国家将自身的权利诉求直接当作人类集体人权的诉求，将满足自身诉求的权利实现方式当作人类普遍唯一的权利实现方式，以各种贬低、谴责和对抗的方式羞辱与自己主张不同的国家和人民，从而使全球人权治理机制无法真正表达和维护人类集体人权的诉求，反而沦为实现霸权主义的工具，导致了更多的对抗和破坏，对人类整体利益形成了严重的威胁。因此，为了实现发展权的全球共享，需要树立人类命运共同体意识，通过共建共商共享，建立平等相待、互商互谅的伙伴关系，营造公道正义、共建共享的安全格局，谋求开放创新、包容互惠的发展前景，促进和而不同、兼收并蓄的文明交流，构筑尊崇自然、绿色发展的生态体系。习近平在 2017 年 12 月 7 日致首届"南南人权论坛"的贺信中指出："人人充分享有人权，是人类社会的伟大梦想。"① "国际社会应该本着公正、公平、开放、包容的精神，尊重并反映发展中国家人民的意愿。中国人民愿与包括广大发展中国家在内的世界各国人民同心协力，以合作促发展，以发展促人权，共同构建人类命运共同体。"② 在 2018 年致纪念《世界人权宣言》发表 70 周年座谈会的信中，习近平再次指出："中国人民愿同各国人民一道，秉持和平、发展、公平、正义、民主、自由的人类共同价值，维护人的尊严和权利，推动形成更加公正、合理、包容的全球人权治理，共同构建人类命运共同体，开创世界美好未来。"③

习近平提出的"构建人类命运共同体"理念，精准反映了人类利益格局从"输赢分化"向"休戚与共"转变的新趋势，要求将人类整体利

---

① 中共中央党史和文献研究院编：《习近平关于尊重和保障人权论述摘编》，中央文献出版社 2021 年版，第 179 页。

② 中共中央党史和文献研究院编：《习近平关于尊重和保障人权论述摘编》，中央文献出版社 2021 年版，第 180 页。

③ 中共中央党史和文献研究院编：《习近平关于尊重和保障人权论述摘编》，中央文献出版社 2021 年版，第 180—181 页。

益提升至人类集体人权，并以"共商共建共享"为原则改革全球人权治理机制。

一　从"输赢分化"转向"休戚与共"

"人类命运共同体"理念反映了在全球化背景之下人类命运由输赢分化到休戚与共的历史性变化，"构建人类命运共同体"思想是在人类命运休戚与共的背景下各国人民应对共同威胁而提出的愿景。

已经过去的全球化第一阶段与正在进入的全球化第二阶段显现出重要的差异。在全球化的第一阶段，先发国家可以利用自己的优势，通过不平等的国际经济秩序，掠夺和剥削后发国家的人民，获得超额利润，并导致巨大的国际贫富差距。可以利用自己的政治优势，干扰其他国家的政治进程，以维护本国的国家利益。可以利用自己的军事优势去侵略其他国家，让它国臣服，屈从于自己的利益。可以通过文化传播的优势，贬低其他国家的文化，将自己的文化理念说成是普世价值，使他国人民从价值上认可和接受先发国家的地位优势。在全球化的第一阶段，这种我赢你输的博弈使发达国家获得了巨大的收益，并导致了世界各国严重的贫富分化和强弱分化。

然而，进入全球化的第二阶段，这种输赢分化的博弈正在衰退，代之而起的是命运与共。在经济上，任何国家的经济危机都会迅速传播和扩散，形成多米诺骨牌效应，导致全球经济的剧烈动荡；在政治上，发达国家对发展中国家的政治和军事干预，导致极端主义崛起，发达国家接连遭遇恐怖袭击，整个世界面临恐怖主义的威胁；在社会方面，西方国家支持怂恿一些国家的反政府力量，而这些国家的社会动荡导致的难民潮却使西方国家本身的治安陷入紧急状态；在文化方面，西方国家长期营造的西方文化优越感和对其他文化的污名化，导致全球的文化和宗教冲突升级，也使西方国家内部的多元文化和多种宗教之间的冲突加剧；在生态环境方面，环境污染、全球变暖、资源枯竭对各国的经济可持续发展和人民的生命健康都构成了严重的威胁。

所有这些现象都昭示着输赢分化的全球化时代行将结束，而休戚与共的全球化新时代正在到来。而"人类命运共同体"概念的提出，正是对全球化进程中人类利益格局变化的这种新趋势的精准概括，为全球人权治理面临的新问题和新机遇提供了具有前瞻性的分析框架。

二　将人类集体人权纳入人权话语体系

构建人类命运共同体对人权话语体系提出了新的要求。

首先，构建人类命运共同体需要将全人类的整体利益上升到人类集体人权的高度。在当今国际社会"权利优先于利益"的人权语境下，各个国家和个人基于各国人民的集体权利和个人人权所进行的竞争和博弈，并不必然导致人类整体利益的实现。个人间基于个人人权的对抗、国家间基于各国人民集体人权对抗，往往会以牺牲人类整体利益为代价，最终会使人类整体陷入危机。如果人类整体利益不能上升到人权的高度，就必然会受到个人人权和各国人民集体人权的挤压，无法获得必要的实现条件。在人类利益格局从输赢分化转向休戚与共的新阶段，人类整体利益受损，并不意味着某些国家人民和个人能够从中获得更多好处，而是所有国家人民和个人都会陷入深重灾难，并由于个人间和国家人民间的权利纠缠和掣肘而无法自拔。因此，为了使人类整体利益获得所需的实现条件，必须将人类整体利益提升至人类集体人权的高度，以抵消个人人权和各国人民集体人权对人类整体利益的侵蚀。体现人类整体利益要求的人类集体人权主要包括：（1）人类生存权；（2）人类可持续发展权；（3）人类和平权；（4）人类环境权。

其次，构建人类命运共同体需要处理好人类集体人权、各国人民的集体人权和个人人权之间的关系。将人类整体利益提升至人类集体人权的地位，使人权话语体系形成了三层主体结构：人类、国家和个人。如何处理好这三类人权主体所享受的人权，是全球人权治理在全球化新阶段面临的严峻挑战。一方面，人类集体人权不能脱离各国人民的集体人权和个人人权，而必须通过各国人民的集体人权和个人人权的实现加以体现；另一方面，由于人类集体人权的主体不限于当代现存的人类成员，而是包括了未来将要出现的人类成员，因此人类集体人权的实现会对现实各个国家人民和个人的人权实现方式构成制约。换言之，它要求超越现存人类社会成员的现实权利要求，考虑未来人类社会成员的人权能否实现。

最后，构建人类命运共同体需要将人类集体人权作为人权讨论中的基础共识和其他各项人权实现的边际约束。由于人类整体利益牵涉到每个国家人民和个人的利益，因此，当具体国家人民的人权与个人人权发生冲突时，应当将维护人类集体人权作为基础共识，并在维护人类集体人权的限度内确定各国人民集体人权和个人人权的实现方式。

三　改革全球人权治理机制

人类集体人权的实现在现实中面临的最大障碍，是权利主体的非完全在位和代表缺位。与个人人权和各国人民的人权有所不同，人类集体人权的主体是全体人类成员，既包括现实存在的人类成员，也包括未来将要出现的人类成员。这导致人类集体人权的主张受到两个因素的限制：一是现实人类成员的有限性使得其人权主张不能直接等同于人类所有成员的主张；二是各国人民和个人的人权主张之间也存在着许多冲突，人类理性的有限性很难确定哪些国家人民和个人所提出的人权主张真正代表了人类集体人权的主张。然而，离开了现实的人类成员，人类集体人权的主张又无法得以提出和维护。因此，在有限的人类成员主体和有限的人类理性的前提下，建立能够表达和维护人类集体人权的全球人权治理机制，是人类集体人权得以实现的必要条件。

现存的全球人权治理机制呈现出高度政治化、选择性和双重标准的特征，一些国家将自身的权利诉求直接当作人类集体人权的诉求，将满足自身诉求的权利实现方式当作人类普遍唯一的权利实现方式，以各种贬低、谴责和对抗的方式羞辱与自己主张不同的国家和人民，从而使全球人权治理机制无法真正表达和维护人类集体人权的诉求，反而沦为实现霸权主义的工具，导致了更多的对抗和破坏，对人类整体利益形成了严重的威胁。

克服人类成员主体和理性有限性，必须坚持"共商共建共享"的原则，改革现行全球人权治理机制。

首先要建立人权共商机制。要平衡少数国家在人权领域的强势格局，建立各种权利诉求的平衡表达机制、不同主张的平等对话机制、对立利益的协商整合机制，使得人类社会各个成员多样化的人权诉求能够尽可能得到充分的表达和整合。

第二要建立人权共建机制。一方面，要通过广泛和平等的讨论在有关人类集体人权的具体内容方面逐渐达成共识；另一方面要消解人权实现方式的单一模式霸权，允许试错，包容差异，共同探索处理好人类集体人权、各国人民的集体人权和个人人权之间关系的有效方式。应建立各种不同人权实践经验的经验分享机制，鼓励多样化的人权实现方式相互借鉴，以正向激励取代负向谴责和对抗。

第三要建立人权共享机制。维护人类集体人权会为各国人民和个人带来不同的成本和收益。要防止成本和收益的两极化分配，建立人类集体人权的成本和收益的公平分配机制，以保证人类集体人权的维护和保障获得现实的动力。

第三章 作为基础性权利的生存权

第一节 生存权的内容、地位与实现方式

人的生存是实现人的发展的最基础的条件，因此，保障生存权是实现发展权的基础条件。正如恩格斯所说，"人们首先必须吃、喝、住、穿，然后才能从事政治、科学、艺术、宗教等等"[1]。马克思指出："当人们还不能使自己的吃喝住穿在质和量方面得到充分保障的时候，人们就根本不能获得解放。"[2]

一 生存权的概念和内容

"生存权"的概念，最早见于奥地利法学家安东·门格尔 1886 年发表的《全部劳动权史论》。门格尔认为，社会财富的分配应确立一个使所有人都能获得与其生存条件相适应的基本份额的一般客观标准，社会成员根据这一标准具有向国家提出为维持自己生存而必须获得的物和劳动的要求的权利，这种由个人按照生存标准提出而靠国家提供物质条件保障的权利就是生存权。[3] 亨利·舒（Henry Shue）将安全、自由和生存作为三大基本权利，认为它们构成了人类的道德底线。[4] 詹姆斯·格里芬（James Griffin）将自主、自由和生存作为最低限度的规定性要求，它们构成了

---

[1] 《马克思恩格斯文集》第 3 卷，人民出版社 2009 年版，第 601 页。

[2] 《马克思恩格斯文集》第 1 卷，人民出版社 2009 年版，第 527 页。

[3] 参见徐显明《生存权论》，《中国社会科学》1992 年第 5 期。

[4] H. Shue, *Basic Rights: Subsistence, Affluence and American Foreign Policy*, Princeton University Press: Princeton, 1996, p. 53.

"最高层次" 的人权。① 詹姆斯·尼克尔（James Nickel）认为生存权和基本教育权及基本健康照料权都是社会权利，它们涉及过最低限度的有尊严的人类生活的能力，因此属于最基本的人权。②

关于生存权的内容，大致有三种观点。

第一种观点认为，生存权应当狭义地定义为基本生活水准权，如上官丕亮认为："生存权是指人们获得足够的食物、衣着、住房以维持有尊严的相当生活水准的权利，它包括食物权、衣着权、住房权等具体内容。"③

第二种观点认为，生存权包括生命权和与生存相关的权利。日本早稻田大学的大须贺明教授在 1984 年发表的《生存权论》一书中认为，生存权不仅指生命权和健康权，而且还包括了教育权、环境权、劳动权。④ 谢鹏程认为，生存权是指人的生命得以延续的权利，它包括生命权、健康权、劳动权、休息权和获得生活救济的权利等。它不仅要求政府不侵害公民的生命和健康，而且要求政府积极保障公民的生存条件。⑤ 与此类似，杨成铭认为生存权包括生命权和生命延续权，它不仅包括生命权，而且包括劳动权、受教育权、工作权、休息权、健康权等直接与人的生存密不可分的权利。⑥ 杨庚认为，传统意义上的生存权就是指人的生命存在的权利，主要指保护个人的生命不受非法剥夺和非法侵害，即在政治上享有生命安全的权利。但生命权不能仅指生命安全权（包括生命权、健康权和其他人身权），而且应当包括人民的基本生活条件应受到保障，国家有义务通过发展经济、社会、文化事业，不断改善人民的生活条件。它必然包括生活保障权。⑦ 李步云认为，生存权是 "人的生命安全及生存条件获得

---

① J. Griffin, *On Human Rights*, Oxford：Oxford University Press, 2008, p. 149, https：//doi. org/10. 1093/acprof：oso/9780199238781. 001. 0001.

② J. Nickel, Making Sense of Human Rights（Second ed. ）, Malden, MA：Blackwell Publishing, 2007, pp. 138 – 142.

③ 上官丕亮：《究竟什么是生存权》，《江苏警官学院学报》2006 年第 6 期。

④ 罗耀培：《〈生存权论〉简评》，《外国法译评》1997 年第 4 期。

⑤ 谢鹏程：《公民的基本权利》，中国社会科学出版社 1999 年版，第 70 页。

⑥ 杨成铭：《人权法学》，中国方正出版社 2004 年版，第 114 页。

⑦ 杨庚：《论生存权和发展权是首要的人权》，《首都师范大学学报》（社会科学版）1994 年第 4 期。

基本保障的权利"①。王家福和刘海年认为,"生存权是指生命安全得到保障和基本生活需要得到满足的权利"②。徐显明认为,生命是生存权的自然形式,财产是生存权实现的物质条件,劳动是实现生存权的一般手段,社会保障是生存权的救济方式,发展是生存权的必然要求,环境、健康、和平是生存权的当代内容,国家职能的转换是生存权的保障。在他的分析中,生存权涉及生命权、财产权、劳动权、社会保障权、受教育权、发展权、环境权、健康权、和平权等等权利。③ 李龙认为,生存权的内容随着时代而发展。最初,生存权的基本内容只包括生命与健康,马克思主义将生存权的领域扩大到劳动权、休息权、物质保障权、受教育权等更多方面,第二次世界大战以后,生存权又增加许多新内容,包括免受饥饿和贫困的权利,发展权,防卫非法暴力权,社会救济权,特殊主体的生存权,和平权,环境权,人道主义援助权等。④

　　第三种观点认为,生存权不应当包括生命权。如龚向和认为,生存权不是与生存有关的所有权利的总和,它不应包括生命权,但应当包括社会保障权、适当生活水准权和健康权。生存权不仅是温饱权,而是在温饱权基础上最低限度合于人性尊严的生活的权利,必须有维持最低限度生活必需的基本物品,还应能有尊严地享有这些基本物品,它不应仅限于衣食、住房等物质层面,也应包括生活的精神层面。⑤

　　从以人的发展为导向的人权理论的视角来看,应当将生存权置于与发展权和参与权的相对关系中来界定。作为实现参与权和发展权的基础性权利,生存权应当包括生命权以及对延续生命所需的各种基本条件的权利,包括基本生活水准权利,基本医疗和公共卫生服务权利,社会保障权利,以及享有健康生活环境的权利。但它不应当包括教育权、财产权等与社会参与有关的权利。

二　对生存权性质与地位的论证路径

　　挪威奥斯陆大学的阿勒詹德拉·曼西拉(Alejandra Mancilla)总结了

---

① 李步云主编:《人权法学》,高等教育出版社 2005 年版,第 118 页。

② 王家福、刘海年:《中国人权百科全书》,中国大百科全书出版社 1998 年版,第 531 页。

③ 参见徐显明《生存权论》,《中国社会科学》1992 年第 5 期。

④ 李龙:《论生存权》,《法学评论》1992 年第 2 期。

⑤ 龚向和:《生存权概念的批判与重建》,《学习与探索》2011 年第 1 期。

四种有关生存权的论证。①

　　第一类论证是将生存权作为享有任何其他人权的必需前提。就如亨利·舒所指出的：如果缺乏正常健康和积极生活所必需的条件，没有任何人可以完全或充分地享有应由社会予以保护的任何权利。② 他认为，安全、自由和生存三大权利构成了一个道德底线，不能允许任何人沉没于该底线之下。与此项权利相关的义务是三个方面：一是避免对个人可获得的生存手段的剥夺，二是保护个人不受此种剥夺，三是对不能为自己提供此种生活资料的人提供援助。③

　　第二类论证是从保持道德一致性角度作出的。阿兰·格沃斯（Alan Gewirth）将人类行动的必要条件作为基本人权的理由。他认为自由和健康是人类行动的必要条件。自由是在知情和非被迫选择下从事的行为，健康是达成个人目标所需的一般能力和条件。④ 生存是健康概念的构成内容，因此是一项人权：首先是基于实质性理由，因为生存的客体是人类行动的必要条件；其次是基于形式的理由，即行为者如果否认自己的存在会导致自相矛盾。同时，行为者应该将其他人也作为潜在的目的性行为者，因此必须承认生存作为一项权利。⑤

　　第三类论证是从人格角度作出的。詹姆斯·格里芬分析道：人格是我们作为规范行为者的地位，即我们审慎思考、评估、选择和采取行动去实现我们自己所认为的幸福生活。⑥ 因为人格是人类的核心利益，它应当以人权的形式加以保护。因为保护人格至少需要一些物质资源，因此必须存

---

①　Alejandra Mancilla, "The Human Right to Subsistence", *Philosophy Compass*, 2019, pp. 1 - 10, https：//onlinelibrary. wiley. com/doi/pdf/10. 1111/phc3. 12618.

②　H. Shue, *Basic rights：Subsistence, affluence and American foreign policy* (Second ed.), Priceton University Press：Princeton, 1996, p. 24.

③　H. Shue, *Basic rights：Subsistence, affluence and American foreign policy* (Second ed.), Priceton University Press：Princeton, 1996, p. 53.

④　A. Gewirth, "The Justification of Morality", *Philosophical studies*, 1988, 53 (2), p. 245, https：//doi. org/10. 1007/BF00354643.

⑤　A. Gewirth, "Duties to Fulfill the Human Rights of the Poor", In T. Poge (Ed.), *Freedom from Poverty as a human right*, New York：Oxford University Press, 2007, p. 224.

⑥　J. Griffin, *On Human Rights*, Oxford：Oxford University Press, 2008, p. 32, https：// doi. org/10. 1093/acprof：oso/9780199238781. 001. 0001.

在对这些资源的人权。① 他将自主（即不受某些其他人或其他事物的主导或控制来选择自己的人生道路）、自由（即自由地沿着这样的道路前进）和生存作为三位一体的最低限度的规定性要求，它们构成了"最高层次"的人权。② 在他看来，实现生存权不只是人格的一个经验条件，而且也是人格的逻辑必需条件。它不只意味着我们需要基本的衣食以便从事规范性行为，作为规范行为者意味着这项权利必须在场。像自主和自由一样，生存这种最低限度的要求产生了所有人对于所有人的普遍权利主张。

第四类论证是从最低限度的有尊严的人类生活角度作出的。詹姆斯·尼克尔（James Nickel）赞同亨利·舒的主张，即必须保障个人的生存权以便使其能够实际行使他的其他权利。他认为生存权和基本教育权与基本健康照料权是社会权利，它们涉及过最低限度的有尊严的人类生活的能力。③ 尼克尔用六个检验标准来确定一项权利是否是基本人权，他认为生存权满足所有六个标准。第一，无法充分获得生存的对象是一个重大的问题，它会对全世界成千上万的人构成经常性威胁。第二，生存是重要的人类利益，如果它得不到满足，则不可能或很难去追求其他利益。第三，保障获得生存手段有可能被翻译为人权语言作为对相关义务和可细化的范围与对象的请求。第四，没有比权利更弱的规范足以保护这样重要的人类利益。第五，如果说生存权主要不是为人们提供食物和东西，而是让他们用他们自己的手段来实现自身的生存，那么生存权所带来的负担就是可以接受的。第六，实施生存权是可行的，因为当今绝大多数国家都在这样做。④

在中国政府1991年发布的第一部人权白皮书中，生存权被作为首要的人权。该白皮书写道："对于一个国家和民族来说，人权首先是人民的

① J. Griffin, *On Human Rights*, Oxford：Oxford University Press, 2008, p. 32, https：//doi. org/10. 1093/acprof：oso/9780199238781. 001. 0001. , p. 33.

② J. Griffin, *On Human Rights*, Oxford：Oxford University Press, 2008, p. 149, https：//doi. org/10. 1093/acprof：oso/9780199238781. 001. 0001.

③ J. Nickel, *Making Sense of Human Rights* (Second ed.), Malden, MA：Blackwell Publishing, 2007, pp. 138 – 142.

④ J. Nickel, *Making Sense of Human Rights* (Second ed.), Malden, MA：Blackwell Publishing, 2007, pp. 145 – 152.

生存权。没有生存权，其他一切人权均无从谈起。这是最简单的道理。"①
在中国政府此后发布的人权白皮书中，生存权都被作为首要人权。

对生存权作为首要人权这一表述，国内存在着不同的解读。第一种解读是将其作为第一位的人权。如李龙教授指出："在人权这个伟大而神圣的体系中，生存权位居榜首，因此，人们通常把它称为第一人权或首要人权。"② 第二种解读是将其作为最基本的人权。如学者认为，生存权是举世公认的最基本的人权。对任何一个国家的人民来说，生存权得不到保障，其他一切人权无从谈起。第三种解读是将其作为基础性人权，如杨鑫认为，生存权在权利体系中处于基础性的位置，可以从生存权推导出财产权和自由权的合理性，这说明很多权利都是生存权在一定的历史条件下的衍生权利。生存权在理论上的基础性地位是由其权利的客体所决定的，但是生存权只是一项基础性的权利，而绝不是最终的目的。③ 第四种解读是将其作为核心性人权。如徐显明认为，生存权概念的出现引发了人权理论上的一场革命，生存权的地位被抬高到自由权之上，人权观念开始了由自由权本位向生存权本位的换代。④

从以人的发展为导向的人权理论的视角出发，生存权是一种基础性权利，因为它是主体享有其他人权的前提条件。但生存权不是一种目的性权利，人权的最终目的和要实现的最终价值不是生存，而是人的发展，生存只是实现发展的基础性条件。因此，我们不主张将生存权的首要性理解为目的性或核心性，而是主张理解为基础性和前提性。

第二节 全面建成小康社会对生存权的保障

保障生存权不仅需要建立相应的制度，而且需要采取积极的措施。为了充分保障中国人民的生存权，在中国共产党的领导下，制定并实施了全面建成小康社会的国家战略。在全面建成小康社会的目标和任务中，有一

---

① 国务院新闻办：《中国的人权状况》，中央文献出版社 1991 年版。

② 李龙：《论生存权》，《法学评论》1992 年第 2 期。

③ 杨鑫：《生存权的基本内涵及其在人权体系中的地位》，《武汉科技大学学报》（社会科学版）2014 年第 2 期。

④ 参见徐显明《生存权论》，《中国社会科学》1992 年第 5 期。

系列涉及生存权保障的内容。

党的十八大报告提出了全面建设小康社会的目标，包括经济持续健康发展和人民生活水平全面提高。在经济持续健康发展方面，党的十八大报告提出的要求是："转变经济发展方式取得重大进展，在发展平衡性、协调性、可持续性明显增强的基础上，实现国内生产总值和城乡居民人均收入比 2010 年翻一番。科技进步对经济增长的贡献率大幅上升，进入创新型国家行列。工业化基本实现，信息化水平大幅提升，城镇化质量明显提高，农业现代化和社会主义新农村建设成效显著，区域协调发展机制基本形成。对外开放水平进一步提高，国际竞争力明显增强。"① 在人民生活水平全面提高方面，党的十八大报告提出的要求是："基本公共服务均等化总体实现。全民受教育程度和创新人才培养水平明显提高，进入人才强国和人力资源强国行列，教育现代化基本实现。就业更加充分。收入分配差距缩小，中等收入群体持续扩大，扶贫对象大幅减少。社会保障全民覆盖，人人享有基本医疗卫生服务，住房保障体系基本形成，社会和谐稳定。"②

国家"十三五"规划中对全面建设小康社会提出了新的目标要求，其中包括就业比较充分，就业服务体系更加健全，收入差距缩小，中等收入人口比重上升。中国现行标准下农村贫困人口实现脱贫，贫困县全部摘帽，解决区域性整体贫困，产权得到有效保护③。在具体任务方面，规划提出推进精准扶贫精准脱贫，促进资源枯竭、产业衰退、生态严重退化等困难地区发展接续替代产业，深入推进西部大开发，大力推动东北地区等老工业基地振兴，促进中部地区崛起，促进困难地区转型发展。④

党的十九大报告进一步提出："坚持在发展中保障和改善民生。增进民生福祉是发展的根本目的。必须多谋民生之利、多解民生之忧，在发展中补齐民生短板、促进社会公平正义，在幼有所育、学有所教、劳有所

① 胡锦涛：《坚定不移沿着中国特色社会主义道路前进 为全面建成小康社会而奋斗——在中国共产党第十八次全国代表大会上的报告》，《求是》2012 年第 22 期。
② 胡锦涛：《坚定不移沿着中国特色社会主义道路前进 为全面建成小康社会而奋斗——在中国共产党第十八次全国代表大会上的报告》，《求是》2012 年第 22 期。
③ 《中华人民共和国国民经济和社会发展第十三个五年规划纲要》，人民出版社 2016 年版。
④ 《中华人民共和国国民经济和社会发展第十三个五年规划纲要》，人民出版社 2016 年版。

得、病有所医、老有所养、住有所居、弱有所扶上不断取得新进展，深入开展脱贫攻坚，保证全体人民在共建共享发展中有更多获得感，不断促进人的全面发展、全体人民共同富裕。"[1]

一　健全法律体制，依法保障生命安全

从我国现行法律来看，已经形成了在宪法统摄下各个部门法律对生命权进行保障的法律体系。我国宪法没有明确的条款对生命权作出规定，但是从其他的条文中可以推导出宪法对生命权的保护，所以生命权在我国宪法中属于一项隐性权利。[2]《中华人民共和国宪法》第37条、38条、43条、45条等规定，都是以生命权为前提和基础，是对生命权的延伸。宪法第37条规定："中华人民共和国公民的人身自由不受侵犯。"第38条规定："中华人民共和国公民的人格尊严不受侵犯。"第43条规定："中华人民共和国劳动者有休息的权利。"第45条规定："中华人民共和国公民在年老、疾病或者丧失劳动能力的情况下，有从国家和社会获得物质帮助的权利。"这些宪法条文主要针对公民的人身自由权、人格尊严权、休息权以及弱势群体权利进行保护。人身、人格、休息是生命存在和维持的重要维度，对这些权利作出明确规定，表明了我国法律法规对于生命权作出了更加深层次的确认与保护。

我国不同的部门法对生命权也做出明确的规定，诸如刑事法律、民事法律、社会法以及行政法律等，这些不同法律部门的具体规定为行政机关、司法机关及其公职人员行使行政权、司法权过程中提供法律依据，切实为保障公民享有生命权提供了坚实的法律依据。

第一，刑事法律方面。《中华人民共和国刑法》第232、233条规定故意杀人罪、过失致人死亡罪的定罪量刑，从定罪量刑角度保障生命权，震慑侵害生命权的犯罪行为。《中华人民共和国刑法》第232条规定："故意杀人的，处死刑、无期徒刑或者十年以上有期徒刑；情节较轻的，处三年以上十年以下有期徒刑。"第233条规定："过失致人死亡的，处

---

①　习近平：《决胜全面建成小康社会　夺取新时代中国特色社会主义伟大胜利——在中国共产党第十九次全国代表大会上的报告》，人民出版社2017年版。

②　王家福、刘海年、李林：《人权与21世纪》，中国法制出版社2000年版，第296页。

三年以上七年以下有期徒刑；情节较轻的，处三年以下有期徒刑。"从犯罪的构成要件来看，故意杀人罪和过失致人死亡罪侵犯的都是人的生命权，故意杀人罪是故意非法剥夺他人生命的行为，过失致人死亡罪是过失引起他人死亡的行为。

与此同时，考虑到对犯罪分子生命权的保障，中国政府奉行严格控制死刑并逐步减少死刑适用的原则。刑法第 48 条规定，死刑只适用于罪行极其严重的犯罪分子。对于应当判处死刑的犯罪分子，如果不是必须立即执行的，可以判处死刑同时宣告缓期二年执行。死刑案件须由中级人民法院一审管理，二审必须组成合议庭开庭审理，由最高人民法院核准死刑且组成合议庭进行。刑法第 49 条规定："犯罪的时候不满十八周岁的人和审判的时候怀孕的妇女，不适用死刑。审判的时候已满七十五周岁的人，不适用死刑，但以特别残忍手段致人死亡的除外。"1997 年的刑法中共有 68 个死刑罪名，2011 年 5 月实施的《刑法修正案（八）》减少了 13 个死刑罪名，2015 年 11 月开始实施的《刑法修正案（九）》进一步减少了 9 个死刑罪名，使现有的死刑罪名减少至 46 个。

第二，民事法律方面。2020 年通过的《中华人民共和国民法典》第 1002 条规定："自然人享有生命权。自然人的生命安全和生命尊严受法律保护。任何组织或者个人不得侵害他人的生命权。"第 1003 条规定："自然人享有身体权。自然人的身体完整和行动自由受法律保护。任何组织或者个人不得侵害他人的身体权。"第 1005 条规定："自然人的生命权、身体权、健康权受到侵害或者处于其他危难情形的，负有法定救助义务的组织或者个人应当及时施救。"

第三，社会法方面，我国社会法律对生命权也做出明确规定。《中华人民共和国劳动法》规定："劳动者对用人单位管理人员违章指挥、强令冒险作业，有权拒绝执行；对危害生命安全和身体健康的行为，有权提出批评、检举和控告。""用人单位强令劳动者违章冒险作业，发生重大伤亡事故，造成严重后果的，对责任人员依法追究刑事责任。"

第四，行政法律方面，我国行政法律对侵害生命权作出明确规定，并对行政机关以及公务员侵害生命权应当承担的刑事、民事和行政责任作出明确规定。《中华人民共和国国家赔偿法》第 3 条规定："行政机关及其工作人员在行使行政职权时以殴打、虐待等行为或者唆使、放纵他人以殴打、虐待等行为造成公民身体伤害或者死亡，违法使用武器、警棍造成公民身体伤害或者死亡，以及造成公民身体伤害或者死亡的其他违法行为，受害人有取得赔偿的权利。"这里规定了公民在生命权受到侵害时提起的赔偿请求权。

二　抗击新冠疫情，保障生命权和健康权

2019 年年末，全球暴发了新冠肺炎疫情。在抗击新冠肺炎疫情的过程中，中国将保障人民的生命健康权置于优先地位，实施严格的防控措施阻断病毒传播，将感染率和病死率压到最低限度。在疫情初期，习近平总书记就强调，要把人民群众生命安全和身体健康放在第一位，坚决遏制疫情蔓延势头。全国普遍实施应急一级响应，武汉封城，学校停课，企业停产，商店关门，停止所有聚集性活动，社区实行封闭管理。在所有出入场所进行发热监查，对所有疑似病人进行迅速复查与确认，对疑似病人和所有类型感染者迅速实施隔离收治，对确诊患者密切接触者进行排查，并参照发热患者对他们进行集中观察后居家隔离。居民出门必须戴口罩，来自不同地区的人必须居家隔离 14 天。

上述措施有效地遏制了新冠病毒的传播。中国在短短两周时间就使新增确诊病例下降了 80%；至 3 月 13 日，全国新增确诊病例降至个位数；到 5 月 14 日，全国现有确诊病例降至 100 例以下。英国《自然》杂志网站 2020 年 5 月 4 日发表的《中国非药物干预措施（NPI）对新冠疫情的影响》一文指出，中国实施的城际旅行限制、病例的早期识别和隔离以及人员接触限制和社交疏远措施等三类非药物干预措施，有效控制了疫情在中国的发展，同时也为全球赢得了宝贵的"窗口"。如果中国采取的非药物干预措施比实际实施时间晚 1 周，病例可能较目前增加 3 倍；如果晚 3 周，则病例可能较目前增加 18 倍。《科学》杂志网站 2020 年 5 月 8 日发表了《中国在新冠肺炎疫情爆发最初 50 天的控制传播措施研究》的报告，对 2019 年 12 月 31 日至 2020 年 2 月 19 日期间武汉控制措施的影响进行了定量分析，结论是"关闭全市公共交通和娱乐场所、禁止公众集会等措施综合起来，避免了数十万例感染病例"。

中国政府坚持平等保障每个人的生命健康权，反对一切形式的歧视。为了解决由资源稀缺所导致的生命健康权平等保障的困境，中国政府迅速

调集全国资源,在短时间内转变了资源短缺的局面,实现了应检尽检,应收尽收,应治尽治。面对检测机构不足的问题,政府扩充检测机构,允许具备条件的三甲医院、疾控中心和专业检测机构进行核酸检测,武汉日检测量由最初的 300 人份迅速提升到 2 万人份以上,并提供 7×24 小时不间断检测服务。面对防疫物资供不应求的问题,有条件的企业迅速调整转产生产口罩、防护服、消毒液、测温仪、医疗器械等物资,全国口罩日产能产量超过 1.1 亿只;一次性医用防护服日产能超过 150 万件;手持式红外测温仪日产能达 40 万台;试剂盒日供应量在 3 月初达到近 35 万人份。面对大规模收治难题,中国政府全力开展"床位扩容"。在疫情重灾区武汉,在短短 10 天左右时间先后完成各可容纳 1000 多张床位的"火神山""雷神山"两座传染病专科医院的建设并投入使用。与此同时,陆续新建一批"方舱医院",改扩建一批定点医院,改造一批综合医院,短期内新增床位 10 多万张,由"人等床"转变为"床等人"。面对安全转运感染者车辆不足的问题,政府从全国抽调近 200 辆负压救护车。面对医护人员不足的问题,全国 30 个省区市和新疆生产建设兵团以及中国人民解放军等共调派 340 多支医疗队、42000 多名医务人员驰援湖北。

为了高效利用资源,武汉市采取分类收治分配机制,对确诊患者集中收治,重症送定点医院,轻症送指定医院和其他医疗机构。对疑似患者在发热门诊留观的,继续留观;因床位不够不能留观的,由所在区转至指定的集中隔离点。对经发热门诊 CT 诊断的有肺炎症状但暂时无法明确排除的发热患者,由所在区送有一定医疗条件的机构集中隔离治疗,与疑似患者分开隔离,防止交叉感染。各医院利用网络医疗技术支持,普遍开展远程问诊、专家直播、医疗培训等服务,充分运用远程可视医疗系统和基于 5G 网络的 AI 辅助手术设备,部分解决了疫情期间公众其他疾病的就医需求问题,也最大限度地防止了医院交叉感染。

为了保护疫情中处于弱势地位的各类群体,中央应对新型冠状病毒感染肺炎疫情工作领导小组发布了一系列相关文件,要求保护关心爱护处于疫情防控一线的医务人员及其老年亲属;对受疫情影响在家隔离的孤寡老人、因家人被隔离收治而无人照料的老年人和未成年人,以及社会散居孤儿、留守儿童、留守老年人等特殊群体,要组织开展走访探视,及时提供帮助;做好养老机构、儿童福利机构、未成年人救助保护机构、精神卫生福利机构、流浪乞讨人员救助管理机构和殡葬服务机构等民政服务机构新冠肺炎疫情防控和服务保障工作；加强疫情防控期间孕产妇疾病救治与安全助产，并为疫情防控期间为老年人慢性病患者提供医疗卫生服务指南。

中国从人类命运共同体理念出发，以抑制疫情的全球传播为己任，采取积极严格和超规格的应对措施，不惜以经济社会停摆为代价，全力阻击疫情的蔓延，为世界争取了两个月的机会窗口。中国于 2019 年 12 月 31 日向世卫组织驻华办事处通报了新冠病毒。从 1 月 3 日起，中国就开始定期与世界卫生组织、有关国家和地区组织以及中国港澳台地区及时、主动通报疫情信息。1 月 4 日，中国疾控中心负责人与美国疾控中心主任通电话，介绍疫情有关情况。1 月 5 日，中方向世界卫生组织通报疫情信息，世界卫生组织首次就中国武汉出现的不明原因肺炎病例进行通报。1 月 9 日，国家卫生健康委专家评估组对外发布武汉不明原因病毒性肺炎病原信息，病原体初步判断为新型冠状病毒，并向世界卫生组织通报疫情信息，将武汉不明原因的病毒性肺炎疫情病原学鉴定取得的初步进展分享给世界卫生组织。1 月 12 日，中国向世界卫生组织提交新型冠状病毒基因组序列信息，在全球流感共享数据库（GISAID）发布。1 月 20 日至 21 日，中国政府接受了世卫组织派团对中国武汉的现场考察；2 月下旬接待了世卫组织专家考察组的考察和核查。美国一些政客出于政治目的指责中国向世界隐瞒疫情，然而连他们自己都无法否认的事实是：仅从 2020 年 1 月 3 日至 2 月 3 日，中方就曾先后向美国进行了 30 次疫情通报。

中国向世界卫生组织捐款 5000 万美元用于新冠疫情防控。中国积极同有关国家分享防控经验，发布了 7 版新冠肺炎诊疗方案、6 版防控方案，被翻译成多国语言。据不完全统计，中国的专家学者，通过互联网与 150 多个国家和国际组织举行了 70 多场专家视频会；到 2020 年 4 月 18 日，中国已向 18 个国家派出医疗专家团队和工作组，并向一些国家捐赠医护口罩、核酸检测试剂盒以及防护服和医疗设备等防疫急需物资。联合国秘书长古特雷斯表示，"联合国感谢中方为当前处境困难的国家抗击疫情提供援助，赞赏中国同发展中国家分享疫情防控经验，并提供医疗物资和疫苗医药等宝贵援助"。在美国疫情暴发后，截至 4 月下旬，中资企业总计向美捐赠 150 万只口罩、20 万个检测盒、18 万双手套及许多防疫物资。据中国海关统计，3 月 1 日至 5 月 5 日，中国共向美国提供了超过 66 亿只口罩，4.44 亿双外科手套，4409 万套防护服，675 万副护目镜，近 7500 台呼吸机。

三　促进经济发展，为保障生存权奠定物质基础

生存权的保障需要一定的物质基础，而这种物质基础要靠经济的持续发展来提供和维持。中国提出了"以发展促人权"的发展战略，以经济建设为中心，通过经济的持续高速发展，为生存权和各项其他人权的保障奠定了坚实的基础。

党的十八大报告指出："以经济建设为中心是兴国之要，发展仍是解决我国所有问题的关键。只有推动经济持续健康发展，才能筑牢国家繁荣富强、人民幸福安康、社会和谐稳定的物质基础。必须坚持发展是硬道理的战略思想，决不能有丝毫动摇。"为此，坚持"以科学发展为主题，以加快转变经济发展方式为主线，是关系我国发展全局的战略抉择。要适应国内外经济形势新变化，加快形成新的经济发展方式，把推动发展的立足点转到提高质量和效益上来，着力激发各类市场主体发展新活力，着力增强创新驱动发展新动力，着力构建现代产业发展新体系，着力培育开放型经济发展新优势，使经济发展更多依靠内需特别是消费需求拉动，更多依靠现代服务业和战略性新兴产业带动，更多依靠科技进步、劳动者素质提高、管理创新驱动，更多依靠节约资源和循环经济推动，更多依靠城乡区域发展协调互动，不断增强长期发展后劲"①。

党的十九大报告指出："我国经济已由高速增长阶段转向高质量发展阶段，正处在转变发展方式、优化经济结构、转换增长动力的攻关期，建设现代化经济体系是跨越关口的迫切要求和我国发展的战略目标。必须坚持质量第一、效益优先，以供给侧结构性改革为主线，推动经济发展质量变革、效率变革、动力变革，提高全要素生产率，着力加快建设实体经济、科技创新、现代金融、人力资源协同发展的产业体系，着力构建市场

---

① 胡锦涛：《坚定不移沿着中国特色社会主义道路前进 为全面建成小康社会而奋斗——在中国共产党第十八次全国代表大会上的报告》，《求是》2012 年第 22 期。

机制有效、微观主体有活力、宏观调控有度的经济体制，不断增强我国经济创新力和竞争力。"①

中国以经济建设为中心促进经济的快速持续，取得了显著的成效。根据国家统计局 2022 年发布的统计公报，2021 年全年国内生产总值达到 1143670 亿元，人均国内生产总值 80976 元，国民总收入 1133518 亿元。②2017—2021 年国内生产总值及其增长率如图 3-1 所示。

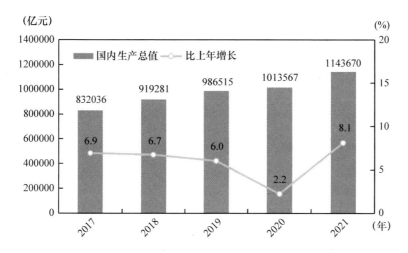

图 3-1 2017—2021 年国内生产总值及其增长速度

资料来源：国家统计局：《中华人民共和国 2021 年国民经济和社会发展统计公报》，中国统计出版社 2022 年版。

在经济发展过程中，人的生产能力也不断提高，这体现在劳动生产率的持续提升。2021 年全员劳动生产率为 146380 元/人。2017—2021 年全员劳动生产率如图 3-2 所示。③

经济持续发展提高了国家的外汇储备。2021 年年末国家外汇储备

---

① 习近平：《决胜全面建成小康社会 夺取新时代中国特色社会主义伟大胜利——在中国共产党第十九次全国代表大会上的报告》，人民出版社 2017 年版。

② 国家统计局：《中华人民共和国 2021 年国民经济和社会发展统计公报》，中国统计出版社 2022 年版。

③ 国家统计局：《中华人民共和国 2021 年国民经济和社会发展统计公报》，中国统计出版社 2022 年版。

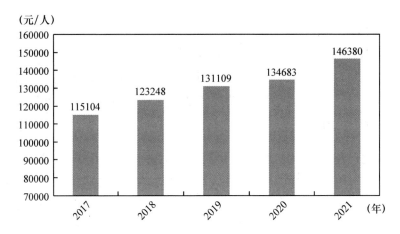

图 3 - 2   2017—2021 年全员劳动生产率

资料来源：国家统计局：《中华人民共和国 2021 年国民经济和社会发展统计公报》，中国统计出版社 2022 年版。

32502 亿美元。[①] 2017—2021 年年末国家外汇储备如图 3 - 3 所示。

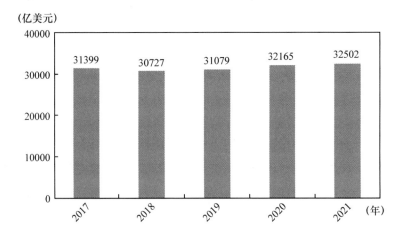

图 3 - 3   2017—2021 年年末国家外汇储备

资料来源：国家统计局：《中华人民共和国 2021 年国民经济和社会发展统计公报》，中国统计出版社 2022 年版。

---

①   国家统计局：《中华人民共和国 2021 年国民经济和社会发展统计公报》，中国统计出版社 2022 年版。

经济发展也带来了工业品的增加。2019 年全年全部工业增加值
317109 亿元。① 2017—2021 年全部工业增加值及其增长速度如图 3 - 4
所示。

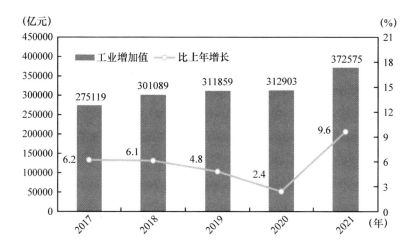

图 3 - 4　2017—2021 年全部工业增加值及其增长速度

资料来源：国家统计局：《中华人民共和国 2021 年国民经济和社会发展统计公报》，
中国统计出版社 2022 年版。

经济发展为政府公共预算支出提供了充分的收入来源。2021 年全年
全国一般公共预算收入 202539 亿元，其中税收收入 172731 亿元。全国一
般公共预算支出 246322 亿元。② 2017—2021 年全国一般公共预算收入如
图 3 -5 所示。

经济发展不仅带来了政府公共预算收入的增加，也带来了居民收入的
持续增加。2021 年全年全国居民人均可支配收入 35128 元，全国居民人
均可支配收入中位数 29975 元，全年全国居民人均消费支出 24100 元，全
国居民恩格尔系数为 29.8%，其中城镇为 28.6%，农村为 32.7%。③

---

① 国家统计局：《中华人民共和国 2021 年国民经济和社会发展统计公报》，中国统计出版
社 2022 年版。

② 国家统计局：《中华人民共和国 2021 年国民经济和社会发展统计公报》，中国统计出版
社 2022 年版。

③ 国家统计局：《中华人民共和国 2021 年国民经济和社会发展统计公报》，中国统计出版
社 2022 年版。

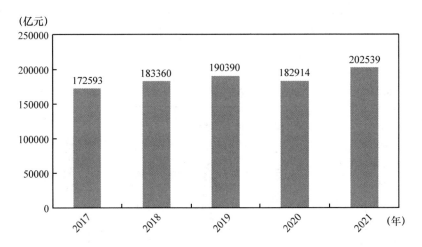

图 3 - 5　2017—2021 年全国一般公共预算收入

注：图中 2017 年至 2020 年数据为全国一般公共预算收入决算数，2021 年为执行数。

资料来源：国家统计局：《中华人民共和国 2021 年国民经济和社会发展统计公报》，中国统计出版社 2022 年版。

2017—2021 年国内生产总值及其增长率如图 3 - 6 所示。

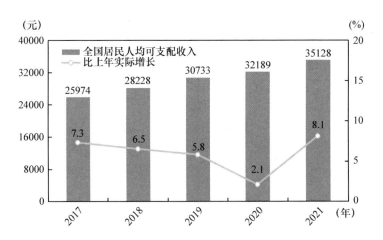

图 3 - 6　2017—2021 年全国居民人均可支配收入及其增长速度

资料来源：国家统计局：《中华人民共和国 2021 年国民经济和社会发展统计公报》，中国统计出版社 2022 年版。

四 开展精准扶贫，保障贫困人口生存权

免于贫困是人权保障的基本要求之一。无论是绝对贫困的绝望感，还是相对贫困的剥夺感，对于个人尊严与权利来说，都是赤裸裸的戕害。诺贝尔奖得主、印度经济学家阿马蒂亚·森认为，贫困就是"能力剥夺"①。因为没有必要的物质资料与公共服务的供给，最低的生理需求无法得到满足，限制了人的自由，伤害人性尊严，降低社会公平有序流动的可能，让穷人的政治经济参与权成为泡影。从这个意义上说，消除贫困是基本人权，也是实现其他人权的基础。《世界人权宣言》第二十五条规定："人人有权享受为维持他本人和家属的健康和福利所需的生活水准，包括食物、衣着、住房、医疗和必要的社会服务；在遭到失业、疾病、残废、守寡、衰老或在其他不能控制的情况下丧失谋生能力时，有权享受保障。"中国是一个发展中国家，地域间的发展差距非常巨大，贫困人口众多，贫困地区面积广大。贫困阻碍了贫困地区公民经济、社会、文化和政治发展，剥夺了他们的发展权。要实现贫困地区公民的发展权，首先就要消除贫困。

党的十八大以来，党中央、国务院提出精准扶贫概念，推动中国扶贫战略实现重大转变。精准扶贫不同于粗放扶贫，是指针对不同贫困区域环境、不同贫困农户状况，运用科学有效的程序对扶贫对象实施精确识别、精确帮扶、精确管理的治贫方式，从而达到消除贫困、改善民生、实现共同富裕的长远目标。随着我国经济社会的持续发展以及原有扶贫方式弊端的暴露，精准扶贫成为我国扶贫开发工作进入攻坚克难时期的必然选择，也是全面建成小康社会、实现中华民族伟大"中国梦"的重要保障。

国家"十三五"规划纲要提出，要全力实施脱贫攻坚，推进精准扶贫精准脱贫，"按照扶贫对象精准、项目安排精准、资金使用精准、措施到户精准、因村派人精准、脱贫成效精准的要求，切实提高扶贫实效，稳定实现农村贫困人口不愁吃、不愁穿，义务教育、基本医疗和住房安全有

---

① 《免于贫困是中国人权事业最大的进步》，2016 年 10 月 17 日，光明网，http：//guan-cha. gmw. cn/2016 – 10/17/content_ 22509154. htm。

保障"①。

党的十九大报告提出："坚决打赢脱贫攻坚战。让贫困人口和贫困地区同全国一道进入全面小康社会是我们党的庄严承诺。要动员全党全国全社会力量，坚持精准扶贫、精准脱贫，坚持中央统筹省负总责市县抓落实的工作机制，强化党政一把手负总责的责任制，坚持大扶贫格局，注重扶贫同扶志、扶智相结合，深入实施东西部扶贫协作，重点攻克深度贫困地区脱贫任务，确保到二〇二〇年我国现行标准下农村贫困人口实现脱贫，贫困县全部摘帽，解决区域性整体贫困，做到脱真贫、真脱贫。"②

习近平多次在不同场合对精准扶贫的内涵、意义和具体措施作了重要论述。2015 年 6 月，习近平在贵州召开部分省区市党委主要负责同志座谈上指出，"扶贫开发贵在精准，重在精准，成败之举在于精准。各地都要在扶持对象精准、项目安排精准、资金使用精准、措施到户精准、因村派人（第一书记）精准、脱贫成效精准上想办法、出实招、见真效。要坚持因人因地施策，因贫困原因施策，因贫困类型施策，区别不同情况，做到对症下药、精准滴灌、靶向治疗，不搞大水漫灌、走马观花、大而化之。"③ 2015 年 11 月，习近平在中央扶贫工作会议发表讲话说，坚持精准扶贫、精准脱贫，就要把真正的贫困人口弄清楚，把贫困人口、贫困程度、致贫原因等搞清楚，以便做到因户施策、因人施策。④ 同月中共中央、国务院发布《关于打赢脱贫攻坚战的决定》，明确提出精准扶贫战略，要求在对贫困人口实行精准识别和建档立卡的基础上，根据扶持对象精准、项目安排精准、资金使用精准、措施到户精准、因村派人精准、脱贫成效精准的工作标准，采取多种形式实现脱贫目标，包括发展特色产业脱贫、引导劳务输出脱贫、结合生态保护脱贫、实施易地搬迁

---

① 《中华人民共和国国民经济和社会发展第十三个五年规划纲要》，人民出版社 2016 年版。

② 参见习近平《决胜全面建成小康社会，夺取新时代中国特色社会主义伟大胜利——在中国共产党第十九次全国代表大会上的报告》，人民出版社 2017 年版。

③ 《习近平：谋划好"十三五"时期扶贫开发工作　确保农村贫困人口到 2020 年如期脱贫》，《人民日报》2015 年 6 月 20 日第 1 版。

④ 《习近平在中央扶贫开发工作会议上强调　脱贫攻坚冲锋号已经吹响全党全国咬定目标苦干实干》，《人民日报》2015 年 11 月 29 日第 1 版。

脱贫、着力加强教育脱贫、开展医疗保险和医疗救助脱贫、实行农村最低生活保障制度兜底脱贫、探索资产收益扶贫,并健全留守儿童、留守妇女、留守老人和残疾人关爱服务体系。2017年2月,习近平在主持十八届中央政治局第三十九次集体学习时强调,要坚持精准扶贫、精准脱贫。要打牢精准扶贫基础,通过建档立卡,摸清贫困人口底数,做实做细,实现动态调整。要提高扶贫措施有效性,核心是因地制宜、因人因户因村施策,扶贫小额信贷、扶贫再贷款等政策要突出精准。① 国家最高领导人如此频繁、密集地在不同场合阐述某一主题的情况实属罕见,这充分印证了党的十八大以来,我国在精准扶贫、保障落后地区发展权利上的坚定决心。

为打好脱贫攻坚战,中央还不断创新机制,加强顶层设计。中共中央办公厅、国务院办公厅、国务院扶贫开发小组先后印发《关于打赢脱贫攻坚战的决定》重要政策措施任务分工方案、《关于建立贫困退出机制的意见》、《脱贫攻坚督查巡查工作办法》、《关于支持贫困县开展统筹整合使用财政涉农资金试点的意见》、《省级党委和政府扶贫开发工作成效考核办法》、《关于建立重大涉贫事件处置反馈机制的意见》等一系列文件,这些文件代表着党的十八大以来我国在脱贫攻坚、保障落后地区公民发展权利上所作的努力。

中国的精准扶贫取得了世界瞩目的成效,极大地改善了贫困人口的基本生活状况,切实保障了他们的生存权和发展权。根据国家统计局2020年发布的统计公报,按照每人每年2300元(2010年不变价)的农村贫困标准计算,2019年年末农村贫困人口551万人,比上年末减少1109万人;贫困发生率0.6%,比上年下降1.1个百分点。全年贫困地区农村居民人均可支配收入11567元,比上年增长11.5%,扣除价格因素,实际增长8.0%。② 2015—2019年年末全国农村贫困人口和贫困发生率如图3-7所示。

---

① 《习近平在中共中央政治局第三十九次集体学习时强调更好推进精准扶贫精准脱贫确保如期实现脱贫攻坚目标》,《人民日报》2017年3月23日第1版。

② 国家统计局:《中华人民共和国2019年国民经济和社会发展统计公报》,中国统计出版社2020年版。

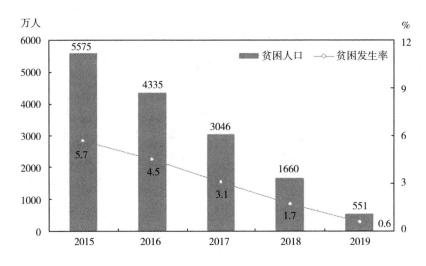

图 3-7　2015—2019 年年末全国农村贫困人口和贫困发生率

资料来源：国家统计局：《中华人民共和国 2019 年国民经济和社会发展统计公报》，中国统计出版社 2020 年版。

五　改善衣食住行供给，保障基本生活水准权

粮食、基本住房、安全饮用水和公共交通设施是维持生存的基本条件，属于基本生活水准权利的范畴。根据《世界人权宣言》第 25 条第 1 款的规定："人人有权享受为维持他本人及其家庭的健康和福利所需要的生活水准，包括食物、衣着、住房、医疗和必要的社会服务，在遭到失业、疾病、残废、守寡、衰老或在其他不能控制的情况下丧失谋生能力时，有权享受保障。"① 中国在全面建成小康社会的目标中，将这些基本生活保障作为重要的目标任务。

国家"十三五"规划纲要提出，保障食品安全，实施食品安全战略。完善食品安全法规制度，提高食品安全标准，强化源头治理。要健全住房供应体系，"构建以政府为主提供基本保障、以市场为主满足多层次需求的住房供应体系，优化住房供需结构，稳步提高居民住房水平，更好保障住有所居"②。具体任务包括完善购租并举的住房制度，促进房地产市场

---

① 参见常健、陈振功主编《人权知识公民读本》，湖南大学出版社 2012 年版，第 61 页。

② 《中华人民共和国国民经济和社会发展第十三个五年规划纲要》，人民出版社 2016 年版。

健康发展，提高住房保障水平，加快城镇棚户区和危房改造。在饮水方面，规划提出，加强饮用水源地保护，严格保护良好水体和饮用水水源；实施农村饮水安全巩固提升工程，全面解决贫困人口饮水安全问题；加快城市供水设施改造与建设。在交通方面，规划提出，要构建内通外联的运输通道网络，建设现代高效的城际城市交通，打造一体衔接的综合交通枢纽，在城镇化地区大力发展城际铁路、市域（郊）铁路，鼓励利用既有铁路开行城际列车，形成多层次轨道交通骨干网络，高效衔接大中小城市和城镇。实行公共交通优先，加快发展城市轨道交通、快速公交等大容量公共交通。

在基本住房权保障方面，《国家人权行动计划（2012—2015 年）》提出："制定基本住房保障条例。完善保障性住房建设、分配、管理、退出等制度。加快廉租住房、公共租赁住房、经济适用房等保障性住房建设，推进城镇棚户区改造，力争使城镇中等偏下和低收入家庭住房困难问题得到基本解决，新就业职工住房困难得到缓解，外来务工人员居住条件得到明显改善。到 2015 年，全国保障性住房覆盖面达到 20% 左右。加快林区、垦区、煤矿等棚户区改造。'十二五'期间改造林业棚户区（危旧房）81.53 万户。"该计划特别提出，要"帮助贫困农户解决基本住房安全问题。继续发挥政府补助资金的引导作用，建立农村危房改造长效机制。2012—2015 年，累计帮助 500 万贫困农户的危房改造"①。

《国家人权行动计划（2016—2020 年）》在基本住房权保障方面提出，要"保障住房安全。保障住房安全。改造各类城镇棚户区住房 2000 万套，加强对贫困地区的支持，推动居住证持有人享有与当地户籍人口同等的住房保障权利。推进农村危房改造，统筹开展农房抗震改造，基本完成存量危房改造任务"。在安全饮用水方面提出，要"保障用水安全。全国新增供水能力 270 亿立方米，城镇供水水源地水质全面达标。实施农村饮水安全巩固提升工程，农村自来水普及率达 80% 以上，农村集中供水率达 85% 以上"。在食品保障方面，提出要"确保食品安全。深入贯彻实施食品安全法，全面落实食品安全属地监管责任。加强进口食品安全监

---

① 国务院新闻办公室：《国家人权行动计划（2012—2015 年）》，人民出版社 2012 年版，第 9—10 页。

管。实施科学监管,建立职业化检查员队伍。健全食品安全信用体系,完善消费者权益保护机制"。在出行便利方面,提出要"改善城乡居民出行条件。国家高速公路主线基本贯通。具备条件的县城通二级及以上公路,乡镇和建制村通硬化路、通客车"①。

党的十九大报告提出:"坚持房子是用来住的、不是用来炒的定位,加快建立多主体供给、多渠道保障、租购并举的住房制度,让全体人民住有所居。"②

《国家人权行动计划(2021—2025年)》进一步强调"完善住房保障体系",要求"加快完善以公租房、保障性租赁住房和共有产权住房为主体的住房保障体系。公租房实行实物保障和货币补贴并举,对低保低收入住房困难家庭应保尽保;推进保障性租赁住房建设,帮助新市民、青年人等群体缓解住房困难问题。发展共有产权住房,帮助有一定支付能力又买不起商品住房的群体拥有产权住房。加强住房安全保障。继续实施农村危房改造,用三年左右时间完成农村房屋安全隐患排查整治工作,支持地震高烈度设防地区实施农房抗震改造"。在用水安全方面,提出"新增水利工程供水能力290亿立方米。实施农村供水保障工程和农村饮用水安全工程建设,农村自来水普及率达到88%以上"。在食品安全方面,提出"开展食品安全放心工程建设攻坚行动,着力提升智慧监管能力,推动健全从农田到餐桌全过程食品安全监管体系"。在出行便利方面,提出"推动干线铁路建设,实现国家高速公路贯通互联,加快沿边抵边公路建设,对繁忙路段实施扩容改造。加强乡镇对外公路建设改造,实施自然村(组)通硬化路建设"③。

国家对基本生活水准权利的保障取得了持续和显著的成效。在食品供给方面,根据国家统计局的数据,2021全年粮食产量68285万吨,棉花产量573万吨,油料产量3613万吨,糖料产量11451万吨,茶叶产量318

① 国务院新闻办公室:《国家人权行动计划(2016—2020年)》,人民出版社2016年版,第7—8页。

② 参见习近平《决胜全面建成小康社会,夺取新时代中国特色社会主义伟大胜利——在中国共产党第十九次全国代表大会上的报告》,人民出版社2017年版。

③ 国务院新闻办公室:《国家人权行动计划(2021—2025年)》,人民出版社2021年版,第6页。

万吨,猪牛羊禽肉产量8887万吨,牛奶产量3683万吨,水产品产量6693万吨。① 2017—2021年粮食产量如图3-8所示。

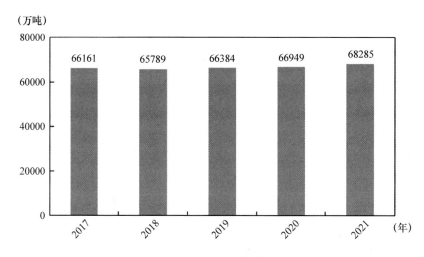

图3-8 2017—2021年粮食产量

资料来源:国家统计局:《中华人民共和国2021年国民经济和社会发展统计公报》,中国统计出版社2022年版。

根据国务院新闻办公室白皮书公布的数据,在安全饮用水方面,2005年至2018年,全国累计解决5.2亿农村居民和4700多万农村学校师生的饮水安全问题,巩固提升了1.73亿农村人口供水保障水平,农村集中供水率和农村自来水普及率分别达到86%和81%。按照水源地数量统计,2018年全国地级及以上城市871个在用集中式生活饮用水水源地中,达标水源地比例为90.9%。2018年全国居民有管道供水入户的户比重为90.0%,有安全饮用水的户比重为95.2%,获取饮用水无困难的户比重为96.3%。在居住条件改善方面,2018年,城镇居民人均住房建筑面积达到39.0平方米,农村居民人均住房建筑面积达到47.3平方米。全国城镇保障性安居工程累计开工建设约7000万套,累计约2200万困难群众领取了公租房租赁补贴,合计帮助约2亿困难群众改善了住房条件。在出行便利方面,截至2018年,全国铁路营业里程达13.1万公里,其中高速铁

① 国家统计局:《中华人民共和国2021年国民经济和社会发展统计公报》,中国统计出版社2022年版。

路达 2.9 万公里，占世界高铁总量 60% 以上，2018 年铁路客运发送量达
33.75 亿人次，其中动车组列车发送旅客 20.05 亿人次；全国公路总里程
达 485 万公里，其中高速公路通车里程达 14.3 万公里，2018 年全国道路
营运客运量达 136.7 亿人次，97.1% 的建制村通了客车；农村地区有
99.9% 的户所在自然村通公路，实现"县县通公路"；内河航道里程达
12.7 万公里；定期航班航线里程达 838 万公里，比 1950 年增长 736 倍。①

六　完善医疗卫生体系，保障健康权

获得医疗救治和公共卫生服务是维持生存的重要保障。《经济、社会
和文化权利国际》第 12 条第 1 款规定："本公约缔约各国承认人人有权
享有能达到的最高的体质和心理健康的标准。"第 2 款规定，公约缔约各
国为充分实现这一权利而采取的步骤应包括"预防、治疗和控制传染病、
风土病、职业病以及其他的疾病"，以及"创造保证人人在患病时能得到
医疗照顾的条件"。②

2020 年通过的《中华人民共和国民法典》第 1004 条规定："自然人
享有健康权。自然人的身心健康受法律保护。任何组织或者个人不得侵害
他人的健康权。"第 1005 条规定："自然人的生命权、身体权、健康权受
到侵害或者处于其他危难情形的，负有法定救助义务的组织或者个人应当
及时施救。"第 1007 条规定："禁止以任何形式买卖人体细胞、人体组
织、人体器官、遗体。"第 1008 条规定："为研制新药、医疗器械或者发
展新的预防和治疗方法，需要进行临床试验的，应当依法经相关主管部门
批准并经伦理委员会审查同意，向受试者或者受试者的监护人告知试验目
的、用途和可能产生的风险等详细情况，并经其书面同意。进行临床试验
的，不得向受试者收取试验费用。"第 1009 条规定："从事与人体基因、
人体胚胎等有关的医学和科研活动，应当遵守法律、行政法规和国家有关
规定，不得危害人体健康，不得违背伦理道德，不得损害公共利益。"

为了提高健康权的保障水平，国家"十三五"规划纲要提出推进健

---

① 国务院新闻办公室：《为人民谋幸福：新中国人权事业发展 70 年》（白皮书），人民出
版社 2019 年版，第 16—19 页。

② 参见常健、陈振功主编《人权知识公民读本》，湖南大学出版社 2012 年版，第 68 页。

康中国建设，"深化医药卫生体制改革，坚持预防为主的方针，建立健全基本医疗卫生制度，实现人人享有基本医疗卫生服务，推广全民健身，提高人民健康水平"①。具体任务包括全面深化医药卫生体制改革，健全全民医疗保障体系，加强重大疾病防治和基本公共卫生服务，加强妇幼卫生保健及生育服务，完善医疗服务体系，促进中医药传承与发展，广泛开展全民健身运动，保障食品药品安全。

《国家人权行动计划（2012—2015 年)》提出，要"初步建立起覆盖城乡居民的基本医疗卫生制度，健全医疗保障制度，完善公共卫生服务体系和医疗服务体系，保障公民健康权利"，具体任务包括加强基层医疗卫生机构和全科医生培养基地建设，促进基本公共卫生服务逐步均等化，有效控制传染病流行，加大慢性病防治力度，全面落实地方病防治措施，形成覆盖城乡的全民健身公共服务体系等。② 《国家人权行动计划（2016—2020 年)》要求"建立健全覆盖城乡居民的基本医疗卫生制度"，具体任务包括促进基本公共卫生服务均等化，提升基层医疗卫生服务能力，加大重大疾病防控，保障用药安全等。③

《国家人权行动计划（2021—2025 年)》提出"升级改造 20 个国家重大传染病防控救治基地。依托现有疾控机构建设 15 个左右区域公共卫生中心。升级改造 20 个国家紧急医学救援基地"；"国家慢性病综合防控示范区建设覆盖全国 20% 的县（区）。重大慢性病过早死亡率在 2015 年基础上降低 20%"；"扩大儿科、全科等短缺医师规模，每千人口拥有注册护士数提高到 3.8 人。加快壮大全科医生队伍，开展人员培训，每万人口平均拥有全科医生 3.93 人"；"严重精神障碍患者管理率达到 90%"；"青少年体质达标率不低于 90%，青年学生近视检出率初中生不高于 65%、高中生不高于 75%"。④

---

① 《中华人民共和国国民经济和社会发展第十三个五年规划纲要》，人民出版社 2016 年版。
② 国务院新闻办公室：《国家人权行动计划（2012—2015 年)》，人民出版社 2012 年版，第 12—15 页。
③ 国务院新闻办公室：《国家人权行动计划（2016—2020 年)》，人民出版社 2016 年版，第 11—13 页。
④ 国务院新闻办公室：《国家人权行动计划（2021—2025 年)》，人民出版社 2021 年版，第 11—13 页。

党的十九大报告提出："实施健康中国战略。人民健康是民族昌盛和国家富强的重要标志。要完善国民健康政策，为人民群众提供全方位全周期健康服务。深化医药卫生体制改革，全面建立中国特色基本医疗卫生制度、医疗保障制度和优质高效的医疗卫生服务体系，健全现代医院管理制度。加强基层医疗卫生服务体系和全科医生队伍建设。全面取消以药养医，健全药品供应保障制度。坚持预防为主，深入开展爱国卫生运动，倡导健康文明生活方式，预防控制重大疾病。实施食品安全战略，让人民吃得放心。"[1]

党的十八大以来，我国医药卫生体制改革已进入深水区。一方面，在以往改革取得明显进展和成效的同时，改革所带来的积极效应不断显现，医疗保障制度不断完善，从制度设计上实现了社会医疗保险的全民覆盖；公共卫生和基层医疗卫生服务能力不断得到加强，人民群众"就医难""看病贵"的现象不断得到缓解。另一方面，各种矛盾、利益冲突也更加激烈，特别是在公立医院改革试点方面，取得的可供推广的经验还十分有限。中央全面深化改革决定提出要深化医药卫生体制改革，"统筹推进医疗保障、医疗服务、公共卫生、药品供应、监管体制综合改革。深化基层医疗卫生机构综合改革，健全网络化城乡基层医疗卫生服务运行机制。加快公立医院改革，落实政府责任，建立科学的医疗绩效评价机制和适应行业特点的人才培养、人事薪酬制度。完善合理分级诊疗模式，建立社区医生和居民契约服务关系。充分利用信息化手段，促进优质医疗资源纵向流动。加强区域公共卫生服务资源整合。取消以药补医，理顺医药价格，建立科学补偿机制。改革医保支付方式，健全全民医保体系。加快健全重特大疾病医疗保险和救助制度。完善中医药事业发展政策和机制"[2]。这为持续深化我国医药卫生体制改革、切实保障改革成果惠及全体人民、全面实现 2020 年医药卫生体制改革的总目标进一步指明了方向。

国家"十三五"规划纲要提出全面深化医药卫生体制改革，"实行医疗、医保、医药联动，推进医药分开，建立健全覆盖城乡居民的基本医疗

---

① 参见习近平《决胜全面建成小康社会，夺取新时代中国特色社会主义伟大胜利——在中国共产党第十九次全国代表大会上的报告》，人民出版社 2017 年版。

② 《中共中央关于全面深化改革若干重大问题的决定》，中国共产党第十八届中央委员会第三次全体会议 2013 年 11 月 12 日通过，《求是》2013 年第 22 期。

卫生制度。全面推进公立医院综合改革，坚持公益属性，破除逐利机制，降低运行成本，逐步取消药品加成，推进医疗服务价格改革，完善公立医院补偿机制。建立现代医院管理制度，落实公立医院独立法人地位，建立符合医疗卫生行业特点的人事薪酬制度。完善基本药物制度，深化药品、耗材流通体制改革，健全药品供应保障机制。鼓励研究和创制新药，将已上市创新药和通过一致性评价的药品优先列入医保目录。鼓励社会力量兴办健康服务业，推进非营利性民营医院和公立医院同等待遇。强化全行业监管，提高医疗服务质量，保障医疗安全。优化从医环境，完善纠纷调解机制，构建和谐医患关系"①。

根据 2016 年国务院印发《"十三五"深化医药卫生体制改革规划》，医药卫生体制改革的重要任务包括：（1）建立科学合理的分级诊疗制度，即健全完善医疗卫生服务体系、提升基层医疗卫生服务能力、引导公立医院参与分级诊疗、推进形成"诊疗—康复—长期护理"连续服务模式、科学合理引导群众就医需求；（2）建立科学有效的现代医院管理制度，即完善公立医院管理体制、建立规范高效的运行机制、建立符合医疗卫生行业特点的编制人事和薪酬制度、控制公立医院医疗费用不合理增长，以及建立以质量为核心、公益性为导向的医院考评机制；（3）建立高效运行的全民医疗保障制度，即健全基本医保稳定可持续筹资和报销比例调整机制、深化医保支付方式改革、推动基本医疗保险制度整合、健全重特大疾病保障机制、推动商业健康保险发展；（4）建立规范有序的药品供应保障制度，即深化药品供应领域改革、深化药品流通体制改革、完善药品和高值医用耗材集中采购制度、巩固完善基本药物制度、完善国家药物政策体制；（5）建立严格规范的综合监管制度，即深化医药卫生领域"放管服"改革、构建多元化的监管体系、强化全行业综合监管、引导规范第三方评价和行业自律；（6）统筹推进相关领域改革，即健全完善人才培养使用和激励评价机制、加快形成多元办医格局、推进公共卫生服务体系建设。

2020 年 2 月 25 日，中共中央、国务院发布了《关于深化医疗保障制度改革的意见》，指出，医疗保障是减轻群众就医负担、增进民生福祉的

---

① 《中华人民共和国国民经济和社会发展第十三个五年规划纲要》，人民出版社 2016 年版。

重大制度安排。党中央、国务院高度重视人民健康，建立了覆盖全民的基本医疗保障制度。党的十八大以来，全民医疗保障制度改革持续推进，在破解看病难、看病贵问题上取得了突破性进展。为着力解决医疗保障发展不平衡不充分的问题，要求"坚持以人民健康为中心，加快建成覆盖全民、城乡统筹、权责清晰、保障适度、可持续的多层次医疗保障体系，通过统一制度、完善政策、健全机制、提升服务，增强医疗保障的公平性、协调性，发挥医保基金战略性购买作用，推进医疗保障和医药服务高质量协同发展，促进健康中国战略实施，使人民群众有更多获得感、幸福感、安全感"。改革发展的目标是："到 2025 年，医疗保障制度更加成熟定型，基本完成待遇保障、筹资运行、医保支付、基金监管等重要机制和医药服务供给、医保管理服务等关键领域的改革任务。到 2030 年，全面建成以基本医疗保险为主体，医疗救助为托底，补充医疗保险、商业健康保险、慈善捐赠、医疗互助共同发展的医疗保障制度体系，待遇保障公平适度，基金运行稳健持续，管理服务优化便捷，医保治理现代化水平显著提升，实现更好保障病有所医的目标。"首先，要完善公平智谋的待遇保障机制，具体任务包括完善基本医疗保障制度，实行医疗保障待遇清单制度，健全统一规范的医疗救助制度，完善重大疫情医疗救治费用保障机制，促进多层次医疗保障体系发展。其次，要健全稳健可持续的筹资运行机制，具体任务包括完善筹资分担和调整机制，巩固提高统筹层次，加强基金预算管理和风险预警。再次，要建立管用高效的医保支付机制，具体任务包括完善医保目录动态调整机制，创新医保协议管理，持续推进医保支付方式改革。第四，健全严密有力的基金监管机制，具体任务包括改革完善医保基金监管体制，完善创新基金监管方式，依法追究欺诈骗保行为责任。第五，协同推进医药服务供给侧改革，具体任务包括深化药品、医用耗材集中带量采购制度改革，完善医药服务价格形成机制，增强医药服务可及性，促进医疗服务能力提升。第六，优化医疗保障公共管理服务，具体任务包括推进医疗保障公共服务标准化规范化，高起点推进标准化和信息化建设，加强经办能力建设，持续推进医保治理创新。①

---

① 《中共中央、国务院关于深化医疗保障制度改革的意见》，《中华人民共和国国务院公报》2020 年第 9 期。

在公共卫生服务领域，通过建立和完善城乡基本公共卫生经费保障机制，促进均等化的相关政策举措，保障每位社会成员，无论性别、年龄、种族、居住地、职业、收入，都能平等地获得基本公共卫生服务①，更好地保障健康权的有效实现。基本公共卫生服务 12 大类 46 项得到全面落实，人均经费从 2011 年的 15 元提高到 2017 年的 50 元，全国 71 万家相关机构、298.9 万名医务人员参与其中②。

根据国家统计局 2022 年发布的统计公报，2021 年年末全国共有医疗卫生机构 103.1 万个，其中医院 3.7 万个，在医院中有公立医院 1.2 万个，民营医院 2.5 万个；基层医疗卫生机构 97.7 万个，其中乡镇卫生院 3.5 万个，社区卫生服务中心（站）3.6 万个，门诊部（所）30.7 万个，村卫生室 59.9 万个；专业公共卫生机构 1.3 万个，其中疾病预防控制中心 3380 个，卫生监督所（中心）2790 个。年末卫生技术人员 1123 万人，其中执业医师和执业助理医师 427 万人，注册护士 502 万人。医疗卫生机构床位 957 万张，其中医院 748 万张，乡镇卫生院 144 万张。全年总诊疗人次 85.3 亿人次，出院人数 2.4 亿人。③ 2017—2021 年年末卫生技术人员人数如图 3 - 9 所示。

七　健全社会保险、救助和福利体系，保障社会保障权利

"社会保障权利，是指暂时或永久丧失劳动能力以及因意外事故而发生困难的社会成员享有的、由国家给予物质帮助、以保证其基本生活的权利。"④《经济、社会和文化权利国际公约》第 9 条规定："人人有权享受社会保障，包括社会保险。"

---

① 国家基本公共卫生服务项目包括：建立居民健康档案、健康教育、预防接种、0—6 岁儿童健康管理、孕产妇健康管理、老年人健康管理、高血压患者健康管理、2 型糖尿病患者健康管理、重性精神疾病患者管理、传染病及突发公共卫生事件报告和处理服务、中医药健康管理、卫生监督协管服务等。

② 王宾：《国家卫计委：国家基本公共卫生服务达 12 类 46 项》，新华网：http://news.xinhuanet.com/politics/2017 - 07/10/c_ 1121296032.htm，访问时间：2017 年 8 月 31 日。

③ 国家统计局：《中华人民共和国 2021 年国民经济和社会发展统计公报》，中国统计出版社 2022 年版。

④ 王家福、刘海年主编：《中国人权百科全书》，中国大百科全书出版社 1998 年版，第 527 页。

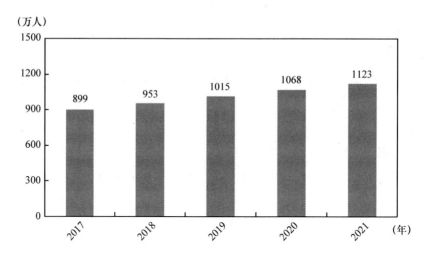

图 3 - 9　2017—2021 年年末卫生技术人员人数

资料来源：国家统计局：《中华人民共和国 2021 年国民经济和社会发展统计公报》，中国统计出版社 2022 年版。

党的十八大报告提出，要"加快形成科学有效的社会管理体制，完善社会保障体系，健全基层公共服务和社会管理网络，建立确保社会既充满活力又和谐有序的体制机制"①。

国家"十三五"规划纲要提出，要"建立健全更加公平、更可持续的社会保障制度"②，具体任务包括完善社会保险体系，实施全民参保计划，基本实现法定人员全覆盖；健全社会救助体系，完善最低生活保障制度；支持社会福利和慈善事业发展，健全以扶老、助残、爱幼、济困为重点的社会福利制度。

《国家人权行动计划（2012—2015 年）》要求"完善各类社会保险制度，促进社会救助制度城乡均等覆盖，提高社会保障水平"③。《国家人权行动计划（2016—2020 年）》进一步提出，支持社会福利和慈善事业发

---

①　胡锦涛：《坚定不移沿着中国特色社会主义道路前进　为全面建成小康社会而奋斗——在中国共产党第十八次全国代表大会上的报告》，《求是》2012 年第 22 期。

②　《中华人民共和国国民经济和社会发展第十三个五年规划纲要》，人民出版社 2016 年版。

③　国务院新闻办公室：《国家人权行动计划（2012—2015 年）》，人民出版社 2012 年版，第 10 页。

展；实施全民参保计划，稳步提高社会保障统筹层次和水平，建立更加便捷的社会保险转移接续机制。实施社会保障卡工程，持卡人口覆盖率达到90%；完善统账结合的城镇职工基本养老保险制度，实现职工基础养老金全国统筹，推出税收递延型养老保险，到2020年，符合参保条件的城乡居民参保率达到95%；健全医疗保险制度。城乡医保参保率稳定在95%以上；全面实施工伤保险省级统筹，到2020年，基本实现工伤保险法定人群全覆盖；统筹推进城乡社会救助体系建设。将所有符合低保条件的贫困家庭纳入低保范围。①

《国家人权行动计划（2021—2025年）》提出，"按照兜底线、织密网、建机制的要求，加快健全覆盖全民、统筹城乡、公平统一、可持续的多层次社会保障体系。完善社会保障体制机制。为参加城乡居民养老保险的缴费困难群体代缴部分或全部保费。落实职工基本养老金合理调整机制。完善企业年金、职业年金制度，推动个人养老金发展。落实职工基本养老保险遗属待遇和病残津贴政策。健全社会救助制度体系。及时有针对性地给予困难群众医疗、教育、住房、就业等专项救助。完善农村特困人员救助供养制度，合理提高救助供养水平和服务质量。健全分层分类的社会救助体系，完善最低生活保障制度，特困人员救助供养覆盖的未成年人年龄从16周岁延长至18周岁。对符合临时救助条件的家庭或个人给予应急性、过渡性生活保障。"②

中央全面深化改革决定提出，要建立更加公平可持续的社会保障制度，"坚持社会统筹和个人账户相结合的基本养老保险制度，完善个人账户制度，健全多缴多得激励机制，确保参保人权益，实现基础养老金全国统筹，坚持精算平衡原则。推进机关事业单位养老保险制度改革。整合城乡居民基本养老保险制度、基本医疗保险制度。推进城乡最低生活保障制度统筹发展。建立健全合理兼顾各类人员的社会保障待遇确定和正常调整机制。完善社会保险关系转移接续政策，扩大参保缴费覆盖面，适时适当降低社会保险费率。研究制定渐进式延迟退休年龄政策。加快健全社会保

---

① 国务院新闻办公室：《国家人权行动计划（2016—2020年）》，人民出版社2016年版，第8—10页。

② 国务院新闻办公室：《国家人权行动计划（2021—2025年）》，人民出版社2021年版，第8—9页。

障管理体制和经办服务体系。健全符合国情的住房保障和供应体系，建立公开规范的住房公积金制度，改进住房公积金提取、使用、监管机制。健全社会保障财政投入制度，完善社会保障预算制度。加强社会保险基金投资管理和监督，推进基金市场化、多元化投资运营。制定实施免税、延期征税等优惠政策，加快发展企业年金、职业年金、商业保险，构建多层次社会保障体系"①。

党的十九大报告提出："加强社会保障体系建设。按照兜底线、织密网、建机制的要求，全面建成覆盖全民、城乡统筹、权责清晰、保障适度、可持续的多层次社会保障体系。全面实施全民参保计划。完善城镇职工基本养老保险和城乡居民基本养老保险制度，尽快实现养老保险全国统筹。完善统一的城乡居民基本医疗保险制度和大病保险制度。完善失业、工伤保险制度。建立全国统一的社会保险公共服务平台。统筹城乡社会救助体系，完善最低生活保障制度。"②

根据国家统计局2022年发布的统计公报，2021年年末全国参加城镇职工基本养老保险人数48075万人；参加城乡居民基本养老保险人数54797万人；参加基本医疗保险人数136424万人，其中，参加职工基本医疗保险人数35422万人，参加城乡居民基本医疗保险人数101002万人；参加失业保险人数22958万人，年末全国领取失业保险金人数259万人；参加工伤保险人数28284万人其中参加工伤保险的农民工9086万人，增加152万人；参加生育保险人数23851万人。年末全国共有738万人享受城市最低生活保障，3474万人享受农村最低生活保障，438万人享受农村特困人员救助供养，全年临时救助1089万人次。全年国家抚恤、补助退役军人和其他优抚对象817万人。③

八　强化环境治理，保障健康环境权利

环境权是指人及其共同体享有适宜健康和良好的生活环境，以及合理

---

① 《中共中央关于全面深化改革若干重大问题的决定》，中国共产党第十八届中央委员会第三次全体会议2013年11月12日通过，《求是》2013年第22期。

② 参见习近平《决胜全面建成小康社会，夺取新时代中国特色社会主义伟大胜利——在中国共产党第十九次全国代表大会上的报告》，人民出版社2017年版。

③ 国家统计局：《中华人民共和国2021年国民经济和社会发展统计公报》，中国统计出版社2022年版。

利用环境资源的基本权利。它是伴随着环境污染和生态破坏引发的各种自然和社会问题而提出的。《人类环境宣言》指出："人类环境的两个方面，即天然和人为的两个方面，对于人类的幸福和对于享受基本人权，甚至生存权利本身，都是必不可少的。人类有权在一种能够过尊严和福利的生活环境中，享有自由、平等和充足的生活条件的基本权利，并且负有保护和改善这一代和将来的世世代代的环境的庄严责任。"

党的十八大报告提出的全面建成小康社会目标中，包括"资源节约型、环境友好型社会建设取得重大进展"，它要求"主体功能区布局基本形成，资源循环利用体系初步建立。单位国内生产总值能源消耗和二氧化碳排放大幅下降，主要污染物排放总量显著减少。森林覆盖率提高，生态系统稳定性增强，人居环境明显改善"。为此，要"加快建立生态文明制度，健全国土空间开发、资源节约、生态环境保护的体制机制，推动形成人与自然和谐发展现代化建设新格局"[1]。

国家"十三五"规划纲要中关于全面建小康社会新的目标要求中包括："生态环境质量总体改善。生产方式和生活方式绿色、低碳水平上升。能源资源开发利用效率大幅提高，能源和水资源消耗、建设用地、碳排放总量得到有效控制，主要污染物排放总量大幅减少。主体功能区布局和生态安全屏障基本形成。"[2] 该规划特别强调，要"以提高环境质量为核心，以解决生态环境领域突出问题为重点，加大生态环境保护力度，提高资源利用效率，为人民提供更多优质生态产品，协同推进人民富裕、国家富强、中国美丽"[3]。具体任务包括加快建设主体功能区，推进资源节约集约利用，加大环境综合治理力度，加强生态保护修复，积极应对全球气候变化，健全生态安全保障机制，发展绿色环保产业。[4]

《国家人权行动计划（2012—2015 年）》要求"加强环境保护，着力解决重金属、饮用水源、大气、土壤、海洋污染等关系民生的突出环境问

---

[1]　胡锦涛：《坚定不移沿着中国特色社会主义道路前进 为全面建成小康社会而奋斗——在中国共产党第十八次全国代表大会上的报告》，《求是》2012 年第 22 期。

[2]　《中华人民共和国国民经济和社会发展第十三个五年规划纲要》，人民出版社 2016 年版。

[3]　《中华人民共和国国民经济和社会发展第十三个五年规划纲要》，人民出版社 2016 年版。

[4]　《中华人民共和国国民经济和社会发展第十三个五年规划纲要》，人民出版社 2016 年版。

题，保障环境权利"①。《国家人权行动计划（2016—2020 年）》进一步提出，要"实行最严格的环境保护制度，形成政府、企业、公众共治的环境治理体系，着力解决大气、水、土壤等突出环境问题，实现环境质量总体改善"②。

《国家人权行动计划（2021—2025 年）》设了"环境权利"专章，其中不仅包括了污染防治、国土空间生态保护修复、应对气候变化的内容，而且还包括了生态环境信息公开、环境决策公众参与、环境公益诉讼和生态环境损害赔偿方面的内容。③

中共十九大报告提出要加快生态文明体制改革，建设美丽中国："我们要建设的现代化是人与自然和谐共生的现代化，既要创造更多物质财富和精神财富以满足人民日益增长的美好生活需要，也要提供更多优质生态产品以满足人民日益增长的优美生态环境需要。必须坚持节约优先、保护优先、自然恢复为主的方针，形成节约资源和保护环境的空间格局、产业结构、生产方式、生活方式，还自然以宁静、和谐、美丽。"④ 为此，要推进绿色发展，着力解决突出环境问题，加大生态系统保护力度，改革生态环境监管体制。

根据国家统计局的数据，2021 年全年能源消费总量 52.4 亿吨标准煤，比上年增长 5.2%。煤炭消费量增长 4.6%，原油消费量增长 4.1%，天然气消费量增长 12.5%，电力消费量增长 10.3%。煤炭消费量占能源消费总量的 56.0%，比上年下降 0.9 个百分点；天然气、水电、核电、风电、太阳能发电等清洁能源消费量占能源消费总量的 25.5%，上升 1.2 个百分点。重点耗能工业企业单位电石综合能耗下降 5.3%，单位合成氨综合能耗与上年持平，吨钢综合能耗下降 0.4%，单位电解铝综合能耗下降 2.1%，每千瓦时火力发电标准煤耗下降 0.5%。全国万元国内生产总

---

① 国务院新闻办公室：《国家人权行动计划（2012—2015 年）》，人民出版社 2012 年版，第 19 页。

② 国务院新闻办公室：《国家人权行动计划（2016—2020 年）》，人民出版社 2016 年版，第 17 页。

③ 国务院新闻办公室：《国家人权行动计划（2021—2025 年）》，人民出版社 2021 年版，第 32—37 页。

④ 参见习近平《决胜全面建成小康社会，夺取新时代中国特色社会主义伟大胜利——在中国共产党第十九次全国代表大会上的报告》，人民出版社 2017 年版。

值二氧化碳排放下降 3.8%。① 2017—2021 年清洁能源消费量占能源消费总量的比重如图 3 - 10 所示。

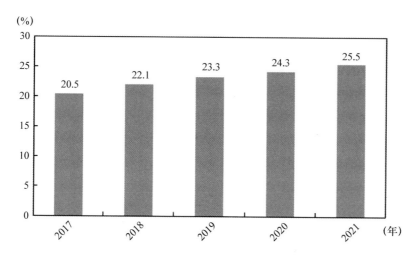

图 3 - 10　2017—2021 年清洁能源消费量占能源消费总量的比重

资料来源：国家统计局：《中华人民共和国 2021 年国民经济和社会发展统计公报》，中国统计出版社 2022 年版。

2021 年全年完成造林面积 360 万公顷，其中人工造林面积 134 万公顷，占全部造林面积的 37.1%。种草改良面积 307 万公顷。截至年末，国家级自然保护区 474 个，国家公园 5 个。新增水土流失治理面积 6.2 万平方公里。

国家的环境治理措施产生了显著的环境改善效果。根据国家统计局 2022 年发布的统计公报，2021 年全年全国万元国内生产总值能耗比上年下降 2.7%。在监测的 339 个地级及以上城市中，全年空气质量达标的城市占 64.3%，未达标的城市占 35.7%；细颗粒物（$PM_{2.5}$）年平均浓度 30 微克/立方米，比上年下降 9.1%。3641 个国家地表水考核断面中，全年水质优良（Ⅰ—Ⅲ类）断面比例为 84.9%，Ⅳ类断面比例为 11.8%，Ⅴ类断面比例为 2.2%，劣Ⅴ类断面比例为 1.2%。全年近岸海域海水水质达到国家一、二类海水水质标准的面积占 81.3%，三类海水占 5.2%，四

---

①　国家统计局：《中华人民共和国 2021 年国民经济和社会发展统计公报》，中国统计出版社 2022 年版。

类、劣四类海水占 13.5%。在开展城市区域声环境监测的 324 个城市中，全年昼间声环境质量好的城市占 4.9%，较好的占 61.7%，一般的占 31.5%，较差的占 1.9%。[①]

---

① 国家统计局：《中华人民共和国 2021 年国民经济和社会发展统计公报》，中国统计出版社 2022 年版。

第四章 作为手段性权利的参与权

第一节 参与权的内容、地位与实现方式

在以人的发展为导向的人权理论的视野下，参与权是社会成员广泛参与各领域社会生活从而实现自身发展的权利。对于实现目的性发展权来说，它是手段性权利。它涉及社会成员在各领域的社会参与，要求政府保障参与的机会，并为这种参与创造适当的条件。

一 参与权概念的界定

参与权一般被认为是指公民通过国家创造的各种合法途径参与公共事务的权利。[①] 但在以人的发展为导向的人权理论的视域下，参与权涉及更广的领域。实现所有人自由全面协调发展，需要通过广泛自主平等的社会参与。在这个意义上，参与应当是广泛的，不能只限于政治领域，而应当扩展到经济、社会、文化等各个领域。正如联合国《发展权利宣言》第1条第1款明确指出的："发展权利是一项不可剥夺的人权，由于这种权利，每个人和所有各国人民均有权参与、促进并享受经济、社会、文化和政治发展，在这种发展中，所有人权和基本自由都能获得充分实现。"[②] 从这个角度看，《发展权利宣言》所规定的手段性发展权，其基本内容恰恰就是参与权的内容。在这个意义上，可以将参与权界定为人通过全面参与社会生活而实现自身发展的权利。

[①] 石磊：《论参与权在社区中实现的路径》，《陕西行政学院学报》2012 年第 3 期。

[②] 联合国：《发展权利宣言》，联合国大会 1986 年 12 月 4 日第 41/128 号决议通过。

二　参与权的内容

根据以上分析，可以将参与权定义为自主和平等地参与各领域社会生活的权利。在这个意义上，参与权是一个权利束，包含一系列权利。在经济领域，它涉及工作和就业等权利；在政治领域，它涉及知情、表达、参与、监督、担任公职、选举与被选举等权利；在社会领域，它涉及参与社会工作和社会治理等权利；在教育和文化领域，它涉及受教育、参与文化生活、享受文化发展成果等权利。

三　参与权的地位

在以人的发展为导向的人权结构体系中，参与权具有独特的地位。首先，参与权是实现发展权的条件和手段。要实现人的全面发展这一人权总目标，需要通过人在经济、政治、社会和文化领域的全面参与。在这个意义上，无参与就无发展。同时，发展权的实现也会对参与权的实现形成反作用，人的发展使主体具备更强的可行能力参与经济、政治、社会和文化生活。其次，参与权的实现又以生存权为基础。如果无法保障人的基本生存，参与就会缺乏主体基础。在这个意义上，无生存就无参与。再次，参与权的实现还要受到自主权和平等权的约束，参与权应当保障所有人自主和平等地参与各领域的社会生活。最后，参与权的实现对生存权、自主权和平等权的保障具有反作用。经济参与权的实现可以为生存权的保障提供必需的物质资料，政治参与权的实现可以为生存权、自主权和平等权的实现提供所需的制度保障，社会和文化参与权的实现可以为生存权、自主权和平等权的保障提供充分的社会支持和适宜的文化氛围。

四　国家保障参与权的义务

国家和政府是保障参与权的主要义务主体。其所承担的义务包括三个方面：第一是尊重的义务，即尊重每一个人自主地选择参与社会生活。第二是保护的义务，即保护每一个人自主和平等地参与社会生活，当个人自主和平等的参与权遭到侵犯时，对被侵权者予以及时的救济，对侵权者依法予以制裁。第三是保障的义务，即为社会成员全面参与各领域社会生活提供必要的条件。与此同时，各种营利和非营利机构或组织也需要在一定程度上承担促进和保障参与权的义务。

为了促进和保障参与权的实现，中国政府通过全面建成小康社会和全面深化改革，为所有社会成员参与经济生活、政治生活、文化生活和社会生活提供平等的机会并创造适当的条件。

第二节　对经济参与权的保障

在社会主义市场经济体制下，对经济参与权的保障主要涉及两个方面：一是保障具有劳动能力的个人具有比较充分的就业机会；二是保障各类有能力参与经济活动的市场主体有公平的机会参与市场竞争。中国政府通过制度建设和一系列政策措施，努力从上述两个方面保障社会成员的经济参与权。

一　保障就业权的政策措施

就业不仅仅是维持生存的重要手段，而且是实现发展的重要条件。《世界人权宣言》第二十三条规定："人人有权工作、自由选择职业、享受公正和合适的工作条件并享受免于失业的保障。"

（一）实施"就业优先战略"

党的十八大在确立全面建成小康社会的目标和任务时，将促进就业作为重要目标。党的十八大报告指出："就业是民生之本。要贯彻劳动者自主就业、市场调节就业、政府促进就业和鼓励创业的方针，实施就业优先战略和更加积极的就业政策。"[①]"就业优先战略"是指将就业作为经济社会发展的优先目标，实现在经济持续健康发展中拉动就业。积极的就业政策是与消极的就业政策相对的概念，更加强调政府按照市场就业机制的要求，通过政策引导、就业服务、调节供求等措施，调整、重组劳动力供求，促进就业再就业的主体责任和意识。

《国家人权行动计划（2012—2015年）》要求实施更加积极的就业政策，"落实就业优先战略。2012—2015年，年均城镇新增就业900万人，

---

① 胡锦涛：《坚定不移沿着中国特色社会主义道路前进 为全面建成小康社会而奋斗——在中国共产党第十八次全国代表大会上的报告》，《求是》2012年第22期。

城镇登记失业率控制在5%以内。促进城乡劳动者平等就业，促进农村劳动力有序外出就业和就地就近转移就业"；并要求"完善工资制度，全面推行劳动合同制度，改善劳动条件，强化劳动安全，保障劳动者的工作权利"①。

2015年4月27日国务院印发了《关于进一步做好新形势下就业创业工作的意见》，部署进一步促进就业鼓励创业，以稳就业惠民生助发展。该意见提出了四个方面的政策措施。一是深入实施就业优先战略；二是积极推进创业带动就业；三是统筹推进高校毕业生等重点群体就业；四是加强就业创业服务和职业培训。《国家人权行动计划（2016—2020年）》提出，未来五年要"实现比较充分和高质量就业。实施高校毕业生就业促进和创业引领计划。促进农村富余劳动力转移就业和外出务工人员返乡创业。对就业困难人员实行实名制动态管理和分类帮扶，做好'零就业'家庭帮扶工作。支持贫困地区建设县乡基层劳动就业和社会保障服务平台。实现城镇新增就业5000万人以上"②。

《国家人权行动计划（2021—2025年）》提出，要"促进就业。实现更加充分更高质量就业，城镇调查失业率控制在5.5%以内。增加非全日制就业机会，支持和规范发展新就业形态，为农村外出返乡人员提供创业服务。实施创新创业带头人培育行动，引导建设各类农村创业创新示范园区和孵化实训基地。完善进城务工青年、灵活就业青年等群体的劳动就业合法权益。扩大公益性岗位安置，着力帮扶生育后再就业妇女、残疾人、零就业家庭成员等困难人员就业。促进脱贫人口稳定就业。加大脱贫人口有组织劳务输出力度。支持脱贫地区在涉农项目建设和管护方面广泛采取以工代赈方式。延续支持扶贫车间的优惠政策。调整优化生态护林员政策。统筹用好乡村公益岗位"③

国家"十三五"规划纲要进一步强调实施就业优先战略，要求"实

---

① 国务院新闻办公室：《国家人权行动计划（2012—2015年）》，人民出版社2012年版，第19页。

② 国务院新闻办公室：《国家人权行动计划（2016—2020年）》，人民出版社2016年版，第5页。

③ 国务院新闻办公室：《国家人权行动计划（2021—2025年）》，人民出版社2021年版，第7页。

施更加积极的就业政策，创造更多就业岗位，着力解决结构性就业矛盾，鼓励以创业带就业，实现比较充分和高质量就业"①。该规划要求把促进充分就业作为经济社会发展优先目标、放在更加突出位置；严禁各种形式的就业歧视；维护职工合法权益，保障非正规就业劳动者权益，全面治理拖欠农民工工资问题；推行终身职业技能培训制度。开展贫困家庭子女、未升学初高中毕业生、农民工、失业人员和转岗职工、退役军人和残疾人免费接受职业培训行动。

《中共中央关于全面深化改革若干重大问题的决定》指出，要"促进以高校毕业生为重点的青年就业和农村转移劳动力、城镇困难人员、退役军人就业。结合产业升级开发更多适合高校毕业生的就业岗位。政府购买基层公共管理和社会服务岗位更多用于吸纳高校毕业生就业。健全鼓励高校毕业生到基层工作的服务保障机制，提高公务员定向招录和事业单位优先招聘比例。实行激励高校毕业生自主创业政策，整合发展国家和省级高校毕业生就业创业基金。实施离校未就业高校毕业生就业促进计划，把未就业的纳入就业见习、技能培训等就业准备活动之中，对有特殊困难的实行全程就业服务"②。

党的十九大报告提出："提高就业质量和人民收入水平。就业是最大的民生。要坚持就业优先战略和积极就业政策，实现更高质量和更充分就业。大规模开展职业技能培训，注重解决结构性就业矛盾，鼓励创业带动就业。提供全方位公共就业服务，促进高校毕业生等青年群体、农民工多渠道就业创业。破除妨碍劳动力、人才社会性流动的体制机制弊端，使人人都有通过辛勤劳动实现自身发展的机会。完善政府、工会、企业共同参与的协商协调机制，构建和谐劳动关系。"③

国家促进就业的政策取得了显著的成效。根据国家统计局 2020 年发布的统计公报，2021 年年末全国就业人员 74652 万人，其中城镇就业人员 46773 万人，占全国就业人员比重为 62.7%。全年城镇新增就业 1269

---

① 《中华人民共和国国民经济和社会发展第十三个五年规划纲要》，人民出版社 2016 年版。

② 《中共中央关于全面深化改革若干重大问题的决定》，中国共产党第十八届中央委员会第三次全体会议 2013 年 11 月 12 日通过，《求是》2013 年第 22 期。

③ 参见习近平《决胜全面建成小康社会，夺取新时代中国特色社会主义伟大胜利——在中国共产党第十九次全国代表大会上的报告》，人民出版社 2017 年版。

万人。全年全国城镇调查失业率平均值为 5.1%。年末全国城镇调查失业率为 5.1%，城镇登记失业率为 3.96%。全国农民工总量 29251 万人，其中，外出农民工 17172 万人，本地农民工 12079 万人。① 2017—2021 年城镇新增就业人数如图 4 - 1 所示。

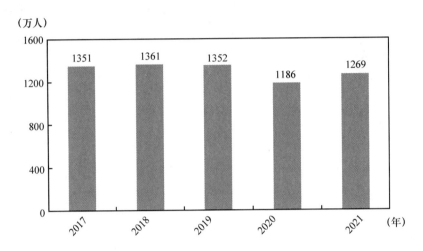

（万人）

图 4 - 1　2017—2021 年城镇新增就业人数

资料来源：国家统计局：《中华人民共和国 2021 年国民经济和社会发展统计公报》，中国统计出版社 2022 年版。

（二）扶持自主创业

中央全面深化改革决定指出，"要完善扶持创业的优惠政策"，形成政府激励创业、社会支持创业、劳动者勇于创业新机制。完善城乡均等的公共就业创业服务体系，构建劳动者终身职业培训体系。增强失业保险制度预防失业、促进就业功能，完善就业失业监测统计制度。②

二　消除民营企业参与经济活动的障碍

改革开放以来，我国社会主义市场经济体制一直处于不断完善的过程

---

① 国家统计局：《中华人民共和国 2021 年国民经济和社会发展统计公报》，中国统计出版社 2022 年版。

② 《中共中央关于全面深化改革若干重大问题的决定》，中国共产党第十八届中央委员会第三次全体会议 2013 年 11 月 12 日通过，《求是》2013 年第 22 期。

中，变革阻碍经济发展的体制机制障碍，保障各种经济主体的权益和平等发展机会，一直是我国经济体制改革的主旨。进入 21 世纪，尤其是党的十八大以来，为了进一步保障各种经济体的平等发展机会，确保民众公平地共享改革发展的成果，我国着重在以下几个方面进行或深化经济体制改革。

（一）依法保障民营经济发展

2016 年，十二届全国人大四次会议审查通过了《中华人民共和国国民经济和社会发展第十三个五年规划纲要》，民间资本将可以参与“十三五”规划纲要确定的 165 项重大投资。同时，进一步放开民营机场、基础电信运营、油气勘探开发等领域，在医疗、养老、教育等民生领域出台有效的举措，使得民营投资能够公平参与。

党的十八大以来，各级地方政府也相继出台相关的法律法规，扩大民营经济的投资范围。例如，中共河北省委、河北省人民政府制定的《关于促进民营经济又好又快发展的意见》规定：大幅放宽电力、电信、交通、石油、天然气、市政公用等领域市场准入，打破城市基础设施建设垄断经营，在项目核准、融资服务、财税政策、土地使用等方面对民营企业一视同仁。针对民营企业资金、技术、人才、规模等实际，每年推出一批重点建设工程和项目，定期向社会公布项目清单，及时公布招标结果。支持民营资本广泛参与社会公共服务与新型城镇化建设，县级以上交通、能源、市政、环保、水利、文化、体育、医疗和养老服务等基础设施、公共服务项目，优先选择 PPP 模式运作。

（二）混合经济所有制的发展

党的十八届三中全会作出的《中共中央关于全面深化改革若干重大问题的决定》提出，混合所有制经济是基本经济制度的重要实现形式。积极发展混合所有制经济，是深化国有企业改革、完善基本经济制度的必然要求。为了实现国有经济与多种所有制经济相互融合和优势互补，保障多种所有制经济的平等发展机会，2015 年 9 月，国务院印发《关于国有企业发展混合所有制经济的意见》（以下简称《意见》）。《意见》明确指出，国有资本、集体资本、非公有资本等交叉持股、相互融合的混合所有制经济，是基本经济制度的重要实现形式。长期以来，一批国有企业通过改制发展成为混合所有制企业，但治理机制和监管体制还需要进一步完善；还有许多国有企业为转换经营机制、提高运行效率，正在积极探索混合所有制改革。

为了消除多种所有制经济发展的体制机制障碍，《意见》提出分类推进国有企业混合所有制改革。第一，稳妥推进主业处于充分竞争行业和领域的商业类国有企业混合所有制改革。按照市场化、国际化要求，充分运用整体上市等方式，积极引入其他国有资本或各类非国有资本实现股权多元化。第二，有效探索主业处于重要行业和关键领域的商业类国有企业混合所有制改革。对主业处于关系国家安全、国民经济命脉的重要行业和关键领域、主要承担重大专项任务的商业类国有企业，要保持国有资本控股地位，支持非国有资本参股。对自然垄断行业，实行以政企分开、政资分开、特许经营、政府监管为主要内容的改革。第三，引导公益类国有企业规范开展混合所有制改革。在水电气热、公共交通、公共设施等提供公共产品和服务的行业和领域，根据不同业务特点，加强分类指导，推进具备条件的企业实现投资主体多元化。通过购买服务、特许经营、委托代理等方式，鼓励非国有企业参与经营。政府要加强对价格水平、成本控制、服务质量、安全标准、信息披露、营运效率、保障能力等方面的监管。

为了促进公平的经济发展机会，《意见》鼓励各类资本参与国有企业混合所有制改革。第一，鼓励非公有资本参与国有企业混合所有制改革。非公有资本投资主体可通过出资入股、收购股权、认购可转债、股权置换等多种方式，参与国有企业改制重组或国有控股上市公司增资扩股以及企业经营管理。非公有资本投资主体可以货币出资，或以实物、股权、土地使用权等法律法规允许的方式出资。第二，支持集体资本参与国有企业混合所有制改革。明晰集体资产产权，发展股权多元化、经营产业化、管理规范化的经济实体。允许经确权认定的集体资本、资产和其他生产要素作价入股，参与国有企业混合所有制改革。第三，有序吸收外资参与国有企业混合所有制改革。引入外资参与国有企业改制重组、合资合作，鼓励通过海外并购、投融资合作、离岸金融等方式，充分利用国际市场、技术、人才等资源和要素，发展混合所有制经济，深度参与国际竞争和全球产业分工，提高资源全球化配置能力。第四，推广政府和社会资本合作模式。优化政府投资方式，通过投资补助、基金注资、担保补贴、贷款贴息等，优先支持引入社会资本的项目。鼓励社会资本投资或参股基础设施、公用事业、公共服务等领域项目,使投资者在平等竞争中获取合理收益。第五,鼓励国有资本以多种方式入股非国有企业。在公共服务、高新技术、生态环境保护和战略性产业等重点领域,以市场选择为前提,以资本为纽带,充分发挥国有资本投资、运营公司的资本运作平台作用,对发展潜力大、成长性强的非国有企业进行股权投资。鼓励国有企业通过投资入股、联合投资、并购重组等多种方式,与非国有企业进行股权融合、战略合作、资源整合,发展混合所有制经济。支持国有资本与非国有资本共同设立股权投资基金,参与企业改制重组。

2017 年,各省均明确将进一步推进国企改革列为 2017 年重点工作,国企混改成改革突破口,积极发展混合所有制经济。湖南、吉林、上海、浙江、河北等地,针对今年的国企改革,均推出了兼并重组的实质性政策。一些中西部省份的国企集中在资源型行业、传统行业,因此在混改中要双管齐下,一方面吸引民营资本,另一方面则将进一步向社会资本开放垄断领域。例如新疆今年的政府工作报告指出,将推动国有企业特别是中央企业结构调整,创新发展一批,重组整合一批,清理退出一批,并大幅放宽电力、电信、交通、石油、天然气、市政公用等领域市场准入,消除各种隐性壁垒,鼓励民营企业扩大投资,参与国有企业改革。

(三) 完善产权保护制度

党的十八大以来,党中央、国务院高度重视产权保护工作。党的十八届三中、四中、五中全会就此提出明确要求,强调国家保护各种所有制经济产权和合法利益,健全以公平为核心原则的产权保护制度,推进产权保护法治化。完善产权保护制度是经济制度改革中的重要方面。产权制度是社会主义市场经济的基石,保护产权是坚持社会主义基本经济制度的必然要求。改革开放以来,通过大力推进产权制度改革,我国基本形成了归属清晰、权责明确、保护严格、流转顺畅的现代产权制度和产权保护法律框架,全社会产权保护意识不断增强,保护力度不断加大。但与此同时,我国产权保护仍然存在一些薄弱环节和问题:国有产权由于所有者和代理人关系不够清晰,存在内部人控制、关联交易等导致国有资产流失的问题;利用公权力侵害私有产权、违法查封扣押冻结民营企业财产等现象时有发生;知识产权保护不力,侵权易发多发。为此,中央和地方致力于加强各种所有制经济产权保护，国家致力于完善平等保护产权的法律制度，加大知识产权保护力度等。①

"十三五"规划提出要"建立现代产权制度"："健全归属清晰、权责明确、保护严格、流转顺畅的现代产权制度。推进产权保护法治化，依法保护各种所有制经济权益。依法合规界定企业财产权归属，保障国有资本收益权和企业自主经营权，健全规则、过程、结果公开的国有资产产权交易制度。完善农村集体产权权能，全面完成农村承包经营地、宅基地、农房、集体建设用地确权登记颁证。完善集体经济组织成员认定办法和集体经济资产所有权实现形式，将经营性资产折股量化到本集体经济组织成员。规范农村产权流转交易，完善农村集体资产处置决策程序。全面落实不动产统一登记制度。加快构建自然资源资产产权制度，确定产权主体，创新产权实现形式。保护自然资源资产所有者权益，公平分享自然资源资产收益。深化矿业权制度改革。建立健全生态环境性权益交易制度和平台。实施严格的知识产权保护制度，完善有利于激励创新的知识产权归属制度，建设知识产权运营交易和服务平台，建设知识产权强国。"②

根据国家统计局 2022 年发布的统计公报，2021 年全年新登记市场主体 2887 万户，日均新登记企业 2.5 万户，年末市场主体总数达 1.5 亿户。全年全部工业增加值 372575 亿元，比上年增长 9.6%。规模以上工业增加值增长 9.6%。在规模以上工业中，分经济类型看，国有控股企业增加值增长 8.0%；股份制企业增长 9.8%，外商及港澳台商投资企业增长 8.9%；私营企业增长 10.2%。全年规模以上工业企业利润 87092 亿元，比上年增长 34.3%。分经济类型看，国有控股企业利润 22770 亿元，比上年增长 56.0%；股份制企业 62702 亿元，增长 40.2%；外商及港澳台商投资企业 22846 亿元，增长 21.1%；私营企业 29150 亿元，增长 27.6%。③

---

① 《中共中央国务院关于完善产权保护制度依法保护产权的意见》，《中华人民共和国国务院公报》2016 年第 34 期。

② 《中华人民共和国国民经济和社会发展第十三个五年规划纲要》，人民出版社 2016 年版。

③ 国家统计局：《中华人民共和国 2021 年国民经济和社会发展统计公报》，中国统计出版社 2022 年版。

第三节　对政治参与权的保障

实现人的政治发展，需要为社会成员提供平等可行的政治参与机会和机制。这集中体现国家在对社会成员知情权、表达权、参与权、监督权和选举权的有效保障。中国政府通过完善人民代表大会制度保障公民的选举权，通过协商民主的制度和机制建设保障人民的参与权，通过各项政策措施保障社会成员的知情权、表达权和监督权，为社会成员提供了更加平等可行的政治参与机会和条件，促进了政治参与权的实现。

一　保障政治参与权的政策要求

党的十八大提出的全面建成小康社会目标中包括了人民民主建设的目标，要求"民主制度更加完善，民主形式更加丰富，人民积极性、主动性、创造性进一步发挥。依法治国基本方略全面落实，法治政府基本建成，司法公信力不断提高，人权得到切实尊重和保障"。为此，要"加快推进社会主义民主政治制度化、规范化、程序化，从各层次各领域扩大公民有序政治参与，实现国家各项工作法治化"[1]。

《国家人权行动计划（2012—2015年）》要求"努力发展社会主义民主政治，完善社会主义法治，扩大公民有序政治参与，全面保障公民权利和政治权利"[2]，并就如何保障知情权、参与权、表达权和监督权提出了具体的要求[3]。《国家人权行动计划（2016—2020年）》进一步强调要"扩大公民有序政治参与，切实保障公民权利和政治权利"，"多渠道多领域拓宽公民知情权的范围，扩展有序参与社会治理的途径和方式"，"扩展表达空间，丰富表达手段和渠道，健全权力运行制约和监督体系，依法保障公民的表达自由和民主监督权利"[4]。

---

[1]　胡锦涛：《坚定不移沿着中国特色社会主义道路前进　为全面建成小康社会而奋斗——在中国共产党第十八次全国代表大会上的报告》，《求是》2012年第22期。

[2]　国务院新闻办公室：《国家人权行动计划（2012—2015年）》，人民出版社2012年版，第22页。

[3]　国务院新闻办公室：《国家人权行动计划（2012—2015年）》，人民出版社2012年版，第28—33页。

[4]　国务院新闻办公室：《国家人权行动计划（2016—2020年）》，人民出版社2016年版，第20、25、27页。

《国家人权行动计划（2012—2015 年）》提出，要"保障公民、法人和其他组织依法获取政府信息，保证人民依法通过各种途径和形式管理国家事务、经济文化事业和社会事务，切实保障公民的知情权和参与权"①，并具体提出要加强基层政务公开标准化规范化建设，加强突发事件信息发布，全面推进司法公开，完善公民对立法、监督工作的参与机制，推动协商民主广泛、多层、制度化发展，完善基层群众自治制度，健全企事业单位民主管理制度，鼓励社会力量参与社会治理。

国家"十三五"规划纲要提出要扩大公民有序政治参与，特别提出加强协商民主制度建设，要求"构建程序合理、环节完整的协商民主体系，进一步加强政党协商，拓宽国家政权机关、政协组织、党派团体、基层组织、社会组织的协商渠道。完善基层民主制度，畅通民主渠道，健全基层选举、议事、公开、述职、问责等机制。开展形式多样的基层民主协商，推进基层协商制度化"②。

党的十九大报告进一步要求扩大人民有序政治参与，要求"保证人民依法实行民主选举、民主协商、民主决策、民主管理、民主监督"，要"完善基层民主制度，保障人民知情权、参与权、表达权、监督权"。党的十九大报告特别强调加强协调民主建设，提出"要推动协商民主广泛、多层、制度化发展，统筹推进政党协商、人大协商、政府协商、政协协商、人民团体协商、基层协商以及社会组织协商。加强协商民主制度建设，形成完整的制度程序和参与实践，保证人民在日常政治生活中有广泛持续深入参与的权利"③。十九大报告提出："健全依法决策机制，构建决策科学、执行坚决、监督有力的权力运行机制。各级领导干部要增强民主意识，发扬民主作风，接受人民监督，当好人民公仆。"④

---

① 国务院新闻办公室：《国家人权行动计划（2021—2025 年）》，人民出版社 2021 年版，第 25 页。
② 《中华人民共和国国民经济和社会发展第十三个五年规划纲要》，人民出版社 2016 年版。
③ 参见习近平《决胜全面建成小康社会，夺取新时代中国特色社会主义伟大胜利——在中国共产党第十九次全国代表大会上的报告》，人民出版社 2017 年版。
④ 参见习近平《决胜全面建成小康社会，夺取新时代中国特色社会主义伟大胜利——在中国共产党第十九次全国代表大会上的报告》，人民出版社 2017 年版。

二　完善人民代表大会制度保障选举权和被选举权

"人民当家做主"是我国社会主义民主制度的基本宗旨。为了践行我国民主制度的基本宗旨，保障公民平等的政治参与机会，党的十八大以来，我国进一步推进协商民主和基层民主建设，进一步完善人民代表大会制度。中央全面深化改革决定指出："发展社会主义民主政治，必须以保证人民当家作主为根本，坚持和完善人民代表大会制度、中国共产党领导的多党合作和政治协商制度、民族区域自治制度以及基层群众自治制度，更加注重健全民主制度、丰富民主形式，从各层次各领域扩大公民有序政治参与"。①

选举权和被选举权是中国宪法规定的公民基本权利。中国坚持发展社会主义民主政治，保障人人享有平等的选举权利，先后制定全国人民代表大会和地方各级人民代表大会选举法、地方各级人民代表大会和地方各级人民政府组织法等。坚持实行普遍、平等、直接选举和间接选举相结合以及差额选举的原则，宪法规定凡年满 18 周岁的中国公民，不分民族、种族、性别、职业、家庭出身、宗教信仰、教育程度、财产状况、居住期限，除依法被剥夺政治权利的人外，都有选举权和被选举权。中国根据国情和实际，不断修改选举法，完善选举制度，逐步实现了城乡按相同人口比例选举人大代表，并保证各地区、各民族、各方面都有适当数量的代表。②

根据国务院新闻办公室发表的白皮书，在 2016 年开始的全国县乡两级人民代表大会换届选举中，共有 9 亿多选民参选，直接选举产生 250 多万名县乡两级人民代表大会代表。全国人民代表大会代表的代表性不断增强，代表比例日趋合理，工人、农民、女性群体代表比例不断提升。十二届全国人大代表的 2987 名代表中，来自一线的工人、农民代表 401 名，占代表总数 13.42%，提高了 5.18 个百分点，农民工代表数量大幅增加；党政领导干部代表 1042 名，占 34.88%，降低了 6.93 个百分点。在 2018

---

① 《中共中央关于全面深化改革若干重大问题的决定》，中国共产党第十八届中央委员会第三次全体会议 2013 年 11 月 12 日通过，《求是》2013 年第 22 期。

② 国务院新闻办公室：《改革开放 40 年中国人权事业的发展进步》（白皮书），人民出版社 2018 年版，第 22—23 页。

年十三届全国人大的 2980 名代表中，一线工人、农民代表 468 名，专业
技术人员代表 613 名，妇女代表 742 名，少数民族代表 438 名。①

　　党的十八届三中全会通过的《中共中央关于全面深化改革若干重大
问题的决定》要求推动人民代表大会制度与时俱进。坚持人民主体地位，
推进人民代表大会制度理论和实践创新，发挥人民代表大会制度的根本政
治制度作用。完善中国特色社会主义法律体系，健全立法起草、论证、协
调、审议机制，提高立法质量，防止地方保护和部门利益法制化。健全
"一府两院"由人大产生、对人大负责、受人大监督制度。健全人大讨
论、决定重大事项制度，各级政府重大决策出台前向本级人大报告。加强
人大预算决算审查监督、国有资产监督职能。落实税收法定原则。加强人
大常委会同人大代表的联系，充分发挥代表作用。通过建立健全代表联络
机构、网络平台等形式密切代表同人民群众联系。完善人大工作机制，通
过座谈、听证、评估、公布法律草案等扩大公民有序参与立法途径，通过
询问、质询、特定问题调查、备案审查等积极回应社会关切。②

三　推进协商民主制度保障参与权

　　社会主义协商民主是社会主义民主政治的重要形式，发展社会主义协
商民主的本质就是要扩大公民有序政治参与。公民参与是协商民主的基
础，协商就是要求利益相关者能够参与到政策过程中，共同讨论，共同协
商，没有参与，也就谈不上协商民主③。党的十八大报告中提出的"就经
济社会发展重大问题和涉及群众切身利益的实际问题广泛协商，广纳群
言、广集民智"即是扩大公民参与、实现公民参与权利的详细和具体的
表述。社会主义协商民主是选举民主的补充与发展，有利于公民参与领域
和参与渠道的深化与拓宽。

（一）协商民主的探索和推进

1991 年 3 月江泽民首次明确提出："人民通过选举、投票行使权利与

---

　　①　国务院新闻办公室：《改革开放 40 年中国人权事业的发展进步》（白皮书），人民出版
社 2018 年版，第 23 页。

　　②　《中共中央关于全面深化改革若干重大问题的决定》，中国共产党第十八届中央委员会第
三次全体会议 2013 年 11 月 12 日通过，《求是》2013 年第 22 期。

　　③　杜英歌、娄成武：《协商民主对公民参与的多维审视与局限》，《南京社会科学》2011 年
第 1 期。

人民内部各方面在选举、投票之前进行充分协商，尽可能就共同性问题取得一致意见，是我国社会主义民主的两种重要形式。"社会主义协商民主与选举民主相互补充，社会主义协商民主有利于将民主贯彻在"决策之前和决策之中"。从人权角度而言，选举民主保障的是公民政治参与中的选择权，协商民主保障的是公民个人与组织的平等参与和话语权，有利于促进公民参与的深化和公民参与领域的拓宽。选举民主的多数原则常常使少数人的权益难以保证，协商民主则可以在一定程度上弥补"多数决定"的不足，因为其通过广泛、平等的参与使得所有公民都能进入到协商过程，从而保证公民权利的普遍实现。

2012 年，党的十八大明确提出"健全社会主义协商民主制度"要求，把社会主义协商民主作为我国人民民主的主要形式。党的十八届三中全会通过的《中共中央关于全面深化改革若干重大问题的决定》，从我国协商民主的定位、制度规范和渠道、基本要求和内容等方面，较为系统地勾勒了社会主义协商民主建设的蓝图，提出要"推进协商民主广泛多层制度化发展。协商民主是我国社会主义民主政治的特有形式和独特优势，是党的群众路线在政治领域的重要体现。在党的领导下，以经济社会发展重大问题和涉及群众切身利益的实际问题为内容，在全社会开展广泛协商，坚持协商于决策之前和决策实施之中。构建程序合理、环节完整的协商民主体系，拓宽国家政权机关、政协组织、党派团体、基层组织、社会组织的协商渠道。深入开展立法协商、行政协商、民主协商、参政协商、社会协商。加强中国特色新型智库建设，建立健全决策咨询制度"①。

2014 年 9 月，习近平在庆祝中国人民政治协商会议成立 65 周年纪念大会上指出，社会主义协商民主，是中国社会主义民主政治的特有形式和独特优势，是中国共产党的群众路线在政治领域的重要体现。人民通过选举、投票行使权利和人民内部各方面在重大决策之前进行充分协商，尽可能就共同性问题取得一致意见，是中国社会主义民主的两种重要形式。在中国，这两种民主形式不是相互替代、相互否定的，而是相互补充、相得益彰的，共同构成了中国社会主义民主政治的制度特点和优势。② 2015 年

---

①　《中共中央关于全面深化改革若干重大问题的决定》，中国共产党第十八届中央委员会第三次全体会议 2013 年 11 月 12 日通过，《求是》2013 年第 22 期。

②　习近平：《在庆祝中国人民政治协商会议成立 65 周年大会上的讲话》，《人民日报》2014年 9 月 22 日第 2 版。

2月9日，中央印发《关于加强社会主义协商民主建设的意见》，全面总结了党在革命、建设和改革实践中的成功做法与经验，立足于当代中国经济社会发展变化的现实，就加强社会主义协商民主建设作出了总体部署和顶层设计。

在中央层面，《关于加强社会主义协商民主建设的意见》围绕协商民主的特定内涵、发展历程、重要意义、指导原则、主要渠道、制度体系与程序，以及党的领导等方面，进行了系统的阐释，为在新的历史条件下进一步推动我国的政治体制改革、社会主义民主政治建设提供了理论指导和行动纲领。随后，协商民主各方面具体制度安排如《关于加强人民政协协商民主建设的实施意见》《关于加强城乡社区协商的意见》《关于加强政党协商的实施意见》等也相继出台，"程序合理、环节完整的协商民主体系"的框架逐步形成。

党的十八大报告首次明确提出要"健全社会主义协商民主制度"，"完善协商民主制度和工作机制，推进协商民主广泛、多层、制度化发展。"报告指出要通过政协组织等渠道就经济社会发展重大问题和涉及群众切身利益的实际问题广泛协商，广纳群言、广集民智，增进共识、增强合力。强调坚持和完善中国共产党领导的多党合作和政治协商制度，充分发挥人民政协作为协商民主重要渠道作用，推进政治协商、民主监督、参政议政制度建设。这是党首次明确提出"社会主义协商民主"的理论概念，并提出"社会主义协商民主是我国人民民主的重要形式"。把协商民主正式写进党代会报告，是党的十八大的重要历史贡献，也是重大理论创新，充分体现了党推进人民民主的坚定信心，对于发展中国特色社会主义民主政治具有重要指导作用，对于推动人类政治文明发展必将作出有益贡献。

2013年11月9日至12日在北京召开的党的十八届三中全会更将"协商民主"定位为"我国社会主义民主政治的特有形式和独特优势，是党的群众路线在政治领域的重要体现"，并要求在党的领导下，以经济社会发展重大问题和涉及群众切身利益的实际问题为内容，在全社会开展广泛协商，坚持协商于决策之前和决策实施之中。"社会主义协商民主是党的群众路线在政治领域的重要体现"，这是党的十八届三中全会对社会主义协商民主作出的"基本定性"，揭示了党的群众路线与协商民主的内在联系，强调了人民群众是社会主义协商民主的重点。因此，建立健全协商民主就要保障人民群众的参与、监督等政治权利。

2014年9月21日上午，庆祝中国人民政治协商会议成立65周年大会在全国政协礼堂隆重举行。中共中央总书记、国家主席、中央军委主席习近平在大会上发表重要讲话。习近平强调，社会主义协商民主，是中国社会主义民主政治的特有形式和独特优势，是中国共产党的群众路线在政治领域的重要体现。实行人民民主，保证人民当家作主，要求我们在治国理政时在人民内部各方面进行广泛商量。在中国社会主义制度下，有事好商量，众人的事情由众人商量，找到全社会意愿和要求的最大公约数，是人民民主的真谛。我们要坚持有事多商量，遇事多商量，做事多商量，商量得越多越深入越好，推进社会主义协商民主广泛多层制度化发展。① 这表明了党对社会主义协商民主的充分肯定以及坚持推进社会主义协商民主建设、保障人民权利的坚定信心。

2015年2月9日，中共中央印发了《关于加强社会主义协商民主建设的意见》（下称《意见》）。《意见》明确了社会主义协商民主的本质属性和基本内涵，阐述了加强社会主义协商民主建设的重要意义、指导思想、基本原则和渠道程序，对新形势下开展政党协商、人大协商、政府协商、政协协商、人民团体协商、基层协商、社会组织协商等作出全面部署，是指导社会主义协商民主建设的纲领性文件。

2015年12月10日，中共中央办公厅印发了《关于加强政党协商的实施意见》，并发出通知，要求各地区各部门结合实际认真贯彻执行。政党协商是中国共产党领导的多党合作和政治协商制度的重要内容，是社会主义协商民主体系的重要组成部分，是中国共产党提高执政能力的重要途径。《中共中央关于加强社会主义协商民主建设的意见》从政党协商的指导思想和重要意义、内容、形式、程序、保障机制、完善和加强党对政党协商的领导等方面，完善民主党派参政议政机制。

从政治协商、政协协商，到立法协商、行政协商，以及社会协商对话、基层协商民主、网络公共论坛等，我国协商民主的实践，从纵向讲，

---

① 习近平：《在庆祝中国人民政治协商会议成立65周年大会上的讲话》，《人民日报》2014年9月22日第2版。

覆盖中央、地方和基层社区，是一个多层次的协商民主制度实践；从横向看，协商实践涉及国家政权机关的立法、行政和司法领域，更有党派和人民政协组织，同时也延伸到社会生活领域；从结构上看，协商民主的制度建设涵盖立法制度、政治协商制度、政党制度、自治制度等等，协商民主的制度框架基本形成；从技术上看，协商实践，既有利用常态的、规范的制度平台开展的活动，也有利用现代信息技术作为支撑的尝试。因此，广泛、多层、制度化既是当代中国协商民主的发展目标，也是其最为基本的特征。①

（二）完善政治协商制度

中国共产党领导的多党合作和政治协商制度是我国的一项基本政治制度，人民政协是中国共产党领导的多党合作和政治协商的重要机构。党的十八大报告提出"充分发挥人民政协作为协商民主重要渠道的作用"，后来习近平又将人民政协定位于"专门协商机构"，并要求"把协商民主贯穿履行职能的全过程"。这是因为人民政协能够充分发挥自身联系各党派、各人民团体、社会各界和少数民族等的优势，有利于促进社会各阶层、团体和党派的有序政治参与，能够最大程度地包容和表达各种利益诉求，促进党和国家决策的民主化、科学化，加强对国家权力运作过程的民主监督。政治协商制度是党派团体之间进行民主合作的一种制度安排，这一民主模式基本是植根于中国独特的历史与现实的政治资源之上，可以被理解为广义的政党团体的协商民主。

党的十八大以来，政治协商制度不断健全和发展，在深化发展原有协商制度的基础之上，还不断开展新的探索。政治协商制度的完善和发展为公民的政治参与提供了广泛的渠道，进一步提升了公民政治权利的保障。

1. 政党协商

政党协商是中国共产党同民主党派基于共同的政治目标，就党和国家重大方针政策和重要事务，在决策之前和决策实施之中，直接进行政治协商的重要民主形式。加强政党协商，有利于扩大民主党派和无党派人士有序政治参与、畅通意见表达渠道，有利于增进政治共识、广泛凝心聚力，有利于促进科学民主决策、推进国家治理体系和治理能力现代化。党的十

---

① 陈家刚：《深入推进社会主义协商民主的制度实践》，《学习时报》2017年4月5日。

八大以来，截至 2016 年 7 月底，习近平总书记共主持召开了 20 次党外人士协商会、座谈会等，通报重要情况，就重大方针政策问题，国家和地方政府的领导人候选人名单，人大代表、政协委员候选人名单，同各民主党派进行协商，听取他们的意见和建议。

2. 双周协商座谈会

2013 年 9 月 18 日，全国政协第六次主席会议审议通过了《双周协商座谈会工作办法（试行）》。10 月 22 日，第一次双周协商座谈会举行。这意味着，始于 1950 年、终于"文化大革命"的原"双周座谈会"重新启幕。双周协商座谈会是政协民主协商的重要形式之一，就是指每两周举行一次座谈会，座谈会每次 20 人左右，选择不同的问题，邀请各界别的委员，特别是党外人士座谈交流，并将记录递交决策者，直接与高层对话。全国政协"双周协商座谈会"每双周由中央政治局常委、全国政协主席亲自主持。"双周协商座谈会议"通过定期邀请各界别委员主要是民主党派成员、无党派人士座谈交流，听取意见和建议，建立了常态化的协商机制，不仅专题协商这一协商平台被激活，政协参政议政的协商次数也迅速提高。截至 2017 年 5 月底，全国政协已经举行 66 次双周协商座谈会，双周协商政协会已经成为全国政协新的协商形式和政协协商民主的经常性平台，为政协委员的参政议政提供了更加坚实的保障。

3. 对口协商座谈会

《中共中央关于加强人民政协工作的意见》明确政协的协商形式，主要采取政协全体会议、常委会议、主席会议、常委会专题会议、政协党组受党委委托召开的座谈会、秘书长会议、各专门委员会会议，还有根据需要召开由政协各组成单位和各界代表人士参加的内部协商会议等。从一般意义上理解，对口协商就是政协专门委员会与同级党委、政府工作部门之间的工作协商。比如全国政协人口资源环境委员会和教科文卫体委员会 2013 年 12 月 23 日邀请教育部、国家林业局、共青团中央和中国科协就加强青少年生态文明教育在京召开对口协商会议。

4. 提案办理协商会

办理提案是人民政协工作的重要内容，提案办理协商也是人民政协采取最多的协商形式。比如 2017 年 3 月 8 日全国政协十二届五次会议召开提案办理协商会，主题是"推进农业供给侧结构性改革，广辟农民增收致富门路"。会上，提出提案的有关民主党派中央、全国政协委员与 5 家提案承办单位负责人面对面交换意见，对提案进行集中协商办理。中央农办、国家发改委、农业部、国家旅游局、国务院扶贫办等提案承办单位相关负责同志回应了委员们的关切，表示将加大农业结构调整，在优化品质提升效益上下功夫，着力培育农村产业新业态，扎实推进农业补短板，努力推行绿色生产方式，深化农业农村改革。截至 2017 年 2 月 21 日，全国政协十二届四次会议以来，全国政协委员、政协各参加单位、政协各专门委员会共提交提案 5769 件，办复率为 99.84%。

政治协商制度的完善保障了公民参政议政、当家做主的权利。中国共产党代表最广大人民群众的根本利益，各民主党派反映和代表各自所联系的人民群众的利益，人民团体是人民群众自己的组织，团结和代表各自的成员，人民政协由中国共产党、各民主党派、无党派人士、人民团体、各少数民族和各界的代表组成。可以看出，中国共产党领导的多党合作和政治协商制度具有民意的广泛代表性、民主监督的合法权威性以及制度化、规范化、程序化等特殊优越性。政治协商制度能够集中反映民情、民意，充分表达各自的具体利益。因此，政治协商制度的完善与发展实际上进一步保障了公民政治权利的实现。

截至 2019 年 3 月，全国政协共收到 141807 件提案，立案 130299 件，编刊及转送社情民意信息 12096 件，大多数提案的建议得到采纳和落实。①

（三）立法协商

立法协商，是党的十八大以来，党中央深刻总结我国立法工作的经验和规律，对立法工作提出的重要要求。立法协商是立法机关（包括行政机关）通过多种途径，与其他相关的机构、组织以及个人就立法事项进行协商，以确保改善立法质量，兼顾多数与少数利益，最大限度形成共识的过程②。从立法协商的主体来看，立法协商包括行政机关协商和人大协商。

---

① 国务院新闻办公室：《为人民谋幸福：新中国人权事业发展 70 年》，人民出版社 2019 年版，第 28—29 页。

② 李强：《立法协商：理论、实践与发达国家的经验》，《湖北经济学院学报》2014 年第 11 期。

　　人大作为人民行使当家做主权利的机构，本身就是公民权利的载体，而在实践中，人大通过立法听证、征求意见等形式，来实现其工作的协商民主。以立法听证为例，立法听证是立法机关在立法过程中，直接地、公开地听取社会意见的一种重要方式。作为协商民主的一种重要形式，立法听证通过利益相关者参与政治决策过程，并在对话、沟通和交流的基础上，形成最终的共识，从而对于立法决策产生影响。党的十八大提出社会主义协商民主，为立法听证奠定了更为坚实的基础。各级地方人大也更为重视通过立法听证的形式来倾听民声、吸纳民意，对公民权利切实加以保障。立法听证的发展和常态化表明了我国公民参与权利保障机制建设的制度化取得了突出成效，公民权利的实现迈上了新的台阶。

　　行政机关的协商民主形式多样，内容丰富，包括行政听证、征求意见、座谈会、调研等多种公民参与和协商的形式。以行政听证为例。行政听证是指行政机关作出涉及公民、法人或者其他组织利益的重大事项或者重大决定之前，充分听取公民、法人或者其他组织的意见的活动。行政听证被视为公民参与民主决策的重要措施，是行政机关立法协商的重要载体。行政听证的范围广泛，凡是与公民切身利益相关的事项都可以举行行政听证。党的十八大以来，随着社会主义协商民主理论的逐步完善，公民民主参与政府决策受到高度重视，行政机关的价格听证、立法听证更为频繁。在行政听证过程中，一方面公民可以维护自己的切身利益；另一方面也可以充分表达自己的意见，行使作为公民应该享有的参与权、表达权、决策权和监督权等权利。

　　国家建立健全了常态化的法律草案公开征求意见工作机制，不断完善政务公开制度体系。截至 2018 年，国家立法机关共有 172 件法律草案向社会公开征求意见，收到 1.5 亿多人次提出的 510 多万条意见。健全依法决策机制，把公众参与、专家论证、风险评估、合法性审查、集体讨论决定确定为重大行政决策法定程序，提高决策科学化、民主化、法治化水平。推动协商民主广泛多层制度化发展，不断规范协商内容、协商程序，拓展协商民主形式，增加协商密度，提高协商成效，以事关经济社会发展全局和涉及群众切身利益的实际问题为内容，开展广泛协商。[①]

---

　　① 国务院新闻办公室：《为人民谋幸福：新中国人权事业发展 70 年》，人民出版社 2019 年版，第 28—29 页。

（四）基层协商民主

《关于加强社会主义协商民主的意见》（以下简称《意见》）指出，涉及人民群众利益的大量决策和工作，主要发生在基层。要按照协商于民、协商为民的要求，建立健全基层协商民主建设协调联动机制，稳步开展基层协商，更好解决人民群众的实际困难和问题，及时化解矛盾纠纷，促进社会和谐稳定。党的十八大以来，各地党和政府在《意见》的指导下，在实践探索中不断丰富和创新载体，努力构建群众自治协商平台，并取得了突出的成效。一是基层民主决策中的协商民主，包括各类议事协商会、民主协商会、民间智囊团、恳谈会、听证会、"民情气象站"等；二是基层民主管理中的协商民主，包括："民情合议庭"、和事佬、调解队、动迁圆桌会议、新居民联谊会等；三是基层民主监督中的协商民主，包括市民观察室、村务监督委员会等；四是基层民主自治中的协商民主，包括邻里值班室、村务协商民主、社区协商议事会，等等。基层协商民主能够真正把基层群众吸纳进政治参与过程，不仅参与讨论的主题广泛、参与内容丰富、参与的形式规范，而且参与的效果显著，参与各方能够在协商参与中得到较为满意的结果。基层协商民主强调协商主体的平等性，协商过程的妥协性，协商目的的公共性，有利于在协商民主的过程中允许参与各方充分表达意见，获得折中利益的同时引导协商效果趋向公共利益。此外，基层协商民主为基层群众提供了更加丰富多样的反映问题和表达利益的渠道，并且这些渠道参与成本低、参与过程方便简易，与我国当前基层群众文化水平较低的现状相符合，对于保障公民政治参与权利的实现发挥了不可替代的作用。

（五）社会协商

社会协商，既不是简单在社会领域展开的协商，更不是在国家层面展开的协商，而是国家与社会、政府与民众围绕着建构社会秩序、促进社会发展而展开的协商。社会协商是以社会民众能够直接参与协商过程为基本特征，具有直接民主的性质。在广泛多层的社会协商过程中，民众可以以个人的身份直接与政府部门进行对话（如政府接待日、信访等），或通过大众媒体、网络平台直接面向政府部门和其他社会公众发表个人的意见和建议、申诉自己的委屈或提出自己的利益要求，以谋求同政府部门和其他社会公众就自己所关注的问题进行对话；民众也可以通过自己自愿加入的自治性公民组织，或通过推举自己的公民代表就某些共同关心的、具有一定普遍性的问题与政府部门和其他社会公众进行协商对话。在这种形式中，无论是公民组织还是公民代表都是以公民身份同政府进行直接的协商对话，因而属于政府与公民之间的直接互动①。正是因为社会协商的这种特点和优势，社会协商能够为公民参与提供更加广泛和直接的渠道，从而保障公民的政治权利的实现。

党的十八大以来，网络科技进步使网络很快地发展成为公民表达利益的重要渠道，也成为社会协商民主最主要的形式。网络作为一种以新传播技术为基础的参与方式，打破了空间、时间的限制，增加公民之间以及公民与政府之间直接的、全面的沟通的可能性。它在一定程度上实践着协商民主的理想，体现着民主的价值和精神。党的十八大以来，在各级政府的重视和推动下，"两微一端"（微博、微信、客户端）已经成为政府机构重要的服务平台，为公民进行网络政治参与提供平台。以微博为例：网友可以通过政务微博与政府部门互动，而政府部门也可以第一时间掌握民众的诉求，使得政务工作透明度大大增加，为公民参与民主协商提供了经济而便捷的渠道，网络民主已经起到了积极的正面作用。截至 2014 年 11 月底，我国政务微博认证账号（含新浪微博、腾讯两大平台）达到 27.7 万个，累计覆盖人数达 43.9 亿；中央国家机关政务微博认证账号达到 219个，累计覆盖人数达 2.7 亿；省级及以下各级单位政务微博认证账号超过19.4 万个，累计覆盖人数达 20.8 亿②。政务新媒体的影响力日益凸显。

网络协商民主有主体平等和讨论自由的特性。互联网上的网民身份平等，官方政府与网民地位平等，各种话题都能在网上讨论，网民之间提出各种议题，并产生互动，形成公共舆论，网民与政府之间可以全面及时地获取信息，使政府决策更加公开、透明、合法。一方面为公民了解实时全面的信息提供了渠道，有助于防止公民获取信息的失真和不对称，促成公民政治参与的有序性；另一方面为公民的政治参与提供便捷的平台，符合互联网时代的发展趋势，为进一步保障公民参与权利的实现发挥了积极

①　阎孟伟：《协商民主中的社会协商》，《社会科学》2014 年第 10 期。

②　参见中共中央统一战线工作部门户网站，http：//www.zytzb.gov.cn/tzb2010/s1487/201607/e58c79df7be144118039905737cb368c.shtml。

作用。

四　采取积极政策措施保障知情权、表达权和监督权

为了使参与权得到切实保障，中国政府建立了实施一系列相关政策措施，保证社会成员的知情权、表达权和监督权。

（一）保障知情权的政策措施

国家通过完善政务公开制度体系和不断加强平台建设，努力保障知情权。2004 年，国务院发布《全面推进依法行政实施纲要》，要求推进政府信息公开，除涉及国家秘密和依法受到保护的商业秘密、个人隐私的事项外，行政机关应该公开政府信息；对公开的政府信息，公众有权查阅；行政机关应该为公众查阅政府信息提供便利条件。2016 年 2 月，中共中央办公厅、国务院办公厅印发《关于全面推进政务公开工作的意见》，全面推行权力清单、责任清单、负面清单公开工作，推动政务服务向网上办理延伸，全国 31 个省（自治区、直辖市）均已公布省市县三级政府部门权力清单。2015 年，实现全国所有省份全部公开省级财政总预算；2017 年，公开部门预算的中央部门增加到 105 个。截至 2017 年 4 月，全国县级以上地方各级人民政府共设立政务大厅 3058 个，覆盖率 94.3%；乡镇（街道）共设立便民服务中心 38513 个，覆盖率 96.8%。厂务、村务公开逐步落实。截至 2017 年 9 月，全国已建立工会的企事业单位单独建立职工代表大会制度的有 500.9 万家，区域（行业）职工代表大会制度覆盖企业 138.7 万家，已建立工会的企事业单位单独建立厂务公开制度的有 487.1 万家。截至 2017 年，全国 95% 的村实现村务公开，94% 以上的县制订村务公开目录，91% 的村建立村务公开栏。①

中国深化司法公开，全面推进阳光司法，不断加强审判流程、庭审活动、裁判文书、执行信息司法公开平台和人民检察院案件信息公开平台建设。截至 2019 年 2 月，中国审判流程信息公开网公开案件信息 3.7 亿项，中国庭审公开网直播庭审 259 万件，中国裁判文书网公开文书 6382 万份，访问量 226 亿次。人民检察院案件信息公开网自 2014 年 10 月 1 日开通以

---

① 国务院新闻办公室：《改革开放 40 年中国人权事业的发展进步》（白皮书），人民出版社 2018 年版，第 23—24 页。

来，公开案件程序性信息 928 万余件，发布重要案件信息 58 万余条，公开法律文书 386 万余份，接受辩护与代理网上预约 30 万余人次。①

（二）保障表达权的政策措施

中国政府不断丰富表达权实现途径。2017 年，全国出版各类报纸 368 亿份，各类期刊 26 亿册，图书 90 亿册（张）。截至 2018 年 9 月，全国光缆线路总长度达 4131 万公里，农村宽带用户达到 11065 万户，移动宽带用户达 12.9 亿户，移动电话普及率达 111.3 部/百人。截至 2018 年 6 月，全国互联网上网人数达 8.02 亿，其中手机上网人数达 7.88 亿，互联网普及率达 57.7%，农村地区互联网普及率达 36.5%。建立了便捷高效的网络表达平台。着力搭建"信、访、网、电"多元化、立体式信访渠道，为民意诉求表达拓宽通道、提供便利。②

（三）保障监督权的政策措施

党的十九大报告提出："健全依法决策机制，构建决策科学、执行坚决、监督有力的权力运行机制。各级领导干部要增强民主意识，发扬民主作风，接受人民监督，当好人民公仆。"③

中国政府努力完善监督权保障体系。2014 年，全国人大修改预算法；2017 年，出台《关于建立预算审查前听取人大代表和社会各界意见建议的机制的意见》，推进预算公开和民主监督。2015 年，修改立法法，明确规定向审查申请人反馈及社会公开制度，加强公民监督权利。全国人大常委会履行宪法法律监督职责，健全备案审查制度，建立全国统一的备案审查信息平台。十二届全国人大常委会任期内共接受报送备案的规范性文件 4778 件，对 188 件行政法规和司法解释逐一进行主动审查，对地方性法规有重点地开展专项审查，认真研究公民、组织提出的 1527 件审查建议，对审查中发现与法律相抵触或不适当的问题，督促制定机关予以纠正。2012 年至 2016 年，全国人大常委会共开展 20 次执法检查。2016 年至

①　国务院新闻办公室：《为人民谋幸福：新中国人权事业发展 70 年》，人民出版社 2019 年版，第 43 页。

②　国务院新闻办公室：《改革开放 40 年中国人权事业的发展进步》（白皮书），人民出版社 2018 年版，第 25—26 页。

③　参见习近平《决胜全面建成小康社会，夺取新时代中国特色社会主义伟大胜利——在中国共产党第十九次全国代表大会上的报告》，人民出版社 2017 年版。

2017 年，全国人大常委会检查了食品安全法、安全生产法、环境保护法、道路交通安全法等 12 部关系人民切身利益的法律的实施情况。人民政协积极探索和完善民主监督机制，就决策执行中的问题提出批评和建议。十二届全国政协视察调研的监督性议题由 2015 年的 12 项占 11%，增至 2017 年的 20 项占 28%。实施《深化人民监督员制度改革方案》，进一步加强社会监督。①

中国政府不断完善信访制度。国家信访信息系统联通了全国各级信访机构、9 万多个职能部门和乡镇（街道）、41 个中央和国家机关部委，建立人民建议征集制度。畅通民意表达渠道，创新群众监督方式，建立便捷高效的网络表达平台，公民在网络上积极建言献策，表达诉求，有序参与社会管理。全国人大常委会开展执法检查，人民政协积极探索和完善民主监督机制，就决策执行中的问题提出批评和建议。②

第四节　对文化参与权的保障

文化生活是实现个人文化潜能的重要领域。《世界人权宣言》第 27 条第 1 款宣告："人人有权自由参加社会的文化生活。"《经济、社会和文化权利国际公约》第 15 条第 1 款规定："本公约缔约各国承认人人有权：（甲）参加文化生活；（乙）享受科学进步及其应用所产生的利益；（丙）对其本人的任何科学、文学或艺术作品所产生的精神上和物质上的利益，享受被保护之权。"该条第 3 款规定："本公约缔约各国承担尊重进行科学研究和创造性活动所不可缺少的自由。"为保障公民在文化领域的参与权，需要为公民提供平等的参与文化生活、享受文化发展成果的机会和条件，并使公民文化成果的权益依法得到保障。

一　小康社会建设对保障文化参与权的要求
党的十八大提出的全面建成小康社会目标中，包括文化软实力显著增

---

①　国务院新闻办公室：《改革开放 40 年中国人权事业的发展进步》（白皮书），人民出版社 2018 年版，第 26—27 页。

②　国务院新闻办公室：《为人民谋幸福：新中国人权事业发展 70 年》，人民出版社 2019 年版，第 28—29 页。

强，"社会主义核心价值体系深入人心，公民文明素质和社会文明程度明显提高。文化产品更加丰富，公共文化服务体系基本建成，文化产业成为国民经济支柱性产业，中华文化走出去迈出更大步伐，社会主义文化强国建设基础更加坚实"。为此，要"加快完善文化管理体制和文化生产经营机制，基本建立现代文化市场体系，健全国有文化资产管理体制，形成有利于创新创造的文化发展环境"①。

《国家人权行动计划（2012—2015年）》要求"采取有力措施，加快公共文化设施建设，促进文化事业发展，丰富人民文化生活，保障公民文化权利"②，具体任务包括加强文化立法，健全公共文化设施和服务网络，推动文化覆盖和科技普及，以及加强互联网建设。《国家人权行动计划（2016—2020年）》进一步强调，要"完善公共文化服务体系、文化产业体系、文化市场体系，提升公民基本文化权利的保障水平"，并强调要"推进基本公共文化服务标准化、均等化。完善公共文化设施网络，加强基层文化服务能力建设。加大对老少边穷地区文化建设帮扶力度。加快公共数字文化建设。加强文化产品、惠民服务与群众文化需求对接。鼓励社会力量参与公共文化服务。继续推进公共文化设施免费开放"③。

国家"十三五"规划纲要中关于全面建小康社会新的目标要求中包括"公共文化服务体系基本建成"④。在具体措施方面，该规划提出要构建现代公共文化服务体系，推进基本公共文化服务标准化、均等化，完善公共文化设施网络，加强基层文化服务能力建设。加大对老少边穷地区文化建设帮扶力度。加快公共数字文化建设。加强文化产品、惠民服务与群众文化需求对接。鼓励社会力量参与公共文化服务。继续推进公共文化设施免费开放。繁荣发展文学艺术、新闻出版、广播影视和体育事业。加强

---

① 胡锦涛：《坚定不移沿着中国特色社会主义道路前进 为全面建成小康社会而奋斗——在中国共产党第十八次全国代表大会上的报告》，《求是》2012年第22期。

② 国务院新闻办公室：《国家人权行动计划（2012—2015年）》，人民出版社2012年版，第18页。

③ 国务院新闻办公室：《国家人权行动计划（2016—2020年）》，人民出版社2016年版，第15页。

④ 《中华人民共和国国民经济和社会发展第十三个五年规划纲要》，人民出版社2016年版。

老年人、未成年人、农民工、残疾人等群体的文化权益保障。①

党的十九大报告提出："要深化文化体制改革，完善文化管理体制，加快构建把社会效益放在首位、社会效益和经济效益相统一的体制机制。完善公共文化服务体系，深入实施文化惠民工程，丰富群众性文化活动。加强文物保护利用和文化遗产保护传承。健全现代文化产业体系和市场体系，创新生产经营机制，完善文化经济政策，培育新型文化业态。"②

为推进公共文化服务体系建设，国家制定了《国家基本公共文化服务指导标准（2015—2020 年）》《全民科学素质行动计划纲要（2016—2010—2020 年）》《中国公民科学素质基准》。

中国的公共文化服务体系建设为公民实现文化参与权提供了有力的保障。2021 年年末全国文化和旅游系统共有艺术表演团体 2044 个，博物馆 3671 个。全国共有公共图书馆 3217 个，总流通 72898 万人次；文化馆 3317 个。有线电视实际用户 2.01 亿户，其中有线数字电视实际用户 1.95 亿户。年末广播节目综合人口覆盖率为 99.5%，电视节目综合人口覆盖率为 99.7%。全年生产电视剧 194 部 6736 集，电视动画片 78372 分钟。全年生产故事影片 565 部，科教、纪录、动画和特种影片 175 部。出版各类报纸 276 亿份，各类期刊 20 亿册，图书 110 亿册（张），人均图书拥有量 7.76 册（张）。年末全国共有档案馆 4233 个，已开放各类档案 18931 万卷（件）。③

二 深化公共文化体制改革，消除实现文化参与权的障碍

中央全面深化改革决定提出要"推进文化体制机制创新"。首先，要完善文化管理体制，"按照政企分开、政事分开原则，推动政府部门由办文化向管文化转变，推动党政部门与其所属的文化企事业单位进一步理顺关系"。其次，要建立健全现代文化市场体系，"完善文化市场准入和退

---

① 《中华人民共和国国民经济和社会发展第十三个五年规划纲要》，人民出版社 2016 年版。

② 参见习近平《决胜全面建成小康社会，夺取新时代中国特色社会主义伟大胜利——在中国共产党第十九次全国代表大会上的报告》，人民出版社 2017 年版。

③ 国家统计局：《中华人民共和国 2021 年国民经济和社会发展统计公报》，中国统计出版社 2022 年版。

出机制，鼓励各类市场主体公平竞争、优胜劣汰，促进文化资源在全国范围内流动。继续推进国有经营性文化单位转企改制，加快公司制、股份制改造。对按规定转制的重要国有传媒企业探索实行特殊管理股制度。推动文化企业跨地区、跨行业、跨所有制兼并重组，提高文化产业规模化、集约化、专业化水平。鼓励非公有制文化企业发展，降低社会资本进入门槛，允许参与对外出版、网络出版，允许以控股形式参与国有影视制作机构、文艺院团改制经营。支持各种形式小微文化企业发展"。第三，要构建现代公共文化服务体系。建立公共文化服务体系建设协调机制，统筹服务设施网络建设，促进基本公共文化服务标准化、均等化。建立群众评价和反馈机制，推动文化惠民项目与群众文化需求有效对接。整合基层宣传文化、党员教育、科学普及、体育健身等设施，建设综合性文化服务中心。明确不同文化事业单位功能定位，建立法人治理结构，完善绩效考核机制。推动公共图书馆、博物馆、文化馆、科技馆等组建理事会，吸纳有关方面代表、专业人士、各界群众参与管理。引入竞争机制，推动公共文化服务社会化发展。鼓励社会力量、社会资本参与公共文化服务体系建设，培育文化非营利组织。①

三　保障文化参与权的政策措施

联合国《2030 年可持续发展议程》中强调，在实现可持续发展诸多目标过程中，"不会落下任何一个人"。中国基本公共文化服务体系的建设同样也体现出了这种特点。

中共中央总书记、国家主席习近平就坚定文化自信、建设社会主义文化强国发表一系列重要讲话，阐明了文化建设战略性全局性根本性的重大问题。党和政府在文化建设上采取了多种举措，切实提高公民文化权益保障水平，大力促进每一位社会成员都能够公平享有文化权利。

文化系统深入贯彻党中央、国务院的决策部署，坚持政府主导、社会参与、重心下移、共建共享的原则。"始终坚持以人民为中心的工作导向，把实现好维护好发展好人民群众根本利益作为制定政策法规、深化文

---

① 《中共中央关于全面深化改革若干重大问题的决定》，中国共产党第十八届中央委员会第三次全体会议 2013 年 11 月 12 日通过，《求是》2013 年第 22 期。

化体制改革、引导艺术创作生产、开展公共文化服务、传承弘扬中华优秀传统文化、发展文化产业等工作的出发点和落脚点，让文化发展成果惠及更多群众"①，出台了一系列具体的规章制度、政策措施，对保障公民的文化权利，提出了具体的方案。

党的十八大以来，中国政府在促进文化参与权实现方面采取了一系列政策措施。颁布实施了《中华人民共和国公共文化服务保障法》，发布了《关于加快构建现代公共文化服务体系的意见》《国家"十三五"时期文化发展改革规划纲要》《"十三五"时期文化扶贫工作实施方案》，保证了文化权利保障有法可依，并在具体推进层面实施了一系列针对性强、操作性强的项目措施。

（一）通过强调基层，确保文化参与权保障措施"接地气"

文化产品对于促进人的全面发展，提高人的竞争潜力，丰富人的精神世界具有十分重要的功能，享有基本文化服务是人的基本权利。但在现实生活中，受制于文化产品生产、传播、要素集聚等诸多限制，文化产品和服务往往更多地聚集在城市，集聚在具有良好教育背景的人群中。党的十八大以来，党和政府强调在公共文化服务体系建设过程中，要考虑到、落实到广大基层社区，要让每一个社会成员都能够平等地享有公共文化产品服务，确保文化权利保障"接地气"。

2015 年 10 月，国务院办公厅印发《关于推进基层综合性文化服务中心建设的指导意见》，提出到 2020 年，全国范围的乡镇（街道）和村（社区）普遍建成集宣传文化、科学普及、普法教育、体育健身等功能于一体，资源充足、设备齐全、服务规范、保障有力、群众满意度较高的基层综合性公共文化设施和场所，形成一套符合实际、运行良好的管理体制和运行机制，建立一支扎根基层、专兼职结合、综合素质高的基层文化队伍。②

《文化部"十三五"时期文化发展改革规划》要求，到"十三五"期末，县级公共图书馆、文化馆和乡镇（街道）综合文化站设施建设基

---

①　中共文化部党组：《持续推进社会主义文化强国建设》，《求是》2017 年第 13 期。

②　国务院办公厅印发《关于推进基层综合性文化服务中心建设的指导意见》，《中国文化报》2015 年 10 月 21 日。

本达标，基本实现每个行政村（社区）都建有综合性文化服务中心，贫困地区县有流动文化车。《国家人权行动计划（2016—2020年)》也要求"加强基层文化服务能力建设。"

按照《关于推进基层综合性文化服务中心建设的指导意见》的要求，甘肃省①、山西省②、河南省③等多个省市县结合自身情况，颁布了具体的实施方案，结合自己所在地区的特点和需求，对有效整合和统筹利用基层公共文化资源，提升基层公共文化设施建设、管理和服务水平作出部署。这些文化服务中心具有农家书屋、道德讲堂、远程教育、科学普及、技能培训、普法教育、广电网络、文体健身等功能，对于切实保障基层民众的文化权利，促进通过文化产品保障来提高发展能力，提供了更好的硬件和软件环境。这种强调基层的文化权利保障方案，能够将文化权利保障直接落到实处，让基层民众能够实实在在地享有文化权利。

（二）通过统一标准，确保文化参与权保障在不同地区"不缩水"

由于文化权利相对于医疗、教育、住房、基本生活水准等权利的刚性不足，难以量化，在现实生活中，容易被地方政府忽视或以各种理由淡化。针对文化权利保障的这种特点，党中央、国务院在颁布实施《关于加快构建现代公共文化服务体系的意见》的同时，以附件形式公布了《国家基本公共文化服务指导标准（2015—2020年)》，详细规定了对读书看报、收听广播、观看电视、观赏电影、送地方戏、设施开放、文体活动等基本服务项目的要求，并对文化设施、广电设施、体育设施、流动设施、辅助设备等硬件设施以及人员编制、业务培训等人员配备提出了具体要求，这份具体详细的"施工图"为各地文化服务产品的保障提供了统一的"菜单"，明确了具体的项目、内容、标准和质量要求，避免了贪大求洋走过场，强调了经济适用有实效。这份实实在在的文化服务菜单确保了生活在不同地区的人们都能够享有最起码的系统的文化产品和文化服

---

① 《甘肃省推进基层综合性文化服务中心建设实施方案出台》，中国经济网：http：//www. ce. cn/culture/gd/201701/17/t20170117_ 19660993. shtml。访问时间：2017年7月20日。

② 《推进基层综合性文化服务中心建设　山西将这么办》，山西新闻网：http：//www. sxrb. com/sxxww/xwpd/sx/6756479. shtml。访问时间：2017年7月20日。

③ 《关于印发河南省推进基层综合性文化服务中心建设实施方案的通知》，大河网：http：//news. dahe. cn/2016/07－26/107219634. html。访问时间：2017年7月20日。

务，防止了个别地区由于各种理由而导致的文化产品和服务"虚化""缩水"的现象。

与此相呼应，《文化部"十三五"时期文化发展改革规划》提出，全面推进基本公共文化服务标准化、均等化，"以县为基本单位，全面落实国家基本公共文化服务指导标准和地方实施标准。健全公共文化设施运行管理和服务标准体系，规范各级各类公共文化机构服务项目和流程。以标准化促进均等化，填平补齐公共文化资源，推动区域间、城乡间公共文化服务均衡协调发展。"

《中华人民共和国公共服务保障法》第三十五条也规定："国家重点增加农村地区图书、报刊、戏曲、电影、广播电视节目、网络信息内容、节庆活动、体育健身活动等公共文化产品供给，促进城乡公共文化服务均等化。""面向农村提供的图书、报刊、电影等公共文化产品应当符合农村特点和需求，提高针对性和时效性。"

通过公共文化服务标准化、均等化，能够确保所有社会成员都能够享有品质保障的公共文化服务，避免不同地区间的文化保障落差，对于公平保障民众的公共文化权利具有鲜明的导向作用，从而确保每一位社会成员都能够享有基本的公共文化服务，都能够在享有文化成果的同时，挖掘自己的发展权利和全面提升自己的幸福度。

（三）通过特别计划，确保文化参与权保障在老少边穷地区"不塌陷"

由于历史的、现实的原因，一些革命老区、民族地区、边疆地区、贫困地区等受到各种限制，当地政府和社会组织在提供公共文化服务产品时面对着更大的压力。同时，这些地区的发展，人们意识的改变，自我发展能力的提高，又迫切需要提高民众自身的文化素养。为保证这些特殊地区民众的文化权利保障，在法律和相关政策中给予了特别强调。

《中华人民共和国公共文化服务保障法》第八条规定，"国家扶助革命老区、民族地区、边疆地域和贫困地区的公共文化服务，促进公共文化服务均衡协调发展"。

《国家人权行动计划（2016—2020年）》特别强调，要"加大对老少边穷地区文化建设的帮扶力度"。

《文化部"十三五"时期文化发展改革规划》明确要求，加大贫困地区公共文化服务体系建设力度。与国家扶贫攻坚战略相结合，加强对中西部地区特别是老少边穷地区公共文化建设的帮扶。加大资金、项目、政策的倾斜力度，补齐公共文化服务短板。盘活贫困地区文化资源，大力推动文化惠民。将公共文化帮扶纳入行业扶贫、东西部扶贫协作和定点扶贫工作内容，通过对口支援、合作共建、区域文化联动等形式，建立与扶贫开发工作重点县的结对帮扶机制。深入实施文化扶贫项目，动员社会力量积极参与，实现"一县一策"、精准扶贫。

《文化部"十三五"时期文化发展改革规划》还特别强调要全面加强边境地区文化建设。要求以边境县为主体，以县、乡、村三级为重点，以公共文化服务体系建设为主要方面，全面加强边境地区文化建设，推动文化稳边、固边、兴边。加强边境地区公共文化设施建设，改造提升设施条件，增加多层次、多语种文化产品供给，加强网络建设和数字资源建设。鼓励文艺工作者深入边境地区开展采风创作和慰问演出，丰富边民文化生活。加大文化人才、文化科教支边力度，加强人才培训。挖掘和保护边境特色文化资源，扶持特色文化产业发展。建立边境地区文化市场执法协作机制，加大违法案件查办力度，维护文化安全。支持边境地区与周边国家和地区开展形式多样、内容丰富的文化交流与合作，发展文化边贸。

（四）通过按需定制，确保特定群体文化参与权实现"不掉队"

由于处于相对不利的地位，未成年人、老年人、残障人士、农民工等特定群体在享有公共文化产品时，可能会面临更多的困难，为了能够同样享有某些公共文化产品，还需要一些特定的辅助条件。国家在推进公共文化产品服务时，不仅考虑到要满足一般人们的需求，还针对特定人群的特殊情况，采取了有针对性的举措。

比如，《中华人民共和国公共文化服务保障法》第九条规定："各级人民政府应当根据未成年人、老年人、残疾人和流动人口等群体的特点与需求，提供相应的公共文化服务。"第十七条规定，"公共文化设施的设计和建设，应当符合实用、安全、科学、美观、环保、节约的要求和国家规定的标准，并配置无障碍设施设备。"第四十条规定："国家加强民族语言文字文化产品的供给，加强优秀公共文化产品的民族语言文字译制及其在民族地区的传播，鼓励和扶助民族文化产品的创作生产，支持开展具有民族特色的群众性文化体育活动。"

《文化部"十三五"时期文化发展改革规划》中提出，要开发和提供适合老年人、未成年人、残疾人、农民工、农村留守妇女儿童、生活困难群众等群体的基本公共文化产品和服务。

《国家人权行动计划（2012—2015）》规定："把农民工纳入城市公共文化服务体系，引导企业、社区积极开展面向农民工的文化活动。"

这些要求特别考虑了特定人群的情况和需求，以"尊重人权"的形式来提供人权产品和服务，确保这些特定群体能够享有与自身条件和情况相吻合的公共文化产品和服务，避免由于自身的文化、生理、经济状况等原因而导致的文化权利保障难以有效实现，从而更好地保障了他们平等发展的权利。

（五）增加财政支持，确保文化参与权保障的资金供给

公共文化产品具有公益性，为保障更多的人能够享有公共文化产品和服务，政府加强了财政支持的力度，并通过法律、规章的形式加以保障。《中华人民共和国公共文化服务保障法》第三十一条规定："公共文化设施应当根据其功能、特点，按照国家有关规定，向公众免费或者优惠开放。公共文化设施开放收取费用的，应当每月定期向中小学生免费开放。公共文化设施开放或者提供培训服务等收取费用的，应当报经县级以上人民政府有关部门批准；收取的费用，应当用于公共文化设施的维护、管理和事业发展，不得挪作他用。"《博物馆条例》第三十三条规定："国家鼓励博物馆向公众免费开放。县级以上人民政府应当对向公众免费开放的博物馆给予必要的经费支持。博物馆未实行免费开放的，其门票、收费的项目和标准按照国家有关规定执行，并在收费地点的醒目位置予以公布。博物馆未实行免费开放的，应当对未成年人、成年学生、教师、老年人、残疾人和军人等实行免费或者其他优惠。博物馆实行优惠的项目和标准应当向公众公告。"

（六）通过科学管理，确保文化参与权保障的"精准性"

精准扶贫是我国新时期扶贫工作的新举措、新要求，与此相适应，文化权利的保障也突出精准性。《"十三五"时期文化扶贫工作实施方案》中强调要贯彻"因地制宜，精准扶贫、精准脱贫"的原则。坚持以"六个精准"统领贫困地区的文化扶贫工作，精确瞄准、因地制宜、分类施策，变"大水漫灌"为"精准滴灌"，因地制宜采取精准措施解决贫困地区文化发展中存在的突出问题，做到真扶贫、扶真贫、真脱贫。"发挥文

化在脱贫攻坚工作中'扶志''扶智'作用，推动贫困地区文化建设快速发展，全面提升贫困地区文化建设水平，确保贫困地区与全国同步进入全面小康社会。"

四　强化知识产权保护

在知识产权保护方面，中央全面深化改革决定提出要"加强知识产权运用和保护，健全技术创新激励机制，探索建立知识产权法院"[①]。2019 年 11 月 24 日，中共中央办公厅、国务院办公厅印发了《关于强化知识产权保护的意见》，要求力争到 2022 年，侵权易发多发现象得到有效遏制，权利人维权"举证难、周期长、成本高、赔偿低"的局面明显改观，并提出了多方面的具体措施。首先，强化制度约束，确立知识产权严保护政策导向，加大侵权假冒行为惩戒力度，严格规范证据标准，强化案件执行措施，完善新业态新领域保护制度。其次，加强社会监督共治，构建知识产权大保护工作格局，加大执法监督力度，建立健全社会共治模式，加强技术支撑。再次，优化协作衔接机制，突破知识产权快保护关键环节，优化授权确权维权衔接程序，加强跨部门跨区域办案协作，推动简易案件和纠纷快速处理，加强知识产权快保护机构建设。又次，健全涉外沟通塑造知识产权同保护优越环境，更大力度加强国际合作，健全与国内外权利人沟通渠道，加强海外维权援助服务，健全协调和信息获取机制。最后，加强基础条件建设，有力支撑知识产权保护工作，加强基础平台建设、专业人才队伍建设，加大资源投入和支持力度。[②]

第五节　对社会参与权利的保障

参与社会生活是实现个人发展潜能的重要领域。实现社会生活参与权需要为公民参与社会生活提供必要的制度环境。

---

① 《中共中央关于全面深化改革若干重大问题的决定》，中国共产党第十八届中央委员会第三次全体会议 2013 年 11 月 12 日通过，《求是》2013 年第 22 期。

② 中央办公厅、国务院办公厅：《关于强化知识产权保护的意见》，《中华人民共和国国务院公报》2019 年第 34 期。

一　建立多元参与的社会治理格局

党的十八大报告提出要建设主体多元化的社会管理体系，"要围绕构建中国特色社会主义社会管理体系，加快形成党委领导、政府负责、社会协同、公众参与、法治保障的社会管理体制，加快形成政府主导、覆盖城乡、可持续的基本公共服务体系，加快形成政社分开、权责明确、依法自治的现代社会组织体制，加快形成源头治理、动态管理、应急处置相结合的社会管理机制"①。

公民在政治过程中的广泛参与有助于保障公共利益，发挥权力的平衡和制约作用，起到重要的权力约束效果，防止公共权力的滥用，使最大多数的社会公众能通过公共政策得到预期的公共利益。

尊重和保障群众的政治参与权，要从制度、组织和环境等多方面支持公民参政议政，为公民参与经济社会发展提供更多的机会和途径，同时充分考虑不同阶层的利益，建立健全社会利益的沟通渠道和协调机制，运用法规、道德和利益制衡机制，引导公民正确处理个人与集体利益、局部与整体利益、当前与长远利益的关系，取得改革发展的共识，具体的路径选择包括构建政府、市场与社会的协调机制，设定合理的信息公开与公民参与程序、逐步提升公民的参政议政能力等。

首先，需要构建政府、市场与公民社会的协调机制。公共利益体现在政府与各种社会力量的互动过程中，而更高质量、更有效率和更加全面的公共服务也要依靠公民及公民组织有序参与的社会资本。公民社会能够有效监督公共权力，还能与政府形成有效的回应机制，是重要的社会治理力量。因此，推进公共权力与公民社会对社会事务的共同治理，推动政府职能从"管理"向"治理"的转变对于公共服务领域的多元参与和发展权实现具有重要意义。政府应明确自身地位，利用市场机制合理分配风险，允许社会力量共同推动公共服务发展，构建政府、市场与公民社会的协调机制，把实现、维护和发展好最广大人民的根本利益作为发展的出发点和落脚点。各级党组织和各级政府制定经济社会发展战略和发展政策，应当

---

① 胡锦涛：《坚定不移沿着中国特色社会主义道路前进 为全面建成小康社会而奋斗——在中国共产党第十八次全国代表大会上的报告》，《求是》2012 年第 22 期。

深入调查研究人民群众的需求，吸纳社会团体和人民群众广泛参与政治、经济、社会、文化和环境管理，实现包括公共物品和公共服务在内的各类物质和精神产品的有效供给。

其次，需要设定合理的信息公开与公民参与程序。联合国《发展权利宣言》指出："人是发展的主体，因此，人应成为发展权利的积极参与者和受益者。"信息公开制度和公民参与程序有助于人积极参与发展权利并真正获得发展利益，只有社会公众参与公共政策的制定过程才能提升公共政策的程序公正性。有序的公民参与能够广泛调动社会公众的参与积极性，使社会公众成为公共政策的真正评价者。因此，公共政策的整个过程都要贯彻"执政为民"的理念，拓宽民主渠道，丰富完善民主形式，做到广泛倾听民意和充分吸纳民意。

民众参与渠道和形式包括民意调查与测评、公民会议、公民旁听、民主协商和听证会等。公众参与程序原则上要秉承公开公正的原则，公民参与途径的程序设计应公开透明，从而方便公民参与公共决策过程，确保公共权力对民意的回应，达到有效规制公共权力的效果。公共政策应当为每个公民分享经济社会发展的成果提供良好的支撑平台。这就要在满足人民的物质文化生活需要的基础上，切实尊重和保障公民的经济、政治和文化的发展权益，不断提高公民的思想道德素质、参政议政能力，科学文化素质。让每一个微小社会单位，包括个人、家庭、乡村、社区、企业和非营利组织等，都能融入经济社会发展的主流之中。

此外，还要逐步提升公民的参政议政能力。发展是一个人潜能的外化过程，主要体现为人各种能力的增强。能力增强的具体内容包括寿命的延长、享受健康身体、获得更多知识、购买各种商品、享受公共服务和参与社会公共事务等，而民主参与活动是社会公众的"政治训练"，可以促进社会公众的参政议政能力。随着社会主义市场经济的发展、政治生态的改善、城乡生活方式的转变，以及数字媒体技术的进步，中国公民的独立自主意识、政治参与意识、政策解读能力和社区民主管理意识等也在逐步增强。按照"以人为本"发展理念和"全面、协调、可持续"的发展观要求，应当创造依法有序的政治土壤，使公民充分表达利益主张和政治诉求，促进个人与社会的和谐，使"公平正义"有可以表达并实现的途径。公民可以通过政治参与过程提升参政议政的能力，这就要通过社区自治、代表选举、网舆表达、听证会议和信访举报等途径使公民切身感受到参与政治生活所带来的实质影响，从而促进公民合序、依法地进行权利维护，养成文明的政治参与习惯，依法有序地保障自身的生存、发展权利。对公民个人而言，关心国家政策的动态发展，通过政府网站、新闻媒体和信箱等参与公共政策的活动，是加强政治修养、提升参政议政能力的有效途径。

二　保障社会组织的社会参与

党的十八届四中全面通过的全面深化改革决定提出要"激发社会组织活力"，"正确处理政府和社会关系，加快实施政社分开，推进社会组织明确权责、依法自治、发挥作用。适合由社会组织提供的公共服务和解决的事项，交由社会组织承担。支持和发展志愿服务组织。限期实现行业协会商会与行政机关真正脱钩，重点培育和优先发展行业协会商会类、科技类、公益慈善类、城乡社区服务类社会组织，成立时直接依法申请登记。加强对社会组织和在华境外非政府组织的管理，引导它们依法开展活动"①。

党的十八届五中全会通过的《中共中央关于制定国民经济和社会发展第十三个五年规划的建议》将"社会管理"改为"社会治理"，强调建设包括社会力量在内的多元社会治理格局，要求"完善党委领导、政府主导、社会协同、公众参与、法治保障的社会治理体制，推进社会治理精细化，构建全民共建共享的社会治理格局。健全利益表达、利益协调、利益保护机制，引导群众依法行使权利、表达诉求、解决纠纷。增强社区服务功能，实现政府治理和社会调节、居民自治良性互动"，力图"通过社会治理格局的完善，治理方式的标准化、科学化、规范化、人性化、精细化，实现最佳的社会治理效果"②。

《国家人权行动计划（2012—2015年）》要求"促进社会组织有序参与社会建设"，"保障公民和社会组织通过申请行政复议、提起行政诉讼，

---

① 《中共中央关于全面深化改革若干重大问题的决定》，中国共产党第十八届中央委员会第三次全体会议2013年11月12日通过，《求是》2013年第22期。

② 沈筱芳：《党的十八大以来社会治理理念的创新》，《中国党政干部论坛》2017年第5期。

对行政机关依法行政进行监督的权利", "创新社会管理机制, 发挥社会组织在人权保障中的建设性作用"①。《国家人权行动计划 (2016—2020年)》进一步强调, 要"发挥市民公约、乡规民约、行业规章、团体章程等社会规范在社会治理中的积极作用, 推进社会自治。支持社会组织参与社会服务。发展社会工作服务机构和志愿服务组织, 推进行业协会与行政机关脱钩, 支持慈善组织有序发展, 完善社会组织登记管理制度及政府向社会组织购买服务制度。修改城市居民委员会组织法, 加快制定或修改村委会组织法配套法规。推进居务、村务公开建设, 促进居民、村民民主参与", 提出"鼓励和扶持社会组织参与反家庭暴力工作", "大力支持老年社会组织发展。进一步扩大基层老年协会在城乡社区的覆盖率, 提高老年人参与社会发展的意愿与程度", "通过政府购买服务等方式委托社会组织开展康复工作", "支持和推动民间组织参与国际人权交流与合作, 为推动国际人权事业健康发展作出民间贡献", "发挥社会组织在实施《行动计划》过程中的建设性作用"②。

《国家人权行动计划 (2021—2025 年)》强调, 要"发挥群团组织和社会组织在社会治理中的作用, 畅通和规范市场主体、新社会阶层、社会工作者和志愿者等参与社会治理的途径"③。

国家"十三五"规划纲要一方面为社会组织参与社会治理创造条件, 要求"健全社会组织管理制度, 形成政社分开、权责明确、依法自治的现代社会组织体制。推动登记制度改革, 实行分类登记制度。支持行业协会商会类、科技类、公益慈善类、社区服务类社会组织发展。加快行业协会商会与行政机关脱钩, 健全法人治理结构。推进有条件的事业单位转为社会组织, 推动社会组织承接政府转移职能。加强综合监督和诚信建设, 更好发挥自律、他律、互律作用"; 另一方面要求完善公众参与机制, "依法保障居民知情权、参与权、决策权和监督权, 完善公众参与治理的

① 国务院新闻办公室:《国家人权行动计划 (2012—2015 年)》, 人民出版社 2012 年版, 第 30、33、50 页。

② 国务院新闻办公室:《国家人权行动计划 (2016—2020 年)》, 人民出版社 2016 年版, 第 26—27、28、33、37、38、44、45 页。

③ 国务院新闻办公室:《国家人权行动计划 (2021—2025 年)》, 人民出版社 2021 年版, 第 27 页。

制度化渠道。对关系公众切身利益的重大决策，以居民会议、议事协商、民主听证等形式，广泛征求公众意见建议。完善村务公开、居务公开、民主评议等途径，加强公众监督评估"①。

2013 年 9 月，国务院办公厅发布了《关于政府向社会力量购买服务的指导意见》，明确要求在公共服务领域更多利用社会力量，加大政府购买服务力度，"到 2020 年，在全国基本建立比较完善的政府向社会力量购买服务制度，形成与经济社会发展相适应、高效合理的公共服务资源配置体系和供给体系，公共服务水平和质量显著提高"。"政府向社会力量购买服务的内容为适合采取市场化方式提供、社会力量能够承担的公共服务，突出公共性和公益性。教育、就业、社保、医疗卫生、住房保障、文化体育及残疾人服务等基本公共服务领域，要逐步加大政府向社会力量购买服务的力度。"②

2014 年 12 月，财政部、民政部、工商总局联合制定了《政府购买服务管理办法（暂行）》，对政府购买服务的基本原则、购买主体和承接主体、购买内容及指导目录、购买方式及程序等进行了具体规定。其中，应当纳入政府购买服务指导性目录的基本公共服务包括："公共教育、劳动就业、人才服务、社会保险、社会救助、养老服务、儿童福利服务、残疾人服务、优抚安置、医疗卫生、人口和计划生育、住房保障、公共文化、公共体育、公共安全、公共交通运输、三农服务、环境治理、城市维护等领域适宜由社会力量承担的服务事项。"③

2016 年 6 月 14 日，民政部发布了《关于加强和改进社会组织薪酬管理的指导意见》，进一步明确了社会组织薪酬标准，并对社会组织薪酬兑现、规范薪酬管理、薪酬正常增长机制、社保公积金缴存机制、薪酬管理工作的组织领导等方面内容提出规范要求。这对保障社会组织工作人员的合法权益提供了制度上的保障。

---

① 《中华人民共和国国民经济和社会发展第十三个五年规划纲要》，人民出版社 2016 年版。
② 《国务院办公厅关于政府向社会力量购买服务的指导意见》，《中国社会组织》2013 年第 10 期。
③ 《关于印发〈政府购买服务管理办法（暂行）〉的通知》，中华人民共和国财政部网站：http://zhs.mof.gov.cn/zhengwuxinxi/zhengcefabu/201501/t20150104_1175300.html，访问时间：2017 年 7 月 24 日。

2016 年 3 月 16 日，十二届全国人大四次会议表决通过了《中华人民共和国慈善法》。该法律明确了政府和社会在慈善方面的界限，鼓励社会积极参与慈善活动。首先，该法拓展了慈善活动的领域和范围。慈善活动不再仅仅包括扶贫、扶老、救孤、恤病、助残等传统的善行是慈善活动，还包括促进教科文卫体等事业的发展，防止污染和其他公害等活动领域，这大大拓展了慈善活动的领域，极大地调动了社会各方力量参与各类慈善活动的积极性。其次，该法规定以登记制代替原来的审批制，为个人和社会机构建立慈善组织并从事非营利性的社会慈善活动创造了更为便利的条件，减少了原来烦琐的审批环节，有利于鼓励个人或社会建立慈善组织的积极性。最后，该法确立了慈善组织及其享受税收优惠的基本原则，还明确规定自然人、法人和其他组织捐赠财产用于慈善活动的依法享受税收优惠。这些规定降低了慈善组织运行的成本，为慈善组织健康的运转创造了政策上优惠条件。

2016 年 8 月，中共中央办公厅国务院办公厅印发《关于改革社会组织管理制度促进社会组织健康有序发展的意见》，从多个方面为社会组织发展提供制度支持。首先，该意见要求大力培育和发展社区社会组织，对在城乡社区开展为民服务、养老照护、公益慈善、促进和谐、文体娱乐和农村生产技术服务等活动的社区社会组织，采取降低准入门槛的办法，支持鼓励发展；鼓励依托街道（乡镇）综合服务中心和城乡社区服务站等设施，建立社区社会组织综合服务平台，为社区社会组织提供组织运作、活动场地、活动经费、人才队伍等方面支持；支持社区社会组织承接社区公共服务和基层政府委托事项，开展社区志愿服务。其次，该意见要求完善扶持社会组织发展政策措施，支持社会组织提供公共服务，对民生保障、社会治理、行业管理等公共服务项目，同等条件下优先向社会组织购买；完善财政税收支持政策，鼓励银行业金融机构加大对符合条件社会组织的金融支持力度；完善人才政策，将社会组织人才纳入国家专业技术人才知识更新工程；支持社会组织在发展公益慈善事业、繁荣科学文化、扩大就业渠道等方面发挥作用。最后，该意见要求推进社会组织政社分开，简化社会组织审批程序。支持社会组织自我约束、自我管理，发挥提供服务、反映诉求、规范行为、促进和谐的作用。除法律法规有特殊规定外，政府部门不得授权或委托社会组织行使行政审批。国务院决定取消的行政审批事项，原承担审批职能的部门不得通过任何形式指定交由行业协会商会继续审批。

党的十九大报告提出，"打造共建共治共享的社会治理格局。加强社会治理制度建设，完善党委领导、政府负责、社会协同、公众参与、法治保障的社会治理体制，提高社会治理社会化、法治化、智能化、专业化水平。……加强社区治理体系建设，推动社会治理重心向基层下移，发挥社会组织作用，实现政府治理和社会调节、居民自治良性互动"①。

根据民政部发布的《2018 年民政事业发展统计公报》，2018 年，全国持证社会工作者共计 43.9 万人，社会工作师 10.7 万人，助理社会工作师 33.2 万人。截至 2018 年底，全国共有社会组织 81.7 万个②，其活动领域分布如表 4 - 1 所示。

表 4 - 1　　　　　2018 年社会组织按主要活动领域分类　　　　单位：个

指标	社会团体	基金会	民办非企业单位
合计	366234	7034	444092
科学研究	14838	504	14665
教育	10102	1511	240012
卫生	8707	177	30882
社会服务	49409	2341	73024
文化	41835	295	26614
体育	33722	42	19986
工商业服务	42510	224	5437
农村及农村发展	64745	86	3060
其他	100366	1854	30412

资料来源：民政部发布的《2018 年民政事业发展统计公报》。

城乡基层民主有序发展，以城乡村（居）民自治为核心，民主选举、民主协商、民主决策、民主管理、民主监督为主要内容的基层群众自治制

---

① 参见习近平《决胜全面建成小康社会，夺取新时代中国特色社会主义伟大胜利——在中国共产党第十九次全国代表大会上的报告》，人民出版社 2017 年版。

② 民政部：《2018 年民政事业发展统计公报》，民政部网站：http://www.mca.gov.cn/article//sj/tjgb/201908/20190800018807.shtml。

度基本建立。截至 2017 年，全国农村普遍开展了 9 轮以上村委会换届选举，98% 以上的村委会依法实行直接选举，村民参选率达 95%；居民委员会换届选举参选率达 90% 以上。[①] 截至 2021 年年底，全国基层群众性自治组织共计 60.6 万个，其中：村委会 49.0 万个，比上年下降 2.5%，村民小组 395.0 万个，村委会成员 208.9 万人，比上年下降 0.8%；居委会 11.7 万个，比上年增长 3.1%，居民小组 135.2 万个，居委会成员 65.7 万人，比上年增长 6.6%。全年共有 45.1 万个村（居）委会完成选举。[②]

基层民主不断发展。第一，开展形式多样的基层民主协商，包括民情恳谈会、民主沟通会、民主理财会、民情直通车、便民服务窗、社区议事会、居民论坛、乡村论坛等。逐渐建立一个让基层群众、组织和社区等利益相关方能够表达意见、协商讨论的制度化平台。第二，健全基层群众自治机制。基层群众自治制度，包括城市居民委员会和农村村民委员会制度，是社会主义民主制度的重要内容，是我国一项基本政治制度。通过基层党组织领导的基层群众自治机制，人民群众直接行使民主权利，在城乡社区治理、基层公共事务和公益事业中依法自我管理、自我服务、自我教育、自我监督，并对干部实行民主监督。第三，加强各类企事业单位和社会组织民主机制建设。健全企事业单位和社会组织民主管理制度，保障职工的知情权、参与权、表达权、监督权，是发展基层民主的重要方面，维护职工合法权益，确保企事业单位各项事业健康、可持续发展。

第六节　为促进参与权实现创造必要条件

随着科学和技术的发展，各领域参与权的实现需要一些共同的基础条件，其中包括通过普及高质量的教育提高社会成员的参与能力，完善现代综合交通运输体系为实现参与权提供交通便利，以及构建高效泛在的信息网络，为实现参与权提供网络条件。

---

① 国务院新闻办公室：《改革开放 40 年中国人权事业的发展进步》（白皮书），人民出版社 2018 年版，第 23 页。

② 民政部：《2021 年民政事业发展统计公报》，第 13 页，民政部网站：http://images3. mca. gov. cn/www2017/file/202208/2021mzsyfztjqb. pbf。

一 普及高质量的教育，提高社会成员的参与能力

教育是提升人参与社会生活能力的手段，其目标是实现人的全面发展。《世界人权宣言》第 26 条第 1 款规定："人人都有受教育的权利，教育应当免费，至少在初级和基本阶段应如此。初级教育应属义务性质。技术和职业教育应普遍设立。高等教育应根据成绩而对一切人平等开放。"《中华人民共和国宪法》第 46 条规定："中华人民共和国的公民有受教育的权利和义务。国家培养青年、少年、儿童在品德、智力、体质等方面全面发展。"第 19 条规定："国家发展社会主义的教育事业，提高全国人民的科学文化水平。国家举办各种学校，普及初等义务教育，发展中等教育、职业教育和高等教育，并且发展学前教育。国家发展各种教育设施，扫除文盲，对工人、农民、国家工作人员和其他劳动者进行政治、文化、科学、技术、业务的教育，鼓励自学成才。"

发展能力的提升是发展权的重要方面。如何发掘和激发个人的发展潜能，在本质上是促进个人能力的提升，在实现个人能力持续发展的同时，促进其个人价值的充分实现。发展不仅是物质财富的发展，更是人自身的发展。从发展权的角度来看发展的动力和过程，应当将发展视为人通过创造性工作来实现自身潜能的过程。诺贝尔经济学奖获得者阿马蒂亚·森指出，"发展必须更加关心提高生活质量和加强自由的能力"，"发展的过程就是能力拓展的过程"。2015 年联合国通过的《2030 年可持续发展议程》进一步提出，要"让所有人平等和有尊严地在一个健康的环境中充分发挥自己的潜能"，"努力创建有活力、可持续、创新和以人为中心的经济，促进青年就业和增强妇女经济权能，特别是让所有人都有体面工作"。联合国《发展权利宣言》指出，"创造有利于各国人民和个人发展的条件是国家的主要责任"，而党的十八届五中全会提出的"创新发展"理念，不仅包含经济发展的工具性价值，而且具有对人的自由和全面发展的目的性价值。

党的十八大报告对教育改革提出了两个方面的重要要求，一是"全面实施素质教育，深化教育领域综合改革，着力提高教育质量，培养学生社会责任感、创新精神、实践能力"；二是要"大力促进教育公平，合理配置教育资源，重点向农村、边远、贫困、民族地区倾斜，支持特殊教

育，提高家庭经济困难学生资助水平，积极推动农民工子女平等接受教育，让每个孩子都能成为有用之才。鼓励引导社会力量兴办教育"①。

党的十八届三中全会通过的《中共中央关于全面深化改革若干重大问题的决定》从教育和就业等领域出发，对进一步清除阻碍我国人民群众发展能力提升的各种体制、机制障碍做出了要求。

教育是提高人民综合素质、促进人的全面发展的重要途径，不仅关系到个体社会成员的命运，也是民族振兴和社会进步的重要基石，是对中华民族伟大复兴具有决定性意义的事业，乃至人类传承文明和知识、培养年轻一代、创造美好生活的根本途径。党的十八大以来，习近平总书记立足党和国家工作全局，站在坚持和发展中国特色社会主义，实现中华民族伟大复兴的高度，对教育的战略地位、根本任务、发展方向、队伍建设、发展动力等作了深入全面系统的论述。例如 2013 年 4 月，习近平总书记在致清华大学苏世民学者项目启动贺信中指出，"教育决定着人类的今天，也决定着人类的未来"。教育应该"通过更加密切的互动交流，促进对人类各种知识和文化的认知，对各民族显示奋斗和未来愿景的体认，以促进各国学生增进相互了解、树立世界眼光、激发创新灵感，确立为人类和平与发展贡献智慧和力量的远大志向"②。2013 年 9 月，在联合国"教育第一"全球倡议行动一周年纪念活动上，习近平发表贺词时明确提出："中国将坚定实施科教兴国战略，始终把教育摆在优先发展的战略位置。"③2014 年 3 月，在联合国教科文组织总部的演讲中，习近平总书记强调，"人们希望通过文明交流、平等教育普及科学，消除隔阂、偏见、仇视，播撒和平理念的种子。这就是教科文组织成立的初衷"。为此，"我们要积极发展教育事业，通过普及教育，启迪心智，传承知识，陶冶情操，使人们在持续的格物致知中更好认识各种文明的价值，让教育为文明传承和

①　胡锦涛：《坚定不移沿着中国特色社会主义道路前进 为全面建成小康社会而奋斗——在中国共产党第十八次全国代表大会上的报告》，《求是》2012 年第 22 期。

②　习近平：《致清华大学苏世民学者项目启动仪式的贺信》，《人民日报》2013 年 4 月 22 日。

③　习近平：《在联合国"教育第一"全球倡议行动一周年纪念活动上发表的视频贺词》，《人民日报》2013 年 9 月 27 日。

创造服务"。① 2016 年 9 月 9 日，在北京市八一学校考察时，习近平再次强调，"时代越是向前，知识和人才的重要性就愈发突出，教育的地位和作用就愈发凸显"②。2016 年 12 月，在全国高校思想政治工作会议上，习近平强调，教育强则国家强，实现中华民族伟大复兴，教育的地位和作用不可忽视。③ 这些论述为今后我国教育改革与发展指明了方向，在深化教育领域综合改革的过程中，如何在提升教育质量的同时促进教育公平，是改革亟须平衡的两种重要价值，也是当前我国教育领域面临的严峻课题。

（一）奉行"教育优先"战略

党的十八大提出的全面建成小康社会的目标中包括"教育事业迅速发展，城乡免费义务教育全面实现""全民受教育程度和创新人才培养水平明显提高，进入人才强国和人力资源强国行列，教育现代化基本实现"④。为此，党的十八大报告提出要坚持教育优先发展，办好学前教育，均衡发展九年义务教育，基本普及高中阶段教育，加快发展现代职业教育，推动高等教育内涵式发展，积极发展继续教育，完善终身教育体系，建设学习型社会。

《国家人权行动计划（2012—2015 年）》要求"推进义务教育均衡发展，发展学前教育和职业教育，普及高中教育，提高高等教育质量，促进教育公平，提高公民总体受教育水平"⑤。《国家人权行动计划（2016—2020 年）》进一步要"全面提升教育质量，促进教育公平。到 2020 年，劳动年龄人口平均受教育年限达到 10.8 年"⑥。

《国家人权行动计划（2021—2025 年）》提出，要"提高学前教育普

---

① 习近平：《在联合国教科文组织总部的演讲》，《人民日报》2014 年 3 月 28 日。

② 《习近平在北京市八一学校考察时强调全面贯彻落实党的教育方针努力把我国基础教育越办越好》，《人民日报》2016 年 9 月 10 日第 1 版。

③ 《习近平在全国高校思想政治工作会议上强调　把思想政治工作贯穿教育教学全过程　开创我国高等教育事业发展新局面》，《人民日报》2016 年 12 月 9 日第 1 版。

④ 胡锦涛：《坚定不移沿着中国特色社会主义道路前进 为全面建成小康社会而奋斗——在中国共产党第十八次全国代表大会上的报告》，《求是》2012 年第 22 期。

⑤ 国务院新闻办公室：《国家人权行动计划（2012—2015 年）》，人民出版社 2012 年版，第 16 页。

⑥ 国务院新闻办公室：《国家人权行动计划（2016—2020 年）》，人民出版社 2016 年版，第 13 页。

及率、义务教育巩固率、高中阶段入学率。保证教育公平，提升教育质量，促进人的全面发展"，并具体要求"加大对原深度贫困地区的教育投入"；"大力发展公办幼儿园，积极扶持普惠性民办幼儿园。学前教育毛入园率提高到 90% 以上"；"持续改善乡村小规模学校和乡镇寄宿制学校条件"；"新增劳动力平均受教育年限不低于 14 年"；"加快城镇学校扩容增位，保障农业转移人口随迁子女平等享有基本公共教育服务"；"预防性侵害和性骚扰"；"遏制校园欺凌"；"有效预防在线教育数字鸿沟"。①

国家"十三五"规划纲要提出，要"把提升人的发展能力放在突出重要位置"②，全面提高教育水平，坚持教育优先发展，加快完善现代教育体系，全面提高教育质量，促进教育公平。具体任务包括加快基本公共教育均衡发展，推进职业教育产教融合，提升大学创新人才培养能力，加快学习型社会建设，增强教育改革发展活力。

党的十九大报告提出："优先发展教育事业。建设教育强国是中华民族伟大复兴的基础工程，必须把教育事业放在优先位置，深化教育改革，加快教育现代化，办好人民满意的教育。要全面贯彻党的教育方针，落实立德树人根本任务，发展素质教育，推进教育公平，培养德智体美全面发展的社会主义建设者和接班人。推动城乡义务教育一体化发展，高度重视农村义务教育，办好学前教育、特殊教育和网络教育，普及高中阶段教育，努力让每个孩子都能享有公平而有质量的教育。完善职业教育和培训体系，深化产教融合、校企合作。加快一流大学和一流学科建设，实现高等教育内涵式发展。健全学生资助制度，使绝大多数城乡新增劳动力接受高中阶段教育、更多接受高等教育。支持和规范社会力量兴办教育。加强师德师风建设，培养高素质教师队伍，倡导全社会尊师重教。办好继续教育，加快建设学习型社会，大力提高国民素质。"③

中国坚持教育优先发展、实现教育现代化的方针，有力促进了各层级教育的全面和公平发展，为人的全面发展奠定了重要的能力基础。根据国

---

① 国务院新闻办公室：《国家人权行动计划（2021—2025 年）》，人民出版社 2021 年版，第 13—16 页。

② 《中华人民共和国国民经济和社会发展第十三个五年规划纲要》，人民出版社 2016 年版。

③ 参见习近平《决胜全面建成小康社会，夺取新时代中国特色社会主义伟大胜利——在中国共产党第十九次全国代表大会上的报告》，人民出版社 2017 年版。

家统计局 2020 年发布的统计公报，2021 年全年研究生教育招生 117.7 万人，在学研究生 333.2 万人，毕业生 77.3 万人。普通、职业本专科招生 1001.3 万人，在校生 3496.1 万人，毕业生 826.5 万人。中等职业教育招生 656.2 万人，在校生 1738.5 万人，毕业生 484.1 万人。普通高中招生 905.0 万人，在校生 2605.0 万人，毕业生 780.2 万人。初中招生 1705.4 万人，在校生 5018.4 万人，毕业生 1587.1 万人。普通小学招生 1782.6 万人，在校生 10779.9 万人，毕业生 1718.0 万人。特殊教育招生 14.9 万人，在校生 92.0 万人，毕业生 14.6 万人。学前教育在园幼儿 4805.2 万人。九年义务教育巩固率为 95.4%，高中阶段毛入学率为 91.4%。①2017—2021 年普通本专科、中等职业教育及普通高中招生人数如图 4 - 2 所示。

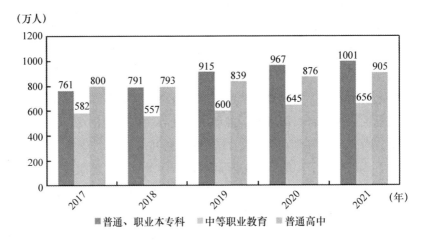

（万人）

图 4 - 2　2017—2021 年普通本专科、中等职业教育及普通高中招生人数

资料来源：国家统计局：《中华人民共和国 2021 年国民经济和社会发展统计公报》，中国统计出版社 2022 年版。

（二）加强素质教育，增强创新能力

教育的根本问题是"培养什么样的人、如何培养人以及为谁培养人"。但对于教育目的、人才培养目标和方式的问题，不同的社会制度、

---

① 国家统计局：《中华人民共和国 2021 年国民经济和社会发展统计公报》，中国统计出版社 2022 年版。

文化传统与教育思想的理解与做法也不尽相同。我国的教育是社会主义的教育，在教育目的、人才培养目标和方式。党的十八大把"立德树人"写入报告，将其明确为我国教育的根本任务。

当前，全面深化教育领域改革，深入推进素质教育，着力提高教育质量，提升人力资本素质，已经成为教育领域重大而紧迫的任务。如何全面准确地把握素质教育这一核心理念，进一步端正教育工作的指导思想，并以切实的举措使素质教育思想贯穿于各级各类教育实践的过程，是当前全面深化教育改革的重大课题。党的十八届三中全会通过的《中共中央关于全面深化改革若干重大问题的决定》提出，要"增强学生社会责任感、创新精神、实践能力。强化体育课和课外锻炼，促进青少年身心健康、体魄强健。改进美育教学，提高学生审美和人文素养"，"实行公办学校标准化建设和校长教师交流轮岗，不设重点学校重点班，破解择校难题，标本兼治减轻学生课业负担"。

2019 年 6 月 24 日，中共中央、国务院发布了《关于深化教育教学改革全面提高义务教育质量的意见》，提出坚持"五育"并举，全面发展素质教育，切实提高课堂教学质量，建设高素质专业化教师队伍，加强课程教材建设，完善招生考试制度，健全质量评价监测体系，发挥教研支撑作用，激发学校生机活力，落实学校办学自主权，实施义务教育质量提升工程。[1]

（三）统筹教育资源，促进教育公平

对于个体社会成员而言，教育是实现个人价值、发掘个人潜能，提高阶层流动和实现机会公平的重要机制，教育平等是社会公平的重要基础。改革是教育发展的动力，改革的目标是让全体人民享有更公平、更优质的教育。2013 年 9 月，在联合国"教育第一"全球倡议行动一周年纪念活动上，习近平总书记发表贺词时明确提出，"努力发展全民教育、终身教育，建设学习型社会，努力让每个孩子享有受教育的机会，努力让 13 亿人民享有更好更公平的教育，获得发展自身、奉献社会、造福人民的能力。"[2]

---

[1]　《中共中央 国务院关于深化教育教学改革全面提高义务教育质量的意见》，《人民日报》2019 年 7 月 9 日。

[2]　《习近平谈治国理政》，外文出版社 2014 年版，第 191 页。

中央全面深化改革决定提出要大力促进教育公平，"健全家庭经济困难学生资助体系，构建利用信息化手段扩大优质教育资源覆盖面的有效机制，逐步缩小区域、城乡、校际差距。统筹城乡义务教育资源均衡配置，实行公办学校标准化建设和校长教师交流轮岗，不设重点学校重点班，破解择校难题，标本兼治减轻学生课业负担"①。

《国家中长期教育改革和发展规划纲要（2010—2020）》将教育公平作为国家基本教育政策，体现出国家对教育公平的重视，也说明教育公平的实现是一个长期而艰巨的过程。我国目前教育资源分配不均衡，对于西部地区、农村地区，老少边穷岛地区尤其要加大扶持力度，教育投入要向民族地区、边疆地区倾斜，加快民族地区义务教育学校标准化和寄宿制学校建设，实行免费中等职业教育，办好民族地区高等教育，搞好双语教育。在合理规划城乡义务教育学校建设布局、完善城乡义务教育经费保障机制、统筹城乡教育资源配置、提高乡村教育质量、稳定乡村生源、保障随迁子女就学、加强留守儿童关爱保护等方面推出务实管用的办法，阻断贫困代际传递，让每一个孩子都对自己有信心，对未来有希望。

（四）改革考试制度，探索招考分离

构建公平、科学的教育体制机制是中国教育改革最重要的目标之一，教育改革要把考试招生制度作为重点领域和关键环节。在中央全面深化改革领导小组第四次会议上，习近平指出："必须通过深化改革，促进教育公平，提高人才选拔水平，适应培养德智体美全面发展的社会主义建设者和接班人的要求。"②

考试招生制度是国家基本教育制度，深化考试招生制度改革，总的目标是形成分类考试、综合评价、多元录取的考试招生模式，健全促进公平、科学选才、监督有力的体制机制，构建衔接沟通各级各类教育、认可多种学习成果的终身学习立交桥。考试招生制度改革要在充分论证搞好顶层设计的基础上，试点先行，分步实施，有序推进。党的十八届三中全会通过的《中共中央关于全面深化改革若干重大问题的决定》指出，要

---

① 《中共中央关于全面深化改革若干重大问题的决定》，中国共产党第十八届中央委员会第三次全体会议 2013 年 11 月 12 日通过，《求是》2013 年第 22 期。

② 习近平：《共同为改革想招　一起为改革发力　群策群力把各项改革工作抓到位》，《人民日报》2014 年 8 月 19 日第 1 版。

"推进考试招生制度改革，探索招生和考试相对分离、学生考试多次选择、学校依法自主招生、专业机构组织实施、政府宏观管理、社会参与监督的运行机制，从根本上解决一考定终身的弊端。义务教育免试就近入学，试行学区制和九年一贯对口招生。推行初高中学业水平考试和综合素质评价。加快推进职业院校分类招考或注册入学。逐步推行普通高校基于统一高考和高中学业水平考试成绩的综合评价多元录取机制。探索全国统考减少科目、不分文理科、外语等科目社会化考试一年多考。试行普通高校、高职院校、成人高校之间学分转换，拓宽终身学习通道"。

（五）利用信息技术，实现资源共享

教育改革和发展要以信息技术推进变革和创新。信息化是当今社会发展的重要推动力量，也是教育变革的重要动因。随着信息技术的迅速发展，"技术变革教育"已经成为教育领域发展的主旋律，教育的信息化发展可以拓宽受教育的渠道，提升教育质量，实现优质教育资源的共享。构建网络化、数字化、个性化、终身化的教育体系，建设"人人皆学、处处能学、时时可学"的学习型社会，培养大批创新人才，是人类共同面临的重大课题。随着《国家中长期教育改革和发展规划纲要（2010—2020年）》的颁布实施，我国不断推进教育信息化，努力借助信息化的手段，扩大优质教育资源覆盖面，将信息化作为实现教育资源共享的重要基础，推进信息化平台体系建设，加快数字化专业课程体系建设。顺应"互联网＋"的发展趋势，应用信息技术改造传统教学，促进泛在、移动、个性化学习方式的形成。探索建立高效率低成本的资源可持续开发、应用、共享、交易服务模式和运作机制，探索"互联网＋"在教育教学、实训、科研、管理、服务等方面的全方位应用，借助计算机网络、卫星网络、通信网络、多媒体技术使各种教育教学资源信息化，通过现代远程教育、数字校园、电子教材、MOOC等多种信息教育手段，促进无障碍地实现优质教育资源的共享，缩小城乡教育差距，实现教育公平在基础教育、高等教育、职业教育和特殊教育等领域的实现。值得关注的是，信息化在改善教育资源不均衡、为更广泛的受众提供了受教育的机会，但同时也面临诸多严峻的考验，例如信息化教育以来信息网络的基础设施建设，因此在一些地区受到经济状况的制约而无法实现，反而加大了"数字鸿沟"。

（六）加快职业教育，培养实用人才

职业教育作为整个国民教育体系的重要组成部分，是与经济发展结合最为紧密的教育类型，承担着为国家经济社会发展提供大批技术技能人才的重要任务。这一本质属性也决定了合理的职业教育供给体系结构对于解决当前经济社会发展、经济结构合理化及转型升级对技术技能型人才需求问题，起着非常重要的作用。《中共中央关于全面深化改革若干重大问题的决定》指出，要"加快现代职业教育体系建设，深化产教融合、校企合作，培养高素质劳动者和技能型人才。创新高校人才培养机制，促进高校办出特色争创一流。推进学前教育、特殊教育、继续教育改革发展"。在农村地区，改革的目标是培养有文化，懂技术，会经营的新型农民，把培养青年农民纳入国家实用人才培养计划。

2019 年 1 月 24 日，国务院印发了《国家职业教育改革实施方案》，提出经过 5—10 年左右时间，职业教育基本完成由政府举办为主向政府统筹管理、社会多元办学的格局转变，由追求规模扩张向提高质量转变，由参照普通教育办学模式向企业社会参与、专业特色鲜明的类型教育转变，大幅提升新时代职业教育现代化水平，为促进经济社会发展和提高国家竞争力提供优质人才资源支撑。具体指标是：到 2022 年，职业院校教学条件基本达标，一大批普通本科高等学校向应用型转变，建设 50 所高水平高等职业学校和 150 个骨干专业（群）。建成覆盖大部分行业领域、具有国际先进水平的中国职业教育标准体系。企业参与职业教育的积极性有较大提升，培育数以万计的产教融合型企业，打造一批优秀职业教育培训评价组织，推动建设 300 个具有辐射引领作用的高水平专业化产教融合实训基地。职业院校实践性教学课时原则上占总课时一半以上，顶岗实习时间一般为 6 个月。"双师型"教师（同时具备理论教学和实践教学能力的教师）占专业课教师总数超过一半，分专业建设一批国家级职业教育教师教学创新团队。从 2019 年开始，在职业院校、应用型本科高校启动"学历证书＋若干职业技能等级证书"制度试点工作。具体措施包括完善国家职业教育制度体系，构建职业教育国家标准，促进产教融合校企"双元"育人，建设多元办学格局，完善技术技能人才保障政策，加强职业教育办学质量督导评价等。①

---

① 《国家职业教育改革实施方案》，《教育科学论坛》2019 年第 6 期。

（七）深化学前教育改革，保障亿万儿童健康成长

党的十八大以来，我国学前教育事业快速发展，资源迅速扩大、普及水平大幅提高、管理制度不断完善，"入园难"问题得到有效缓解。同时也要看到，由于底子薄、欠账多，目前学前教育仍是整个教育体系的短板，发展不平衡不充分问题十分突出，"入园难"、"入园贵"依然是困扰老百姓的烦心事之一。主要表现为：学前教育资源尤其是普惠性资源不足，政策保障体系不完善，教师队伍建设滞后，监管体制机制不健全，保教质量有待提高，存在"小学化"倾向，部分民办园过度逐利、幼儿安全问题时有发生。为进一步完善学前教育公共服务体系，切实办好新时代学前教育，更好实现幼有所育，2018年11月7日，中共中央、国务院发布了《关于学前教育深化改革规范发展的若干意见》，指出"学前教育是终身学习的开端，是国民教育体系的重要组成部分，是重要的社会公益事业。办好学前教育、实现幼有所育，是党的十九大作出的重大决策部署，是党和政府为老百姓办实事的重大民生工程，关系亿万儿童健康成长"①。学前教育建设的主要目标是：到2020年，全国学前三年毛入园率达到85%，普惠性幼儿园覆盖率达到80%。广覆盖、保基本、有质量的学前教育公共服务体系基本建成，学前教育管理体制、办园体制和政策保障体系基本完善。投入水平显著提高，成本分担机制普遍建立。幼儿园办园行为普遍规范，保教质量明显提升。基本形成以本专科为主体的幼儿园教师培养体系，本专科学前教育专业毕业生规模达到20万人以上；建立幼儿园教师专业成长机制，健全培训课程标准，分层分类培训150万名左右幼儿园园长、教师。到2035年，全面普及学前三年教育，建成覆盖城乡、布局合理的学前教育公共服务体系，形成完善的学前教育管理体制、办园体制和政策保障体系，为幼儿提供更加充裕、更加普惠、更加优质的学前教育。

在教育领域，政府采取了多种促进均等化的举措。比如，为全面改善贫困地区义务教育薄弱学校基本办学条件，确定了"20条底线"；② 将县

①　《中共中央　国务院关于学前教育深化改革规范发展的若干意见》，《人民日报》2018年11月16日。

②　《教育部　财政部关于进一步加强全面改善贫困地区义务教育薄弱学校基本办学条件中期有关工作的通知》，教育部网站：http：//www.moe.edu.cn/srcsite/A11/s7057/201707/t20170706_308778.html，访问时间：2017年7月23日。

镇、农村中小学教职工编制标准统一到城市标准，并向农村边远贫困地区倾斜；2013—2015 年，中央财政累计投入资金约 44 亿元，支持连片特困地区对乡村教师发放生活补贴，惠及约 600 个县的 100 多万名乡村教师。[①]在《国家教育事业发展"十三五"规划》中进一步强调，要"统筹利用好、布局好各类教育资源，突出保基本、补短板、促公平，公共教育资源配置向薄弱地区、薄弱学校、薄弱环节和困难人群倾斜，推动区域、城乡协调发展，着力提高基本公共教育服务的覆盖面和质量水平"[②]。

二　完善现代综合交通运输体系，为实现参与权提供交通便利

便捷的交通是扩大社会参与范围、增加参与频率、提高参与的自主性和选择性的重要基础条件。《国家人权行动计划（2016—2020 年）》要求"改善城乡居民出行条件。国家高速公路主线基本贯通。具备条件的县城通二级及以上公路，乡镇和建制村通硬化路、通客车"[③]。

国家"十三五"规划纲要提出，要"完善现代综合交通运输体系"，具体任务包括构建内通外联的运输通道网络，建设现代高效的城际城市交通，打造一体衔接的综合交通枢纽，推动运输服务低碳智能安全发展。[④]

党的十八大报告中指出，高速铁路等要"实现重大突破"[⑤]。党的十九大报告提出要建设"交通强国"，要求"高铁、公路、桥梁、港口、机场等基础设施建设快速推进""加强水利、铁路、公路、水运、航空、管道、电网、信息、物流等基础设施网络建设"[⑥]。

根据改善城乡出行条件政策的要求，中国将加快交通运输发展作为重要战略目标，持续加大投资力度，大力推进综合运输体系建设，交通网络

---

① 中华人民共和国国务院新闻办公室：《中国的减贫行动与人权进步》，人民出版社 2016 年版，第 10 页。

② 《国家教育事业发展"十三五"规划》，《教育现代化》2017 年第 32 期。

③ 国务院新闻办公室：《国家人权行动计划（2016—2020 年）》，人民出版社 2016 年版，第 8 页。

④ 《中华人民共和国国民经济和社会发展第十三个五年规划纲要》，人民出版社 2016 年版。

⑤ 胡锦涛：《坚定不移沿着中国特色社会主义道路前进 为全面建成小康社会而奋斗——在中国共产党第十八次全国代表大会上的报告》，《求是》2012 年第 22 期。

⑥ 习近平：《决胜全面建成小康社会，夺取新时代中国特色社会主义伟大胜利——在中国共产党第十九次全国代表大会上的报告》，人民出版社 2017 年版。

日益完善，运输能力和运输效率明显提升，使人民出行更加便利快捷。根据国务院新闻办公室发布的白皮书，截至 2018 年，全国铁路营业里程达 13.1 万公里，其中高速铁路达 2.9 万公里，占世界高铁总量 60% 以上；铁路客运发送量达 33.75 亿人次，其中动车组列车发送旅客 20.05 亿人次；全国公路实现跨越式发展，总里程达 485 万公里，其中高速公路通车里程达 14.3 万公里；全国道路营运客运量达 136.7 亿人次，97.1% 的建制村通了客车；农村地区有 99.9% 的户所在自然村通公路，实现"县县通公路"；内河航道里程达 12.7 万公里；定期航班航线里程达 838 万公里。①

三　构建高效泛在的信息网络，为实现参与权提供网络条件

信息技术革命使得互联网已经全面渗透在日常生活和工作中，对人们参与社会生活的方式产生了深远的变革性影响。联合国人权理事会第二十次、二十六次会议、三十二次会、三十八次会议先后四次通过了关于"在互联网上增进、保护和享有人权"的决议，"吁请所有国家促进和便利上网"。为保障公民能够通过互联网更有效地参与社会生活，党的十八大报告提出要"推进信息网络技术广泛运用"②，将构建"泛在高效的信息网络"作为全面建成小康社会的重要目标之一。

《国家人权行动计划（2012—2015 年）》要求加快互联网建设，具体目标是："到 2015 年，互联网普及率超过 45%。互联网固定宽带接入端口超过 3.7 亿个，城市家庭带宽接入能力基本达到 20 兆位/秒以上，农村家庭带宽接入能力基本达到 4 兆位/秒以上，实现 2 亿家庭光纤到户覆盖。建设宽带无线城市。逐步提高农村网络覆盖和应用普及水平。"③《国家人权行动计划（2016—2020 年）》进一步要求加强互联网与网络文化建设，具体目标是："城镇地区实现光网覆盖，提供 1000 兆比特

---

① 国务院新闻办公室：《为人民谋幸福：新中国人权事业发展 70 年》，人民出版社 2019 年 9 月，第 18—19 页。

② 习近平：《决胜全面建成小康社会，夺取新时代中国特色社会主义伟大胜利——在中国共产党第十九次全国代表大会上的报告》，人民出版社 2017 年版。

③ 国务院新闻办公室：《国家人权行动计划（2012—2015 年）》，人民出版社 2012 年版，第 19 页。

每秒以上接入服务能力，大中城市家庭用户带宽实现 100 兆比特每秒以上灵活选择；98% 的行政村实现光纤通达，有条件地区提供 100 兆比特每秒以上接入服务能力，半数以上农村家庭用户带宽实现 50 兆比特每秒以上灵活选择。"①

《国家人权行动计划（2021—2025 年）》提出，要"弥合城乡数字鸿沟。统筹推进智慧城市与数字乡村建设，促进城乡信息化融合发展，提升全民数字素养与技能"；"推动公共数字文化建设。统筹推进公共文化数字化重点工程建设。实施全国智慧图书馆体系建设、公共文化云建设等项目"；同时提出要"维护网络和数据安全。加强网络安全法、数据安全法等法律实施工作，落实网络安全和数据安全保护相关制度措施，保障网络免受干扰、破坏或者未经授权的访问，防止网络数据泄露或者被窃取、篡改，加强网络和数据安全风险监测，及时处置安全事件，严厉打击窃取网络数据、非法买卖个人信息等违法犯罪活动，切实保障网络数据和个人信息安全"。②

国家"十三五"规划纲要提出要"构建泛在高效的信息网络"，具体任务包括完善新一代高速光纤网络，构建先进泛在的无线宽带网，加快信息网络新技术开发应用，推进宽带网络提速降费。③

党的十九大报告提出，要建设"网络强国"，加强信息网络建设，使得"互联网建设管理运用不断完善"④。

中国政府采取一系列具体措施实现互联网建设的任务。2013 年 8 月，国务院发布的《"宽带中国"战略及实施方案》指出，"宽带网络是新时期我国经济社会发展的战略性公共基础设施，发展宽带网络对拉动有效投资和促进信息消费、推进发展方式转变和小康社会建设具有重要支撑作用"，并计划到 2020 年，国民能够充分享受宽带带来的

---

① 国务院新闻办公室：《国家人权行动计划（2016—2020 年）》，人民出版社 2016 年版，第 16 页。

② 国务院新闻办公室：《国家人权行动计划（2021—2025 年）》，人民出版社 2021 年版，第 7、16—17、23 页。

③ 《中华人民共和国国民经济和社会发展第十三个五年规划纲要》，人民出版社 2016 年版。

④ 参见习近平《决胜全面建成小康社会，夺取新时代中国特色社会主义伟大胜利——在中国共产党第十九次全国代表大会上的报告》，人民出版社 2017 年版。

经济增长、服务便利和发展机遇，宽带网络全面覆盖城乡，固定宽带家庭普及率达到70％，行政村通宽带比例超过98％。为此，国家施了"数字文化宽带应用示范工程"，要求"建设可智能适配不同宽带接入网络和终端的广播影视、文化馆、图书馆、博物馆等数字文化内容平台，提高数字文化内容平台的宽带联网和互联互通水平，结合宽带网络能力提升创新数字文化服务业态，丰富各类数字文化应用，开发数字文化应用智能终端，开展各类数字文化宽带应用示范，促进宽带网络和文化发展融合，增强文化传播能力"①。国家还实施了"宽带乡村"试点工程。根据农村经济发展水平和地理自然条件，灵活选择接入技术，分类分阶段推进宽带网络向行政村和有条件的自然村延伸。较发达地区在完成行政村通宽带的基础上推进光纤到行政村、宽带到自然村；欠发达地区重点解决行政村宽带覆盖。对建设成本过高的边远地区、山区以及海岛等，采用移动、卫星等无线宽带技术解决信息孤岛问题；对幅员宽广、居住分散的牧区，推进无线宽带覆盖；对新规划建设的成片新农村、农牧民安居工程，积极推进光纤到楼和光纤到户建设。

2016年12月通过的《中华人民共和国公共文化服务保障法》第十一条规定："国家鼓励和支持发挥科技在公共文化服务中的作用，推动运用现代信息技术和传播技术，提高公众的科学素养和公共文化服务水平。"第三十三条规定："国家统筹规划公共数字文化建设，构建标准统一、互联互通的公共数字文化服务网络，建设公共文化信息资源库，实现基层网络服务共建共享。"2017年2月颁布的《文化部"十三五"时期文化发展改革规划》提出实施公共数字文化建设项目。统筹实施全国文化信息资源共享工程、数字图书馆推广工程和公共电子阅览室建设计划，完善国家公共文化数字支撑平台，建设国家基本公共数字文化资源库，资源总量达到3500百万兆字节（TB）以上。针对边疆地区数字建设薄弱的情况，《文化部"十三五"时期文化发展改革规划》要求建设边疆万里数字文化长廊，基本实现边境地区公共数字文化网络全覆盖。针对贫困地区的具体情况，2017年5月颁布的《"十三五"时期文化扶贫工作实施方案》要

---

① 《"宽带中国"战略及实施方案》，《中国电子报》2013年8月20日。

求，继续实施文化共享工程，启动"中西部贫困地区公共数字文化服务提档升级"建设项目，在中西部 22 个省份的 839 个贫困县，对乡镇文化站提升配置。深入开展边疆万里数字文化长廊建设与服务。继续开展"数字图书馆推广工程"。进一步开展基层图书馆网络互联互通工作，保障扶贫试点优先联通网络；面向贫困县图书馆分步部署扶贫专题平台，提升贫困地区图书馆服务推广能力。

在各项政策的支持下，中国的互联网建设取得了突飞猛进的发展，人民通过互联网参与社会生活日趋便利。截至 2021 年底。固定互联网宽带接入用户 53579 万户，其中固定互联网光纤宽带接入用户 50551 万户，蜂窝物联网终端用户 13.99 亿户。互联网上网人数 10.32 亿人，其中手机上网人数 10.29 亿人。互联网普及率为 73.0%，其中农村地区互联网普及率为 57.6%。全年移动互联网用户接入流量 2216 亿 GB，比上年增长 33.9%。① 2017—2021 年年末固定互联网宽带接入用户数如图 4 -3 所示。

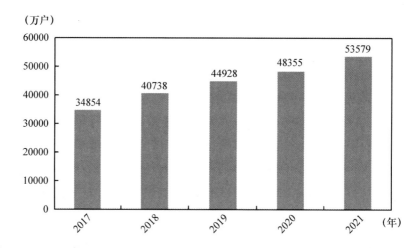

图 4 - 3　2017—2021 年年末固定互联网宽带接入用户数

资料来源：国家统计局：《中华人民共和国 2021 年国民经济和社会发展统计公报》，中国统计出版社 2022 年版。

---

① 国家统计局：《中华人民共和国 2021 年国民经济和社会发展统计公报》，中国统计出版社 2022 年版。

第七节　推进全过程人民民主建设对民主
参与权的全面保障

中共十八大以来，在长期民主实践探索的基础上，提出了全过程人民民主的重大理念。习近平指出："我国全过程人民民主实现了过程民主和成果民主、程序民主和实质民主、直接民主和间接民主、人民民主和国家意志相统一，是全链条、全方位、全覆盖的民主，是最广泛、最真实、最管用的社会主义民主。"① 全过程人民民主理念的提出，显示了党和国家对民主发展规律认识的深化，发展了丰富了民主的理念、制度和实践。2021 年12 月 4 日国务院新闻办公室发布的《中国的民主》白皮书指出，全过程人民民主"把选举民主与协商民主结合起来，把民主选举、民主协商、民主决策、民主管理、民主监督贯通起来，涵盖经济、政治、文化、社会、生态文明等各个方面"。在实施效果上，全过程人民民主一方面"使国家政治生活和社会生活各环节、各方面都体现人民意愿、听到人民声音，有效防止了选举时漫天许诺、选举后无人过问的现象"；另一方面使中国"在剧烈的社会变革中，没有发生后发国家在现代化进程中容易出现的社会动荡，不仅创造了经济快速发展奇迹，也创造了社会长期稳定奇迹"②。

学者们对"全过程人民民主"的内涵进行了广泛的讨论，主要从四个方面来解释"全过程人民民主"所要表达的"全"：一是过程全链条，包括了民主选举、民主协商、民主决策、民主管理、民主监督。二是层次全方位，包括了党内民主与人民民主、国家政治民主与基层民主、国内民主与国际关系民主化。三是领域全覆盖，包括了政治民主、经济民主、社会民主、文化民主。四是形式全包含，包括了直接民主与间接民主、选举民主与协商民主、传统民主与网络民主。③

---

① 中共中央党史和文献研究院编：《习近平关于尊重和保障人权论述摘编》，中央文献出版社 2021 年版，第 27 页。

② 国务院新闻办公室：《中国的民主》，《人民日报》2021 年 12 月 5 日 005 版。

③ 参见李林《全过程人民民主的本质特征和理论内涵》，《社会治理》2021 年第 8 期；张君：《全过程人民民主：新时代人民民主的新形态》，《政治学研究》2021 年第 4 期；樊鹏：《全过程人民民主：具有显著制度优势的高质量民主》，《政治学研究》2021 年第 4 期。

从学理上分析，"全过程人民民主"涉及的"过程"在学理上和实践上并不是一个单一过程，而是涉及五个不同过程，即政治过程、政策过程、城乡社区治理过程、企事业单位管理过程、国际交往过程。这些过程之间存在一定的交叉，如立法决策既属于政治过程也属于政策过程，执法与政策执行也有大量交叉，城乡社区治理正在引入更多的政治过程因素。但不容忽视的是：它们仍然是五种不同的过程，有着不同的功能侧重和运行逻辑，包含不同的环节、形式和机制，特别是涉及不同的民主参与权利。切实推进全过程人民民主，需要对这五种过程加以适当区分，确定其对应的不同民主权利，并探讨相应的权利保障机制和制度。[①]

一　政治过程中涉及的民主权利

狭义的"政治过程"是指利益团体参与政治的过程，广义的"政治过程"则是指政治生活的动态过程，除利益团体、政党等组织的活动之外，还有选举、沟通、决策等政治活动。[②] 不同理论对政治过程有不同的解读。政治过程理论认为，政治过程是从利益表达到利益综合及利益实现的完整过程[③]；它由政治行为者与政府所发生的一系列互动行为构成，政治行为者既可以是个人，也可以是团体和政党；政治过程围绕权力展开，权力斗争的各种形式如选举、暴力冲突、协商、游说和许诺等政治活动都构成了政治过程的重要内容。[④] 在公共选择理论看来，政治就是个人与集团之间出于自利而进行一系列交易的过程。政治系统理论认为政治是一个输入、转换与输出的过程，政治过程的实质是价值的权威性分配。[⑤] 学者们也从不同的研究视角对"政治过程"作出不同的定义。包雅钧将"政治过程"理解为"在特定历史阶段政治主体、政治客体及政治主客体间关系的变化与发展的过程"，其中包括对政治权力的追逐、行使过程；政

---

① 本节内容参见常健、李婷婷《全过程人民民主中的过程及权利研究》，《人权》2022 年第 1 期。

② 包雅钧：《政治过程研究的兴起及分析视角》，《东方论坛》2006 年第 1 期。

③ 包雅钧：《政治过程研究的兴起及分析视角》，《东方论坛》2006 年第 1 期。

④ 王永胜：《民主与政治过程——查尔斯·蒂利的民主观》，《南京社会科学》2016 年第 1 期。

⑤ 包雅钧：《政治过程研究的兴起及分析视角》，《东方论坛》2006 年第 1 期。

治革命过程、政治改良过程、政治发展或变迁过程；规则的变化发展过程，如立法过程、决策过程、制度变迁等。① 朱光磊等学者将政治过程称为"政府过程"，并将中国政府过程分解为意见表达—意见综合、决策以及决策施行等环节。②

政治过程最核心的内容是政治权力的形成、分配、行使、规范和维护。围绕这些功能，政治过程包括了选举、任命、立法、执法、司法等主要环节，其中选举是政治权力的形成方式，任命是政治权力的分配方式，立法是建立政治权力的行使规则和表达政治权力的意志，执法是政治权力意志的实现，司法是对政治权力的规范和维护。

在政治过程中实行民主的根本目的，是实现人民在政治过程中当家作主，由人民来决定政治权力的分配、表达、行使和规范。习近平指出："人民当家作主是社会主义民主政治的本质和核心。"③ 中国现行宪法第二条明确规定："中华人民共和国的一切权力属于人民。人民行使国家权力的机关是全国人民代表大会和地方各级人民代表大会。人民依照法律规定，通过各种途径和形式，管理国家事务，管理经济和文化事业，管理社会事务。"

当家作主的权利是人民在政治过程中的根本权利，它体现在选举、任命、立法、执法和司法的全过程中。

（一）民主选举与公民选举权和被选举权保障

在选举环节涉及的是公民的选举权和被选举权。现行宪法第三十四条明确规定："中华人民共和国年满十八周岁的公民，不分民族、种族、性别、职业、家庭出身、宗教信仰、教育程度、财产状况、居住期限，都有选举权和被选举权；但是依照法律被剥夺政治权利的人除外。"第三条明确规定："全国人民代表大会和地方各级人民代表大会都由民主选举产生，对人民负责，受人民监督。国家行政机关、监察机关、审判机关、检察机关都由人民代表大会产生，对它负责，受它监督。"习近平高度重视保障人民的选举权利，他指出，"要保证人民依法行使选举权利，民主选

---

① 包雅钧：《政治过程分析方法的回顾与反思》，《东方论坛》2007 年第 6 期。

② 参见朱光磊《当代中国政府过程》（第三版），天津人民出版社 2008 年版。

③ 中共中央党史和文献研究院编：《习近平关于尊重和保障人权论述摘编》，中央文献出版社 2021 年版，第 13 页。

举产生人大代表"①。

（二）人民代表大会代表人民行使政治民主权利

习近平指出："人民代表大会制度是实现我国全过程人民民主的重要制度载体。"② 必须"支持和保证人民通过人民代表大会行使国家权力"③，"保证人民的知情权、参与权、表达权、监督权落实到人大工作各方面各环节全过程，确保党和国家在决策、执行、监督，落实各个环节都能听到来自人民的声音"④。通过选举产生的全国人民代表大会来间接地行使当家作主的权利，其中包括对各级国家机关领导人员的任命和罢免、制定、修改和废除宪法和法律，监督执法和司法。

1. 对国家机关领导人员的任免权

中国各级国家机关领导人员均由同级人大选举产生或者决定任命。⑤现行宪法第六十二条和六十三条规定，全国人民代表大会有权选举和罢免中华人民共和国主席、副主席、中央军事委员会主席、国家监察委员会主任、最高人民法院院长、最高人民检察院检察长；根据中华人民共和国主席的提名，决定和罢免国务院总理的人选；根据国务院总理的提名，决定和罢免国务院副总理、国务委员、各部部长、各委员会主任、审计长、秘书长的人选；根据中央军事委员会主席的提名，决定和罢免中央军事委员会其他组成人员的人选。宪法第六十七条规定，全国人民代表大会常务委员会在全国人民代表大会闭会期间，根据国务院总理的提名决定部长、委员会主任、审计长、秘书长的人选，根据中央军事委员会主席的提名决定中央军事委员会其他组成人员的人选；以及根据国家监察委员会主任的提请任免国家监察委员会副主任、委员，根据最高人民法院院长的提请任免最高人民法院副院长、审判员、审判委员会委员和军事法院院长，根据最

① 中共中央党史和文献研究院编：《习近平关于尊重和保障人权论述摘编》，中央文献出版社 2021 年版，第 107 页。

② 中共中央党史和文献研究院编：《习近平关于尊重和保障人权论述摘编》，中央文献出版社 2021 年版，第 107 页。

③ 中共中央党史和文献研究院编：《习近平关于尊重和保障人权论述摘编》，中央文献出版社 2021 年版，第 13 页。

④ 中共中央党史和文献研究院编：《习近平关于尊重和保障人权论述摘编》，中央文献出版社 2021 年版，第 107 页。

⑤ 国务院新闻办公室：《中国的民主》，《人民日报》2021 年 12 月 5 日 005 版。

高人民检察院检察长的提请任免最高人民检察院副检察长、检察员、检察委员会委员和军事检察院检察长，并且批准省、自治区、直辖市的人民检察院检察长的任免；决定驻外全权代表的任免。第一百零一条规定："地方各级人民代表大会分别选举并且有权罢免本级人民政府的省长和副省长、市长和副市长、县长和副县长、区长和副区长、乡长和副乡长、镇长和副镇长。县级以上的地方各级人民代表大会选举并且有权罢免本级监察委员会主任、本级人民法院院长和本级人民检察院检察长。"

2. 立法权

现行宪法第五十八条规定："全国人民代表大会和全国人民代表大会常务委员会行使国家立法权。"根据宪法六十二条和六十三条之规定，全国人民代表大会有权制定和修改宪法，制定和修改刑事、民事、国家机构的和其他的基本法律。全国人大常委会有权解释宪法和法律，监督宪法的实施，制定和修改除应当由全国人民代表大会制定的法律以外的其他法律，撤销国务院制定的同宪法、法律相抵触的行政法规、决定和命令，撤销省、自治区、直辖市国家权力机关制定的同宪法、法律和行政法规相抵触的地方性法规和决议。

3. 执法监督权

各级人大及其常委会对"一府一委两院"的执法、监察、司法工作进行监督，确保法律法规得到有效实施，确保行政权、监察权、审判权、检察权得到正确行使。[①] 现行宪法第六十二条规定，全国人民代表大会有权监督宪法的实施，审查和批准国民经济与社会发展计划和计划执行情况的报告以及国家的预算和预算执行情况的报告。第六十七条规定，全国人民代表大会常务委员会有权监督宪法的实施，监督国务院、中央军事委员会、国家监察委员会、最高人民法院和最高人民检察院的工作。第九十七条规定："地方各级人民代表大会在本行政区域内，保证宪法、法律、行政法规的遵守和执行；依照法律规定的权限，通过和发布决议，审查和决定地方的经济建设、文化建设和公共事业建设的计划。"

（三）人民直接行使政治民主权利

除了通过人民代表大会行使任命、立法和监督的权利之外，人民还可

---

① 国务院新闻办公室：《中国的民主》，《人民日报》2021 年 12 月 5 日 005 版。

以通过各种途径直接行使民主权利。习近平指出："要扩大人民民主，健全民主制度，丰富民主形式，拓宽民主渠道，从各层次各领域扩大公民有序政治参与，发展更加广泛、更加充分、更加健全的人民民主。"①

1. 立法参与权和表达权

《中华人民共和国立法法》第五条规定："立法应当体现人民的意志，发扬社会主义民主，坚持立法公开，保障人民通过多种途径参与立法活动。"公众参与立法主要体现在三个阶段。

一是在法律立项阶段，通过召开座谈会、听证会、论证会等方式广泛听取意见。

二是在法律草案起草阶段，广泛听取公众意见和专业人士建议，探索委托第三方起草法律法规草案。宪法第三十六条规定："列入常务委员会会议议程的法律案，法律委员会、有关的专门委员会和常务委员会工作机构应当听取各方面的意见。听取意见可以采取座谈会、论证会、听证会等多种形式。……法律案有关问题存在重大意见分歧或者涉及利益关系重大调整，需要进行听证的，应当召开听证会，听取有关基层和群体代表、部门、人民团体、专家、全国人民代表大会代表和社会有关方面的意见。听证情况应当向常务委员会报告。"第六十七条规定："行政法规在起草过程中，应当广泛听取有关机关、组织、人民代表大会代表和社会公众的意见。听取意见可以采取座谈会、论证会、听证会等多种形式。"

三是通过网络和新闻媒体公布法律草案，向社会各界广泛征求意见。宪法第三十七条规定，列入常务委员会会议议程的法律案，应当在常务委员会会议后将法律草案及其起草、修改的说明等向社会公布，征求意见，时间一般不少于三十日。征求意见的情况应当向社会通报。第六十七条规定，行政法规草案应当向社会公布，征求意见。此外，国家还建立了基层立法联系点，基层群众可以通过联系点直接参与法律草案的起草、立法调研、修改论证、立法后评估等多个环节。②《中华人民共和国行政诉讼法》第二条规定："公民、法人或者其他组织认为行政机关和行政机关工作人

---

① 中共中央党史和文献研究院编：《习近平关于尊重和保障人权论述摘编》，中央文献出版社 2021 年版，第 13 页。

② 国务院新闻办公室：《中国的民主》，《人民日报》2021 年 12 月 5 日 005 版。

员的行政行为侵犯其合法权益，有权依照本法向人民法院提起诉讼。"

2. 对执法的知情权、陈述权、申辩权、监督权

在对执法的知情权保障方面，行政处罚法第二十条规定，行政机关依法委托符合规定条件的组织施行行政处罚，委托行政机关和受委托组织应当将载明委托的具体事项、权限、期限等内容的委托书向社会公布。第二十四条规定，省、自治区、直辖市根据当地实际情况决定将基层管理迫切需要的县级人民政府部门的行政处罚权交由能够有效承接的乡镇人民政府、街道办事处行使的，应当将决定公布。第三十九条规定："行政处罚的实施机关、立案依据、实施程序和救济渠道等信息应当公示。"第四十四条规定："行政机关在作出行政处罚决定之前，应当告知当事人拟作出的行政处罚内容及事实、理由、依据，并告知当事人依法享有的陈述、申辩、要求听证等权利。"第五十五条规定："执法人员在调查或者进行检查时，应当主动向当事人或者有关人员出示执法证件。当事人或者有关人员有权要求执法人员出示执法证件。执法人员不出示执法证件的，当事人或者有关人员有权拒绝接受调查或者检查。"行政强制法第十八条规定，行政机关实施行政强制措施，应当出示执法身份证件，通知当事人到场，当场告知当事人采取行政强制措施的理由、依据以及当事人依法享有的权利、救济途径，听取当事人的陈述和申辩。

在对执法的陈述权和申辩权保障方面，公民对行政机关给予的行政处罚或实施的行政强制享有陈述权和申辩权。行政处罚法第七条规定："公民、法人或者其他组织对行政机关所给予的行政处罚，享有陈述权、申辩权；对行政处罚不服的，有权依法申请行政复议或者提起行政诉讼。公民、法人或者其他组织因行政机关违法给予行政处罚受到损害的，有权依法提出赔偿要求。"第四十五条规定："当事人有权进行陈述和申辩。行政机关必须充分听取当事人的意见，对当事人提出的事实、理由和证据，应当进行复核；当事人提出的事实、理由或者证据成立的，行政机关应当采纳。行政机关不得因当事人陈述、申辩而给予更重的处罚。"行政强制法第八条规定："公民、法人或者其他组织对行政机关实施行政强制，享有陈述权、申辩权；有权依法申请行政复议或者提起行政诉讼；因行政机关违法实施行政强制受到损害的，有权依法要求赔偿。公民、法人或者其他组织因人民法院在强制执行中有违法行为或者扩大强制执行范围受到损

害的，有权依法要求赔偿。"行政强制法第十三条规定："公民、法人或者其他组织可以向行政强制的设定机关和实施机关就行政强制的设定和实施提出意见和建议。有关机关应当认真研究论证，并以适当方式予以反馈。"行政处罚法还专门设立了听证程序，第六十三条规定：行政机关拟作出某些较重的行政处罚决定，应当告知当事人有要求听证的权利，当事人要求听证的，行政机关应当组织听证，当事人不承担行政机关组织听证的费用。

在对执法的监督权保障方面，行政处罚法第七十条规定："行政机关实施行政处罚应当接受社会监督。公民、法人或者其他组织对行政机关实施行政处罚的行为，有权申诉或者检举；行政机关应当认真审查，发现有错误的，应当主动改正。"人民可以通过参加人大代表座谈会、基层群众座谈会、问卷调查、网络调研等"开门监督"的形式，积极参与人大监督工作。①

3. 司法知情权和参与权

在司法知情权保障方面，习近平指出，"推进审判公开、检务公开、警务公开、狱务公开；建立生效法律文书统一上网和公开查询制度"②。《刑事诉讼法》第十一条规定："人民法院审判案件，除本法另有规定的以外，一律公开进行。"第二百零二条规定："宣告判决，一律公开进行。"《行政诉讼法》第五十四条规定："人民法院公开审理行政案件，但涉及国家秘密、个人隐私和法律另有规定的除外。"第八十条规定："人民法院对公开审理和不公开审理的案件，一律公开宣告判决。"第六十五条规定："人民法院应当公开发生法律效力的判决书、裁定书，供公众查阅，但涉及国家秘密、商业秘密和个人隐私的内容除外。"民事诉讼法第一百三十七条规定："人民法院审理民事案件，除涉及国家秘密、个人隐私或者法律另有规定的以外，应当公开进行。"第一百五十九条规定："公众可以查阅发生法律效力的判决书、裁定书，但涉及国家秘密、商业秘密和个人隐私的内容除外。"

---

① 国务院新闻办公室：《中国的民主》，《人民日报》2021 年 12 月 5 日 005 版。
② 中共中央党史和文献研究院编：《习近平关于尊重和保障人权论述摘编》，中央文献出版社 2021 年版，第 144 页。

在司法参与权保障方面，为了保障公民依法参加审判活动，中国建立了人民陪审员制度。习近平指出，要"完善人民陪审员制度，扩大参审范围"①。人民陪审员法第二条规定："公民有依法担任人民陪审员的权利和义务。"第二十一条规定："人民陪审员参加三人合议庭审判案件，对事实认定、法律适用，独立发表意见，行使表决权。"第二十二条规定："人民陪审员参加七人合议庭审判案件，对事实认定，独立发表意见，并与法官共同表决；对法律适用，可以发表意见，但不参加表决。"

二　政策过程中涉及的民主参与权利

政策过程通常是指由政策制定、执行、评估、调整、监督和终结等环节组成的动态的政策运行过程②。政策过程围绕着有效解决政策问题而展开，而在政策过程中实行民主的主要目的则是通过人民广泛参与政策过程来保障政策的公平性。

政策过程最为核心的三个过程环节是政策制定、政策执行和政策评估③。在政策过程中实行民主需要保障人民在各个政策环节享有知情权、参与权、表达权、监督权等民主权利。

（一）政策制定环节公民知情权、参与权、表达权和监督权保障

政策制定是政策过程的起始阶段，人民群众通过多种途径和形式参与决策。习近平指出："要健全重大决策充分听取民意工作机制，审议涉及群众切身利益、群众反映强烈的重大议题要依法依程序进行，该公示的公示，该听证的听证，决不允许搞'暗箱操作'、'拍脑门决策'。"④ 2019年9月起施行的《重大行政决策程序暂行条例》对在这一环节保障人民的决策知情权、倡议权、参与权、表达权、协商权和监督权等民主权利作出了明确规定。

---

① 中共中央党史和文献研究院编：《习近平关于尊重和保障人权论述摘编》，中央文献出版社2021年版，第144页。

② 管理科学技术名词审定委员会：《管理科学技术名词》，科学出版社2016年版，第十一章第二节。

③ 孔繁斌：《全过程民主：政策参与过程优化的新情景》，《探索与争鸣》2020年第12期。

④ 中共中央党史和文献研究院编：《习近平关于尊重和保障人权论述摘编》，中央文献出版社2021年版，第12页。

在决策启动环节，人民享有倡议权。人大代表、政协委员通过建议、提案等方式提出建议，公民、法人和其他组织提出书面建议，决策机关启动决策程序。[①]

在决策研究制定环节，人民享有决策参与权。《重大行政决策程序暂行条例》第六条明确规定："作出重大行政决策应当遵循民主决策原则，充分听取各方面意见，保障人民群众通过多种途径和形式参与决策。"

人民参与行政决策分为公众参与和专家论证两种形态。公众参与重大行政决策主要有三种形式：（1）听取意见。其方式包括座谈会、听证会、实地走访、书面征求意见、向社会公开征求意见、问卷调查、民意调查等。决策事项涉及特定群体利益的，决策承办单位应当与相关人民团体、社会组织以及群众代表进行沟通协商，充分听取相关群体的意见建议。（2）向社会公开征求意见。其途径为政府网站、政务新媒体以及报刊、广播、电视等，期限一般不少于 30 日。（3）听证会。对直接涉及公民、法人、其他组织切身利益或者存在较大分歧的决策事项，可以召开听证会。应当提前公布听证参加人遴选办法，公平公开组织遴选，保证相关各方都有代表参加听证会。听证参加人在听证会上陈述意见，进行询问、质证和辩论。专家论证是针对那些专业性、技术性较强的决策事项，决策承办单位组织专家、专业机构论证其必要性、可行性、科学性。其方式包括论证会、书面咨询、委托咨询论证等。

在决策草案公示环节，人民享有知情权。《重大行政决策程序暂行条例》第三十二条规定："决策机关应当通过本级人民政府公报和政府网站以及在本行政区域内发行的报纸等途径及时公布重大行政决策。对社会公众普遍关心或者专业性、技术性较强的重大行政决策，应当说明公众意见、专家论证意见的采纳情况，通过新闻发布会、接受访谈等方式进行宣传解读。"

（二）政策执行环节公民知情权、监督权和申诉权保障

政策执行是政策方案现实转化、旨在达成政策目标的过程。政策执行环节主要涉及公民对政策执行的知情权、监督权和申诉权。

在政策执行知情权保障方面，政府信息公开条例第五条规定："行政

---

① 国务院新闻办公室：《中国的民主》，《人民日报》2021 年 12 月 5 日 005 版。

机关公开政府信息，应当坚持以公开为常态、不公开为例外，遵循公正、公平、合法、便民的原则。"第六条规定："行政机关应当及时、准确地公开政府信息。"该条例规定了行政机关应当主动公开和依申请公开的事项。应当主动公开的事项包括行政法规、规章和规范性文件，机关职能、机构设置、办公地址、办公时间、联系方式、负责人姓名，国民经济和社会发展规划、专项规划、区域规划及相关政策，国民经济和社会发展统计信息，办理行政许可和其他对外管理服务事项的依据、条件、程序以及办理结果，实施行政处罚、行政强制的依据、条件、程序以及本行政机关认为具有一定社会影响的行政处罚决定，财政预算、决算信息，行政事业性收费项目及其依据、标准，政府集中采购项目的目录、标准及实施情况，重大建设项目的批准和实施情况，扶贫、教育、医疗、社会保障、促进就业等方面的政策、措施及其实施情况，突发公共事件的应急预案、预警信息及应对情况，环境保护、公共卫生、安全生产、食品药品、产品质量的监督检查情况，公务员招考的职位、名额、报考条件等事项以及录用结果等。

在政策执行监督权保障方面，中国建立了多层次的民主监督网络。首先是民主党派和无党派人士参与党和国家有关重大方针政策、决策部署执行和实施情况的监督检查，受党委委托就有关重大问题进行专项监督等工作中，通过提出意见、批评、建议等方式，进行民主监督。其次是公民、法人或者其他组织通过各种方式，对各级国家机关及其组成人员履职情况进行监督，向监察机关检举控告监察对象不依法履职，违反秉公用权、廉洁从政从业以及道德操守等规定，涉嫌职务违法、职务犯罪行为。《宪法》第四十一条规定："中华人民共和国公民对于任何国家机关和国家工作人员，有提出批评和建议的权利；对于任何国家机关和国家工作人员的违法失职行为，有向有关国家机关提出申诉、控告或者检举的权利，但是不得捏造或者歪曲事实进行诬告陷害。对于公民的申诉、控告或者检举，有关国家机关必须查清事实，负责处理。任何人不得压制和打击报复。"监察法第三十五条规定"监察机关对于报案或者举报，应当接受并按照有关规定处理。对于不属于本机关管辖的，应当移送主管机关处理"。行政诉讼法第二条规定，公民、法人或者其他组织认为行政机关和行政机关工作人员的行政行为侵犯其合法权益，有权依照本法向人民法院提起诉讼。再次是媒体对滥用公权、失职渎职等行为及时揭露曝光，发挥舆论监督作用。①

在政策执行的申诉权保障方面，公民有权依法申请行政复议、提起行政诉讼。行政复议法规定，公民、法人或者其他组织认为具体行政行为侵犯其合法权益，可以向行政机关提出行政复议申请。行政复议机关收到行政复议申请后，应当在五日内进行审查，并将是否受理的决定告知申请人。中国的信访制度是人民监督政策执行的重要渠道。信访条例规定，各级人民政府、县级以上人民政府工作部门应当做好信访工作，认真处理来信、接待来访，倾听人民群众的意见、建议和要求，接受人民群众的监督。习近平指出："各级党委、政府和领导干部要坚持把信访工作作为了解民情、集中民智、维护民利、凝聚民心的一项重要工作，千方百计为群众排忧解难。"②

（三）政策评估环节公民参与权、表达权和监督权保障

政策评估是对政策执行效果的评价，它要求针对已经制定的政策听取社会公众意见，吸收人大代表、政协委员、人民团体、基层组织、社会组织和专家等参与评估③。在政策评估环节，主要涉及公众的评估参与权、意见表达权和监督权。《重大行政决策程序暂行条例》第三十五条规定："公民、法人或者其他组织认为重大行政决策及其实施存在问题的，可以通过信件、电话、电子邮件等方式向决策机关或者决策执行单位提出意见建议。"第三十六条规定，对公民、法人或者其他组织提出较多意见的重大行政决策，决策机关可以组织决策后评估。决策后评估应当注重听取社会公众的意见，吸收人大代表、政协委员、人民团体、基层组织、社会组织参与评估。决策后评估结果应当作为调整重大行政决策的重要依据。

三　城乡社区治理过程中涉及的民主参与权利

城乡社区是社会治理的基本单元④，实行村民和居民自治。在城乡社

---

① 国务院新闻办公室：《中国的民主》，《人民日报》2021年12月5日005版。

② 中共中央党史和文献研究院编：《习近平关于尊重和保障人权论述摘编》，中央文献出版社2021年版，第146页。

③ 国务院新闻办公室：《中国的民主》，《人民日报》2021年12月5日005版。

④ 《中国中央　国务院关于加强和完善城乡社区治理的意见》，2017年6月12日，中央政府网站，http://www.gov.cn/zhengce/2017-06/12/content_5201910.htm。

区治理过程中实行民主的核心是城乡居民实行自我管理。村民和居民在基层党组织的领导下，成立村民委员会和居民委员会，依法直接行使民主权利，依法管理基层公共事务和公益事业。① 习近平针对农村社区民主治理指出："要扩大农村基层民主、保证农民直接行使民主权利，重点健全农村基层民主选举、民主决策、民主管理、民主监督机制。"②

城乡社区民主治理过程包括民主选举、民主决策、民主管理三个环节，它涉及城乡社区居民的选举权与罢免权、决策参与权与通过权、管理知情权与监督权。此外，在城市社区物业管理区域内，业主通过业主大会及其选举产生的业主委员会共同行使物业管理权。

（一）社区民主选举与村（居）民选举权和罢免权保障

在城市社区，居民委员会负责维护居民的合法权益，办理本居住地区居民的公共事务和公益事业，调解民间纠纷，协助维护社会治安，协助政府做好与居民利益有关的工作，并向政府反映居民的意见、要求和提出建议。城市居民委员会组织法第二条规定："居民委员会是居民自我管理、自我教育、自我服务的基层群众性自治组织。"

城乡社区实行民主选举，由村（居）民选举村（居）民委员会组成人员，与县乡人大选举同步进行。③

城市居民委员会由所在地居民选举产生。城市居民委员会组织法第八条规定了居民的选举权："居民委员会主任、副主任和委员，由本居住地区全体有选举权的居民或者由每户派代表选举产生；根据居民意见，也可以由每个居民小组选举代表二至三人选举产生。居民委员会每届任期五年，其成员可以连选连任。年满十八周岁的本居住地区居民，不分民族、种族、性别、职业、家庭出身、宗教信仰、教育程度、财产状况、居住期限，都有选举权和被选举权；但是，依照法律被剥夺政治权利的人除外。"第十条规定了居民的罢免权："居民会议有权撤换和补选居民委员会成员。"

在农村社区，村民委员会负责办理本村的公共事务和公益事业，调解

---

① 国务院新闻办公室：《中国的民主》，《人民日报》2021 年 12 月 5 日 005 版。

② 中共中央党史和文献研究院编：《习近平关于尊重和保障人权论述摘编》，中央文献出版社 2021 年版，第 88 页。

③ 国务院新闻办公室：《中国的民主》，《人民日报》2021 年 12 月 5 日 005 版。

民间纠纷，协助维护社会治安，向人民政府反映村民的意见、要求和提出建议。村民委员会依法管理本村属于村农民集体所有的土地和其他财产，引导村民合理利用自然资源，保护和改善生态环境。村民委员会组织法第二条规定："村民委员会是村民自我管理、自我教育、自我服务的基层群众性自治组织，实行民主选举、民主决策、民主管理、民主监督。"村民委员会由所在地村民选举产生。村民委员会组织法第十一条规定："村民委员会主任、副主任和委员，由村民直接选举产生。任何组织或者个人不得指定、委派或者撤换村民委员会成员。村民委员会每届任期五年，届满应当及时举行换届选举。村民委员会成员可以连选连任。"第十二条规定："村民委员会的选举，由村民选举委员会主持。村民选举委员会由主任和委员组成，由村民会议、村民代表会议或者各村民小组会议推选产生。"

村民委员会组织法对村民的选举权、提名权、罢免权作出了具体的规定。第十三条规定了村民的选举权："年满十八周岁的村民，不分民族、种族、性别、职业、家庭出身、宗教信仰、教育程度、财产状况、居住期限，都有选举权和被选举权；但是，依照法律被剥夺政治权利的人除外。"第十五条规定了村民的提名权："选举村民委员会，由登记参加选举的村民直接提名候选人。"该条还具体规定了选举的程序和要求：候选人的名额应当多于应选名额。村民选举委员会应当组织候选人与村民见面，由候选人介绍履行职责的设想，回答村民提出的问题。选举村民委员会，有登记参加选举的村民过半数投票，选举有效；候选人获得参加投票的村民过半数的选票，始得当选。选举实行无记名投票、公开计票的方法，选举结果应当当场公布。选举时，应当设立秘密写票处。第十六条规定了村民的罢免权："本村五分之一以上有选举权的村民或者三分之一以上的村民代表联名，可以提出罢免村民委员会成员的要求，并说明要求罢免的理由。被提出罢免的村民委员会成员有权提出申辩意见。罢免村民委员会成员，须有登记参加选举的村民过半数投票，并须经投票的村民过半数通过。"

（二）社区民主决策与村（居）民决策参与权和决定权保障

城乡社区实行民主决策，由村民或居民通过村（居）民会议或村

（居）民代表会议对社区公共事务和公益事业等作出决定。①

城市居民委员会向居民会议负责并报告工作，涉及全体居民利益的重要问题，居民委员会必须提请居民会议讨论决定。城市居民委员会组织法第九条规定："居民会议由十八周岁以上的居民组成。居民会议可以由全体十八周岁以上的居民或者每户派代表参加，也可以由每个居民小组选举代表二至三人参加。居民会议必须有全体十八周岁以上的居民、户的代表或者居民小组选举的代表的过半数出席，才能举行。会议的决定，由出席人的过半数通过。"第十条规定："居民会议由居民委员会召集和主持。有五分之一以上的十八周岁以上的居民、五分之一以上的户或者三分之一以上的居民小组提议，应当召集居民会议。"

在农村社区，村民委员会向村民会议、村民代表会议负责并报告工作。村民委员会组织法第二十一条规定："村民会议由本村十八周岁以上的村民组成。村民会议由村民委员会召集。有十分之一以上的村民或者三分之一以上的村民代表提议，应当召集村民会议。召集村民会议，应当提前十天通知村民。"第二十二条规定："召开村民会议，应当有本村十八周岁以上村民的过半数，或者本村三分之二以上的户的代表参加，村民会议所作决定应当经到会人员的过半数通过。"须经村民会议讨论决定方可办理的涉及村民利益的事项包括：本村享受误工补贴的人员及补贴标准，从村集体经济所得收益的使用，本村公益事业的兴办和筹资筹劳方案及建设承包方案，土地承包经营方案，村集体经济项目的立项、承包方案，宅基地的使用方案，征地补偿费的使用、分配方案，以借贷、租赁或者其他方式处分村集体财产，以及村民会议认为应当由村民会议讨论决定的涉及村民利益的其他事项。

（三）社区民主管理与村（居）民规章制定权、知情权、监督权和评议权保障

城乡社区实行民主管理，由村民或居民讨论决定村民或居民自治章程、村规民约或居民公约等，由村民或居民采取多种形式开展协商议事，推选产生村务或居务监督委员会，监督村或社区事务及村务或居务公开制

---

① 国务院新闻办公室：《中国的民主》，《人民日报》2021 年 12 月 5 日 005 版。

度落实。①

在居民委员会和村民委员会管理决策机制方面，居民委员会组织法第十一条规定："居民委员会决定问题，采取少数服从多数的原则。居民委员会进行工作，应当采取民主的方法，不得强迫命令。"村民委员会组织法第二十九条规定"村民委员会应当实行少数服从多数的民主决策机制和公开透明的工作原则"。

在城乡居民规章决定权保障方面，居民委员会组织法第十五条规定，居民公约由居民会议讨论制定，由居民委员会监督执行，居民应当遵守居民会议的决议和居民公约。村民委员会组织法第二十七条规定"村民会议可以制定和修改村民自治章程、村规民约"。同时，村民委员会组织法第十六条还规定"居民委员会办理本居住地区公益事业所需的费用，经居民会议讨论决定，可以根据自愿原则向居民筹集，也可以向本居住地区的受益单位筹集，但是必须经受益单位同意"。第二十三条规定村民会议"有权撤销或者变更村民委员会不适当的决定；有权撤销或者变更村民代表会议不适当的决定"。

在村民知情权保障方面，村民委员会组织法第三十条规定"村民委员会实行村务公开制度"，并应当"保证所公布事项的真实性，并接受村民的查询"。

在村民监督权保障方面，村民委员会组织法第三十二条规定"村应当建立村务监督委员会或者其他形式的村务监督机构，负责村民民主理财，监督村务公开等制度的落实，其成员由村民会议或者村民代表会议在村民中推选产生，其中应有具备财会、管理知识的人员"。第十六条规定，村民委员会为办理本居住地区公益事业所筹集的经费，其"收支账目应当及时公布，接受居民监督"。中共中央、国务院发布的《关于加强和完善城乡社区治理的意见》提出："建立健全居务监督委员会，推进居务公开和民主管理。"②

在村民审议评议权保障方面，村民委员会组织法第二十三条规定

---

① 国务院新闻办公室：《中国的民主》，《人民日报》2021年12月5日005版。

② 《中国中央　国务院关于加强和完善城乡社区治理的意见》，2017年6月12日，中央政府网站，http://www.gov.cn/zhengce/2017-06/12/content_5201910.htm。

"村民会议审议村民委员会的年度工作报告，评议村民委员会成员的工作"。第三十三条规定："村民委员会成员以及由村民或者村集体承担误工补贴的聘用人员，应当接受村民会议或者村民代表会议对其履行职责情况的民主评议。民主评议每年至少进行一次，由村务监督机构主持。村民委员会成员连续两次被评议不称职的，其职务终止。"

（四）社区物业管理与业主民主管理权保障

在城市社区物业管理区域内，业主通过业主大会及其选举产生的业主委员会共同行使物业管理权。

2018 年第三次修订的《物业管理条例》规定了业主在物业管理活动中所享有的民主权利，包括提议召开业主大会会议，并就物业管理的有关事项提出建议；提出制定和修改管理规约、业主大会议事规则的建议；参加业主大会会议，行使投票权；选举业主委员会成员，并享有被选举权；监督业主委员会的工作；监督物业服务企业履行物业服务合同；对物业共用部位、共用设施设备和相关场地使用情况享有知情权和监督权；监督物业共用部位、共用设施设备专项维修资金的管理和使用；法律、法规规定的其他权利。

关于业主大会，物业管理条例第八条规定："物业管理区域内全体业主组成业主大会。业主大会应当代表和维护物业管理区域内全体业主在物业管理活动中的合法权益。"第十二条规定："业主大会会议可以采用集体讨论的形式，也可以采用书面征求意见的形式；但是，应当有物业管理区域内专有部分占建筑物总面积过半数的业主且占总人数过半数的业主参加。"第十三条规定："业主大会会议分为定期会议和临时会议。业主大会定期会议应当按照业主大会议事规则的规定召开。经 20% 以上的业主提议，业主委员会应当组织召开业主大会临时会议。"

2020 年通过《中华人民共和国民法典》对业主共同决定的事项以及决定方式作出更具体的规定。民法典第二百七十八条规定了须由业主共同决定的事项，包括制定和修改业主大会议事规则，制定和修改管理规约，选举业主委员会或者更换业主委员会成员，选聘和解聘物业服务企业或者其他管理人，使用建筑物及其附属设施的维修资金，筹集建筑物及其附属设施的维修资金，改建、重建建筑物及其附属设施，改变共有部分的用途或者利用共有部分从事经营活动，有关共有和共同管理权利的其他重大事项。业主共同决定事项，应当由专有部分面积占比三分之二以上的业主且人数占比三分之二以上的业主参与表决。决定筹集建筑物及其附属设施的维修资金、改建重建建筑物及其附属设施、改变共有部分的用途或者利用共有部分从事经营活动，应当经参与表决专有部分面积四分之三以上的业主且参与表决人数四分之三以上的业主同意。决定其他事项，应当经参与表决专有部分面积过半数的业主且参与表决人数过半数的业主同意。第九百四十三条规定："物业服务人应当定期将服务的事项、负责人员、质量要求、收费项目、收费标准、履行情况，以及维修资金使用情况、业主共有部分的经营与收益情况等以合理方式向业主公开并向业主大会、业主委员会报告。"

四　企事业单位管理过程中涉及的民主参与权利

企业一般是以营利为目的通过提供产品或服务换取收入的经济实体。事业单位则一般是国家设置的带有一定的公益性质的机构，国家通常会对事业单位予以财政补助。企事业单位管理过程民主建设，是使职工在企事业单位重大决策和涉及职工切身利益等重大事项上发挥积极作用，以保障职工的知情权、参与权、表达权、协商权、同意权、监督权等民主权利。根据经济民主理论，经济民主是政治民主的补充，受到企业经营者决策影响的员工有权适当参与相关的决策来维护自身的利益，以实现更充分的社会民主。根据企业社会责任理论，企业的经营行为具有社会属性，其决策不仅会对企业产生影响，也会对企业的职工、主要债权人、供应商等产生社会影响，因此不能仅仅以股东利益最大化为唯一目标，还必须承担必要的社会责任，在决策时必须考虑与企业密切相关的职工、债权人、供应商和消费者等利益相关者的利益。习近平指出："要健全以职工代表大会为基本形式的企事业单位民主管理制度、厂务公开制度，组织职工依法实行民主选举、民主决策、民主管理、民主监督，使职工群众的知情权、参与权、表达权、监督权得到更充分更有效的保障。"①

中国宪法、工会法、公司法、劳动法、劳动合同法等法律对在企事业

---

①　中共中央党史和文献研究院编：《习近平关于尊重和保障人权论述摘编》，中央文献出版社 2021 年版，第 138 页。

单位实行民主管理作出了具体的规定。18 个省（区、市）相继出台了有关企事业单位民主管理方面的 22 个地方性法规。现行宪法第十六条规定：“国有企业依照法律规定，通过职工代表大会和其他形式，实行民主管理。”第十七条规定：“集体经济组织实行民主管理，依照法律规定选举和罢免管理人员，决定经营管理的重大问题。”《中华人民共和国劳动法》第八条规定：“劳动者依照法律规定，通过职工大会、职工代表大会或者其他形式，参与民主管理或者就保护劳动者合法权益与用人单位进行平等协商。”工会法第三十五条规定：“国有企业职工代表大会是企业实行民主管理的基本形式，是职工行使民主管理权力的机构，依照法律规定行使职权。国有企业的工会委员会是职工代表大会的工作机构，负责职工代表大会的日常工作，检查、督促职工代表大会决议的执行。”第六条规定：“工会依照法律规定通过职工代表大会或者其他形式，组织职工参与本单位的民主决策、民主管理和民主监督。”第三十六条规定：“集体企业的工会委员会，应当支持和组织职工参加民主管理和民主监督，维护职工选举和罢免管理人员、决定经营管理的重大问题的权力。”第三十七条规定，上述规定以外的其他企业、事业单位的工会委员会，依照法律规定组织职工采取与企业、事业单位相适应的形式，参与企业、事业单位民主管理。第五十二条规定，“妨碍工会组织职工通过职工代表大会和其他形式依法行使民主权利的”，由县级以上人民政府责令改正，依法处理。《中华人民共和国公司法》第十八条规定：“公司依照宪法和有关法律的规定，通过职工代表大会或者其他形式，实行民主管理。”

企事业单位的管理过程包括决策、计划、组织、指挥、协调、控制等环节。企事业单位的民主管理要求在这些环节通过职工代表大会和工会保障职工的民主权利。企事业单位根据宪法法律和有关规定，普遍建立以职工代表大会为基本形式，以厂务公开制度、职工董事制度、职工监事制度为主要内容的民主管理制度。[①]

（一）决策和计划环节职工知情权、表达权保障

决策和计划环节的民主管理涉及职工知情权、表达权保障。公司法第十八条规定：“公司研究决定改制以及经营方面的重大问题、制定重要的

---

① 国务院新闻办公室：《中国的民主》，《人民日报》2021 年 12 月 5 日 005 版。

规章制度时，应当听取公司工会的意见，并通过职工代表大会或者其他形式听取职工的意见和建议。"工会法第三十八条规定，"企业、事业单位研究经营管理和发展的重大问题应当听取工会的意见"。为了保障职工对企业决策和计划的参与权，中国还建立了职工董事制度。公司法规定，两个以上的国有企业或者两个以上的其他国有投资主体投资设立的有限责任公司、国有独资公司、股份有限公司董事会成员中应当或可以有公司职工代表董事会中的职工代表由公司职工通过职工代表大会、职工大会或者其他形式民主选举产生。

（二）组织与指挥环节职工知情权、协商权、同意权保障

组织与指挥环节的民主管理涉及职工知情权、协商权、同意权保障。劳动合同法第四条规定："用人单位在制定、修改或者决定有关劳动报酬、工作时间、休息休假、劳动安全卫生、保险福利、职工培训、劳动纪律以及劳动定额管理等直接涉及劳动者切身利益的规章制度或者重大事项时，应当经职工代表大会或者全体职工讨论，提出方案和意见，与工会或者职工代表平等协商确定。"劳动法第三十三条和劳动合同法第五十一条规定："企业职工一方与企业可以就劳动报酬、工作时间、休息休假、劳动安全卫生、保险福利等事项，签订集体合同。集体合同草案应当提交职工代表大会或者全体职工讨论通过。"工会法第二十条规定："工会帮助、指导职工与企业以及实行企业化管理的事业单位签订劳动合同。工会代表职工与企业以及实行企业化管理的事业单位进行平等协商，签订集体合同。集体合同草案应当提交职工代表大会或者全体职工讨论通过。"工会法第三十八条规定："召开讨论有关工资、福利、劳动安全卫生、社会保险等涉及职工切身利益的会议，必须有工会代表参加。"公司法第十八条规定："公司工会代表职工就职工的劳动报酬、工作时间、福利、保险和劳动安全卫生等事项依法与公司签订集体合同。"

（三）协调与控制环节职工表达权、监督权保障

在协调与控制环节的民主管理涉及职工表达权和监督权保障。工会法第十九条规定："企业、事业单位违反职工代表大会制度和其他民主管理制度，工会有权要求纠正，保障职工依法行使民主管理的权利。"第二十一条规定："企业、事业单位处分职工，工会认为不适当的，有权提出意见。企业单方面解除职工劳动合同时，应当事先将理由通知工会，工会认

为企业违反法律、法规和有关合同，要求重新研究处理时，企业应当研究工会的意见，并将处理结果书面通知工会。"第二十二条规定，企业、事业单位违反劳动法律、法规规定，有克扣职工工资、不提供劳动安全卫生条件、随意延长劳动时间、侵犯女职工和未成年工特殊权益以及其他严重侵犯职工劳动权益的情形，工会应当代表职工与企业、事业单位交涉，要求企业、事业单位采取措施予以改正。第二十三条规定："工会依照国家规定对新建、扩建企业和技术改造工程中的劳动条件和安全卫生设施与主体工程同时设计、同时施工、同时投产使用进行监督。"第二十四条规定："工会发现企业违章指挥、强令工人冒险作业，或者生产过程中发现明显重大事故隐患和职业危害，有权提出解决的建议，企业应当及时研究答复；发现危及职工生命安全的情况时，工会有权向企业建议组织职工撤离危险现场，企业必须及时作出处理决定。"第二十五条规定："工会有权对企业、事业单位侵犯职工合法权益的问题进行调查，有关单位应当予以协助。"第二十六条规定："职工因工伤亡事故和其他严重危害职工健康问题的调查处理，必须有工会参加。工会应当向有关部门提出处理意见，并有权要求追究直接负责的主管人员和有关责任人员的责任。"工会法第二十七条规定："企业、事业单位发生停工、怠工事件，工会应当代表职工同企业、事业单位或者有关方面协商，反映职工的意见和要求并提出解决意见。"第二十八条规定："工会参加企业的劳动争议调解工作。地方劳动争议仲裁组织应当有同级工会代表参加。"劳动法第八十条规定："在用人单位内，可以设立劳动争议调解委员会。劳动争议调解委员会由职工代表、用人单位代表和工会代表组成。劳动争议调解委员会主任由工会代表担任。"为了保障职工对企业运行过程的表达权和监督权，中国还建立了职工监事制度。公司法规定，两个以上的国有企业或者两个以上的其他国有投资主体投资设立的有限责任公司、国有独资公司、股份有限公司监事会应当包括股东代表和适当比例的公司职工代表，其中职工代表的比例不得低于三分之一。监事会中的职工代表由公司职工通过职工代表大会、职工大会或者其他形式民主选举产生。

（四）厂务公开制度与职工知情权保障

为了保障职工在企业管理全过程中的知情权和监督权，中国企业广泛建立了厂务公开制度。厂务公开涉及企业管理的各个环节：在决策和计划环节，要求公开企业重大问题决策，包括企业发展目标和中长期发展规划、重大投资和生产经营重大决策方案、财务预决算、企业改制方案、兼并破产方案、重大技术改造方案、职工裁员、分流安置方案等。在组织与指挥环节，要求公开涉及职工切身利益的问题，包括职工工资、奖金分配、社会保障基金缴纳、劳动保护措施、职工培训计划、职称评定、奖惩晋级、农转非、计划生育指标安排、劳动用工、集体合同的签订等；公开企业干部的选拔、任用和管理，主要包括各岗位干部的任用条件、程序、结果，企业职工代表大会民主评议领导干部的标准、程序、结果、干部廉洁自律规定执行情况等。在协调与控制环节，要求公开企业经营状况，包括年度生产经营目标及完成情况、财产预决算、企业担保、大额资金使用、产品销售和盈亏情况、大宗物资采购供应，企业业务招待费使用情况等；以及企业干部收入和待遇情况，包括领导干部工资、奖励收入、年薪制实施及考核情况，住房、交通通讯工具的配置以及费用支出、出国境情况等。①

五　国际交往过程中涉及的民主参与权利

从层次上来说，全过程人民民主是全方位的，既包括了国内政治、政策、社会治理和企事业单位管理过程的民主，也包括了国际交往过程的民主。国际交往过程既涉及国家间政治交往，也涉及国家间经济、社会和文化交往。国际交往过程的民主要求体现为国际关系民主化。

提出国际关系民主化，针对的是国际关系中的强权政治和单边主义。少数国家漠视国际公理、践踏国际准则、违背国际民意，公然侵犯他国主权，干涉他国内政，动辄以大欺小、恃强凌弱，把"地球村"变成弱肉强食的原始丛林，使整个世界陷入动荡和战争，使整个人类面临毁灭的风险。

现代意义上的国际秩序，是近代以来随着西方资本主义的兴起和对外扩张而建立起来的，其基本态势是等级式结构，以强权和利益为基本原则，以战争和暴力为维护手段，并处于非稳定状态。尽管民主是近代欧洲启蒙运动的基本口号，被普遍视为近代资产阶级革命最具进步性的主张，

---

① 《厂务公开的内容和形式》，《工会博览》2006 年第 19 期。

但在国际关系中，西方列强从来没有试图将这一政治原则推及与其他国家和地区的相互关系中。直到 20 世纪初，国际关系的民主化进程才开始受到来自世界性社会主义运动和亚非民族解放运动两个主要方面的推动，建立国际新秩序的主张在此基础上逐步发展成为历史的潮流。[①]

国际关系民主化的总体要求，就是世界的命运应由各国人民共同掌握，国际规则应由各国共同制定，全球事务应由各国共同治理，发展成果应由各国共同分享。国际关系民主化要保障各国人民在国际交往过程中的民主权利。

国际交往过程包括组织与规范、交流与协商、合作与成果分配、管控冲突与防止战争等环节，它们涉及对各国自主选择权、平等参与权、自由表达权、平等协商权、共享发展成果权利、和平共处权利的保障。

（一）组织和规范环节各国自主选择权与平等参与权保障

国际交往中组织与规范环节的民主化，涉及各国自主选择权和平等参与权的保障。国际事务应由各国共同参与解决，不能由一个或几个大国操纵垄断。要保证所有国家拥有同等的发言权、投票权和规则制定权，公平参与国际事务，特别要"提升广大发展中国家在国际事务中的代表性和发言权"[②]。习近平指出："我们应该坚决维护联合国权威和地位，共同践行真正的多边主义，推动构建人类命运共同体，需要一个强有力的联合国，需要改革和建设全球治理体系。世界各国应该维护以联合国核心的国际体系、以国际法为基础的国际秩序、以联合国宪章宗旨和原则为基础的国际关系基本准则。国际规则只能由联合国 193 个会员国共同制定，不能由个别国家和国家集团来决定。国际规则应该由联合国 193 个会员国共同遵守，没有也不应该有例外。"[③]

（二）交流和协商环节各国自由表达权和平等协商权保障

交流与协商环节民主化，涉及各国的自由表达权和平等协商权的保

---

① 刘杰：《建立国际新秩序与实现国际关系民主化》，《毛泽东邓小平理论研究》2002 年第 3 期。

② 中共中央党史和文献研究院编：《习近平关于尊重和保障人权论述摘编》，中央文献出版社 2021 年版，第 196 页。

③ 习近平：《在中华人民共和国恢复联合国合法席位 50 周年纪念会议上的讲话》，《人民日报》2021 年 10 月 26 日 002 版。

障。应确保各国人民作出自主决定的权利，尊重和保障各国人民独立自主选择本国社会制度、发展道路的权利，任何国家不得以任何方式加以干涉和侵害。各国在处理国际事务上有自主表达主张的权利，不受强迫。在处理各国在国际事务上的观点分歧方面，要尊重文明多样性，通过平等协商共同解决国际问题。习近平指出"民主和人权是人类共同追求，同时必须尊重各国人民自主选择本国发展道路的权利。"①"各国都要遵循联合国宪章宗旨和原则，坚持国家不分大小、强弱、贫富一律平等，尊重世界文明多样性、发展道路多样化，推动国际关系民主化"②。

（三）合作和成果分配环节各国人民平等合作和成果共享权利保障

合作与成果分配环节的民主化，涉及各国人民平等合作和共享发展成果权利的保障。国际关系民主化包括国际政治关系民主化和国际经济关系民主化。国际经济关系民主化要求国际社会在平等互利的基础上加强南北合作和南南合作。发达国家有责任采取切实措施，帮助发展中国家实现发展目标，使南北双方在全球化中均衡受益，避免造成更大的贫富差距，加剧南北矛盾。这要求在处理利益关系上坚持合作共赢、共同发展、成果共享。习近平指出："我们主张，各国和各国人民应该共同享受发展成果。每个国家在谋求自身发展的同时，要积极促进其他各国共同发展。世界长期发展不可能建立在一批国家越来越富裕而另一批国家却长期贫穷落后的基础之上。只有各国共同发展了，世界才能更好发展。那种以邻为壑、转嫁危机、损人利己的做法既不道德，也难持久。"③

（四）管控冲突环节各国主权完整与不受强迫权利保障

如果各国间在利益分配方面出现尖锐对立，未能通过协商缩小分歧并达成一定共识，就会出现紧张对抗状态，面临爆发国家间冲突甚至战争的危险。在这种情况下，管控冲突并防止战争就成为国际交往中一个后续阶段，它涉及尊重各国主权、维护国家间和平共处的权利。管控冲突以尊重

---

① 中共中央党史和文献研究院编：《习近平关于尊重和保障人权论述摘编》，中央文献出版社 2021 年版，第 164 页。

② 中共中央党史和文献研究院编：《习近平关于尊重和保障人权论述摘编》，中央文献出版社 2021 年版，第 162 页。

③ 中共中央党史和文献研究院编：《习近平关于尊重和保障人权论述摘编》，中央文献出版社 2021 年版，第 161—162 页。

各国主权为原则，以平等协商为路径，以维护国家间和平共处为目的。《联合国宪章》明文规定了国家主权平等和不干涉内政原则，不能以大欺小，以富压贫，以强凌弱。联合国通过了一系列反对采取单边强制措施的决议，"单边强制措施"一词通常指一国为迫使另一国改变政策而采取的经济措施。这些措施包括禁运、中断输出国与目的国之间的金融和投资活动等形式的贸易制裁。联合国大会和人权理事会反复指出了单边强制措施对充分享受人权的负面影响，1993 年世界人权会议通过的《维也纳宣言和行动纲领》号召各国"避免采取不符合国际法和《联合国宪章》，为各国间贸易制造障碍，妨碍充分实现《世界人权宣言》和国际人权文书所列人权，特别是人人享有对其健康和福利包括粮食和医疗保健及必要社会服务而言适足的生活水平的权利的单方面措施"。① 2020 年 10 月 5 日，中国驻联合国大使张军在联合国大会第三委员会一般性辩论中代表 26 个国家发言指出，单边强制措施违反《联合国宪章》宗旨和原则、国际法、多边主义和国际关系基本准则；对人权造成不可否认的影响，有碍充分实现社会经济发展，有损受影响国家民众的福祉；损害健康权，阻碍人们获得药物、医疗技术、设备及物资，呼吁立即彻底取消单边强制措施。② 习近平指出，"要相互尊重、平等协商，坚决摒弃冷战思维和强权政治，走对话而不对抗、结伴而不结盟的国与国交往新路。要坚持以对话解决争端、以协商化解分歧"③。

六　推进全过程人民民主与民主参与权利保障的精细化

在政治过程、政策过程、城乡社区治理过程、企事业单位管理过程和国际交往过程全面推进民主建设，需要更加精准和有效地保障人民在这五个过程中所享有的民主参与权利。

首先，推进全过程人民民主建设，需要更精细地区分在这五个过程中

---

① 《单方面强制措施与人权》，联合国人权高专办网站，https：//ohchr. org/CH/NewsEvents/Seminars/Pages/WorkshopCoerciveMeasures. aspx。2022 年 1 月 24 日访问。

② 《中国代表 26 个国家在联大批评美西方国家侵犯人权》，《人民日报》2020 年 10 月 7 日 03 版。

③ 中共中央党史和文献研究院编：《习近平关于尊重和保障人权论述摘编》，中央文献出版社 2021 年版，第 161—162 页。

需要保障的不同民主参与权利。中国在总结人民所享有的民主权利时，通常都将其概括为选举权、知情权、参与权、表达权、监督权。然而，要全面推进全过程人民民主，就需要更精细地区分每个过程所保障的不同民主权利，更精细地区分在每个过程的不同环节需要保障的不同的民主权利。同样一项权利，在不同过程的不同环节会具有不同的内容和限度。例如，同样是知情权、参与权、表达权和监督权，在政治过程、政策过程、社区治理过程、企事业管理过程中就有不同的指向和内容；在政治过程中的选举、立法、执法和司法等不同环节也有不同的内容和要求。更精细地区分不同过程和不同环节所涉及的民主权利，有助于发现在这些过程中民主权利保障的缺失或不足，从而可以更有针对性地加强相关过程和环节的民主权利保障。

其次，推进全过程人民民主建设，需要进一步完善相关的民主制度和民主权利保障。如上所述，中国在全过程人民民主方面已经建立了一系列相关制度，但是有些领域还缺乏统一的制度规定，如对企事业单位管理中的职工代表大会制度还缺乏统一的规定，关于各个过程中的民主协商也缺乏制度化的规则，在保障监督权方面需要进一步健全和完善信访制度、申诉制度、检举和控告制度、问责制定等。

再次，推进全过程人民民主建设，不仅要求建立和完善相关的民主制度和民主权利保障制度，而且需要建立和完善使民主制度在实际运行过程中顺利实施、使民主权利保障制度在实际运行过程中得以充分实现的有效机制。例如，虽然城市居民委员会组织法已经规定了居民委员会组成人员由选举产生，但由于中国城市社区的庞大规模和复杂情况，仍然缺乏使选举过程有效实施的具体机制。近些年来，各地在协商民主方面探索了大量行之有效的机制，需要加以总结、完善和推广。从总体上来说，需要完善公众知情的发布和申请机制、各方意见的汇集与共识形成机制、参与的代表和负责机制、不同利益的协商机制、主张分歧的管理机制、抉择的投票机制、监督的质询机制，以及党对民主过程的领导协调机制。

又次，推进全过程人民民主建设，不仅需要建立完善的制度和有效的机制，还需要提升人民的民主能力。中共中央、国务院《关于加强和完善城乡社区治理的意见》提出："增强社区居民参与能力。……支持和帮助居民群众养成协商意识、掌握协商方法、提高协商能力，推动形成既有民主又有集中、既尊重多数人意愿又保护少数人合法权益的城乡社区协商机制。"① 民主制度和机制的实际运行，需要具有民主实践能力的人。在民主实践过程中，会面临各种利益、各种权利以及权力和权利之间的权衡，这就要求民主过程的实践者具备广阔的视野、全面的权利知识和丰富的实践经验。这不仅要求对人民进行更生动具体全面的民主教育，而且需要民众在反复的民主实践中积累经验、增长技能，使得全过程人民民主的实现不仅能够保障人民的民主权利，而且可以提升决策效率和决策质量，协调促进各方利益的实现，维护社会稳定，增强国家应对各种风险的能力。

最后，推进全过程人民民主建设，需要建立民主效果的评价体系和机制，通过对民主实施效果的评价，不断完善民主机制和实施方法。中共中央、国务院《关于加强和完善城乡社区治理的意见》提出，要"逐步建立以社区居民满意度为主要衡量标准的社区治理评价体系和评价结果公开机制"②。习近平指出："评价一个国家是不是民主的、有效的，主要看国家领导层能否依法有序更替，全体人民能否依法管理国家事务和社会事务、管理经济和文化事业，人民群众能否畅通表达利益要求，社会各方面能否有效参与国家政治生活，国家决策能否实现科学化、民主化，各方面人才能否通过公平竞争进入国家领导和管理体系，执政党能否依照宪法法律规定实现对国家事务的领导，权力运用能否得到有效制约和监督。"③这为对民主实施效果的评价指明了方向。

综述上所述，推进全过程人民民主对中国的民主建设提出了更高的要求，需要我们从意识、制度、机制、实践能力等各方面提升人民民主参与权利的保障水平，使民主在中国的大地上绽放出更加绚丽的光彩。

---

① 《中国中央　国务院关于加强和完善城乡社区治理的意见》，2017 年 6 月 12 日，中央政府网站，http：//www.gov.cn/zhengce/2017－06/12/content_ 5201910.htm。

② 《中国中央　国务院关于加强和完善城乡社区治理的意见》，2017 年 6 月 12 日，中央政府网站，http：//www.gov.cn/zhengce/2017－06/12/content_ 5201910.htm。

③ 中共中央党史和文献研究院编：《习近平关于尊重和保障人权论述摘编》，中央文献出版社 2021 年版，第 25—26 页。

第五章　作为条件的自主原则和自由权利

第一节　自由权的内容与地位

一　自主原则与自由权

关于自主原则和自由权，学者们有不同的认识。詹姆斯·格里芬认为，自主是不受某些其他人或其他事物的主导或控制来选择自己的人生道路，而自由是指自由地沿着这样的道路前进。① 张晓玲认为："就社会属性而言，自由是相对于他人而言的一种生存状态，是指不受任何其他社会主体干扰、束缚、自由自在地生活。"② 朱力宇和叶传星也认为，社会意义上的自由强调的是人在生活和社会交往实践中的自由，它是指不受他人干涉地去做某事。但他们进一步认为自由应当包含着消极和积极两个方面，这两个方面的恰当结合才塑造自由的全貌。自由的消极方面强调的是反对外在干涉和支配，这其中已经包含了对个人选择自主性的尊重。自由的积极方面强调对自己选择和决定的负责精神，涉及理性地对待自己欲望的自我克制精神，要求通过自由、自主和自我负责精神而展示人的主体性。法律意义上的自由权是社会自由的一个特殊方面，它是指做法律所确认的一切事情的权利。③

自由不是孤立个人的自由，而是在一定社会关系中的自由。自由作为所有人都普遍享有的基本人权，每个人对自由权利的行使必须要以不损害他人行使同样的自由权利为限。正如英国哲学家洛克指出的："自由，正

---

① J. Griffin, *On Human Rights*, Oxford：Oxford University Press，2008，p. 149.
② 张晓玲主编：《人权法学》，中国中央党校出版社2014年版，第89页。
③ 朱力宇、叶传星：《人权法》，中国人民大学出版社2017年版，第169—172页。

如人们告诉我们的，并非人人爱怎样就可怎样的那种自由（当其他任何人的一时高兴可以支配一个人的时候，谁能自由呢？），而是在他所受约束的法律许可范围内，随其所欲地处置或安排他的人身、行动、财富和他的全部财产的那种自由，在这个范围内他不受另一个人的任意意志的支配，而是可以自由地遵循他自己的意志。"① 也正是在这个意义上，法国《人权和公民权宣言》第 4 条指出："自由就是指有权从事一切无害于他人的行为。因此，各人的自然权利的行使，只以保证社会上其他成员能享有同样权利为限制。此等限制仅得由法律规定之。"

　　马克思指出："自由是可以做和可以从事任何不损害他人的事情的权利。每个人能够不损害他人而进行活动的界限是由法律规定的，正像两块田地之间的界限是由界桩确定的一样。"② 德国法学家阿克塞尔·霍耐特（Axel Honneth）对自由的这种人际限制作出了这样的分析。他指出："建立在自由主义自由和社会共有权利所创建的社会存在基础上的私人自治，在现代社会中形成了个人自由的一种特殊类型：个人对外享有国家保障的受法律保护的个人权利，因而保证了他免受国家或其他的活动者侵犯的权利；而同时在个人的内部却展开了一个对他人生目标进行纯粹的自我反省。'私人自治'就意味着，一个权利主体有权支配一个普遍公认的、由法律予以保护的空间，并允许他在这个空间中卸去所有的社会义务和责任，以一种没有负担的自我反省，来思考和确定他的个人喜好和价值取向；在这个意义上，设立一个个人的隐私区域，是法定自由的核心。"③ 但他进一步指出，这种个人的自由实践并没有在本质上提供新的行动条件，而它的目的却是以丰富的义务关系为内容，因此它们这种按情况而定的特点，仅仅表达了自由的"可能性"，它对现有的互动关系起着保持距离、进行检验或干脆拒绝的效用，并不能从它们的自身出发在社会世界内部造就一种主体互动共有的现实性。与此相反，"自由的'真实性'，如我们所看见的那样，只存在于那些地方，即主体各自在相互承认中相遇，并且都能够将他们对自己行动的实施看做是对方行动目标实现的条件；只

---

　　① ［英］洛克：《政府论》（下篇），瞿菊农、叶启芳译，商务印书馆 1982 年版，第 36 页。

　　② 《马克思恩格斯文集》第 1 卷，人民出版社 2009 年版，第 40 页。

　　③ ［英］阿克塞尔·霍耐特：《自由的权利》，王旭译，社会科学文献出版社 2013 年版，第129 页。

有在这样的条件下，主体才能够实现他们的意图，体验完全不受强制因而是已经实现的'自由'，也就是说在社会真实性的内部，一个主体受到其他主体的欢迎和期望。"①

从以人的发展为导向的人权理论的视角出发，我们将自主原则规定为保障主体在法律规定的限度内不受干扰地选择社会参与方式，将自由权规定为主体享有在法律规定的限度内不受阻挠地从事社会参与的权利。

二　自主原则和自由权在人权体系中的地位

对于自主原则和自由权在人权体系中的地位，多数学者都将其视为人权中的核心权利之一。

詹姆斯·格里芬认为，自主、自由和生存作为三位一体的最低限度的规定性要求，构成了"最高层次"的人权。②

但自由权究竟是一种工具性的权利还是目的性的权利，学者们持有不同的观点。一些学者将自由权视为实现人的发展的工具。如张晓玲认为，自由是个人摆脱动物本能束缚的根本前提，是政治民主的必要条件，它使人具有高度的主动性、积极性和创造性，是人类和人类社会自我完善与发展的动力。③ 另一些学者认为，自由权是人权的目的。如齐延平认为："自由权是人权保障的根本目的，平等权为人权保障提供了制度构架，财产权是人权实现的物质基础，生存权为人权保障提供了底线条件，发展权代表了人权发展的趋势和方向。"④ 还有一些学者认为自由权既具有工具性，又具有目的性。如朱力宇和叶传星认为，自由权既有工具性价值，自由本身也是一种值得追求的"基本善"。作为工具，一方面，自由是社会发展和进步的根本条件，甚至在一定意义上可以说是追求一切有价值之物的条件，即追寻一切价值的前提；另一方面，自由是人的自我完善和自我实现的必由之路，享受自由是人的自我实现的一部分，大大拓展了人全面

① ［英］阿克塞尔·霍耐特：《自由的权利》，王旭译，社会科学文献出版社2013年版，第195页。

② J. Griffin, *On Human Rights*, Oxford: Oxford University Press, 2008, p. 149, https://doi.org/10.1093/acprof: oso/9780199238781.001.0001.

③ 张晓玲主张：《人权法学》，中共中央党校出版社2014年版，第89—90页。

④ 齐延平等：《人权观念的演进》，山东大学出版社2015年版，第68—69页。

发展的潜力，激发个人的独创精神。作为基本善，自由是提升人的尊严的基本方式，也是人的尊严的一部分。尊崇自由和自由权，在于相信自由本身即目的，而不仅仅因为自由是达到其他功利目的的手段。① 他们进一步认为，自由权是最早被纳入人权体系之中的基本权利，也是最典型的人权。至今，人权的核心内容仍然是自由权。②

从以人的发展为导向的人权理论出发，自由权本身并不是目的，而是实现作为目的性权利的发展权的条件。自由主要涉及自主地选择参与各领域社会生活的方式，而自由地参与社会生活是实现人的自由发展的手段。因为，我们不主张将自由作为目的性权利，而将其作为人权中的条件性权利。

三　自由权的内容

关于自由权的内容，学者们强调的重点有所不同。在西方学术界，以洛克为代表的英美学者强调社会个体不受国家干预的权利，并力图用法律制度的形式对此加以确认和保障。以卢梭为代表的欧洲大陆学者则强调社会个体参与政治生活和公共生活的权利。③

中国学者们对自由权的内容作出了不同的概括。张晓玲认为，就公民自由权的形式而言，可以分为五种类别，包括人身自由、政治自由或意志表达自由，宗教信仰自由，文化活动自由、婚姻自由。④ 朱力宇和叶传星认为，自由权主要包括身心自由权、私生活自由权、社会交往自由权、政治自由权、经济自由权。⑤

从以人的发展为导向的人权理论出发，我们强调自由是对社会参与方式的规定性要求，因此按照领域来分，可以将自由权分为经济参与自由、政治参与自由、社会参与自由、文化参与自由。同时，作为自由参与的前提，需要有人身自由和精神自由的保障。

---

① 朱力宇、叶传星：《人权法》，中国人民大学出版社 2017 年版，第 176—177 页。
② 朱力宇、叶传星：《人权法》，中国人民大学出版社 2017 年版，第 173 页。
③ 王金玉：《德沃金视野中的自由权与平等权》，《人民论坛·学术前沿》2010 年 6 月中期。
④ 张晓玲主张：《人权法学》，中国中央党校出版社 2014 年版，第 93 页。
⑤ 朱力宇、叶传星：《人权法》，中国人民大学出版社 2017 年版，第 176 页。

第二节　深化改革拓宽自主和自由参与的空间

对自主参与权的保障涉及各个领域。中国通过深化改革,不断强化对自主参与权的保障。这些改革措施主要涉及对人身自由的司法保护,通过健全现代市场体系促进商品和要素自由有序流通,通过户籍制度改革保障迁徙自由,通过行政体制改革给公民更多的自由选择空间,通过科技制度发展激发自主创新动力,强化知识产权、隐私权和宗教信仰自由的保护等等。

一　强化对人身自由的司法保护

中国推进以审判为中心的刑事诉讼制度改革,严格贯彻罪刑法定、证据裁判、非法证据排除等法律原则,完善出庭作证机制,强化庭审功能。充分保障犯罪嫌疑人和被告人的辩护权,犯罪嫌疑人自被侦查机关第一次讯问或者被采取强制措施之日起,有权委托辩护人,被告人有权随时委托辩护人;开展法律援助值班律师和刑事案件律师辩护全覆盖试点工作,实现法院、看守所法律援助工作站全覆盖,努力保障所有刑事案件被告人在审判阶段都能获得律师辩护和帮助。①

严格落实刑事诉讼法关于非法证据排除规则的规定,明确了需要进行录音录像的案件范围、录制要求等,检察机关和公安机关在讯问职务犯罪案件,可能判处无期徒刑、死刑的案件,以及其他重大犯罪案件的嫌疑人时实行全程同步录音录像,规范侦查讯问活动。发布实施《关于办理刑事案件严格排除非法证据若干问题的规定》,明确了刑事诉讼各环节非法证据的认定标准和排除程序,将以威胁、非法限制人身自由方法收集的证据纳入非法证据排除规则的适用对象,确立了重复性排除规则,强化了辩护人的非法证据排除权,明确了庭前会议对证据收集是否合法的初步审查功能,明确了非法获取的证人证言和被害人陈述以及实物证据的排除规则和当庭裁决原则。②

---

① 国务院新闻办公室:《为人民谋幸福:新中国人权事业发展 70 年》,人民出版社 2019 年版,第 43 页。

② 国务院新闻办公室:《中国人权法治化保障的新进展》(白皮书),人民出版社 2017 年版。

防范和纠正冤假错案。公安部发布《关于进一步加强和改进刑事执法办案工作切实防止发生冤假错案的通知》等文件，深化错案预防机制制度建设，完善执法制度和办案标准，强化案件审核把关，规范考评奖惩，从源头上防止冤假错案的发生。司法部发布《关于进一步发挥司法鉴定制度作用防止冤假错案的意见》，全面加强司法鉴定管理，进一步规范司法鉴定活动。最高人民检察院发布《关于切实履行检察职能防止和纠正冤假错案的若干意见》，严把事实关、程序关和法律适用关，健全检察环节错案发现、纠正、防范和责任追究机制。最高人民法院发布《关于建立健全防范刑事冤假错案工作机制的意见》，规定对定罪证据不足的案件应当依法宣告被告人无罪，确保无罪的人不受刑事追究。各级法院依据事实和法律公正审判，并对冤假错案进行依法纠正。[①] 2013 年至 2019 年 3 月，各级人民法院依法对 5876 名被告人宣告无罪，确保无罪的人不受刑事追究；再审改判刑事案件 8568 件，其中依法纠正呼格吉勒图案、聂树斌案、"五周案"等重大冤错案件 49 件，并依法予以国家赔偿。[②]

国家建立健全权利救济和救助制度，畅通国家赔偿请求渠道，扩大赔偿范围，明确举证责任，增加精神损害赔偿，提高赔偿标准，保障赔偿金及时支付，进一步完善行政赔偿、刑事赔偿和非刑事司法赔偿制度。国家刑事赔偿标准随经济社会发展不断提高，侵犯公民人身自由权每日赔偿金额从 1995 年的 17.16 元人民币，上升到 2019 年的 315.94 元人民币。2013 年至 2019 年 3 月，各级人民法院审结国家赔偿案件 61978 件。健全完善国家司法救助制度，设立司法救助委员会，积极推动司法救助与社会救助、法律援助的衔接，帮助无法获得有效赔偿的受害人摆脱生活困境。2015 年至 2018 年，对生活困难当事人发放司法救助款 37.5 亿元。[③]

保障律师执业权利。律师执业权利保障水平，关系到当事人权利能否得到有效维护，关系到法律能否得到准确实施。中国制定或修改了多部法律法规和文件，律师的执业权利正在得到越来越充分的尊重和保障。发布

---

① 国务院新闻办公室：《中国人权法治化保障的新进展》（白皮书），人民出版社 2017 年版。
② 国务院新闻办公室：《为人民谋幸福：新中国人权事业发展 70 年》，人民出版社 2019 年版，第 44 页。
③ 国务院新闻办公室：《为人民谋幸福：新中国人权事业发展 70 年》，人民出版社 2019 年版，第 45 页。

《关于深化律师制度改革的意见》《关于依法保障律师执业权利的规定》
《关于建立健全维护律师执业权利快速联动处置机制的通知》《关于进一步
做好保障律师执业权利相关工作的通知》《关于开展刑事案件律师辩护全覆盖
试点工作的办法》等，对律师执业权利保障规定了多层次的措施，着力解决
当前律师权利保障中存在的突出问题，进一步明确了各部门对律师执业权利
和人身权利的保障职责。最高人民法院开通律师服务平台，实现网上立案、
网上阅卷、联系法官等功能，为律师行使执业权利提供便利条件。①

　　保障犯罪嫌疑人、被告人、服刑人合法权利。完善对在押犯罪嫌疑
人、被告人强制措施的解除和变更程序，减少羁押性强制措施适用，各级
检察机关对不构成犯罪或证据不足的，依法决定不批捕或不起诉，对认为
确有错误的刑事裁判依法提出抗诉。2012 年至 2016 年，全国检察机关对
不需要继续羁押的 12552 名犯罪嫌疑人建议释放或者变更强制措施。2016
年，各级检察机关对侦查机关不应当立案而立案的，督促撤案 10661 件；
监督纠正违法取证、违法适用强制措施等侦查活动违法情形 34230 件；对
不构成犯罪或证据不足的，不批准逮捕 132081 人，不起诉 26670 人；对
认为确有错误的刑事裁判提出抗诉 7185 件。改善羁押和监管条件，加强
看守所和监狱的建设和管理，保障被羁押人、服刑人的人身安全和其他合
法权利不受侵犯。截至 2017 年 6 月，全国看守所普遍建立被羁押人心理
咨询室，有 2501 个看守所实现留所服刑罪犯互联网双向视频会见；全国
2400 多个看守所建立了法律援助工作站，为在押人员提供法律帮助。截
至 2016 年，全国看守所均建立了在押人员投诉处理机制，有 2489 个看守
所聘请了特邀监督员。完善刑罚执行制度，健全社区矫正制度。截至
2017 年 6 月，各地累计接收社区矫正对象 343.6 万人，累计解除社区矫
正 273.6 万人，现有社区矫正对象 70 万人。全国共建立县（区）社区矫
正中心 2075 个。现有社区服务基地 25278 个，教育基地 9373 个，就业基
地 8272 个，社区矫正小组 68.7 万个。社区矫正对象在矫正期间的重新违
法犯罪率为 0.2%。②

---

① 国务院新闻办公室：《中国人权法治化保障的新进展》（白皮书），人民出版社 2017 年版。
② 国务院新闻办公室：《中国人权法治化保障的新进展》（白皮书），2017 年 12 月，国务
院新闻办网站：http://www.scio.gov.cn/zfbps/ndhf/36088/Document/1613510/1613510.htm。

2020 年通过的《中华人民共和国民典法》第 1003 条规定："自然人的身体完整和行动自由受法律保护。"第 1011 条规定："以非法拘禁等方式剥夺、限制他人的行动自由，或者非法搜查他人身体的，受害人有权依法请求行为人承担民事责任。"

二　健全现代市场体系促进商品和要素自由有序流通

"十三五"规划提出要"健全现代市场体系"："加快形成统一开放、竞争有序的市场体系，建立公平竞争保障机制，打破地域分割和行业垄断，着力清除市场壁垒，促进商品和要素自由有序流动、平等交换。"[①]在要素市场体系建设方面，"十三五"规划提出，要推进农村集体经营性建设用地与国有建设用地同等入市、同权同价；开展宅基地融资抵押、适度流转、自愿有偿退出试点；统筹人力资源市场，实行平等就业制度；加强各类技术交易平台建设，健全技术市场交易规则，鼓励技术中介服务机构发展。在推进价格机制改革方面，"十三五"规划提出，要"减少政府对价格形成的干预，全面放开竞争性领域商品和服务价格，放开电力、石油、天然气、交通运输、电信等领域竞争性环节价格"。在维护公平竞争方面，"十三五"规划提出："清理废除妨碍统一市场和公平竞争的各种规定和做法。健全竞争政策，完善市场竞争规则，实施公平竞争审查制度。放宽市场准入，健全市场退出机制。"[②]

三　改革户籍制度保障迁徙自由

户籍制度是一项基本的国家行政制度。中国是一个人口大国，对户籍制度的管理一直是国家的一件大事。与计划经济模式相对应，我们曾长期实施城乡分割的二元户籍制度，限制和控制农村人口流向城市，同时也限制城市间的人口流动。从 20 世纪 90 年代中后期到 2016 年，上海、深圳、广州、天津等城市曾实施蓝印户口政策，进入 21 世纪以来，很多地方又实施了积分落户政策。

2013 年 11 月，《中共中央关于全面深化改革若干重大问题的决定》

[①]《中华人民共和国国民经济和社会发展第十三个五年规划纲要》，人民出版社 2016 年版。

[②]《中华人民共和国国民经济和社会发展第十三个五年规划纲要》，人民出版社 2016 年版。

指出，要"创新人口管理，加快户籍制度改革，全面放开建制镇和小城市落户限制，有序放开中等城市落户限制，合理确定大城市落户条件，严格控制特大城市人口规模"。

2014 年 7 月，国务院《关于进一步推进户籍制度改革的意见》正式公布。截至 2016 年 12 月，全国 31 个省份已出台户籍改革方案。①

国家"十三五"规划纲要提出要深化户籍制度改革，实施居住证制度，"保障居住证持有人在居住地享有义务教育、公共就业服务、公共卫生服务等国家规定的基本公共服务。鼓励各级政府不断扩大对居住证持有人的公共服务范围并提高服务标准，缩小与户籍人口的差距"②。

党的十九大报告提出，要破除妨碍劳动力、人才社会性流动的体制机制弊端，使人人都有通过辛勤劳动实现自身发展的机会。

2019 年 12 月 25 日，中共中央办公厅、国务院办公厅印发了《关于促进劳动力和人才社会性流动体制机制改革的意见》，提出以户籍制度和公共服务牵引区域流动；全面取消城区常住人口 300 万以下的城市落户限制，全面放宽城区常住人口 300 万至 500 万的大城市落户条件；完善城区常住人口 500 万以上的超大特大城市积分落户政策，精简积分项目，确保社会保险缴纳年限和居住年限分数占主要比例；推进基本公共服务均等化，常住人口享有与户籍人口同等的教育、就业创业、社会保险、医疗卫生、住房保障等基本公共服务；稳妥有序探索推进门诊费用异地直接结算，提升就医费用报销便利程度；进一步发挥城镇化促进劳动力和人才社会性流动的作用，全面落实支持农业转移人口市民化的财政政策，推动城镇建设用地增加规模与吸纳农业转移人口落户数量挂钩，推动中央预算内投资安排向吸纳农业转移人口落户数量较多的城镇倾斜。③

梳理各地方案及相关配套措施可以发现有如下具有共性的内容：

---

① 秦交锋、徐海涛、许茹、李劲峰："31 省份户籍改革方案出齐　取消农叶户口会否影响权益"，《半月谈》，2016 年 12 月。

② 《中华人民共和国国民经济和社会发展第十三个五年规划纲要》，人民出版社 2016 年版。

③ 中共中央办公厅、国务院办公厅：关于促进劳动力和人才社会性流动体制机制改革的意见》，2019 年 12 月 25 日，中央政府门户网站：http://www.gov.cn/zhengce/2019 - 12/25/content_5463978.htm。

（1）取消农业户口与非农业户口性质的区分，统一登记为居民户口，实施居住证制度。（2）强化对流动人口的管理和服务，加强流动人口信息采集和登记工作，加强出租房屋管理。广州等地出台租售同权政策。（3）强化数字化管理和服务，分类完善劳动就业、教育、收入、社保、房产、信用、卫生计生、税务、婚姻、民族等信息系统，建设大数据人口动态监测平台。（4）在整体逐步放宽的导向下，优化城市可承载能力与城市人口规模的合理调控，北京、上海等特大城市和大城市推行和完善积分落户政策，部分地区全面放开大中小城市和建制镇落户限制。①

户籍制度的改革对于保障居民的平等权具有重要的意义。户籍制度的主要功能由原来的对城乡人口进行性质上和社会管理上的区分，转型为更强调人口登记功能，主体功能主要定位于依法收集、确认、登记公民出生、死亡、亲属关系、法定地址等公民人口基本信息，以保障公民在就业、教育、社会福利等方面的权益，打破了长期以来的城乡户籍壁垒，是以个人为本位的更人性化、更平等的人口管理方式。居住证持有者可以平等、便捷地享受政府提供的基本公共服务体系，依法享有劳动就业、参加社会保险、缴存提取和使用住房公积金等权利，按照规定享有义务教育、基本公共就业、基本公共卫生和计划生育、公共文化体育、法律援助等基本公共服务，对于人们合法享有相关权益具有基础性意义。

根据国家统计局 2022 年发布的统计公报，2021 年年末全国人口141260 万人，其中城镇常住人口 91425 万人。全国人户分离的人口 5.04亿人，其中流动人口 3.85 亿人。年末全国常住人口城镇化率为64.72%。② 2017—2021 年常住人口城镇化率如图 5 - 1 所示。

四　改革行政体制给个人自由开放更多空间

"十三五"规划提出，要深化行政管理体制改革，"加快政府职能转变，持续推进简政放权、放管结合、优化服务，提高行政效能，激发市场

---

① 张尼："30 省份启动户籍改革　你们那里落户门槛有多高"，中国新闻网：http：//www.chinanews.com/gn/2016/09 - 21/8009457.shtml，访问时间：2017 年 8 月 28 日。

② 国家统计局：《中华人民共和国 2021 年国民经济和社会发展统计公报》，中国统计出版社 2022 年版。

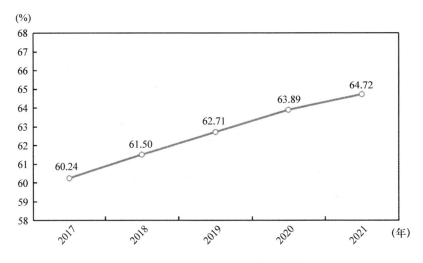

图 5 - 1　2017—2022 年常住人口城镇化率

资料来源：国家统计局：《中华人民共和国 2021 年国民经济和社会发展统计公报》，中国统计出版社 2022 年版。

活力和社会创造力"①。在简政放权方面，"十三五"规划提出，要"建立健全权力清单、责任清单、负面清单管理模式，划定政府与市场、社会的权责边界。深化行政审批制度改革，最大限度减少政府对企业经营的干预，最大限度缩减政府审批范围"②。

权力清单制度，就是政府及其部门在对其所行使的公共权力进行全面梳理的基础上，依法界定每个部门、每个岗位的职责与权限，然后将职权目录、实施主体、相关法律依据、具体办理流程等以清单方式进行列举和图解，并公之于众。

权利清单制度早在党的十八大之前就已提上政府改革日程。政府权力清单制度发端于 2000 年前后国内启动的对行政机关具体行政行为全面规范的工作，特别是 2003 年《行政许可法》以及 2004 年《全面推进依法行政实施纲要》的颁布，对依法行政作出全面规划和安排。2007 年通过的《政府信息公开条例》确立了政府信息除法定例外均应当予以公开的

---

① 《中华人民共和国国民经济和社会发展第十三个五年规划纲要》，人民出版社 2016 年版。
② 《中华人民共和国国民经济和社会发展第十三个五年规划纲要》，人民出版社 2016 年版。

制度，《政府信息公开条例》是向社会公众公开政府权力清单的法律依据。自 2008 年始，全国政务公开领导小组将推进行政权力运行的公开透明列为全国政务公开的要点。随着规定行政权力的相关法律规范不断增多，有的地方行政机关为了明确自己行政职权的范围，行政职责的内容，从而依法行使自己的行政职权，积极履行自己的行政职责，开始进行权力清单制度的初步探索。

此后，四川、浙江等全国多个省市在本辖区范围内开展公开政府权力清单的试点工作，并在探索和总结有益经验的基础上逐步推广，为政府权力清单制度奠定了实践基础。

自 2013 年开始，中共中央、国务院相继公布相关文件，逐步推行权力清单制度建设。2013 年中共中央、国务院《关于地方政府职能转变和机构改革的意见》指出："梳理各级政府部门的行政职权，公布权力清单，规范行政裁量权，明确责任主体和权力运行流程。"标志着权力清单制度的试验得到中央认可，并开始自上而下推广经验。

2013 年 11 月，党的十八届三中全会通过《中共中央关于全面深化改革若干重大问题的决定》，指出"推行地方政府及工作部门权力清单制度，依法公开权力运行流程"，将实践层面的探索上升为对行政主体的普遍要求，对政府权力清单的布局探索和实践开始转化为一项正式制度。2014 年 2 月，国务院首次向社会公开了权力清单。此次公开的权力清单主要是国务院各部门正在实施的各种行政审批事项。2014 年 10 月召开的党的十八届四中全会通过的《中共中央关于全面推进依法治国若干重大问题的决定》明确提出："加快建设职能科学、权责法定、执法严明、公开公正、廉洁高效、守法诚信的法治政府。"关于如何加快建设法治政府，该决定提出了依法全面履行政府职能、健全依法决策机制等六个方面的具体要求。而"推行政府权力清单制度，坚决消除权力设租寻租空间"是实现全面履行政府职能的重要措施，也是加快建设法治政府的重要内容。

2015 年 3 月 24 日，中共中央办公厅、国务院办公厅发布《关于推行地方各级政府工作部门权力清单制度的指导意见》，该指导意见明确规定政府权力清单制度的工作目标、实施范围等方面的基本要求，推行这一制度的主要任务，以及组织实施此项制度的基本原则等内容。随后，各级政府工作部门相继公布了各自的权力清单。权力清单制度建设取得成效显著、进展迅速。

权力清单要求政府各工作部门合法确权后编制权力清单、绘制权力运行流程图等，并将其公开，接受社会监督。权力清单罗列清晰，表述通俗，为公民监督政府权力的行使提供便利的渠道和参考依据。可以看出，权力清单制度是让公众看得见的行政机构内部的优化改革，是政府信息公开的制度建设，目的是使政府在阳光下行使权力，从而保障公民的监督权。基于服务公众和有限政府的理念，权力清单规定"法无授权不可为"，由此衍生出来的责任清单明晰"法定职责必须为"，通过逆向思维的负面清单实现"法无禁止即可为"。也就是说，权力清单制度通过合法确权划定行政权力的合法行使范围。对于法律未授予的领域，行政行为不得擅自进入；对于未能依据清单行使权力的行为，可追求其法定责任；对于负面清单未禁止的活动，公众享有充分的自由权①。

推行权力清单制度就是政府及其部门在对行使的权力进行全面梳理的基础上，依法界定每个部门、每个岗位的职责与权限，然后将职权目录、实施主体、相关法律依据、具体办理流程等以清单方式进行列举和图解，并公之于众。其实质就是规范行政权力透明公开运行、便于公众配合管理及接受服务、强化对行政权力的监督。党的十八大报告提出的完善"党务公开、政务公开、司法公开和各领域办事公开"制度，加强"党内监督、民主监督、法律监督、舆论监督"制度，就是努力把"让权力在阳光下运行"进一步落到实处，并强化了依法执政的力度，让各级政府的不同部门接受社会和公民的监督，从而保障公民的监督权。

权力清单制度的另一项基本要求是在权力入单的基础上，编制权力目录和优化权力流程，确保权力只能在依法赋予的职责和权限之内运行，最大限度地压缩政府机关工作人员行使权力的自由裁量空间，做到清单之外无职权。权力和权利在一定意义上是此消彼长的关系，对公民来说，法无禁止即自由，如果政府的权力被明确规定，政府就不能对清单之外的公民自由权通过权力加以限制。所以，权力清单首先是对政府权力加以明确的限制，政府权力只能在法律规定的范围内运行，法无授权不可为，这同时

---

① 麻宝斌、贾茹：《权力清单制度的理论分析与现实检视》，《探索》2016年第3期。

也意味着对公民自由予以明确的保障。

权力清单制度的建立还有利于我国公民知情权、参与权的实现。知情权的保障指的是公众能够从官方或非官方渠道知悉、获取相关信息的自由与权利。比如公众依法知悉国家事务、政府行为以及国家机关工作人员的活动，了解国家政策、法律法规等。权力清单制度的建立，使得各级政府不同部门的权力和运作向社会公开，推动了公民知情权的实现。参与权指的是公民能够通过各种途径和形式，管理国家事务，管理经济和文化事业，管理社会事务。权力清单制度建立之后，各级政府不同部门的权限和行政审批事项都在网上公布，公民可以更为直观地了解每项审批事项的进展情况，并提出意见和质疑。公民的知情权、参与权与监督权、自由权都是息息相关，互以对方的实现为前提的。公民只有在享有充分的知情权，信息渠道多样，获取信息不受限制的情况下才能为公民实现监督权提供必要的、关键的基础条件，如果公民连政府运行的信息都无法获知，又怎么能进一步监督政府行使其权力呢？与之同理，如果公民不能参与与自己切身利益相关的事务的治理，无法对利益相关之事发表意见、维护权益，自然无法保障其自由权利的实现。因此，权力清单制度在保障公民参与权和知情权的同时，实际上也有利于进一步保障公民的监督权和自由权。

党的十八届三中全会提出地方各级政府及其工作部门推行权力清单制度以来，国务院以及地方各级政府相继建立各地、各部门的权力清单，使"权力在阳光下运行"，接受公民和社会各界的监督，保障公民监督权、自由权的实现。

2014 年 3 月 17 日，国务院审改办在中国机构编制网公开了国务院各部门行政审批事项汇总清单。公开的汇总清单涵盖了 60 个有行政审批事项的国务院部门，各部门目前正在实施的行政审批事项共 1235 项。并且汇总清单设置了在线意见提交功能。对某项审批事项的真实性及设置合理性的意见，可在该项目页面下方提出；认为该部门存在实际实施但未列入目录的事项，可在该部门行政审批事项清单页下方提出；对行政审批制度改革总体工作的建议，可在该网站中留言。国务院 60 个部门公布权力清单，有利于公民监督各部门不得在公布的清单之外实施行政审批，不得对已取消和下放的审批项目以其他名目搞变相审批。使政府在阳光下行使权力，让政府部门"法无授权不可为"，保障公民"法无禁止即可为"的自由权利。

2015 年 3 月 24 日，中共中央办公厅、国务院办公厅印发了《关于推行地方各级政府工作部门权力清单制度的指导意见》。根据《指导意见》，省级政府 2015 年年底前、市县两级政府 2016 年年底前要基本完成政府工作部门、依法承担行政职能的事业单位权力清单的公布工作。截至 2015 年底，根据中央机构编制委员会办公室最新统计数据显示，省级政府的权力清单公开工作已经全部按时完成。全国 31 个省份已全部公布省级政府部门权力清单，这些权力清单的模式大都参照行政许可、行政处罚、行政强制、行政征收、行政给付、行政检查、行政确认、行政奖励、行政裁决和其他类别这 10 种分类方式，结合本地实际来梳理职权。除保密事项外，清单形式将每项职权的名称、编码、类型、依据、行使主体、流程图和监督方式等，都在政府网站等载体向全社会公布。

从各级政府权力清单公布的情况来看，党的十八大以来，中国积极推进权力清单制度的建设，为保障公民监督权和自由权等权利的实现打下了坚实的制度基础。

五 改革科技体制激发自主创新动力

中央全面深化改革决定提出要深化科技体制改革，"建立健全鼓励原始创新、集成创新、引进消化吸收再创新的体制机制，健全技术创新市场导向机制，发挥市场对技术研发方向、路线选择、要素价格、各类创新要素配置的导向作用。建立产学研协同创新机制，强化企业在技术创新中的主体地位，发挥大型企业创新骨干作用，激发中小企业创新活力，推进应用型技术研发机构市场化、企业化改革，建设国家创新体系"①。

2019 年 7 月 30 日，科技部等 6 部门印发了《关于扩大高校和科研院所科研相关自主权的若干意见》，指出"高校和科研院所从事探索性、创造性科学研究活动，具有知识和人才独特优势"，但随着科技创新向纵深推进，高校和科研院所科研相关自主权越来越难以适应实践发展需求。为

---

① 《中共中央关于全面深化改革若干重大问题的决定》，中国共产党第十八届中央委员会第三次全体会议 2013 年 11 月 12 日通过，《求是》2013 年第 22 期。

了推动扩大高校和科研院所科研领域自主权，全面增强创新活力，要求支持高校和科研院所依法依规行使科研相关自主权，充分调动单位和人员积极性创造性，增强创新动力活力；最大限度减少政府对高校和科研院所内部事务的微观管理和直接干预。为此，要优化科研管理机制，简化科研项目管理流程，完善科研经费管理机制，改进科研食品设备耗材采购管理，赋予创新领军人才更大科研自主权，改革科技成果管理制度。在人事管理方面，允许高校和科研院所自主聘用工作人员，自主设置岗位，切实下放职称权限，完善人员编制管理方式。在纯净工资分配方式方面，要加大绩效工资分配向科研人员倾斜力度，强化绩效工资对科技创新的激励作用。①

根据十八届五中全会公报的解释，"创新发展"就是"把创新摆在国家发展全局的核心位置，不断推进理论创新、制度创新、科技创新、文化创新等各方面创新"，"把发展基点放在创新上，形成促进创新的体制架构，塑造更多依靠创新驱动、更多发挥先发优势的引领型发展"。"大众创业，万众创新"自实施以来，如何推动人民群众在发展的过程中不断创新，不仅成为理论界面临的重大课题，也给各级地方政府提出了新的要求。党的十八届五中全会再次在创新发展战略的视域下不仅确认了万众创新的重要性和必要性，将其作为了"十三五"规划的重要内容和进一步推动民族发展的重要手段，而且，还进一步提出了建立创新机制的问题。

在科学技术领域，实现"创新发展"理念要解决几个关键性问题。首先，要激发创新活力，形成创新的社会氛围。十八届五中全会公报提出，要"激发创新创业活力，推动大众创业、万众创新，释放新需求，创造新供给，推动新技术、新产业、新业态蓬勃发展"。其次，要制定创新发展战略，有计划地推动创新工程。五中全会公报提出，要"深入实施创新驱动发展战略"，这包括发挥科技创新在全面创新中的引领作用，实施一批国家重大科技项目，在重大创新领域组建一批国家实验室，积极提出并牵头组织国际大科学计划和大科学工程；实施网络强国战略，实施

---

① 科技部、教育部、发展改革委、财政部、人力资源社会保障部、中科院：《关于扩大高校和科研院所科研相关自主权的若干意见》，《中华人民共和国国务院公报》2019 年第 33 期。

"互联网＋"行动计划，发展分享经济，实施国家大数据战略；大力推进农业现代化，加快转变农业发展方式，走产出高效、产品安全、资源节约、环境友好的农业现代化道路；构建产业新体系，加快建设制造强国，实施工业强基工程，培育一批战略性产业，开展加快发展现代服务业行动。再次，要建立鼓励创新的体制机制，消除阻碍创新的各种体制机制障碍。五中全会公报提出，要"构建发展新体制，加快形成有利于创新发展的市场环境、产权制度、投融资体制、分配制度、人才培养引进使用机制，深化行政管理体制改革，进一步转变政府职能，持续推进简政放权、放管结合、优化服务，提高政府效能，激发市场活力和社会创造力，完善各类国有资产管理体制，建立健全现代财政制度、税收制度，改革并完善适应现代金融市场发展的金融监管框架"。

在鼓励文化创新方面，《中共中央关于全面深化改革若干重大问题的决定》提出要在坚持出版权、播出权特许经营前提下，允许制作和出版、制作和播出分开。建立多层次文化产品和要素市场，鼓励金融资本、社会资本、文化资源相结合。完善文化经济政策，扩大政府文化资助和文化采购，加强版权保护。健全文化产品评价体系，改革评奖制度，推出更多文化精品。

根据国家统计局 2022 年发布的统计公报，2021 年全年研究与试验发展（R&D）经费支出 27864 亿元，比上年增长 14.2%，与国内生产总值之比为 2.44%，其中基础研究经费 1696 亿元。国家自然科学基金共资助 4.87 万个项目。截至 2021 年年末，正在运行的国家重点实验室 533 个，纳入新序列管理的国家工程研究中心 191 个，国家企业技术中心 1636 家，大众创业万众创新示范基地 212 家。国家科技成果转化引导基金累计设立 36 支子基金，资金总规模 624 亿元。国家级科技企业孵化器 1287 家，国家备案众创空间 2551 家。全年授予专利权 460.1 万件，比上年增长 26.4%；PCT 专利申请受理量 7.3 万件。截至年末，有效专利 1542.1 万件，其中境内有效发明专利 270.4 万件。每万人口高价值发明专利拥有量 7.5 件。全年商标注册 773.9 万件，比上年增长 34.3%。全年共签订技术合同 67 万项，技术合同成交金额 37294 亿元，比上年增长 32.0%。①

---

① 国家统计局：《中华人民共和国 2021 年国民经济和社会发展统计公报》，中国统计出版社 2022 年版。

2017—2021 年研究与试验发展（R&D）经费支出及其增长速度如图 5－2
所示。

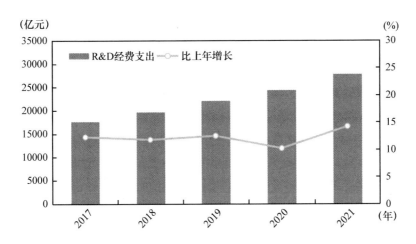

图 5－2　2017—2022 年研究与试验发展（R&D）经费支出及其增长速度

资料来源：国家统计局：《中华人民共和国 2021 年国民经济和社会发展统计公报》，
中国统计出版社 2022 年版。

六　加强个人隐私权保护

"十三五"规划纲提出，要"加强个人数据保护，严厉打击非法泄露
和出卖个人数据行为"①。

2020 年通过的《中华人民共和国民典法》设立了"隐私权和个人信
息保护"专章，第 1032 条规定："自然人享有隐私权。任何组织或者个
人不得以刺探、侵扰、泄露、公开等方式侵害他人的隐私权。隐私是自然
人的私人生活安宁和不愿为他人知晓的私密空间、私密活动、私密信
息。"第 1033 条规定："除法律另有规定或者权利人明确同意外，任何组
织或者个人不得实施下列行为：（一）以电话、短信、即时通讯工具、电
子邮件、传单等方式侵扰他人的私人生活安宁；（二）进入、拍摄、窥视
他人的住宅、宾馆房间等私密空间；（三）拍摄、窥视、窃听、公开他人
的私密活动；（四）拍摄、窥视他人身体的私密部位；（五）处理他人的

① 《中华人民共和国国民经济和社会发展第十三个五年规划纲要》，人民出版社 2016 年版。

私密信息；（六）以其他方式侵害他人的隐私权。"

七　保护宗教信仰自由

中国实行宗教信仰自由政策。每个公民既有信仰宗教的自由，也有不信仰宗教的自由；有信仰某一种宗教的自由，也有在同一宗教中信仰某个教派的自由；有过去不信教而现在信教的自由，也有过去信教而现在不信教的自由。信教公民同不信教公民一样，享有同等政治及经济社会文化等方面的权利，不会因信仰不同造成权利上的不平等。

《中华人民共和国宪法》第三十六条规定："中华人民共和国公民有宗教信仰自由。"同时规定："国家保护正常的宗教活动。""任何国家机关、社会团体和个人不得强制公民信仰宗教或者不信仰宗教，不得歧视信仰宗教的公民和不信仰宗教的公民。""任何人不得利用宗教进行破坏社会秩序、损害公民身体健康、妨碍国家教育制度的活动。""宗教团体和宗教事务不受外国势力的支配。"国家尊重公民宗教信仰自由，保护正常宗教活动；公民行使宗教信仰自由权利，不得妨碍其他公民的合法权利，不得强制他人信仰宗教，不得歧视不信教或者信仰其他宗教的公民，不得利用宗教妨害公民合法权益。行使宗教信仰自由权利必须尊重公序良俗，尊重文化传统和社会伦理道德。国家依法对涉及国家利益和社会公共利益的宗教事务进行管理，但不干涉宗教内部事务。

中国坚持宗教独立自主自办原则，宗教团体和宗教事务不受外国势力的支配。中国政府依照宪法和法律，支持各宗教坚持独立自主自办原则，各宗教团体、宗教教职人员和信教公民自主办理宗教事业。

截至 2018 年，信教公民近 2 亿人，宗教教职人员 38 万余人，宗教团体约 5500 个。依法登记的宗教活动场所 14.4 万处。佛教寺院约 3.35 万座，其中汉传佛教 2.8 万余座，藏传佛教 3800 余座，南传佛教 1700 余座；道教宫观 9000 余座；伊斯兰教清真寺 3.5 万余处；天主教教区 98 个，教堂和活动堂点 6000 余处。基督教教堂和聚会点约 6 万处。经国家宗教事务局批准设立的宗教院校共 91 所，其中佛教 41 所，道教 10 所，伊斯兰教 10 所，天主教 9 所，基督教 21 所。全国性宗教院校 6 所，分别为中国佛学院、中国藏语系高级佛学院、中国道教学院、中国伊斯兰教经学院、中国天主教神哲学院、金陵协和神学院。宗教院校在校学生1万多人，历届毕业生累计4.7万余人。①

---

① 国务院新闻办公室：《中国保障宗教信仰自由的政策和实践》（白皮书），人民出版社2018年版。

第六章　作为约束性原则和权利的平等

第一节　平等的性质与地位

平等是一个古老而又争议最多的基本价值概念。平等作为人权的基本原则和基本权利，包含形式平等和实质平等两个维度的相互依赖又相互制约。平等作为参与权的约束性条件，其目的是为了实现所有人的协调发展，并因此与参与权的另一个约束性条件——自由——形成相互依存又相互制约的关系。

一　平等的含义与性质

关于平等，存在着多种不同角度的解释。有些学者从资源分配的角度来解释平等，如德沃金将平等的政治理想概括为"政府必须对每个人的生活给予平等的关切"①。也有些学者从地位和权利平等的角度来解释平等，如潘恩认为："所有的人都处于同一地位，因此，所有的人生来就是平等的，并具有平等的天赋权利。"② 罗尔斯正义原则的第一条要求"每个人都在最大程度上平等地享有与其他人相当的基本的自由权利"③。

在人权的结构体系中，平等既是一项权利，也是一项有关权利的原则。作为有关权利的平等原则，它要求国家保障公民平等地享有宪法和法律规定的权利，平等地履行宪法和法律规定的义务，不得进行不合理的区别对待；要求每个公民都必须自觉遵守宪法和法律，任何公民都不得有超

---

① ［美］德沃金：《至上的美德——平等的理论与实践》，冯克利译，江苏人民出版社2003年版，第139—140页。

② ［美］潘恩：《潘恩文集》，马清槐译，商务印书馆1981年版，第140—141页。

③ ［美］罗尔斯：《正义论》，何怀宏等译，中国社会科学出版社2009年版，第47页。

越宪法和法律的特权；国家机关对公民在适用法律上一律平等。[①] 平等作为一项权利，它在宪法意义上主要指法律上的平等权，它规定公民人格平等，依法平等地享有权利和履行义务，任何人不得享有特权，任何人不得受到不合理的差别待遇。国家应当对公民予以同等对待和保障，国家有义务对公民的权利行使和义务履行提供无差别的保护或惩罚。[②] 中国现行宪法第33条第2款明确规定："中华人民共和国公民在法律面前一律平等。"在国际法上，作为基本人权，平等权主要是指法律面前一律平等，法律的平等保护，以及禁止歧视。[③] 从人权结构体系研究的视角出发，我们既关注权利平等的原则，又关注平等权利，但会更多讨论权利平等的原则。

张晓玲认为权利平等是指社会关系中的主体之间，类似情形类似对待，不同情形不同对待，既反对特权也反对歧视的原则与制度，并把它概括为五个方面：第一，社会成员在社会生活中所享有的在同等或类似情形下被同等对待的权利；第二，平等包括不针对不同情形的区别对待；第三，反对特权；第四，反对歧视。第五，平等要受到公正价值的制约。[④]

二　平等涉及的内容

权利平等涉及各个领域的主体与事项。如在经济领域，它涉及各类经济主体在经济活动、就业和财产等方面的平等。在政治领域，它涉及公民在选举权和被选举权、知情权、表达权、参与权和监督权等方面的平等。在社会领域，它涉及各种性别、民族在婚姻家庭、享受公共服务、接受教育等方面的平等；在文化领域，它涉及社会成员在参与文化生活、宗教信仰、语言文化、思想主张等方面的平等。

权利平等包含着形式平等与实质平等两个维度。形式平等又被称为"机会平等"，作为一项原则，它主要适用于所有人在人身、人格尊严、精神、文化等领域的自由以及各种程序性权利和享受基本公共服务方面的平等对待和保障。实质平等又被称为"条件平等"，它更着眼于条件和结

---

① 朱力宇、叶传星：《人权法》，中国人民大学出版社2017年版，第157页。

② 朱力宇、叶传星：《人权法》，中国人民大学出版社2017年版，第156页。

③ 朱力宇、叶传星：《人权法》，中国人民大学出版社2017年版，第155页。

④ 张晓玲主张：《人权法学》，中国中央党校出版社2014年版，第96页。

果，它主要适用于对弱势群体在生存权和参与权方面通过必要的特殊保护所实现的平等保障。恩格斯指出："平等应当不仅仅是表面的，不仅仅在国家的领域中实行，它还应当是实际的，还应当在社会的、经济的领域中实行。"①

三　平等涉及的几个重要关系

权利平等涉及几个重要的关系需要谨慎处理，一是合理差别与禁止歧视的关系，二是平等保障与特殊保护的关系，三是平等与自由的关系。

（一）合理差别与禁止歧视

平等并不是不加区分的同等对待，而是要求同等的情况同等对待，不同等的情况按照不同等的程度予以不同的对待。考虑到人们之间实际存在着很大的差异，因此需要根据这些差异在合理的范围内予以有差别的对待，这就是法律上所讲的"合理差别"原则。

"合理差别"涉及几种不同类型。第一类是根据所涉及事项的差异而产生的特殊需要所采取的合理限制。例如，根据特定职业需要对任职资格采取的合理限制。第二类是根据主体的特殊需要而对其实施的特殊照顾与保护措施。例如，根据主体的年龄差异所产生的特殊需要对儿童和老年人采取的特殊照顾与保护；根据主体的生理差异所产生的特殊需要对妇女、老年人和残疾人所实施的特殊照顾与保护；根据主体在民族、宗教方面的差异所产生的特殊需要对少数民族和宗教信仰者所实施的特殊照顾。第三类是根据主体在历史经历和现实地位方面的差异而对弱势群体予以的保护性差别对待，例如，对少数民族的在代表选举、任职、入学名额方面的特殊安排；在纳税负担安排方面对不同经济能力主体的差别化对待。

但合理差别是有限度的，而体现这种限制的基本原则就是"禁止歧视"。歧视是不合理的差别对待，或没有正当理由的差别处理。② 根据《世界人权宣言》第 7 条之规定："法律面前人人平等，并有权享受法律的平等保护，不受任何歧视。"第 2 条规定："人人有资格享受本宣言所

---

① 《马克思恩格斯选集》第 3 卷，人民出版社 2012 年版，第 484 页。
② 陈佑武、张晓明：《法治视野下的平等权》，《社会科学辑刊》2010 年第 4 期。

载的一切权利和自由，不分种族、肤色、性别、语言、宗教、政治或其他见解、国籍或社会出身、财产、出生或其他身份等任何区别。"《经济、社会和文化权利国际公约》和《公民权利和政治权利国际公约》都在第2条重申了《世界人权宣言》的这一原则，在其他核心人权公约中也都体现了这一基本原则。

但在判定合理差别与歧视的界限方面存在着实践上的困难。德国联邦宪法法院提出了对"合理差别"的一套判断标准，即在立法者的理智决定的基础上，以事物本质为审查范围，以正义理念为立法形成的最外界限，并辅之以比例原则为审查方式。①

（二）平等保障与特殊保护

权利的平等保障指的是对一切人无差别的同等对待，它的适用对象指向所有的人；而对特定群体的特殊保护意味着对人的差别对待，它的适用对象通常是社会中处于不利地位的群体。

相对于具有普遍适用性的权利平等保障，对特定群体权利的特殊保护需要受到合理的限制：一是被特殊保护的主体需要受到合理的限制。它们主要涉及残疾人、老年人、妇女、儿童、生态脆弱地区的贫困人口、灾民、城市流浪人员、城市下岗失业人员和农民工等处于不利地位的群体。二是特殊保护的事项和内容需要受到合理的限制。它们应是一种合理的保护，而不是祛除了法定义务或责任的特权保护。正如罗尔斯所言："我们只是在必要的约束下最大限度地增加处于最不利状况的人的期望。"② 对特定群体权利特殊保护的目的仅仅是要通过合理补偿的原则消除由于现实生活的不平等造成的过大贫富差距，避免严重的两极分化，而不是对特定群体赋予特权或是对其他人构成"反向歧视"。③

虽然人权的平等保障与特殊保护在表面上看似一对对立的矛盾体，然而两者不是一种割裂对待的关系，而是一种彼此联系的关系。如果说权利平等保障是形式平等的体现，那对弱势群体权利的特殊保护可以说是对实质平等的追求。形式上的平等保障看似客观，其实蕴含着导致现实不平等

---

① 陈新民：《德国公法学基础理论》（上），山东人民出版社2001年版，第675页。

② ［美］约翰·罗尔斯：《正义论》，何怀宏等译，中国社会科学出版社2001年版，第80页。

③ 常健、刘坤：《论人权的平等保护与特殊保护》，《人权》2009年第3期。

的必然性，它"一方面可能会使一部分人通过自由竞争而实现与他人在现实意义上的平等，但另一方面也使另一部分人因为自身体力、智能、受教育程度等各种因素的影响而产生现实上的不平等状况，甚至导致强者与弱者、富裕与贫穷的两极分化"①。因此要实现人权的平等享有，不仅要求形式的平等，而且要求实质的平等，这种实质的平等不能是所谓"机械的平等"，而要求不同情况的"差别对待"，通过对特定群体的倾斜性保护达到对形式平等的修正，最终实现社会的正义。②

在实现人权的进程中，对特定群体权利特殊保护与权利的平等保障两者的关系不可分离，不可或缺。一方面，权利的平等保障是对特定群体权利特殊保护的前提和基础。人权平等的实现，首先要从普遍意义上权利的平等保障做起，倘若形式意义上的平等保障都无法实现，实质意义上的平等便丧失了理论前提。另一方面，特定群体权利的特殊保护是实现实质意义上权利平等保障的途径和保障。只有针对特定群体采取特殊的保护政策，才能达到实质意义上平等，才能实现普遍意义上的人权保障。脱离了权利的平等保障而谈权利的特殊保护就可能使特殊保护成为一种"特权保护"，而缺少了特定群体的特殊保护仅言权利的平等保障，平等保护也将流为一种空洞的形式。③

（三）平等与自由之间的关系

在人权的结构体系中，权利平等与个人自由之间同样存在着相互依赖与相互制约的关系。

德沃金认为，平等具有优先于自由的地位，"自由与平等之间任何真正的竞争，都是自由必败的竞争"④。首先，平等是一个政治共同体的基本政治道德，是衡量一个政府合法性的标准。如果政府不能平等地对待公民和个人，那么这个政府就不是合法的政府。抽象平等原则高扬平等的价值。从另一个角度可以说，自由虽然具有价值，但对于一个政治共同体来说，它不是根本性的价值。因此，平等相对于自由有压倒性的优势，平等

---

① 孙笑侠、夏立安主编：《法理学导论》，高等教育出版社 2004 年版，第 408 页。
② 常健、刘坤：《论人权的平等保护与特殊保护》，《人权》2009 年第 3 期。
③ 常健、刘坤：《论人权的平等保护与特殊保护》，《人权》2009 年第 3 期。
④ Ronald Dworkin, *Sovereign Virtue: the Theory and Practice of Equality*, Harvard University Press, 2000, p. 128.

才是政府至上的美德，而自由不是。① 其次，抽象的自由概念是没有任何
意义的，自由只有与人们的实际生活相联系才有价值。所以，就任何强硬
意义的权利而言，根本不存在普遍的自由权，有的只是某些特定的、具体
的自由的权利。然而，抽象的平等概念却是有意义的，它可以作为个人各
种权利的基础。在这个意义上说，任何自由都不能与平等相抗衡。② 但他
同时又认为自由对于平等来说是必不可少的，自由是实现平等的一个方法
和手段。他指出："假如我们赞成资源平等是分配平等的最佳观点，那么
自由就成了平等的一个方面，而不是像人们经常认为的那样，是一个与平
等有着潜在冲突的独立的政治理想。"③ 他把"公正权益赤字"分解为由
于分配的不平等导致的"资源赤字"和由于自由体系不公正导致的"自
由赤字"，并主张任何减少"公正权益赤字"的改进方案都不得以牺牲自
由赤字来换取资源赤字的减少。④

陈征更具体地分析了平等权与自由权之间的冲突及其解决方法。他指
出，对于公权力而言，宪法平等权条款要求差别对待行为本身不得是目
的，而必须旨在实现宪法上的某一正当目标，同时这一差别对待行为必须
适合达到此目标且是必要和成比例的（比例原则）。与此不同，私人是基
本权利的主体，享有不平等对待他人的自由，私人行使这一自由不需要宪
法上的正当理由（哪怕这一不平等对待完全是根据个人的偏好），因为这
一自由本身就是受到宪法保护的价值。此外，基本权利主体原则上不必遵
守比例原则，否则个体的自由会受到过分限制。虽然私人在行使基本权利
时不必考虑比例原则，但国家介入基本权利冲突的行为必须受到比例原则
的约束。德国宪法学界普遍认同适用"实践中的调和（praktische Konkor-
danz）"原则，⑤ 而比例原则是该原则中的核心内涵。依据实践中的调和

① 王金玉：《德沃金视野中的自由权与平等权》，《人民论坛·学术前沿》2010 年 6 月
中期。

② 刘美玲：《关于德沃金平等思想的解读》，《山西大学学报》2007 年第 5 期。

③ Ronald Dworkin, *Sovereign Virtue: the Theory and Practice of Equality*, Harvard University
Press, 2000, p. 121.

④ 王金玉：《德沃金视野中的自由权与平等权》，《人民论坛·学术前沿》2010 年 6 月
中期。

⑤ Vgl. Konrad Hesse, *Grundzüge des Verfassungsrechtsder Bundesrepublik Deutschland*, Neud-
ruck der 20. Auflage, Heidelberg 1999, Rn. 72.

原则，原则上不得整体优先考虑某一方的基本权利而不顾另一方的基本权利，即不得使一方的基本权利成为另一方实现基本权利的牺牲品，而应将双方冲突的法益进行最优化的平衡，从而实现一种和谐的状态。国家既要充分保护一方的平等权，又要照顾到另一方的自由权。如果立法机关或司法机关因对一方的平等权保护过度而侵犯了另一方的自由权，另一方在满足特定条件的情况下可以利用基本权利的防御权功能进行防御。反之，如果立法机关或司法机关未充分对平等权做出保护，则违反了保护义务，平等权主体原则上可以提出相应的保护请求权。基本权利的防御权和保护义务两种功能的双重约束可以确保国家正确平衡相互冲突的利益。依照德国宪法学界关于基本权利冲突问题的相关理论，如果国家明显未对权利遭受损害的一方提供必要且充分的保护，则违反"（保护）不足之禁止（Untermaβverbot）"原则。相反，若对受害方提供了过度的保护，进而不正当地限制了行为人的自由，则违反了"过度之禁止（Übermaβverbot）"原则。① 可见，在宪法层面解决自由权与平等权的冲突并非将宪法的平等原则直接适用于私人，使私人负有本应由国家所负有的义务，而是使国家受到自由权和平等权的双重约束，进而使社会上相互冲突的法益达到最佳平衡状态。②

四　中国保障权利平等和平等权利的实践

中国作为社会主义国家，高度重视平等的价值，并采取了一系列具体的保障平等的措施。但在如何保障权利平等和平等权利方面，经历了一个曲折探索的过程。

自新中国成立到改革开放之前，中国在保障平等方面，强调对特定群体特殊保障的实质平等，忽视权利平等的形式平等。改革开放之后的一段时期，逐渐确立了权利平等原则和公民在法律面前人人平等的平等权，但对特定群体未能予以充分的特殊保护。党的十八大以来，一方面通过全面深化改革消除以公民平等的权利参与各领域社会生活的障碍；另一方面，

---

　　① lars Peter Störring, Daw Untemaβverbot in der Diskussion：Untersuchung einer umstrittenen Rechtsfigur, Berlin 2009.

　　② 陈征：《宪法自由权与平等权冲突的解决途径》，《浙江社会科学》2014 年第 2 期。

加强对特定群体的特殊保护，使他们能够有平等的条件参与各领域的社会生活；再一方面，通过全面从严治党和惩治腐败，消除各种特权对实现权利平等的消极影响。通过这三方面的努力，实现了形式平等和实质平等的相互协调和相互促进，促进了所有人的平等参与和协调发展。

第二节　深化改革消除平等参与的结构性障碍

为了实现所有人的协调发展，需要保障每个社会成员有平等的权利参与各领域的社会生活。然而，由各种历史原因所形成的歧视、城乡二元结构和地区发展的不平衡，对社会成员权利的平等保障构成了障碍。中国政府通过一系列改革措施，有步骤地消除阻碍权利平等享有的结构性障碍，促进所有社会成员以平等的权利参与社会生活。

一　消除经济领域中的歧视

经济领域中的歧视是阻碍平等参与经济生活的重要障碍，它主要表现为就业歧视和经济活动参与资格的歧视。中国政府采取了一系列政策措施消除经济领域的歧视。

（一）消除就业歧视的政策措施

反对就业歧视，实现平等就业是国际社会长期共同关注的现实问题。国际劳工组织1958年通过的《消除就业和职业歧视公约》要求各缔约国"促进就业和职业机会均等和待遇平等的国家政策，以消除基于种族、肤色、性别、宗教、政治见解、民族血统或社会出身等原因的就业歧视"。在我国，就业歧视也已经成为一个当前比较突出的社会问题。为消除就业歧视，我国《劳动法》和《就业促进法》等相关反就业歧视法明确了劳动者的平等就业权，禁止基于民族、种族、性别、宗教信仰等实施就业歧视行为。

为了消除就业歧视，《中共中央关于全面深化改革若干重大问题的决定》指出，要规范招人用人制度，消除城乡、行业、身份、性别等一切影响平等就业的制度障碍和就业歧视，消除就业歧视，需要加强和提升平等就业的法治化保障水平，协调平衡用人自主权与平等就业权，引导用人单位依照工作能力择优录取，消除主观恶意和传统偏见，让全体劳动者都有均等的机会参与劳动力市场竞争，经由公平竞争获取就业机会和平等待遇，切实保障和实现公民的平等就业权。

（二）保障各类经济主体权利平等

以公有制为主体、多种所有制经济共同发展是我国基本经济制度，非公有制经济是社会主义市场经济的重要组成部分。然而，长期以来，我国民营经济的发展面临政策扶持力度有限、企业税赋重、民营企业审批受限过多等体制和机制上的障碍，这些影响了民营经济等非公有制经济体及其员工的公平权益和平等发展机会。党的十八大以来，国家在促进民营经济的发展方面做出一系列重大决定，为民营经济的健康发展提供政策保障和公平机会。

首先，为民营经济的发展提供顶层设计方面的政策支撑。依法平等保护非公有制经济的发展和公平机会，消除相关的体制机制障碍，给予民营经济以政策扶植，成为党的十八大以来进一步强化的经济举措。党的十八届三中全会通过的《中共中央关于全面深化改革若干重大问题的决定》提出："国家保护各种所有制经济产权和合法利益，保证各种所有制经济依法平等使用生产要素、公开公平公正参与市场竞争、同等受到法律保护。""支持非公有制经济健康发展。坚持权利平等、机会平等、规则平等，废除对非公有制经济各种形式的不合理规定，消除各种隐性壁垒。"① 党的十八届四中全会通过的《中共中央关于全面推进依法治国若干重大问题的决定》提出："健全以公平为核心原则的产权保护制度，加强对各种所有制经济组织和自然人财产权的保护，清理有违公平的法律法规条款。"中共中央、国务院印发的《关于完善产权保护制度依法保护产权的意见》专门对依法平等保护非公有制经济产权做出全面部署。

其次，为了营造公平的投机机会，国家进一步扩展民营经济的投资领域。早在 2005 年，《国务院关于鼓励支持和引导个体私营等非公有制经济发展的若干意见》，即"非公 36 条"出台，规定只要是政府没有禁止的领域，民营资本就可以进入。2010 年，"新 36 条"出台，进一步明确了民营资本可以进入能源、军工、电信、航空等传统垄断行业。2012 年上

---

① 《中共中央关于全面深化改革若干重大问题的决定》，中国共产党第十八届中央委员会第三次全体会议 2013 年 11 月 12 日通过，《求是》2013 年第 22 期。

半年，国务院各部委共出台"新36条"实施细则42则。"十三五"规划提出，要"支持非公有制经济发展"，"坚持权利平等、机会平等、规则平等，更好地激发非公有制经济活力和创造力。废除对非公有制经济各种形式的不合理规定，消除各种隐性壁垒，保证依法平等使用生产要素、公平参与市场竞争、同等受到法律保护、共同履行社会责任。鼓励民营企业依法进入更多领域"[①]。2016年11月17日，国务院总理李克强主持召开国家能源委员会会议，审议通过根据国民经济和社会发展第十三个五年规划纲要制定的《能源发展"十三五"规划》，要深入推进能源市场化改革，要求在深化能源国企改革的同时，积极支持民营经济进入能源领域。

中央全面深化改革决定提出要完善产权保障制度，"健全归属清晰、权责明确、保护严格、流转顺畅的现代产权制度。公有制经济财产权不可侵犯，非公有制经济财产权同样不可侵犯"[②]。

二　保障政治领域的权利平等

在政治权利方面，中国相关法律明确规定了公民在选举权和被选举权上的平等。《中华人民共和国宪法》第34条规定："中华人民共和国年满十八周岁的公民，不分民族、种族、性别、职业、家庭出身、宗教信仰、教育程度、财产状况、居住期限，都有选举权和被选举权；但是依照法律被剥夺政治权利的人除外。"《选举法》第3条规定："中华人民共和国年满十八周岁的公民，不分民族、种族、性别、职业、家庭出身、宗教信仰、教育程度、财产状况和居住期限，都有选举权和被选举权。""依照法律被剥夺政治权利的人没有选举权和被选举权。"《城市居民委员会组织法》第8条第2款规定："年满十八周岁的本居住地区居民，不分民族、种族、性别、职业、家庭出身、宗教信仰、教育程度、财产状况、居住期限，都有选举权和被选举权，但是，按照法律被剥夺政治权利的人除外。"《村民委员会组织法》第13条也作出了类似规定。以上法律体现了作为公民最重要政治权利的选举权和被选举权平等的原则，保障了公民平

[①] 《中华人民共和国国民经济和社会发展第十三个五年规划纲要》，人民出版社2016年版。

[②] 《中共中央关于全面深化改革若干重大问题的决定》，中国共产党第十八届中央委员会第三次全体会议2013年11月12日通过，《求是》2013年第22期。

等选举权的行使。

但在选票的权重上，在相当长时间却存在着地市居民与农村居民的差别。1953 年和选举法规定，对于全国人大代表的选举，农村与城市代表按 8:1 的比例选举，这主要依据在于当时农村人口占据全国人口的大多数。虽然这种选举的方法比较符合当时的社会现状，但是从某种程度上来说是非常不平等的，是对农村户口的歧视。到了 1995 年，因城市人口总数不断上升，与农村居民人数比例达到了 30:70。基于这一变化，在 1995年的选举法修改中，农村与城市每一户代表在省级与全国这两级的比例由原先的 5:1 和 8:1 统一修改为 4:1，县级维持 4:1 不变。在 2004 年的选举法修改中仍然维持这一比例，规定各级人民代表大会代表的名额，由本级人民代表大会常务委员会按照农村每一代表所代表的人口数 4 倍于城市每一代表所代表的人口数的原则分配；2010 年，选举法作出了重大修改，规定"城乡按相同人口比例选举人大代表"。

三　破除城乡二元结构

长期以来，中国的城乡二元结构导致了城乡居民的权利不平等。中央全面深化改革决定指出："城乡二元结构是制约城乡发展一体化的主要障碍。必须健全体制机制，形成以工促农、以城带乡、工农互惠、城乡一体的新型工农城乡关系，让广大农民平等参与现代化进程、共同分享现代化成果。"① 中共十八大报告指出，解决好农业农村农民问题是全党工作重中之重，逐渐实现城乡一体化。要加大统筹城乡发展力度，增强农村发展活力，逐步缩小城乡差距，促进城乡共同繁荣。近五年来，全国各地积极落实党的十八大会议精神，加快改造传统农业，积极发展现代农业，着力破除城乡二元结构，在大力推进新型城镇化的同时，全面开展新农村建设，形成了城乡经济社会发展一体化的新格局。国家"十三五"规划纲要提出，要推动城乡协调发展，"推动新型城镇化和新农村建设协调发展，提升县域经济支撑辐射能力，促进公共资源在城乡间均衡配置，拓展

---

① 《中共中央关于全面深化改革若干重大问题的决定》，中国共产党第十八届中央委员会第三次全体会议 2013 年 11 月 12 日通过，《求是》2013 年第 22 期。

农村广阔发展空间，形成城乡共同发展新格局"①。具体任务包括发展特色县域经济，加快建设美丽宜居乡村，促进城乡公共资源均衡配置。党的十九大报告提出："实施乡村振兴战略。农业农村农民问题是关系国计民生的根本性问题，必须始终把解决好'三农'问题作为全党工作重中之重。要坚持农业农村优先发展，按照产业兴旺、生态宜居、乡风文明、治理有效、生活富裕的总要求，建立健全城乡融合发展体制机制和政策体系，加快推进农业农村现代化。"②

为破除城乡二元结构，中央全面深化改革决定提出一系列具体措施。

首先是"赋予农民更多财产权利"。保障农民集体经济组织成员权利，积极发展农民股份合作，赋予农民对集体资产股份占有、收益、有偿退出及抵押、担保、继承权。保障农户宅基地用益物权，改革完善农村宅基地制度，选择若干试点，慎重稳妥推进农民住房财产权抵押、担保、转让，探索农民增加财产性收入渠道。建立农村产权流转交易市场，推动农村产权流转交易公开、公正、规范运行。同时，"推进城乡要素平等交换和公共资源均衡配置"，维护农民生产要素权益，保障农民工同工同酬，保障农民公平分享土地增值收益，保障金融机构农村存款主要用于农业农村。健全农业支持保护体系，改革农业补贴制度，完善粮食主产区利益补偿机制。完善农业保险制度。鼓励社会资本投向农村建设，允许企业和社会组织在农村兴办各类事业。统筹城乡基础设施建设和社区建设，推进城乡基本公共服务均等化。③

第二，以户籍制度改革为突破口，推进城乡一体化发展。我国现行的户籍管理制度是以 1958 年全国人大通过的《中华人民共和国户口登记条例》为法律依据逐步建立的，并以此为基础，逐步建立健全相应的社会保障及公共服务政策措施，从而逐渐形成了城乡二元结构的户籍制度。2012 年，党的十八大提出"加快户籍制度改革，有序推进农业转移人口市民化，努力实现城镇基本公共服务常住人口全覆盖"。2014 年 7 月，国

---

① 《中华人民共和国国民经济和社会发展第十三个五年规划纲要》，人民出版社 2016 年版。

② 习近平《决胜全面建成小康社会，夺取新时代中国特色社会主义伟大胜利——在中国共产党第十九次全国代表大会上的报告》，人民出版社 2017 年版。

③ 《中共中央关于全面深化改革若干重大问题的决定》，中国共产党第十八届中央委员会第三次全体会议 2013 年 11 月 12 日通过，《求是》2013 年第 22 期。

务院出台《关于进一步推进户籍制度改革的意见》，标志着户籍制度改革开始进入全面实施阶段。目前，全国已有多个省份宣布实现城乡统一登记的居民户口制度，但户籍制度改革仍然面临着许多新的挑战，需要进一步探寻改革的突破口，不断深化。全面深化改革的决定进一步提出"推进农业转移人口市民化"，逐步把符合条件的农业转移人口转为城镇居民。创新人口管理，加快户籍制度改革，全面放开建制镇和小城市落户限制，有序放开中等城市落户限制，合理确定大城市落户条件，严格控制特大城市人口规模。稳步推进城镇基本公共服务常住人口全覆盖，把进城落户农民完全纳入城镇住房和社会保障体系，在农村参加的养老保险和医疗保险规范接入城镇社保体系。建立财政转移支付同农业转移人口市民化挂钩机制，从严合理供给城市建设用地，提高城市土地利用率。①

　　户籍制度改革，为农村居民及其子女平等地享有某些基本权利提供了一系列的政策保障和平等机会。《关于进一步推进户籍制度改革的意见》颁布后，进一步放宽了城市准入和落户条件，包括对申请迁入城市投靠亲属的条件限制，并明确规定：未成年子女，不受条件限制，可自愿在父亲或者母亲常住户口所在地申报落户。属投靠配偶的，不受年龄、婚龄限制；属父母投靠子女的，不受身边有无子女的限制。对计划外生育子女，经有关部门征收社会扶养费后准予落户。非婚生育、被遗弃的婴儿凭有关部门证明；孤寡老人或父母双亡的未成年人，经公证部门公证，可在近亲属户口所在地办理入户。

　　第三，建立全国统一的城乡义务教育经费保障机制，确保"公平的起跑线"得到有效落实。2015 年 11 月，国务院印发《关于进一步完善城乡义务教育经费保障机制的通知》，决定从 2016 年春季学期起建立城乡统一、重在农村的义务教育经费保障机制。截至 2016 年年底，31 个省份已全部出台了本地区的实施方案。② 完善城乡义务教育经费保障机制，是党中央、国务院立足于经济社会发展全局作出的重大决策，是在基本公共服

---

① 《中共中央关于全面深化改革若干重大问题的决定》，中国共产党第十八届中央委员会第三次全体会议 2013 年 11 月 12 日通过，《求是》2013 年第 22 期。

② "全国 31 省份全部统一城乡义务教育经费保障机制，整体工作进展顺利"，中华人民共和国教育部网站，2017 年 3 月 10 日。参考网址：http://www.moe.edu.cn/jyb_xwfb/s6052/moe_838/201703/t20170310_299054.html。

务领域主动适应新型城镇化建设、守住民生底线的重大体制机制突破，是健全城乡义务教育发展一体化、推动农业转移人口市民化的重大制度创新。

第四，加强农村基础设施建设。党的十八大以来，各级政府加大了对农业农村的投入力度，重点加强了农村基础设施建设，积极推进农村公路、小型农田水利建设，大力解决农村饮水安全，改造升级农村电网，开展农村危房改造，加强农村信息化网络设施建设等。与此同时，国家还部署开展了农村人居环境整治，许多村庄基本实现了垃圾统一收集处理、污水有序排放。与前几年相比，农村道路更畅通了，用电更方便了，用水更安全了，通信更快捷了，居住环境更好了。

第五，促进农村社会事业和公共服务水平的提升。党的十八大以来，农村公共服务由过去覆盖率低转向全覆盖阶段，供给水平开始提高，农民获得感增强。近年来，随着财政投入向基本公共服务倾斜和向农村延伸，农村公共服务得到很大改善，在就业、教育、医疗、养老、文化、环境、安全等方面提供公共服务迈出了实质性步伐。加强对农民技能培训，在全面实现城乡免费义务教育之后，将中等职业教育免学费政策范围扩大到所有农村学生、城市涉农专业学生和家庭经济困难学生，免除农村贫困家庭学生普通高中学杂费；整合城乡基本医疗制度，提高财政补助标准，实现大病保险全覆盖，新型农村合作医疗实现了从试点到全覆盖，筹资和财政补贴标准不断提高，住院报销比例也达到75%以上；出台新型农村社会养老保险新政策，提高政府补助水平，推进城乡养老社会保险制度并轨进程；完善农村最低生活保障制度，实施农村精准扶贫和精准脱贫；深化文化体制改革，积极发展农村公共文化事业，努力实现卫生和文化服务均等化；解决人民群众普遍关心的食品、生态环境领域的安全问题，确保食品安全、生态环境安全。

城乡一体化改革取得良好的成果，最主要的体现是城乡居民收入相对差距由扩大转为不断缩小，农民生活水平有了较大提高。从2012年到2016年，农村人均收入增长率连续5年超过城镇居民收入增长水平，由此城乡居民的相对收入差距由2012年1∶3.1下降到1∶2.7。受收入相对差距缩小的影响，城乡居民消费相对差距也在缩小，2012年到2015年，二者比例由1∶2.82缩小到1∶2.32。随着收入较快增长，农村居民消费结构也发生了变化，在消费支出中，恩格尔系数由 39.3% 下降到 33.1%，非食品支出用于文化教育、医疗卫生和家用电器支出增长较快，特别是用于汽车、移动电话、家用计算机支出增长最快。到 2015 年农村每百户居民拥有汽车 13.3 辆，比 2013 年增长 34.3%，移动电话 226.1 部、计算机 25.7 台，比 2012 年分别增长 14.3%、20.1%①。

根据国家统计局 2022 年发布的统计公报，2021 年全年全国居民人均可支配收入 35128 元，比上年增长 9.1%，扣除价格因素，实际增长 8.1%。全国居民人均可支配收入中位数 29975 元，增长 8.8%。按常住地分，城镇居民人均可支配收入 47412 元，比上年增长 8.2%，扣除价格因素，实际增长 7.1%。城镇居民人均可支配收入中位数 43504 元，增长 7.7%。农村居民人均可支配收入 18931 元，比上年增长 10.5%，扣除价格因素，实际增长 9.7%。农村居民人均可支配收入中位数 16902 元，增长 11.2%。城乡居民人均可支配收入比值为 2.50，比上年缩小 0.06。全年脱贫县农村居民人均可支配收入 14051 元，比上年增长 11.6%，扣除价格因素，实际增长 10.8%。全年全国居民人均消费支出 24100 元，比上年增长 13.6%，扣除价格因素，实际增长 12.6%。其中，人均服务性消费支出 10645 元，比上年增长 17.8%，占居民人均消费支出的比重为 44.2%。按常住地分，城镇居民人均消费支出 30307 元，增长 12.2%，扣除价格因素，实际增长 11.1%；农村居民人均消费支出 15916 元，增长 16.1%，扣除价格因素，实际增长 15.3%。全国居民恩格尔系数为 29.8%，其中城镇为 28.6%，农村为 32.7%。②

2006 年在"十一五"规划中第一次提出"基本公共服务均等化"的概念，党的十八大以来，进一步将公共服务均等化推向深入。"均等化"作为基本公共服务领域最为核心的重要政策目标，强调在承认地区、城乡、人群存在差别的前提下，保障所有公民都享有一定标准之上的基本公共服务，实质是"底线均等"。③ 均等化的主要领域主要涉及基础教育、

---

① 参见《以制度供给为重点深入推进城乡一体化发展》，中国经济网，2017 年 04 月 26 日。参考网址：http://www.ce.cn/cysc/fdc/fc/201704/26/t20170426_22341035.shtml。

② 国家统计局：《中华人民共和国 2021 年国民经济和社会发展统计公报》，中国统计出版社 2022 年版。

③ 郭小聪、代凯：《国内近五年基本公共服务均等化研究：综述与评估》，《中国人民大学学报》2013 年第 1 期。

基础医疗卫生、公共就业服务、基本生活保障、基础设施、公共安全等公共服务领域。

四　实施区域协调发展战略

我国是一个幅员辽阔的大国，各地发展基础和条件各异，协调区域之间的发展，保障不同区域之间的平衡和公平，推动中西部落后地区的发展和人民生活水平的提高，是我国现代化进程中要面对的重大问题。长期以来，我国中西部地区由于地理位置、自然环境等方面的限制，经济发展相对滞后，人民生活水平相对落后。为了保障区域之间的协调发展和公平发展，我国制定了区域协调发展总体战略，包括西部大开发、东北地区等老工业基地振兴、中部地区崛起和东部地区率先发展四大子战略，覆盖我国大陆全部国土，是全局性战略，是既能平衡区域关系，又能有针对性地解决不同区域不同发展问题的战略。党的十八大以来，以习近平同志为总书记的党中央进一步丰富发展了区域协调发展的理论和实践，提出并实施了"一带一路"建设、京津冀协同发展等新的战略构想和重大举措。

国家"十三五"规划纲要提出，要推动城乡协调发展，"深入实施西部开发、东北振兴、中部崛起和东部率先的区域发展总体战略，创新区域发展政策，完善区域发展机制，促进区域协调、协同、共同发展，努力缩小区域发展差距"[1]。

2016 年 9 月国务院通过的，《关于贯彻落实区域发展战略促进区域协调发展的指导意见》，进一步明确要求协调区域经济发展，并加大对中西部落后地区的扶持力度。该意见要求区域发展要全力实施脱贫攻坚，推进精准扶贫、精准脱贫，创新扶贫开发方式，进一步整合资源，加快实施发展生产、易地扶贫搬迁、生态补偿、教育扶贫、社保兜底等精准扶贫工程，健全精准扶贫工作机制，提高扶贫实效。加强贫困地区基础设施建设，支持因地制宜发展特色经济。不断提高贫困地区公共服务水平，基本完成存量危房改造，提升医疗服务水平，切实抓好义务教育和职业培训，尽力阻断贫困代际传递。

此外，该意见还要求扶持特殊类型地区发展。加大对革命老区、民族

---

[1]　《中华人民共和国国民经济和社会发展第十三个五年规划纲要》，人民出版社 2016 年版。

地区、边疆地区和困难地区的支持力度。支持革命老区开发建设，完善革命老区振兴发展支持政策，推动赣闽粤原中央苏区等重点贫困革命老区振兴发展。把加快民族地区发展摆到更加突出的战略位置，坚持和完善民族区域自治制度，完善差别化支持政策，推动建立各民族相互嵌入式的社会结构和社区环境，促进各民族交往交流交融。推进边疆地区开发开放，加强基础设施互联互通，大力推进兴边富民行动。加强规划引导和政策支持，促进资源枯竭、产业衰退、生态严重退化等困难地区转型发展，研究支持产业衰退地区振兴发展的政策措施。加大对特殊类型地区的财政金融支持力度，改善基础设施条件，提高基本公共服务能力和水平，支持有序承接产业转移，发展优势产业和特色经济，吸引富余劳动力转移就业，强化生态保护和修复，完善生态补偿机制。

加大对中西部地区的政策扶植力度。经国务院批准，国家发展改革委、商务部于 2017 年 2 月 17 日发布第 33 号令，全文公布《中西部地区外商投资优势产业目录（2017 年修订）》。2017 年版目录将支持中西部地区承接外资产业转移，提升开放型经济发展水平。本次目录修订按照适应外资产业转移新趋势、充分发挥地方比较优势、优化利用外资结构、与招商引资实际相结合的原则，总条目共 639 条，比原目录增加139 条。《中西部地区外商投资优势产业目录》是我国吸引外资的重要区域政策，将确能发挥地区优势的允许类、限制类外商投资项目列入，享受鼓励类外商投资项目优惠政策。目录于 2000 年首次发布，本次修订是第 4 次修订。2017 年目录涵盖中西部地区、东北地区以及海南省共 22 个省（区、市）。

党的十九大报告提出："实施区域协调发展战略。加大力度支持革命老区、民族地区、边疆地区、贫困地区加快发展，强化举措推进西部大开发形成新格局，深化改革加快东北等老工业基地振兴，发挥优势推动中部地区崛起，创新引领率先实现东部地区优化发展，建立更加有效的区域协调发展新机制。以城市群为主体构建大中小城市和小城镇协调发展的城镇格局，加快农业转移人口市民化。以疏解北京非首都功能为'牛鼻子'推动京津冀协同发展，高起点规划、高标准建设雄安新区。以共抓大保护、不搞大开发为导向推动长江经济带发展。支持资源型地区经济转型发展。加快边疆发展，确保边疆巩固、边境安全。"①

进入 21 世纪，我国区域经济协调发展已初见成效。2008 年，中西部和东北地区经济增长速度首次全面超过东部。2014 年，中、西部地区生产总值增幅分别比东部高 0.5 个和 1.1 个百分点。2010—2014 年，西部城乡居民收入增速均高于东部，东部与西部城镇居民人均可支配收入比率由 1.47 下降为 1.44，农民人均纯收入比率由 1.84 下降为 1.82。中西部地区社会事业全面发展，全部实现九年义务教育，人均预期寿命大幅提升，电视节目综合人口覆盖率达到 95% 以上。高速公路超过 5000 公里的 8 个省份中，中西部地区有 5 个。高速和准高速铁路网络同步推进，民航事业加速起飞，电力供应极大改善。②

根据国家统计局 2022 年发布的统计公报，2021 年全年东部地区生产总值 592202 亿元，比上年增长 8.1%；中部地区生产总值 250132 亿元，增长 8.7%；西部地区生产总值 239710 亿元，增长 7.4%；东北地区生产总值 55699 亿元，增长 6.1%。全年京津冀地区生产总值 96356 亿元，比上年增长 7.3%；长江经济带地区生产总值 530228 亿元，增长 8.7%；长江三角洲地区生产总值 276054 亿元，增长 8.4%。③

国家"十三五"规划纲要提出，要扶持特殊类型地区发展，"加大对革命老区、民族地区、边疆地区和困难地区的支持力度，实施边远贫困地区、边疆民族地区和革命老区人才支持计划，推动经济加快发展、人民生活明显改善"④。在脱贫攻坚中，要"把革命老区、民族地区、边疆地区、集中连片贫困地区作为脱贫攻坚重点，持续加大对集中连片特殊困难地区的扶贫投入力度，增强造血能力，实现贫困地区农民人均可支配收入增长幅度高于全国平均水平，基本公共服务主要领域指标接近全国平均水平"⑤。要加强贫困地区基础设施建设，提高贫困地区公共服务水平。

---

① 习近平：《决胜全面建成小康社会，夺取新时代中国特色社会主义伟大胜利——在中国共产党第十九次全国代表大会上的报告》，人民出版社 2017 年版。

② 郭树清："推动区域协调发展"，求是网，2015 年 11 月 15 日。参考网址：http://www.qstheory.cn/dukan/qs/2015 – 11/15/c_ 1117135269. htm。

③ 国家统计局：《中华人民共和国 2021 年国民经济和社会发展统计公报》，中国统计出版社 2022 年版。

④ 《中华人民共和国国民经济和社会发展第十三个五年规划纲要》，人民出版社 2016 年版。

⑤ 《中华人民共和国国民经济和社会发展第十三个五年规划纲要》，人民出版社 2016 年版。

五　调整收入分配格局

我国改革开放以来，在国民经济长时期持续快速发展基础上，人民收入整体上有了大幅度增长，全体人民的生活水平和质量有了显著提高。然而，较之经济的快速发展，我国也面临不同行业、区域、城乡间发展的不平衡。据国家统计局数据，1979—2008 年，我国 GDP 年平均增速为9.85％，而居民收入年均增长仅 7.1％。这反映出将经济发展成果惠及人民大众的不足，存在着一定的发展不平衡问题。

国家"十三五"规划纲要提出，要缩小收入差距，"正确处理公平和效率关系，坚持居民收入增长和经济增长同步、劳动报酬提高和劳动生产率提高同步，持续增加城乡居民收入，规范初次分配，加大再分配调节力度，调整优化国民收入分配格局，努力缩小全社会收入差距"①。在完善初次分配制度方面，要完善市场评价要素贡献并按贡献分配的机制。健全科学的工资水平决定机制、正常增长机制、支付保障机制，推行企业工资集体协商制度，完善最低工资增长机制。在健全再分配调节机制方面，要实行有利于缩小收入差距的政策，明显增加低收入劳动者收入，扩大中等收入者比重。在规范收入分配秩序方面，要保护合法收入，规范隐性收入，遏制以权力、行政垄断等非市场因素获取收入，取缔非法收入。

中央全面深化改革决定提出要形成合理有序的收入分配格局。一方面，要着重保护劳动所得，"努力实现劳动报酬增长和劳动生产率提高同步，提高劳动报酬在初次分配中的比重。健全工资决定和正常增长机制，完善最低工资和工资支付保障制度，完善企业工资集体协商制度。改革机关事业单位工资和津贴补贴制度，完善艰苦边远地区津贴增长机制。健全资本、知识、技术、管理等由要素市场决定的报酬机制。扩展投资和租赁服务等途径，优化上市公司投资者回报机制，保护投资者尤其是中小投资者合法权益，多渠道增加居民财产性收入"；另一方面，要规范收入分配秩序，"完善收入分配调控体制机制和政策体系，建立个人收入和财产信息系统，保护合法收入，调节过高收入，清理规范隐性收入，取缔非法收

① 《中华人民共和国国民经济和社会发展第十三个五年规划纲要》，人民出版社 2016年版。

入，增加低收入者收入，扩大中等收入者比重，努力缩小城乡、区域、行业收入分配差距，逐步形成橄榄型分配格局"[1]。

党的十九大报告提出："坚持按劳分配原则，完善按要素分配的体制机制，促进收入分配更合理、更有序。鼓励勤劳守法致富，扩大中等收入群体，增加低收入者收入，调节过高收入，取缔非法收入。坚持在经济增长的同时实现居民收入同步增长、在劳动生产率提高的同时实现劳动报酬同步提高。拓宽居民劳动收入和财产性收入渠道。履行好政府再分配调节职能，加快推进基本公共服务均等化，缩小收入分配差距。"[2]

根据国家统计局 2022 年发布的统计公报，2021 年按全国居民五等份收入分组，低收入组人均可支配收入 8333 元，中间偏下收入组人均可支配收入 18445 元，中间收入组人均可支配收入 29053 元，中间偏上收入组人均可支配收入 44949 元，高收入组人均可支配收入 85836 元。全国农民工人均月收入 4432 元，比上年增长 8.8%。[3]

六　保障权利享有的代际公平

良好的生态环境与人民群众的生活水平、幸福指数、文明程度息息相关。改革开放以来，中国经济持续快速发展，已经跃升为世界第二大经济体。同时，在粗放的发展方式下，资源消耗速度加快，出现了一批资源枯竭型城市，很多矿产资源需要从国外进口；环境污染日趋严重，水污染、大气污染、土壤污染威胁着人民群众的健康；一些地方生态环境遭到破坏，耕地面积、森林面积减少，水体、大气、耕地质量下降。这些突出问题迫切要求党和政府必须加以有效回应和解决。

面对这一状况，中国反思片面注重效率的发展模式，全面审视政策对自然环境和生态的危害，更加关注发展的代际正义，不仅要保障当代人的发展权，还要保障包括子孙后代在内的所有人的发展权，促进可持续发展

---

① 《中共中央关于全面深化改革若干重大问题的决定》，中国共产党第十八届中央委员会第三次全体会议 2013 年 11 月 12 日通过，《求是》2013 年第 22 期。

② 习近平：《决胜全面建成小康社会，夺取新时代中国特色社会主义伟大胜利——在中国共产党第十九次全国代表大会上的报告》，人民出版社 2017 年版。

③ 国家统计局：《中华人民共和国 2021 年国民经济和社会发展统计公报》，中国统计出版社 2022 年版。

的实现。由于代际负外部性需要相当长的时间才可以显现，所以人们对代际问题产生的负外部性具有一定的认知局限，加之当代人的功利主义倾向，种种原因使当代人难以自觉地从后代人的角度考虑问题。如果破坏了生态环境，必将影响到后代子孙享受与使用资源及环境的权利，最终导致人类文明的枯竭。因此，政府在制定公共政策时必须考虑到子孙后代对良好环境资源权利的享有。在制定经济、社会和环境的协同发展战略时，逐步把资源环境放到发展的优先地位，通过制定相关生态政策和环境法规，维护自然生态和谐，加大环保力度，控制资源消耗，做到科学、规范、有序地发展自然资源。同时，依靠科技进步发展循环经济、节约型经济，充分提高资源和能源的利用效率，最大限度地减少废物排放与环境污染，保护生态环境。

实现权利享有的代际公平，需要合理利用资源，保护环境，为子孙后代享受发展权预留充分的空间。党中央、国务院高度重视环境治理工作，把发展观、执政观、自然观内在统一起来，融入到执政理念、发展理念中。习近平总书记指出："生态环境保护是功在当代、利在千秋的事业。要清醒认识保护生态环境、治理环境污染的紧迫性和艰巨性，清醒认识加强生态文明建设的重要性和必要性，以对人民群众、对子孙后代高度负责的态度和责任，真正下决心把环境污染治理好、把生态环境建设好"。①"绿水青山就是金山银山"，"要坚持节约资源和保护环境的基本国策"，"像保护眼睛一样保护生态环境，像对待生命一样对待生态环境"。

1994 年，中国政府编制的《中国 21 世纪议程》将可持续发展战略纳入经济和社会发展的长远规划，1997 年党的十五大将可持续发展战略确定为国家现代化建设中必须实施的战略。党的十七大将科学发展观写入党章。党的十八大将科学发展观列入党的指导思想。

2012 年 11 月，党的十八大从新的历史起点出发，做出"大力推进生态文明建设"的战略决策，将生态文明建设纳入中国特色社会主义事业的总体布局，首次将生态文明建设作为"五位一体"总体布局的一个重要部分。党的十八大报告谈到"建设生态文明，是关系人民福祉、关乎

---

① 《走向生态文明新时代——关于大力推进生态文明建设的对话》，《人民日报》2016 年 10 月 12 日。

民族未来的长远大计。面对资源约束趋紧、环境污染严重、生态系统退化的严峻形势，必须树立尊重自然、顺应自然、保护自然的生态文明理念，把生态文明建设放在突出地位，融入经济建设、政治建设、文化建设、社会建设各方面和全过程，努力建设美丽中国，实现中华民族永续发展。"

党的十八届三中全会提出加快建立系统完整的生态文明制度体系，2015 年 5 月，发布《中共中央、国务院关于加快推进生态文明建设的意见》，将"绿色化"融入"新型工业化、城镇化、信息化、农业现代化"的"新四化体系"之中，形成"新五化体系"。2015 年 10 月，增强生态文明建设被写入国家五年规划。党的十八届三中全会审议通过的《中共中央关于全面深化改革若干重大问题的决定》指出："建设生态文明，必须建立系统完整的生态文明制度体系，实行最严格的源头保护制度、损害赔偿制度、责任追究制度，完善环境治理和生态修复制度，用制度保护生态环境。"①

党的十八大以来，中国在完善生态文明制度体系方面做了很多工作。首先，全国人大常委会修订了环保法、大气污染防治法、节约能源法、环境影响评估法、水法等多部法律。这些基础性法律的修改为切实推进相关工作提供了宏观的法律保障。其次，制定了一系列政策规划。2015 年 11 月，环保部印发《全国生态功能区（修编版）》，划分了生态调节、产品提供和人居保障 3 大类，水源涵养、生物多样性保护、土壤保持、防风固沙、洪水调蓄、农产品提供、林产品提供、大都市群、重点城镇群等 9 个类型和 242 个生态功能区，确定大兴安岭水源涵养与生物多样性保护重要区等 63 个重要生态功能区；2016 年 10 月，环境保护部印发《全国生态保护"十三五"规划纲要》，要求按照山水林田湖系统保护的要求，以改善环境质量为核心，以维护国家生态安全为目标，以保障生态空间、提升生态质量、改善生态功能为主线，强化生态监管，完善制度体系，推动补齐生态产品供给不足短板。再次，逐步探索健全自然资源资产产权制度和用途管制制度。2016 年年底，《自然资源统一确权登记办法（试行）》正式实施，国土资源部启动自然资源统一确权登记试点，开始对水流、森

---

① 《中共中央关于全面深化改革若干重大问题的决定》，2013 年 11 月 12 日通过，中央政府门户网站：http://www.gov.cn/jrzg/2013 – 11/15/content_ 2528179. htm。

林、山岭、草原、荒地、滩涂等自然生态空间进行统一确权登记，形成归属清晰、权责明确、监管有效的自然资源资产产权制度。建立空间规划体系，划定生产、生活、生态空间开发管制界限，落实用途管制。健全了能源、水、土地节约集约使用制度。

与此同时，中国采取了一系列保护生态环境的措施，以保障权利享有的代际公平。

第一，淘汰落后产能，优化经济结构。环境污染既是重大民生问题，也是经济升级的重要抓手，迫使从政府到企业必须将产业升级提上日程。大气污染防治十条中，明确要求，严控高耗能、高污染行业新增产能，各地根据国家各项治理方略的要求，针对钢铁、水泥、电解铝、平板玻璃等21个重点行业，多举措遏制企业盲目扩张，引导产业升级。另外，用法律、标准"倒逼"产业转型升级，比如，环境保护部制定并会同国家质检总局发布《锅炉大气污染物排放标准》《生活垃圾焚烧污染控制标准》《锡、锑、汞工业污染排放标准》《非道路移动机械用柴油机排气污染物排放限值及测量方法（中国第三、四阶段）》等国家标准，"倒逼"相关企业进行产业转型升级。

第二，调整能源结构，发展清洁能源。2014年3月，国家发展和改革委员会、国家能源局和环境保护部联合发布《能源行业加强大气污染防治工作方案》，提出到2017年，实现非化石能源消费比重提高到13%、天然气消费比重提高到9%以上，煤炭消费比重降至65%以下。大气污染防治十条中也规定，要大力推行清洁生产，重点行业主要大气污染物排放强度到2017年底下降30%以上。同时，大力发展节约资源、环境友好的生态经济，包括循环经济、绿色经济、低碳经济等，大力扶持环保的新能源产业，通过加强规划和产业政策引导、鼓励金融机构协助融资、支持相关关键材料技术研发和产业化等措施，促进新能源产业的迅速发展，从而调整结构，打造中国经济"升级版"。能源结构调整有助于缓解环境恶化的趋势，据统计，与2010年相比，2016年单位生产总值的能耗降低了20.9%。[①]

---

① 班娟娟：《国家发改委将编制环保产业准入负面清单》，经济参考网：http://jjckb. xinhuanet. com/2017－07/17/c_ 136450832. htm，访问时间：2017年8月1日。

　　第三，强化生态扶贫，突出目标均衡。经济发展与环境权利保障的紧张关系在很多贫困地区有着现实的反映。不少贫困地区生态环境很好，但经济发展压力很大；也有些地区经济获得了一定发展，但由于过度采伐本地的资源，环境付出了惨重的代价；甚至还有一些地区陷入贫困与生态环境脆弱的相互加强与恶性循环，成为"贫困陷阱"①的真实案例。对于这些地区，党和政府有针对性地提出和实施生态扶贫，将经济发展与保护生态两种目标很好地均衡起来。各种扶贫项目不允许破坏当地的生态环境，同时，还要有利于生态的修复。具体的举措包括：在贫困地区积极推进天然林资源保护、退耕还林、退牧还草、京津风沙源治理、石漠化综合治理和生物多样性保护等重大生态工程，加快贫困地区生态保护和修复步伐，改善当地生态环境，不断拓展贫困人口生存空间，为当地优势特色产业发展、贫困人口就业增收以及保障发展环境创造了良好的条件。在保护生态环境的同时，还要改善贫困人口生存条件，加大贫困县生态环境综合治理力度，强化木本粮油、特色林果、木竹原料林、林下经济、草食畜牧业、生态旅游业等发展，将保护生态环境与促进贫困人口的经济条件改善有机结合。

　　第四，划定生态保护红线。2017 年 2 月，中共中央办公厅、国务院办公厅印发《关于划定并严守生态保护红线的若干意见》，对生态空间范围内具有特殊重要生态功能、必须强制性严格保护区域的保护提出了要求②。在此基础上，2017 年 5 月，环境保护部办公厅和发展改革委办公厅联合印发《生态保护红线划定指南》，31 个省（区、市）启动生态保护红线划定工作。

　　第五，实施生态保护与修复工程。实施了天然林资源保护、防护林体系建设、河湖与湿地保护修复、防沙治沙、水土保持、石漠化治理、野生

---

　　①　World Bank. World development report 1992 in development and the environment［M］，Oxford：Oxford University Press，1992.

　　②　生态空间是指具有自然属性、以提供生态服务或生态产品为主体功能的国土空间，包括森林、草原、湿地、河流、湖泊、滩涂、岸线、海洋、荒地、荒漠、戈壁、冰川、高山冻原、无居民海岛等。生态保护红线是指在生态空间范围内具有特殊重要生态功能、必须强制性严格保护的区域，是保障和维护国家生态安全的底线和生命线，通常包括具有重要水源涵养、生物多样性维护、水土保持、防风固沙、海岸生态稳定等功能的生态功能重要区域，以及水土流失、土地沙化、石漠化、盐渍化等生态环境敏感脆弱区域。

动植物保护及自然保护区建设等一批重大生态保护与修复工程。全国已建立各类自然保护区 2740 个（国家级自然保护区 428 个），约占陆地国土面积的 14.8%，超过 90% 的陆地自然生态系统类型、89% 的国家重点保护野生动植物种类得到保护①。重点国有林区天然林全部停止商业性采伐。全国受保护的湿地面积增加 525.94 万公顷，自然湿地保护率提高到 46.8%。②

第六，建立和实施资源有偿使用制度和生态补偿制度。生态补偿机制是在综合考虑生态保护成本、发展机会成本和生态服务价值的基础上，采取财政转移支付或市场交易等方式，对生态保护者给予合理补偿，是明确界定生态保护者与受益者权利义务、使生态保护经济外部性内部化的公共制度安排。十八届三中全会要求，"完善对重点生态功能区的生态补偿机制，推动地区间建立横向生态补偿制度"。按照《中共中央关于全面深化改革若干重大问题的决定》的要求，加快自然资源及其产品价格改革，全面反映市场供求、资源稀缺程度、生态环境损害成本和修复效益。坚持使用资源付费和谁污染环境、谁破坏生态谁付费原则，逐步将资源税扩展到占用各种自然生态空间。稳定和扩大退耕还林、退牧还草范围，调整严重污染和地下水严重超采区耕地用途，有序实现耕地、河湖休养生息。建立有效调节工业用地和居住用地合理比价机制，提高工业用地价格。坚持谁受益、谁补偿原则，完善对重点生态功能区的生态补偿机制，推动地区间建立横向生态补偿制度。发展环保市场，推行节能量、碳排放权、排污权、水权交易制度，建立吸引社会资本投入生态环境保护的市场化机制，推行环境污染第三方治理。2016 年 4 月，国务院办公厅发布《关于生态保护补偿机制的意见》，进一步扩大了生态保护补偿的范围，提高了标准，完善了保护者和受益者良性互动的体制机制。这项制度的实施，对于实施主体功能区战略、促进欠发达地区和贫困人口共享改革发展成果，对于加快建设生态文明、促进人与自然和谐发展具有重要意义。生态补偿机制的实施，是从以行政手段为主来推动生态文明建设转移到运用法律、经济、技术和行政手段来综合推进，从而激励和促进保护生态环境的行为，

---

① 《全国生态保护"十三五"规划纲要》，《农村实用技术》2018 年第 6 期。
② 《"十三五"生态环境保护规划》，《中华人民共和国国务院公报》2016 年第 35 期。

惩罚和遏制破坏环境的行为，有助于保障人们可持续发展的权利。

生态文明建设对保障后代人的发展权，促进发展权保障的代际公平，具有重要意义。第一，有助于为后代人的发展保留适当的自然资源。任何发展都依赖于一定的自然资源，生态文明建设强调对自然资源的合理适度开发，既要满足当代人的发展需求，更要考虑到子孙后代的发展需求，绝对不可以采取涸泽而渔的开发方式。当前划定生态红线，系统治理大气、水和土壤污染问题等都是这种理念的具体实践。第二，有助于为后人积累生态保护的"制度红利"。人类与大自然的关系是自古以来困扰人类生存的大问题，当代保护生态的各种制度探索、技术革新，有益于在治理结构、治理经验上为后人奠定基础，提供一定借鉴；同时，形成的保护环境的社会文化和心理也会通过代代人的习惯传承而对后代人产生重要影响。第三，有助于促进环境治理成本的代际公平。历史是不间断的时间流，当代人对生态的破坏必然由后代人付出更高昂的代价来弥补，如果这种破坏超出了人类可以补救的极限，甚至会对人类生存产生致命性的威胁，从这个意义上说，人类采伐自然资源的收益和治理环境污染的成本会在长时间段内不同代际间平衡，那么，一代人的发展权保障不应该让后代人来承担主要成本，这种代际公平在当前工业化、城镇化迅速发展的中国社会尤其值得关注并加以制度化的解决。

第三节　对特定群体权利的平等保障和特殊保护

实现所有人的自由全面协调发展，必须关注在社会发展中处于不利地位群体，不仅要保障他们发展权利的平等实现，而且要根据他们的特殊需求予以必要的特殊保护。这些特定群体主要包括少数民族、妇女、儿童、老年人、残疾人等。党的十八大报告提出，要"加快民族地区发展，保障少数民族合法权益，巩固和发展平等团结互助和谐的社会主义民族关系，促进各民族和睦相处、和衷共济、和谐发展"，"坚持男女平等基本国策，保障妇女儿童合法权益。积极应对人口老龄化，大力发展老龄服务事业和产业。健全残疾人社会保障和服务体系，切实保障残疾人权益"[①]。

[①]　习近平：《决胜全面建成小康社会，夺取新时代中国特色社会主义伟大胜利——在中国共产党第十九次全国代表大会上的报告》，人民出版社 2017 年版。

党的十九大报告进一步要求："坚持男女平等基本国策，保障妇女儿童合法权益。完善社会救助、社会福利、慈善事业、优抚安置等制度，健全农村留守儿童和妇女、老年人关爱服务体系。发展残疾人事业，加强残疾康复服务。"① 党的十八大以来，中国结合国情采取有针对性的措施，切实保障少数民族、妇女、儿童、老年人和残疾人的合法权益，使他们能以平等的地位和均等的机会充分参与社会生活，共享发展成果。

一　尊重和保障少数民族权利

少数民族由于历史的原因和现实的状况，其权利需要得到平等的保障，并在一些方面获得特殊的保护。《中华人民共和国宪法》第 4 条规定："中华人民共和国各民族人民一律平等。国家保障各少数民族的合法的权利和利益，维护和发展各民族的平等、团结、互助关系。禁止对任何民族的歧视和压迫，禁止破坏民族团结和制造民族分裂的行为。各少数民族聚居的地方实行区域自治，设立自治机关，行使自治权。各民族自治地方都是中华人民共和国不可分离的部分。各民族都有使用和发展自己的语言文字的自由，都有保持或者改革自己的风格习惯的自由。"

党的十八大以来，为促进少数民族各项权利的实现，国家制定一系列相关的规划。《国家人权行动计划（2012—2015 年）》指出，"中国是统一的多民族国家，各民族一律平等，国家保障各少数民族的合法权益"②。该计划具体要求依法保障少数民族平等参与管理国家和社会事务的权利，重视培养和使用各类少数民族人才，保障少数民族均等享受公共服务的权利，保障少数民族的经济发展权利，加快发展民族教育，保障少数民族的文化权利，依法保障少数民族学习使用和发展本民族语言文字的权利。《国家人权行动计划（2016—2020 年）》进一步要求"把加快少数民族和民族地区发展摆到更加突出的位置，尊重和保障少数民族权利"③，并强

---

　　① 习近平：《决胜全面建成小康社会，夺取新时代中国特色社会主义伟大胜利——在中国共产党第十九次全国代表大会上的报告》，人民出版社 2017 年版。

　　② 国务院新闻办公室：《国家人权行动计划（2012—2015 年）》，人民出版社 2012 年版，第 35 页。

　　③ 国务院新闻办公室：《国家人权行动计划（2016—2020 年）》，人民出版社 2016 年版，第 30 页。

调保障少数民族平等参与管理国家和社会事务的权利、经济发展权利、均等享有公共服务的权利、受教育权利、学习使用和发展本民族语言文字的权利、文化权利。

国家"十三五"规划纲要提出，要"把加快少数民族和民族地区发展摆到更加突出的战略位置，加大财政投入和金融支持，改善基础设施条件，提高基本公共服务能力。支持民族地区发展优势产业和特色经济。加强跨省区对口支援和对口帮扶工作。加大对西藏和四省藏区支持力度。支持新疆南疆四地州加快发展。促进少数民族事业发展，大力扶持人口较少民族发展，支持民族特需商品生产发展，保护和传承少数民族传统文化"①。

中国在少数民族权利保障方面实施了一系列具体措施，有效维护了少数民族的权利。

在保障少数民族参与国家事务管理权利方面，55 个少数民族均有本民族的全国人大代表和全国政协委员，十三届全国人大代表中，少数民族代表 438 名，占 14.7%。近年来全国公务员考试录用少数民族考生的比例保持在 13% 以上，高于少数民族人口占全国人口 8.49% 的比例。民族自治地方的人民代表大会除享有地方国家权力机关的权力外，还有权依照当地民族的政治、经济和文化特点，制定自治条例和单行条例。155 个民族自治地方的人民代表大会常务委员会中，均有实行区域自治民族的公民担任主任或者副主任；民族自治地方政府的主席、州长、县长或旗长，均由实行区域自治民族的公民担任。②

在保障少数民族发展权方面，少数民族和民族地区经济社会实现跨越式发展。国家把支持少数民族和民族地区加快经济社会发展作为国家发展建设的重要内容，通过实施西部大开发、兴边富民行动、扶持人口较少民族、少数民族特色村镇保护与发展、对口支援以及制定少数民族事业专项规划等战略举措，加大投入力度，坚决打赢民族地区脱贫攻坚战，有力地促进了少数民族和民族地区经济社会发展。2018 年，内蒙古、广西、西

① 《中华人民共和国国民经济和社会发展第十三个五年规划纲要》，人民出版社 2016 年版。

② 国务院新闻办公室：《为人民谋幸福：新中国人权事业发展 70 年》，人民出版社 2019 年版，第 31—32 页。

藏、宁夏、新疆 5 个自治区和云南、贵州、青海 3 个省的地区生产总值达
90576 亿元，同比增长 7.2%，高于全国 0.6 个百分点；贫困人口减少到
603 万，贫困发生率下降到 4.0%。民族地区基础设施、公共服务和百姓
生活日新月异。①

在保障少数民族教育权利方面，中国通过发展各级各类民族学校，举
办内地预科班、民族班，对少数民族考生升学予以照顾，在广大农牧区推
行寄宿制教育，着力办好民族地区高等教育等举措，促进教育公平，保障
少数民族受教育权利。目前，民族地区已全面普及从小学到初中 9 年义务
教育，西藏自治区、新疆维吾尔自治区的南疆地区等实现了从学前到高中
阶段 15 年免费教育。2018 年，新疆维吾尔自治区学前三年毛入园率已达
到 96.86%，小学净入学率达到 99.94%。②

在保障少数民族使用和发展本民族语言文字的自由方面，除回族和满
族通用汉语文外，其他 53 个少数民族都有本民族语言，有 22 个少数民族
共使用 28 种文字。国家依法保障少数民族语言文字在行政司法、新闻出
版、广播影视、文化教育等各领域的合法使用。建设中国少数民族濒危语
言数据库，设立并实施"中国语言资源保护工程"。截至 2019 年 3 月，
民族自治地方共设置广播电台、电视台、广播电视台等播出机构 714 个。
全国各级播出机构共开办民族语电视频道 46 套，民族语广播 56 套。新疆
维吾尔自治区使用汉、维吾尔、哈萨克、柯尔克孜、蒙古、锡伯 6 种语言
文字出版报纸、图书、音像制品和电子出版物，使用多语言、多文种播送
电视和广播节目等。国家在民族地区实施双语教育，基本建立起从学前到
高中阶段的双语教育体系。截至 2018 年，少数民族双语教育的中小学共
6521 所，接受双语教育的在校生 309.3 万人，双语教育的专任教师 20.6
万人。③

在保护少数民族文化遗产和文物古迹方面，中国政府制定相关法律，

---

① 国务院新闻办公室：《为人民谋幸福：新中国人权事业发展 70 年》，人民出版社 2019 年
版，第 32 页。

② 国务院新闻办公室：《为人民谋幸福：新中国人权事业发展 70 年》，人民出版社 2019 年
版，第 33—34 页。

③ 国务院新闻办公室：《为人民谋幸福：新中国人权事业发展 70 年》，人民出版社 2019 年
版，第 33 页。

设立专门机构，加大资金投入，推动少数民族文化传承发展。拉萨布达拉宫历史建筑群、丽江古城、元上都遗址、红河哈尼梯田文化景观、土司遗址等被列入联合国教科文组织《世界遗产名录》。中国列入联合国教科文组织非物质文化遗产名录（名册）的项目中有 21 项与少数民族相关；中国前四批共计 1372 项国家级非物质文化遗产名录中，与少数民族相关的有 492 项，占 36%；在五批 3068 名国家级非物质文化遗产项目代表性传承人中，少数民族传承人有 862 名，约占 28%；设立 21 个国家级文化生态保护实验区，其中有 11 个位于民族地区；25 个省（自治区、直辖市）已建立民族古籍整理与研究机构。截至 2018 年，抢救、整理的散藏民间的少数民族古籍约百万种（不含馆藏及寺院藏书），包括很多珍贵的孤本和善本。组织实施《中国少数民族古籍总目提要》编纂工程，共收书目约 30 万种。①

在保障少数民族宗教信仰自由方面，少数民族正常的宗教活动和宗教信仰依法受到保护，正常宗教需求得到满足。以多种语言文字翻译出版发行伊斯兰教、佛教、基督教等宗教典籍。西藏自治区有藏传佛教活动场所 1787 处，住寺僧尼 4.6 万多人。颁布《藏传佛教活佛转世管理办法》，活佛转世制度作为藏传佛教所特有的信仰和传承方式，得到国家和西藏自治区各级政府的尊重。西藏自治区现有活佛 358 名，其中 91 位新转世活佛按历史定制和宗教仪轨得到批准认定。不断完善藏传佛教僧人学经制度，国家颁布了《藏传佛教学衔授予办法（试行）》，截至 2018 年，西藏自治区已有 117 名学经僧人获得了格西"拉让巴"学位，68 名僧人获得了中国藏语系高级佛学院"拓然巴"高级学衔。新疆维吾尔自治区有清真寺、教堂、寺院、道观等宗教活动场所 2.48 万座，其中清真寺有 2.44 万多座，教职人员 2.93 万人，学生可在伊斯兰教经学院接受本科教育，《古兰经》《布哈里圣训实录精华》等出版发行达 176 万余册。实行有组织、有计划的朝觐政策，加强服务保障，确保朝觐活动安全有序。②

---

①　国务院新闻办公室：《为人民谋幸福：新中国人权事业发展 70 年》，人民出版社 2019 年版，第 33—34 页。

②　国务院新闻办公室：《为人民谋幸福：新中国人权事业发展 70 年》，人民出版社 2019 年版，第 34—35 页。

二　对妇女权利的平等保障与特殊保护

妇女权利主要包含两方面内容：一方面是妇女作为社会成员与男子一样平等享有的权利和自由；另一方面是女性因自身生理特点和担负的哺育后代等而应享有的特殊权利。① 《中华人民共和国妇女权益保障法》第2条规定："妇女在政治的、经济的、文化的、社会的和家庭的生活等各方面享有同男子平等的权利。实行男女平等是国家的基本国策。国家采取必要措施，逐步完善保障妇女权益的各项制度，消除对妇女一切形式的歧视。国家保护妇女依法享有的特殊权益。禁止歧视、虐待、遗弃、残害妇女。"

《国家人权行动计划（2012—2015年）》提出"促进男女平等，保障妇女合法权益"②，并具体要求继续促进妇女平等参与管理国家和社会事务，努力消除就业性别歧视，保障妇女平等获得经济资源和参与经济发展的权利，提高妇女生死健康服务水平，预防和制止针对妇女的家庭暴力，打击拐卖妇女犯罪行为，加强性别统计工作。《国家人权行动计划（2016—2020年）》进一步提出要"贯彻落实男女平等基本国策，全面实现《中国妇女发展纲要（2011—2020年）》目标，消除性别歧视，改善妇女发展环境，保障妇女合法权益"③，并要求继续促进妇女平等参与管理国家和社会事务，努力消除在就业、薪酬、职业发展方面的性别歧视，保障妇女的健康权利、婚姻家庭权利，贯彻落实反家庭暴力法，落实《中国反对拐卖人口行动计划（2013—2020年）》，有效预防和依法打击拐卖妇女犯罪行为。

《国家人权行动计划（2021—2025年）》提出，要"逐步提高女性在各级人大代表、政协委员中的比例"；"对通过大众传媒或者其他方式贬低损害妇女人格、侵害妇女财产权益、在就业等领域歧视妇女以及不履行预防和制止家庭暴力职责等侵害不特定多数妇女合法权益、损害社会公共

---

① 徐显明主编：《国际人权法》，法律出版社2004年版，第363页。

② 国务院新闻办公室：《国家人权行动计划（2012—2015年）》，人民出版社2012年版，第36页。

③ 国务院新闻办公室：《国家人权行动计划（2016—2020年）》，人民出版社2016年版，第32页。

利益的行为，检察机关可以发出检察建议或提起公益诉讼"；"倡导性别平等、责任共担的新型家庭文化。预防和制止针对妇女的一切形式家庭暴力，依法适用人身安全保护令和家庭暴力告诫制度，有效预防和依法打击性侵、拐卖妇女的犯罪行为。提升预防和制止性骚扰的法律意识，有效遏制针对女性的性骚扰。保护妇女免遭网络违法犯罪行为的侵害"；"保障妇女在家庭关系中的财产所有权和继承权，保障妇女对婚姻家庭关系中共有财产享有知情权和平等处理权。保障农村妇女平等享有土地承包经营权、宅基地使用权等不动产权益，平等享有集体经济组织收益分配、土地征收或征用安置补偿权益"；"规范招聘行为，用人单位在招聘过程中，除国家另有规定外，不得限定男性或者规定男性优先。将就业性别歧视问题纳入劳动保障监察工作之中。对涉嫌就业性别歧视的用人单位开展联合约谈"；"用人单位建立健全劳动就业、薪酬待遇、职业发展、生育保护以及帮助职工平衡工作和家庭责任、预防和制止职场性骚扰等工作场所性别平等制度机制，推动建立家庭友好型工作场所。支持和帮助女性实现家庭和工作的平衡"；"缓解妇女的家庭育儿负担。发展普惠托育服务体系。支持 150 个城市利用社会力量发展综合托育服务机构和社区托育服务设施"；"完善宫颈癌、乳腺癌综合防治体系和救助政策。探索开展青春期、育龄期、孕产期、更老年期保健专科服务，提供妇女全生命周期健康服务"；"关心关爱困境妇女。各级人民政府和有关部门采取必要措施，确保低收入、残疾、患重病、留守、单亲母亲等困境妇女享有相应的权益保障，为其提供必要的生活救助和关爱服务"。[1]

国家"十三五"规划纲要提出要促进妇女全面发展，"保障妇女平等获得就学、就业、婚姻财产和参与社会事务等权利和机会，保障农村妇女土地权益，提高妇女参与决策管理水平。加强妇女扶贫减贫、劳动保护、卫生保健、生育关怀、社会福利、法律援助等工作。严厉打击拐卖妇女儿童、暴力侵害妇女等违法犯罪行为。消除对妇女的歧视和偏见，改善妇女发展环境"[2]。

---

[1] 国务院新闻办公室：《国家人权行动计划（2021—2025 年）》，人民出版社 2021 年版，第 40—42 页。

[2] 《中华人民共和国国民经济和社会发展第十三个五年规划纲要》，人民出版社 2016 年版。

　　中国在妇女保障方面实施了一系列具体措施，有效维护了妇女的权利。国家先后制定实施了三期中国妇女发展纲要，积极倡导并切实实现男女平等，不断加大女职工劳动就业、劳动保护、生育保障等权益的保护力度。有力惩处性侵、拐卖妇女等犯罪行为。颁布实施反家庭暴力法，通过强制报告、公安告诫、人身安全保护令、紧急庇护等制度的实施，保障包括妇女在内的家庭成员的合法权益。2015 年妇女平均预期寿命达 79.43岁；2018 年孕产妇死亡率下降到 18.3/10 万，国家实施了妇女宫颈癌和乳腺癌免费检查项目，将宫颈癌和乳腺癌纳入国家大病救治范围，截至2018 年，累计开展宫颈癌免费检查近 1 亿人次，乳腺癌免费检查超过3000 万人次。按照每人救助 1 万元的标准，累计发放中央专项彩票公益金和筹集的社会资金 13 亿多元，救助贫困患病妇女 13.22 万名。增加农村和边远地区妇幼卫生经费投入，实施农村孕产妇住院分娩补助项目，累计补助 7400 余万人。实施"母亲水窖"供水工程和"母亲健康快车"医疗卫生健康项目，着力解决西部干旱地区妇女安全饮水及贫困地区妇女儿童健康服务等问题。在妇女参政议政权方面，十三届全国人大代表中有742 名女性，占比 24.9%，十三届全国政协委员中有 440 名女性，占比20.4%。2018 年全国公务员中女干部人数为 192.8 万人，占比 26.8%。[①]

三　对未成年人权利的特殊保护

　　未成年人由于身心尚未成熟，因此需要特殊的保护和照料。未成年人的权利主要包括生存权、受保护权、发展权和参与权四大方面。联合国《儿童权利宣言》指出，"儿童因身心尚未成熟，在其出生以前和以后均需要特殊的保护和照料，包括法律上的适当保护"。联合国《儿童权利公约》进一步规定了儿童所应享有各项人权。《中华人民共和国宪法》第 49条规定"儿童受国家的保护"，禁止虐待儿童。《中华人民共和国未成年人保护法》对儿童权利的保护作出了具体的规定。

　　中共十八大以来，国家为保障儿童权利制定了一系列规划。《国家人权行动计划（2012—2015 年）》提出，要"推进儿童福利、学前教育、

---

① 国务院新闻办公室：《为人民谋幸福：新中国人权事业发展 70 年》，人民出版社 2019 年版，第 35—37 页。

家庭教育等立法进程，根据儿童最大利益原则，切实保障儿童的生存、发展、受保护和参与的权利"①，并具体要求保障儿童健康权，加强校车和校园安全管理，保障儿童享有闲暇和娱乐的权利，保护儿童参与权利，消除对女童的歧视，逐步扩大儿童福利惠及面，保护儿童人身权利，禁止使用童工和对儿童的经济剥削，完善未成年人刑事案件诉讼程序。《国家人权行动计划（2016—2020 年）》进一步要求"坚持儿童优先原则，强化政府和社会保障儿童权益的责任，全面实现《中国儿童发展纲要（2011—2020 年）》目标"②，并具体要求修改未成年人保护法，完善儿童监护制度，保障儿童健康权、加强儿童财产权益保护，加强校园及周边社会治安综合治理，创造有利于儿童参与的社会环境，加强校车安全管理，预防和制止校园暴力，保障儿童享有闲暇和娱乐的权利，关爱困境儿童，建立儿童暴力伤害的监测预防，最大限度地降低未成年犯罪嫌疑人的批捕率、起诉率和监禁率。

《国家人权行动计划（2021—2025 年）》提出，要"保障儿童生存、发展、受保护和参与的权利，缩小儿童发展的城乡、区域和群体差距，促进儿童健康、全面发展"；"学校、幼儿园的教职员工应当尊重未成年人人格尊严，不得对未成年人实施体罚、变相体罚或者其他侮辱人格尊严的行为。禁止对儿童进行殴打、体罚、虐待等一切形式的家庭暴力。任何组织或者个人不得通过网络以文字、图片、音视频等形式，对未成年人实施侮辱、诽谤、威胁或者恶意损害形象等网络欺凌行为。保护未成年人隐私权和个人信息，新闻媒体采访报道涉及未成年人事件应当客观、审慎和适度，不得侵犯未成年人的名誉、隐私和其他合法权益"；"儿童每天接触户外自然光不少于 1 小时，保障儿童每天至少 1 小时中等及以上强度运动，合理安排儿童作息"；"关爱困境儿童。加强困境儿童分类保障。健全孤儿和事实无人抚养儿童保障机制"；"加强未成年人预防性侵害教育，提高未成年人家庭、学校、社区识别防范性侵害和发现报告的意识和能力，落实强制报告制度。建立全国统一的性侵害、虐待、拐卖、暴力伤害

---

① 国务院新闻办公室：《国家人权行动计划（2012—2015 年）》，人民出版社 2012 年版，第 38 页。

② 国务院新闻办公室：《国家人权行动计划（2016—2020 年）》，人民出版社 2016 年版，第 33—34 页。

等违法犯罪人员信息查询系统，完善落实入职查询、从业禁止制度。探索建立性侵害未成年人犯罪人员信息公开制度。严格落实外籍教师无犯罪证明备案制度"；"强化国家、社会、学校、家庭保护责任，落实儿童暴力伤害发现、报告、干预机制"。①

国家"十三五"规划纲要提出要关爱未成年人健康成长，"强化对未成年人生存权、发展权、受保护权、参与权的依法保障和社会责任。完善未成年人监护制度，构建未成年人关爱社会网络，健全社区未成年人保护与服务体系。消除童工现象。制定实施青年发展规划，营造良好成长成才环境，促进学校教育、家庭教育、社会教育协调互动，培养青少年勤学、修德、明辨、笃实的良好品质，激发青少年活力和创造力。加强学校及周边社会治安综合治理，严厉打击危害未成年人身心健康的违法犯罪行为。加强未成年人心理健康引导。有效预防未成年人犯罪。鼓励青少年更多参与志愿服务和社会公益活动"②。

中国在儿童权利保障方面实施了一系列具体措施，有效维护了儿童的权利。国家先后制定实施了三期中国儿童发展纲要，加强儿童权利保护。有力惩处性侵、虐待未成年人、拐卖儿童等犯罪行为，推动落实性违法犯罪人员从业禁止、校园性侵强制报告等制度。维护校园安全，整治校园暴力和学生欺凌行为。强化留守儿童父母或受委托监护人的监护主体责任，严厉打击侵害农村留守儿童的违法犯罪活动。充分运用互联网等先进科技手段解救被拐卖儿童，建立打拐 DNA 信息库，推出公安部儿童失踪信息紧急发布平台，建立失踪儿童快速救助联动机制。2018 年婴儿死亡率下降到 6.1‰。自 2012 年起，国家实施贫困地区儿童营养改善项目，改善贫困地区儿童营养健康状况，截至 2018 年，项目覆盖 21 个省（自治区、直辖市）14 个国家集中连片特殊困难地区 715 个贫困县，共有 722 万儿童受益。③

针对儿童尤其是困境儿童的特殊情况，2013 年，十八届三中全会全

---

① 国务院新闻办公室：《国家人权行动计划（2021—2025 年）》，人民出版社 2021 年版，第 43—45 页。

② 《中华人民共和国国民经济和社会发展第十三个五年规划纲要》，人民出版社 2016 年版。

③ 国务院新闻办公室：《为人民谋幸福：新中国人权事业发展 70 年》，人民出版社 2019 年版，第 35—36 页。

面深化改革决定提出要"健全困境儿童分类保障制度";2014年,民政部制定实施了《关于进一步开展适度普惠型儿童福利制度建设试点工作的通知》,为全面建立与中国经济社会发展状况相适应、与儿童发展需求相匹配的儿童福利制度提供了基本依据;2016年,国务院发布《关于加强困境儿童保障工作的意见》,明确"困境儿童"包括因家庭贫困导致生活、就医、就学等困难的儿童,因自身残疾导致康复、照料、护理和社会融入等困难的儿童,以及因家庭监护缺失或监护不当遭受虐待、遗弃、意外伤害、不法侵害等导致人身安全受到威胁或侵害的儿童,提出通过完善法律政策支持体系、形成多主体的保障格局、加强困境儿童分类保障、建立健全保障工作体系、加强困境儿童工作保障等举措,确保困境儿童的生存权、发展权以及安全权益得到有效保障。

四　保障老年人合法权益

老年人因年龄和身体状况需要予以特殊的照顾和保护,并且不得因年龄而受到歧视。《中华人民共和国老年人权益保障法》第3条规定:"国家和社会应当采取措施,健全对老年人的社会保障制度,逐步改善保障老年人生活、健康以及参与社会发展的条件,实现老有所养、老有所医、老有所为、老有所学、老有所乐。"第4条规定:"国家保护老年人依法享有的权益。老年人有从国家和社会获得物质帮助的权利,有享受社会发展成果的权利。禁止歧视、侮辱、虐待或者遗弃老年人。"

《国家人权行动计划(2012—2015年)》要求"逐步完善老年人社会保障制度,推进老年人服务体系建设,保障老年人合法权益"[1],并具体要求健全覆盖城乡居民的社会养老保障体系,完善老年人优待办法,健全家庭养老支持政策,实施《社会养老服务体系建设规划(2011—2015年)》,完善老年人基本医疗保障体系,丰富老年人精神文化生活,推动建设老年友好型城市和老年宜居社区,拓展老年人法律援助渠道。《国家人权行动计划(2016—2020年)》进一步要求"弘扬敬老养老助老社会风尚,实施老龄互助关爱工程,构建人口老龄化应对体系,切实维护老年

---

[1]　国务院新闻办公室:《国家人权行动计划(2012—2015年)》,人民出版社2012年版,第40页。

人合法权益"①。并具体要求全面建成以居家为基础、社区为依托、机构为补充，功能完善、规模适度、覆盖城乡、攻关结合的养老服务体系，健全防治结合、多元发展的老年医疗卫生服务体系，建立完善老年人的监护制度，加强老年人优待工作，完善老年人社会福利制度和救助制度，建立健全老年宜居环境政策法规和标准规范体系，推进服务老年人的公共文化设施建设，加强社区养老服务设施与社区体育设施的功能衔接，大力支持老年社会组织发展。

《国家人权行动计划（2021—2025年）》提出，"强化对失能、部分失能特困老年人的兜底保障，完善经济困难高龄失能老年人补贴制度和独居留守老年人探访关爱制度，逐步实现老有所养"；"支持500个区县建设连锁化运营、标准化管理的示范性社区居家养老服务网络，提供失能护理、日间照料以及助餐助浴助洁助医助行等服务。推进城市新建城区、新建居住（社）区按照标准配套建设社区养老服务设施，配建设施达标率达到100%；老旧城区、已建成居住（社）区基本补齐社区养老服务设施。培养培训200万名养老护理员，每千名老年人配1名及以上社会工作者"；"优化交通信号配时和交通标志标线等交通管理设施，完善行人驻足区、过街安全岛等二次过街设施，为老年人等群体提供出行便利和安全保障"；"运用智能技术，对社区和居家养老服务设施、医疗康复设施和机构进行无障碍化、便捷化、智能化改造。推进大数据、人工智能、5G技术在居家护理、点餐用餐、健康管理、远程就诊、紧急救助、智慧出行、消防安全、休闲娱乐等方面的应用。指导基础电信企业持续完善线下营业厅'面对面'服务，推动与老年人基本生活密切相关的互联网网站、移动互联网应用完成适老化改造，扩大适老化智能终端产品供给。切实解决老年人运用智能技术困难，便利老年人使用智能化产品和服务"。②

国家"十三五"规划纲要提出，一方面，要"加强老年人力资源开发，增强大龄劳动力就业能力"；另一方面，要健全养老服务体系，"建立以居家为基础、社区为依托、机构为补充的多层次养老服务体系。统筹

---

① 国务院新闻办公室：《国家人权行动计划（2016—2020年）》，人民出版社2016年版，第36页。

② 国务院新闻办公室：《国家人权行动计划（2021—2025年）》，人民出版社2021年版，第47—48页。

规划建设公益性养老服务设施，支持面向失能老年人的老年养护院、社区日间照料中心等设施建设。全面建立针对经济困难高龄、失能老年人的补贴制度。加强老龄科学研究。实施养老护理人员培训计划，加强专业化养老服务护理人员和管理人才队伍建设。推动医疗卫生和养老服务相结合。完善与老龄化相适应的福利慈善体系。推进老年宜居环境建设。全面放开养老服务市场，通过购买服务、股权合作等方式支持各类市场主体增加养老服务和产品供给。加强老年人权益保护，弘扬敬老、养老、助老社会风尚"[①]。

　　针对我国快速老龄化，老年人权益保障亟须加强的情况，2013年9月，颁布《国务院关于加快发展养老服务业的若干意见》，明确了统筹规划发展城市养老服务设施、发展居家养老服务网络、加强养老机构建设、加强农村养老服务、繁荣养老服务消费市场、积极推进医疗卫生与养老服务相结合等主要任务。2015年4月，第十二届全国人民代表大会常务委员会第十四次会议修正了《中华人民共和国老年人权益保障法》，集中规定了老年人享有的基本权利，包括从国家和社会获得物质帮助、享受社会服务和社会优待，参与社会发展和共享发展成果等权利；从国家战略层面明确了推进老龄工作的定位，从经费保障、规划制定和老龄工作机构职责三个层面进一步明确政府发展老龄事业、做好老年人权益保障工作的职责；对老年人社会保障体系和社会养老服务体系及老年优待做出了明确规定；规定每年农历九月初九为老年节，在全社会营造敬老、养老、助老的良好氛围。

　　中国在老年人权利保障方面实施了一系列具体措施，老年人权益保障机制逐步健全。国家制定并修订了老年人权益保障法，建立养老法规政策体系；养老服务逐步从以机构集中照料为主，拓展到以居家为基础、社区为依托、机构为补充、医养相结合的养老服务体系建设和以家庭养老支持、互助养老为新突破点的融合发展。2019年3月，全国各类养老服务机构和设施16.81万个，各类养老服务床位合计732万张。2018年，2972.3万老年人享受高龄补贴，74.8万老年人享受护理补贴，521.7万老年人享受养老服务补贴，3.0万老年人享受其他老

[①]　《中华人民共和国国民经济和社会发展第十三个五年规划纲要》，人民出版社2016年版。

龄补贴。①

五 对残疾人权利的平等保障与特殊保护

残疾人是指在心理、生理、人体结构上，某种组织、功能丧失或者不正常，全部丧失或部分丧失以正常方式从事某种活动能力的人。《残疾人权利公约》第 1 条第 2 款规定"残疾人包括肢体、精神、智力或感官有长期损伤的人，这些损伤与各种障碍相互作用，可能阻碍残疾人在与他人平等的基础上充分和切实地参与社会"。《中华人民共和国残疾人保障法》第 3 条规定了残疾人享有平等的权利不受歧视："残疾人在政治、经济、文化、社会和家庭生活等方面享有同其他公民平等的权利。残疾人的公民权利和人格尊严受法律保护。禁止基于残疾的歧视。禁止侮辱、侵害残疾人。禁止通过大众传播媒介或者其他方式贬低损害残疾人人格。"第 4 条规定了对残疾人的特殊保护："国家采取辅助方法和扶持措施，对残疾人给予特别扶助，减轻或者消除残疾影响和外界障碍，保障残疾人权利的实现。"第 6 条规定了残疾人参与公共事务的权利："国家采取措施，保障残疾人依照法律规定，通过各种途径和形式，管理国家事务，管理经济和文化事业，管理社会事务。制定法律、法规、规章和公共政策，对涉及残疾人权益和残疾人事业的重大问题，应当听取残疾人和残疾人组织的意见。残疾人和残疾人组织有权向各级国家机关提出残疾人权益保障、残疾人事业发展等方面的意见和建议。"

为促进残疾人各项权利的实现，党的十八大以来制定了一系列相应的规划。《国家人权行动计划（2012—2015 年）》要求"发展残疾人事业，完善残疾人社会保障和服务体系，保障残疾人的合法权益"②，并具体要求实施残疾人权益保障法，他俩相关的配套法规，将城乡残疾人普遍按规定纳入基本养老保险和基本医疗保险，全面开展社区康复服务，提高残疾人受教育水平，稳定和扩大残疾人就业，加强农村残疾人扶贫开发，免费或者优惠向残疾人开放各类公共文化场所，加快无障碍建设与

---

① 国务院新闻办公室：《为人民谋幸福：新中国人权事业发展 70 年》，人民出版社 2019 年版，第 37—38 页。

② 国务院新闻办公室：《国家人权行动计划（2012—2015 年）》，人民出版社 2012 年版，第 42 页。

改造，扩大盲文出版物出版规模，健全残疾人法律求助工作协调机制。《国家人权行动计划（2016—2020 年）》进一步要求"健全残疾人权益保障制度，提高残疾人社会保障和基本公共服务水平，促进残疾人平等参与社会生活，保障所有残疾人的人权"①，并具体要求全面实施困难残疾人生活补贴和重度残疾人护理补贴制度，开展残疾人康复服务，推进精神障碍患者社区康复服务，提升残疾人受教育，完善残疾人就业创业扶持政策，健全公共机构为残疾人提供就业岗位制度，加强残疾人文化权益保障，全面推进无障碍环境建设，完善残疾人获得法律援助、法律服务和司法救助制度。

《国家人权行动计划（2021—2025 年）》提出，要"促进残疾人的平等参与和社会融入，加强对困难和重度残疾人帮扶力度，保障残疾人共享社会发展成果"；"涉及残疾人权益的重要立法充分听取残疾人、残疾人组织的意见。不断拓展残疾人和残疾人组织民主参与、民主协商渠道，有效保障残疾人的知情权、参与权、表达权和监督权"；"全面推进无障碍环境建设。编制《无障碍通用规范》。推动城市道路、公共交通、居住社区、公共服务设施和残疾人服务设施、残疾人集中就业单位等加快无障碍环境建设和改造。补贴 110 万户困难重度残疾人家庭无障碍设施改造，提升社区无障碍建设水平。加快推进信息无障碍建设，支持研发生产信息无障碍终端产品，探索传统无障碍设施设备数字化和智能化升级。加强手语、盲文学科建设和人才培养。确保提供合理便利，促进残疾人的深度融入和平等参与"；"利用先进智能技术，在建筑、设施、交通工具、生活用品、环境、方案和服务等的设计中，改良传统残疾人辅助器具，研发新型残疾人辅助器具"。②

国家"十三五"规划纲要提出要提升残疾人服务保障水平，"支持残疾人事业发展，建立健全残疾人基本福利制度，实现残疾人基本民生兜底保障。完善重度残疾人医疗报销制度。优先保障残疾人基本住房。完善残疾人就业创业扶持政策，健全公共机构为残疾人提供就业岗位制度。加强

---

① 国务院新闻办公室：《国家人权行动计划（2016—2020 年）》，人民出版社 2016 年版，第 37 页。

② 国务院新闻办公室：《国家人权行动计划（2021—2025 年）》，人民出版社 2021 年版，第 49—51 页。

残疾人康复和托养设施建设，鼓励社会力量提供服务。加强残疾人无障碍设施建设和维护。实施0—6岁残疾儿童康复、贫困残疾人基本型辅助器具适配等重点康复工程"①。

中国在残疾人权利保障方面实施了一系列具体措施，有效维护了残疾人的权利。

在残疾人社会保障体系方面，中国全面建立困难残疾人生活补贴和重度残疾人护理补贴制度，2018年，受益残疾人超过2100万人次。截至2018年，2561.2万城乡残疾人参加城乡社会养老保险，1024.4万残疾人领取养老金，924.8万残疾人享受城乡最低生活保障；595.2万重度残疾人中有576万人得到政府参保补助，代缴养老保险费比例达到96.8%；另有298.4万非重度残疾人享受全额或部分代缴养老保险费的优惠政策。②

在残疾人康复服务方面，截至2018年，已竣工的省、市、县三级康复设施914个，总建筑面积344.9万平方米；残疾人专业康复服务机构9036个，在岗人员25万人，2750个县（市、区）开展社区康复服务。建立残疾儿童康复救助制度。2018年，残疾人康复服务覆盖率达到79.8%，1074.7万残疾儿童及持证残疾人得到基本康复服务。③

在促进残疾人工作权利实现方面，国家建立了专门的残疾人就业服务机构，截至2018年，共有残疾人就业服务机构2787家，工作人员1.5万人。实施残疾人职业技能提升计划，建立了500家国家级残疾人职业培训基地，350家省级残疾人职业培训基地，2018年城乡新增残疾人实名制培训49.4万人。近年来，残疾人就业总体规模与结构趋于稳定，新增残疾人就业人数每年保持在30万人以上。2018年，城乡持证残疾人新增就业36.7万人，其中，城镇新增就业11.8万人，农村新增就业24.9万人。截至2018年，城乡持证残疾人就业人数达到948.4万人。④

---

①　《中华人民共和国国民经济和社会发展第十三个五年规划纲要》，人民出版社2016年版。

②　国务院新闻办公室：《为人民谋幸福：新中国人权事业发展70年》，人民出版社2019年版，第38页。

③　国务院新闻办公室：《为人民谋幸福：新中国人权事业发展70年》，人民出版社2019年版，第38—39页。

④　国务院新闻办公室：《为人民谋幸福：新中国人权事业发展70年》，人民出版社2019年版，第39页。

在无障碍环境建设与辅助器具服务方面，开展无障碍建设的市、县达到 1702 个，村（社区）综合服务设施中已有 75% 的出入口、40% 的服务柜台、30% 的厕所进行了无障碍建设和改造。2016 年至 2018 年，共有 298.6 万户残疾人家庭得到无障碍改造。推进信息无障碍建设，截至 2018 年，500 多家政府单位完成了信息无障碍公共服务平台建设，3 万多个政务和公共服务网站实现了无障碍服务。各地相继制定辅助器具补贴办法，对购买辅助器具和提供适配服务给予补贴。2018 年，有 319.1 万残疾人获得盲杖、助视器、假肢等各类辅具适配服务。不断放宽残疾人申领驾驶证条件，已有 27.9 万肢体、听力等残障人员申领驾驶证，残疾人个人行动和社会参与能力得到提升。①

这些相关制度对于切实保障特定群体的相关权利，确保他们不会由于自身某些缺陷而失去自我发展的机会、无法享有社会发展的成果，对于提高他们的生活品质、实现自身的全面发展，具有重大的意义。

① 国务院新闻办公室：《为人民谋幸福：新中国人权事业发展 70 年》，人民出版社 2019 年版，第 39—40 页。

第七章 人的自由全面协调发展的法治保障

习近平指出："法治是人权最有效的保障。我们坚持法律面前人人平等，把尊重和保障人权贯穿、立法、执法、司法、守法各个环节……不断提升人权法治化保障水平。"①

要实现所有人自由全面协调发展的人权目标，需要以明确的立法精准确定生存权、参与权、自由权和平等权的规范性内容，严格的依法行政保障各项人权，公正的司法程序合理判定各种权利之间的相互关系，并提升全社会尊重和保障人权的意识。简言之，需要以人权的法治化来保障人的全面发展这一人权总目标的实现。

国家"十三五"规划纲要提出要全面推进法治中国建设，"坚持依法治国、依法执政、依法行政共同推进，坚持法治国家、法治政府、法治社会一体建设，建设中国特色社会主义法治体系，建设社会主义法治国家"。在完善以宪法为核心的中国特色社会主义法律体系方面，要"维护宪法尊严、权威，健全宪法实施和监督制度。完善立法体制，加强党对立法工作的领导，健全有立法权的人大主导立法工作的体制机制，加强和改进政府立法制度建设，明确立法权力边界。深入推进科学立法、民主立法，加强人大对立法工作的组织协调，健全立法起草、论证、协调、审议机制，健全立法机关主导、社会各方有序参与立法的途径和方式"；在加快建设法治政府方面，要"深入推进依法行政，依法设定权力、行使权力、制约权力、监督权力，实现政府活动全面纳入法制轨道。依法全面履行政府职能，完善行政组织和行政程序法律制度，推进机构、职能、权

---

① 习近平：《坚定不移走中国人权发展道路，更好推动我国人权事业发展》，《求是》2022年第 12 期。

限、程序、责任法定化。完善重大行政决策程序制度，健全依法决策机制。深化行政执法体制改革，推行综合执法，健全行政执法和刑事司法衔接机制。坚持严格规范公正文明执法，最大限度地缩小自由裁量权。健全执法考核评价体系。完善审计制度，保障依法独立行使审计监督权"；在促进司法公正方面，要"深化司法体制改革，完善对权利的司法保障、对权力的司法监督，建设公正高效权威的社会主义司法制度。健全司法权力分工负责、互相配合、互相制约机制，完善审级制度、司法组织体系和案件管辖制度。探索设立跨行政区划的人民法院和人民检察院。强化司法人员职业保障，完善确保依法独立公正行使审判权和检察权的制度。全面推进审判公开、检务公开、警务公开、狱务公开，加强人权司法保障。加强对司法活动的监督，健全司法机关内部监督制约机制。完善司法机关办案责任制，落实谁办案谁负责。加强监狱、强制戒毒、社区矫正、安置帮教、司法鉴定等设施建设"；在全面推进法治社会建设方面，要"推进多层次多领域依法治理，提高社会治理法治化水平。加强法治文化建设，弘扬社会主义法治精神，增强全社会特别是公职人员遵法学法守法用法观念，在全社会形成良好法治氛围和法治习惯。深入开展'七五'普法，把法治教育纳入国民教育体系，健全公民和组织守法信用记录。完善法律服务体系，加强律师等法律人才和法律服务队伍建设，推进覆盖城乡居民的公共法律服务体系建设，完善法律援助制度，健全司法救助体系"①。

党的十九大报告提出："深化依法治国实践。全面依法治国是国家治理的一场深刻革命，必须坚持厉行法治，推进科学立法、严格执法、公正司法、全民守法。成立中央全面依法治国领导小组，加强对法治中国建设的统一领导。加强宪法实施和监督，推进合宪性审查工作，维护宪法权威。推进科学立法、民主立法、依法立法，以良法促进发展、保障善治。建设法治政府，推进依法行政，严格规范公正文明执法。深化司法体制综合配套改革，全面落实司法责任制，努力让人民群众在每一个司法案件中感受到公平正义。加大全民普法力度，建设社会主义法治文化，树立宪法法律至上、法律面前人人平等的法治理念。各级党组织和全体党员要带头尊法学法守法用法，任何组织和个人都不得有超越宪法法律的特权，绝不

---

① 《中华人民共和国国民经济和社会发展第十三个五年规划纲要》，人民出版社2016年版。

允许以言代法、以权压法、逐利违法、徇私枉法。"①

在十九届中央政治局第三十七次集体学习时，习近平指出："当前，我国人权法治保障还存在不少短板。要深化法治领域改革，健全人权法治保障机制，实现尊重和保障人权在立法、执法、司法、守法全链条、全过程、全方位覆盖，让人民群众在每一项法律制度、每一个执法决定、每一宗司法案件中都感受到公平正义。"②

第一节　人权的法治保障与法治的人权约束

"国家尊重和保障人权"是我国一条重要的宪法规范和一项重要的宪法原则；"全面推进依法治国"是党的十八大，特别是党的十八届四中全会所提出的一项重大的战略任务和战略举措。而人权与法治则是在新时期奋力实现中华民族伟大复兴的中国梦所要面临的一项重要课题。在这方面，党的决定和宪法规定二者之间完全契合、高度一致，不仅为人权的法制保障提供了坚实的政治基础，同时也为我国的法治建设给出了鲜明的人权引领和人权指向。

一　人权的政策保障与人权的法制保障

2004 年 3 月 14 日，在第十届全国人民代表大会第二次会议上，新的宪法修正案以 2863 张赞成票获得通过；由此，"国家尊重和保障人权"作为第三十三条第三款被正式写入《中华人民共和国宪法》之中。作为一份政治性和法律性二者相统一并且具有最高政治权威与最高法律效力的国是文书，宪法这一规定不仅为中国特色人权保障制度体系打下了坚实稳固的政治和法律基础，同时，它也为中国特色人权发展道路的持续延伸和不断拓展指明了方向。

"国家尊重和保障人权"的实现方式，一般来说，主要可以分为政策和法律两大类别。在当今中国，除了可以通过制定、修改、补充、完善甚

---

① 习近平：《决胜全面建成小康社会，夺取新时代中国特色社会主义伟大胜利——在中国共产党第十九次全国代表大会上的报告》，人民出版社 2017 年版。

② 习近平：《坚定不移走中国人权发展道路，更好推动我国人权事业发展》，《求是》2022 年第 12 期。

至废止相关的法律法规来从规范性的层面对人权予以保障，并借助法律法规的后续实施来推动和促进人权的实现以外，国家还可以通过各种相关公共政策的制定、实施以及落实等而在国家治理、政府治理和社会治理这三个虽有区别但却紧密联系的复杂过程之中①来更加切实和具体地实现人权的尊重与保障。

中国由于其千百年来所独具的思想文化传统和民族风俗习惯，以及其近现代以来所历经了的曲折而又特殊的社会历史进程，再加上幅员辽阔、人口众多、情况复杂多变和单一制的国家结构形式等多重因素的相互交织，在全面深化改革的经济社会转型升级的关键时期，一系列有关人权保障的公共政策在我国人权事业的建设与发展过程之中发挥着相比于在其他国家，尤其是联邦制国家，更为重要的作用，也因此占据着更为重要的地位。是故，相较于其他国家传统意义上人权的法制保障而言，人权政策保障成为在中国特色人权发展道路成型过程之中，"国家尊重和保障人权"其现实实践和具体实现的一个鲜明的重要特色。②

人权的政策保障，主要是通过人权保障政策，亦即一系列有关人权保障的公共政策这一重要方式来实现的。其具体的表现形式主要包括：制订和实施国家人权行动计划，发布指导意见、规定、办法和通知，开展专项行动和建立保障机制等。③ 若是以公共政策这样一种方式来实现对于人权的尊重和保障，它的优势则在于政策的针对性较强，政策供给也较为及时和便宜。同时它灵活易调，其作用和效果也都较为直接和明显。但是，它也明显存在着相应的局限性；比如，通过公共政策等来推进人权的保障，其保障水平因为缺乏一个统一的并且具有强制效力的规范性标准而难免失之于均衡，因此这也就不利于实现人权的平等保障。此外，不同主体出台的政策之间以及新旧政策相互之间难免因为一致性的欠缺而存在龃龉，而

---

①　参见王浦劬《国家治理、政府治理和社会治理的基本含义及其相互关系辨析》，载《国家行政学院学报》2014年第3期。

②　参见常健、郝亚明等《中国人权保障政策研究》，中国社会科学出版社2016年版，序言第1—2页。

③　薛进文、常健等：《中国特色人权发展道路研究》，中国社会科学出版社2016年版，第75页。

这也会导致稳定的政策预期难以达成，等等。①

　　伴随着中国经济社会转型进程的不断加快以及全面改革的不断深化，人权的政策保障和人权的法制保障，二者各自的比重及其地位也随着这一变化过程而此消彼长地正在发生着变化。② 申而言之，人权的法制保障，其在中国人权事业的建设和发展过程之中所占据的重要地位以及其所发挥的重要作用将会更加鲜明地凸显出来。同时，随着全面依法治国的不断推进和深化，越来越多已臻成熟的人权保障政策也将会不断地定型、升级、转化为人权保障的法律法规③；人权的法制化保障进程也将持续不断地大踏步地向前迈进。

　　人权的法制保障，它是人权的制度保障体系之中最为重要的组成部分，同时也是人权的制度保障体系的主体部分。人权是法制的灵魂，法制是人权的保护神。人权无法制则空，而法制无人权则盲。因此，加强人权的法制保障，这是贯彻和落实"国家尊重和保障人权"这一宪法原则，切实推动与真正实现人权的尊重和保障的根本途径。

　　人权的法制保障，主要是依托于已经建成并且将会日益完善的以宪法为核心的中国特色社会主义法律体系来具体实现。中国特色社会主义法律体系，是以宪法为统帅，以法律为主干，以行政法规、地方性法规为重要组成部分，由宪法相关法、民法商法、行政法、经济法、社会法、刑法、诉讼与非诉讼程序法等多个法律部门组成的有机统一整体。④ 与之一一相对映，中国人权的法制保障体系也随着国家和社会的持续发展与不断进步而建立并且逐渐地完善起来。⑤ 具体来说，在当今中国，人权的法制保障主要包括：第一，宪法人权原则和公民基本权利体系的确立，以及通过具体的宪法规范，特别是宪法修正案的形式，来尊重和保障人权⑥。第二，实体性法律对于包括公民权利和政治权利以及经济、社会和文化权利在内

① 参见常健《科学理解和把握中国人权保障政策》，载《理论探索》2013年第5期。
② 常健、郝亚明等：《中国人权保障政策研究》，中国社会科学出版社2016年版，第3页。
③ 参见常健等主编《当代中国人权保障》，中国人民大学出版社2015年版，第5页。
④ 国务院新闻办公室：《中国特色社会主义法律体系》，《人民日报》2011年10月28日014版。
⑤ 常健等主编：《当代中国人权保障》，中国人民大学出版社2015年版，第4页。
⑥ 常健等主编：《当代中国人权保障》，中国人民大学出版社2015年版，第4—6页；薛进文、常健等：《中国特色人权发展道路研究》，中国社会科学出版社2016年版，第198—218页。

的基本人权，还有妇女、未成年人、老年人、残疾人、外国人和无国籍人等特定主体权利的保障。① 而这主要体现在由全国人大制定和修改的刑事、民事、行政、经济等领域的基本法律以及由全国人大常委会制定和修改的基本法律以外的各项法律之中。第三，国务院制定的行政法规以及国务院各部委等②制定的部门规章对于其所涉及的各项人权的保障。③ 第四，地方性法规、自治条例和单行条例以及地方政府规章对于其所涉及的各项人权的保障。④

政策乃是"国家、政党为实现一定历史时期的路线和任务而规定的行动准则"⑤，而法律则是"法的整体，包括了法律、有法律效力的解释以及行政机关为了执行法律而制定的规范性文件（如规章）"⑥。由此，政策和法律往往成为一个国家用来达致公共秩序、实现某一目标的最为重要的两种方式。就中国的人权保障事业和人权发展道路来说，一方面，党和国家为了提高人权保障水平或在客观上改变人权保障的某些状态，制定了一整套系统而且完备的规划、计划、政策，也作出了一系列具有重大和深远影响的决策、决定；另一方面，随着依法治国的全面推进和建设社会主义法治国家进程的不断加快，一部部旨在尊重和保障人权，对人权保障产生重要影响的法律、法规和规范性文件不断出台。也正是在这两个方面的基础之上，人权的政策保障和人权的法制保障二者相互契合、相互补充、

---

① 常健等主编：《当代中国人权保障》，中国人民大学出版社 2015 年版，第6—16 页；薛进文、常健等：《中国特色人权发展道路研究》，中国社会科学出版社 2016 年版，第198—218 页。

② 根据《中华人民共和国立法法》第八十条的规定："国务院各部、委员会、中国人民银行、审计署和具有行政管理职能的直属机构，可以根据法律和国务院的行政法规、决定、命令，在本部门的权限范围内，制定规章。"本章中使用"国务院各部委"等缩略语指代具有部门规章制定权的相关主体。

③ 常健等主编：《当代中国人权保障》，中国人民大学出版社 2015 年版，第16—20 页；薛进文、常健等：《中国特色人权发展道路研究》，中国社会科学出版社 2016 年版，第219—221 页。

④ 常健等主编：《当代中国人权保障》，中国人民大学出版社 2015 年版，第20—26 页；薛进文、常健等：《中国特色人权发展道路研究》，中国社会科学出版社 2016 年版，第222—240 页。

⑤ 参见王邦佐等《政治学辞典》，上海辞书出版社 2009 年版。

⑥ 张文显主编：《法理学》，高等教育出版社、北京大学出版社 1999 年版，第43—44 页。

相互完善、相得益彰；而与此同时，一条在世界上最大的发展中国家，以政策和法律有机结合的方式来尊重和保障人权的道路，也由此得以开辟并且在历史征程之中越走越宽广。

二 法治国家的秩序考量与人权指向

2014 年 10 月 23 日，中国共产党第十八届中央委员会第四次全体会议通过了《中共中央关于全面推进依法治国若干重大问题的决定》（以下简称《决定》）。《决定》指出，"依法治国，是坚持和发展中国特色社会主义的本质要求和重要保障，是实现国家治理体系和治理能力现代化的必然要求，事关我们党执政兴国，事关人民幸福安康，事关党和国家长治久安"。"全面推进依法治国，总目标是建设中国特色社会主义法治体系，建设社会主义法治国家。这就是，在中国共产党的领导下，坚持中国特色社会主义制度，贯彻中国特色社会主义法治理论，形成完备的法律规范体系、高效的法治实施体系、严密的法治监督体系、有力的法治保障体系，形成完善的党内法规体系，坚持依法治国、依法执政、依法行政共同推进，坚持法治国家、法治政府、法治社会一体建设，实现科学立法、严格执法、公正司法、全民守法，促进国家治理体系和治理能力现代化。"①

人权保障最为重要的方法和途径就是以法律制度为载体，为人权的实现提供切实可行的生存土壤和成长空间。如果说，2011 年中国特色社会主义法律体系的形成，为我国人权保障事业的全面开展和我国人权发展道路的初步成型提供了坚实可靠的法律基础与制度保障。那么，2014 年这一《决定》的出台，则不仅是全面总结了党的十一届三中全会以来推进依法治国的宝贵经验，它更是在此基础之上，进一步提出了全面推进依法治国，建设社会主义法治体系，建设社会主义法治国家。由此，作为中国人权保障具体推进路径之中重要一环的人权的法制保障也得到了进一步的飞跃和提升。"国家尊重和保障人权"的主要实现途径从"中国特色社会主义法律体系"进一步升级为正在建设过程之中、未来将要成型的"中

---

① 《中共中央关于全面推进依法治国若干重大问题的决定》，中国共产党第十八届中央委员会第四次全体会议 2014 年 10 月 23 日通过，《人民日报》2014 年 10 月 29 日。

国特色社会主义法治体系"。从某种程度上来说，我们或可以将其称之为从"人权的法制保障"到"人权的法治保障"，这一由"量的积累"最终所必然达致的"质的飞跃"；对此，有学者甚至将其称作"中国依法保障人权的4.0版"。①

人权与法律二者之间天然地存在着十分密切的联系。若没有法律对人权的确认、宣布和保护，人权要么只能停留于道德权利的应有状态，要么就会经常面临受到侵害的危险而无法获得救济。② 由此，人权的法治保障所要回答的一个问题，就是人权与法治二者之间的关系问题。如果说，通往人权的主要门径之一乃是法律③，那么，法治的真谛则是人权④。"理想的法治，指的是通过法律实现的公共权力与公民权利和谐的状态。公民权利为国家权力所尊重、所保护、所救助，人权是公权的本原、界限、目的，法律能够调处出这种状态，法治便存在。在公权不受限制和人权无保障的地方，便没有法治。法治是一系列排列规整的程序，人权是法治程序所要实现的组合本体。"⑤

以"建设社会主义法治体系，建设社会主义法治国家为总目标"的全面推进依法治国这一伟大战略举措的提出，不仅如前所述，加速了中国人权保障具体路径与方式方法的改版、升级和换代，更为重要的是，这一伟大战略举措的提出同时为我们在理论层面上重新认识法治、重新来思考法治、思考法治的基本价值等等这些基础性的问题赋予了一份高度的政治责任感、一份光荣的时代使命感和一种严肃的理论自觉性。仅就法治国家及其法治体系建设这一问题来谈，从法学基本理论和法哲学的不同角度，我们认为：法治国家存在其自身的秩序考量和人权指向，而这二者高低搭配、相辅相成，共同构筑了"法治"这一学理概念以及社会理想的基本

---

① 薛进文、常健等：《中国特色人权发展道路研究》，中国社会科学出版社2016年版，第195页。

② 参见张文显《人权的法律保护》，载张文显《权利与人权》，法律出版社2011年版，第235—237页。

③ 参见张永和主编《人权之门》，广西师范大学出版社2015年版。

④ 徐显明：《法治的真谛是人权——一种人权史的解释》，载《学习与探索》2001年第4期。

⑤ 徐显明：《法治的真谛是人权——一种人权史的解释》，载《学习与探索》2001年第4期。

价值。

第一，法治国家以及其法治体系的建设存在其自身的秩序考量。这种秩序考量被视作是法治的工具性（instrumental）价值，换言之，法治的这种价值"仅仅在于保证规则的有效性"①。从这一层面来看，推行法治，就是为了科学地制定并且有效地实行规则，就是 1978 年党的十一届三中全会所提出来的有关依法治国的十六字方针："有法可依，有法必依，执法必严，违法必究"。尽管绝对工具主义的法治观可能会导致对于法治精神的漠视或忽略而仅片面强调它的规则属性，但是，毋庸置疑的是，对于规则的崇尚以及对于秩序的考量，这应该被视作法治的工具品德，同时，它也是法治基本价值的应有之义。毕竟，通过法律机关、法律规范、法律权威等环节所形成的一种有序的法律状态，亦即法律秩序，这是法律的直接效用，或者说是它的首要价值。同时，这也是法律的基础性价值，此外，也还是法律的其他价值，诸如自由、平等、公正、效率等得以实现的必要基础。

第二，法治国家以及其法治体系的建设存在其自身的人权指向。如前所述，法治的真谛是人权，人权的门径之一乃是法律。作为人类文明之中的制度性要素以及近现代人类文明社会能够得以被建构的两大支柱，人权与法治二者之间存在着无法割舍的紧密关联：一方面，人权精神是法治的灵魂依托；另一方面，法治是人权精神的物化表现。② 而这一论断的一个最为有力的明证，就是 1948 年 12 月 10 日于法国巴黎夏宫由第三届联合国大会以第 217A（Ⅲ）号决议通过的《世界人权宣言》。③ 这是第一次使用"法治"这一表述的联合国官方的正式文件，在其序言的第三自然段这样写道："鉴于为使人类不致迫不得已铤而走险对暴政和压迫进行反叛，有必要使人权受法治的保护。"④ 这一表述明确了，人权和法治二者间的紧密联系。

---

① 夏勇主编、胡水君副主编：《法理讲义：关于法律的道理与学问》（上），北京大学出版社 2010 年版，第 378—404 页。

② 齐延平：《人权与法治》，山东人民出版社 2003 年版，第 14—23 页。

③ 参见［瑞典］格德门德尔·阿尔弗雷德松、［挪威］阿斯布佐恩·艾德编《〈世界人权宣言〉：努力实现的共同标准》，中国人权研究会组织翻译，四川人民出版社 2000 年版。

④ 参见郑永流《法治四章》，中国政法大学出版社 2002 年版，第 195 页。

在人权与法治二者的关系之中，处于统摄地位的是法治精神之中所蕴含内嵌的人权指向，这是把握人权与法治二者之间关联进而沟通人权与法治的研究坐标与理论基调。申而言之，一来，人权精神乃是法治社会胚胎形成的最初基因。由此可见，对人的存在以及这种存在之价值的肯认、对人类家庭所有成员的固有尊严及其平等的和不移的权利的主张，这种法治精神的人权指向，才是法治实体性的（substantive）核心价值。

三　人权保障贯穿于法治的各个环节

2012 年 11 月，党的十八大报告提出："法治是治国理政的基本方式。要推进科学立法、严格执法、公正司法、全民守法，坚持法律面前人人平等，保证有法必依、执法必严、违法必究。"[①] 党的十八届四中全会通过的《决定》则进一步提出："全面推进依法治国，总目标是建设中国特色社会主义法治体系，建设社会主义法治国家。这就是，在中国共产党的领导下，坚持中国特色社会主义制度，贯彻中国特色社会主义法治理论，形成完备的法律规范体系、高效的法治实施体系、严密的法治监督体系、有力的法治保障体系，形成完善的党内法规体系，坚持依法治国、依法执政、依法行政共同推进，坚持法治国家、法治政府、法治社会一体建设，实现科学立法、严格执法、公正司法、全民守法，促进国家治理体系和治理能力现代化。"[②] 其中，"科学立法、严格执法、公正司法、全民守法"这十六字方针被广泛地认为是在"有法可依、有法必依、执法必严、违法必究"这十六字方针的基础之上新的发展，其外延进一步扩展，其内涵进一步丰富，同时，它也更为全面而且科学地彰显了国家治理现代化的法治结构的各个环节。因此，这十六字方针也被称为中国新时期依法治国的"新十六字方针"，不仅如此，它也被普遍视作中国特色社会主义法治体系建设以及社会主义法治国家建设的一项关键的衡量标准。

全面推进依法治国，是以习近平同志为核心的党中央从坚持和发展中国特色社会主义全局出发，为更好治国理政提出的重大战略任务，是解决

---

① 胡锦涛：《坚定不移沿着中国特色社会主义道路前进 为全面建成小康社会而奋斗——在中国共产党第十八次全国代表大会上的报告》，《求是》2012 年第 22 期。

② 《中共中央关于全面推进依法治国若干重大问题的决定》，中国共产党第十八届中央委员会第四次全体会议 2014 年 10 月 23 日通过，《人民日报》2014 年 10 月 29 日。

党和国家事业发展面临的一系列重大问题，确保党和国家长治久安的根本要求。① 在全面推进依法治国这一伟大的历史征程之中，"国家尊重和保障人权"这项宪法原则始终贯穿于立法、执法、司法、守法等法治建设的各个环节。

第一，在立法环节，完善以宪法为核心的中国特色社会主义法律体系，加强宪法的实施。《决定》在谈到"加强重点领域立法"时指出："依法保障公民权利，加快完善体现权利平等、机会平等、规则平等的法律制度，保障公民人身权、财产权、基本政治权利等各项权利不受侵犯，保障公民经济、文化、社会等各方面权利得到落实，实现公民权利保障法治化。增强全社会尊重和保障人权意识，健全公民权利救济渠道和方式。"② 立法，是人权之法治保障的第一个环节；科学立法，不仅要做到有法可依，更要做到的是将"尊重和保障人权"这一宪法原则融入法律的制定、认可、解释、补充、修改、编纂和废止等一系列立法活动之中，同时以这一宪法原则指导立法工作，以人为本，合理配置权利义务关系和权力责任关系，实现社会和谐稳定和有序发展。

第二，在执法环节，深入推进依法行政，加快建设法治政府。《决定》在谈到"依法全面履行政府职能"时指出："行政机关不得法外设定权力，没有法律法规依据不得作出减损公民、法人和其他组织合法权益或者增加其义务的决定。"③ 在强调"坚持严格规范公正文明执法"的时候，《决定》则明确要求："依法惩处各类违法行为，加大关系群众切身利益的重点领域的执法力度。"④ 如果说，在权利和义务之间是一种正比关系，那么，在法律状态之下，权利和权力之间，一般说来却是一种此消彼长的反比关系。⑤ 换而言之，对人权的尊重和保障，这也就意味着对权力的

---

① 中共中央文献研究室编：《习近平关于全面依法治国论述摘编》，中央文献出版社 2015 年版，出版说明第 1 页。

② 《中共中央关于全面推进依法治国若干重大问题的决定》，中国共产党第十八届中央委员会第四次全体会议 2014 年 10 月 23 日通过，《人民日报》2014 年 10 月 29 日。

③ 《中共中央关于全面推进依法治国若干重大问题的决定》，中国共产党第十八届中央委员会第四次全体会议 2014 年 10 月 23 日通过，《人民日报》2014 年 10 月 29 日。

④ 《中共中央关于全面推进依法治国若干重大问题的决定》，中国共产党第十八届中央委员会第四次全体会议 2014 年 10 月 23 日通过，《人民日报》2014 年 10 月 29 日。

⑤ 谢晖：《法哲学讲演录》，广西师范大学出版社 2007 年版，第 255 页。

警惕与控约，这需要我们扎紧制度的笼子、绑住任性的权力，严防以权力的腐败为常规性外在表现的权力异变，在权力的去暴力化的人类历史发展进程之中，努力实现权力的无害化[①]；同时，这也需要我们努力寻求一种权力与权利之间的和谐关系，在"权力的谦抑"和"权利的自律"二者之间中道之德的基础之上[②]，实现国家治理体系和国家治理能力的现代化。

第三，在司法环节，保证公正司法，提高司法公信力。在《决定》之中，"加强人权司法保障"被专项提及、专门论述。它包括："强化诉讼过程中当事人和其他诉讼参与人的知情权、陈述权、辩护辩论权、申请权、申诉权的制度保障。健全落实罪刑法定、疑罪从无、非法证据排除等法律原则的法律制度。完善对限制人身自由司法措施和侦查手段的司法监督，加强对刑讯逼供和非法取证的源头预防，健全冤假错案有效防范、及时纠正机制。切实解决执行难，制定强制执行法，规范查封、扣押、冻结、处理涉案财物的司法程序。加快建立失信被执行人信用监督、威慑和惩戒法律制度。依法保障胜诉当事人及时实现权益。落实终审和诉讼终结制度，实行诉访分离，保障当事人依法行使申诉权利。对不服司法机关生效裁判、决定的申诉，逐步实行由律师代理制度。对聘不起律师的申诉人，纳入法律援助范围。"[③] 正如法谚所云："没有救济就没有权利"，司法是社会正义的最后一道防线，也是人权保障的最后的救济手段。同时，这也是现代法治国家人权之国内法律保障的最重要的方式，还是衡量一个国家法治化程度高低的基本标尺，更是一国人权保障水平的基本量度。[④]

第四，在守法环节，增强全民法治观念，推进法治社会建设。《决定》在谈到"健全依法维权和化解纠纷机制"时指出："强化法律在维护

---

① 齐延平：《人权与法治》，山东人民出版社 2003 年版，第 344—388 页。

② 贾卓威：《网络环境下言论自由及其界限的法理探究》，硕士学位论文，山东大学，2010 年，第 78—84 页。

③ 《中共中央关于全面推进依法治国若干重大问题的决定》，中国共产党第十八届中央委员会第四次全体会议 2014 年 10 月 23 日通过，《人民日报》2014 年 10 月 29 日。

④ 徐显明主编、齐延平副主编：《人权法原理》，中国政法大学出版社 2008 年版，第 305—309 页。

群众权益、化解社会矛盾中的权威地位，引导和支持人们理性表达诉求、依法维护权益、解决好群众最关心最直接最现实的利益问题。"① 此外，"构建对维护群众利益具有重大作用的制度体系，建立健全社会矛盾预警机制、利益表达机制、协商沟通机制、救济救助机制，畅通群众利益协调、权益保障法律渠道"②。从根本上来说，人权是主体利益的边界，它度量界分了不同主体各自利益的范围，在最大程度上实现自己利益的同时，也最大程度不去干扰或不去侵犯其他主体自身利益的实现。由于每一个人其实都是法律地位平等的权利主体，其各自的利益范围都是由共通的利益疆域所划定的。因此，其各自的利益范围实际上就是处于平等主体彼此之间各自利益动态平衡的张力之中。也正是因为如此，人权的一个重要的价值属性，就在于正视人的需要与愿望、肯认人在合法范围之内各自的利益诉求。经济基础决定了上层建筑，而社会存在也决定了社会意识，现实生活之中的利益安排、制度设计、经济水平和社会状况才是型塑全民法治观念以及中国大众人权观念的真正母体。③ 因此，在守法这个环节上，增强全民法治观念、提高全民人权意识，这与扎实推进法治社会建设、切实推动和保障人权二者之间相互促进、相互转化、殊途同归、并行不悖。

综上所述，人权的制度保障有赖于人权的政策保障和人权的法制保障。党的十八大，特别是党的十八届四中全会，提出了"全面推进依法治国"，这无疑对于我国的人权保障事业的进一步蓬勃发展提供了强大的思想动力和坚实的政治保障。法治国家的建设是依法治国的一项重要目标，这一目标的实现与完成，既有其外在的秩序考量，又有其内在的人权指向。不仅如此，在立法、执法、司法、守法等法治建设的各个环节之中，人权作为法治所蕴含的内在神髓，也始终贯穿于其中，一直发挥着重要的指向和引领作用。

---

① 《中共中央关于全面推进依法治国若干重大问题的决定》，中国共产党第十八届中央委员会第四次全体会议 2014 年 10 月 23 日通过，《人民日报》2014 年 10 月 29 日。
② 《中共中央关于全面推进依法治国若干重大问题的决定》，中国共产党第十八届中央委员会第四次全体会议 2014 年 10 月 23 日通过，《人民日报》2014 年 10 月 29 日。
③ 参见张永和主编《人权之门》，广西师范大学出版社 2014 年版，第 394—395 页。

第二节　人权的立法保障与立法中的人权保障原则

党的十八届四中全会审议并通过了《中共中央关于全面推进依法治国若干重大问题的决定》（以下简称《决定》），它是一个深化建设具有中国特色社会主义法治国家的行动纲领和全面推进中国人权事业发展的宏伟纲领。《决定》指出，"为了保障人民民主，必须加强法治，必须使民主制度化、法律化，把依法治国确定为党领导人民治理国家的基本方略，把依法执政确定为党治国理政的基本方式，积极建设社会主义法治，取得历史性成就"。其继而强调"人民是依法治国的主体和力量源泉"以及"人民权益要靠法律保障"。可见《决定》不但深化了依法治国的目标目的和方式方法，更指出了依法治国与人权保障之间相辅相成的重要关系。它提出了人权法治保障在建设依法治国中的三个基本原则："立法为民""坚持人民主体地位"及"坚持法律面前人人平等"。"工欲善其事，必先利其器"，全面依法治国首先要有法可依，坚持立法先行，发挥立法引领和推动作用，因此针对立法的目的和追求，《决定》指出，"要恪守以民为本、立法为民理念，贯彻社会主义核心价值观，使每一项立法都符合宪法精神、反映人民意志、得到人民拥护"。"必须坚持法治建设为了人民、依靠人民、造福人民、保护人民，以保障人民根本权益为出发点和落脚点，保证人民依法享有广泛的权利和自由、承担应尽的义务，维护社会公平正义，促进共同富裕。"对于立法的指导原则和基本思路，《决定》强调"人民是依法治国的主体和力量源泉"，"要把公正、公平、公开原则贯穿立法全过程"。要求"完善公众参与政府立法机制"，包括健全立法机关主导、社会各方有序参与立法的途径和方式，健全向下级人大征询立法意见机制，健全法律法规规章起草征求人大代表意见制度，完善立法项目征集和论证制度，健全立法机关和社会公众沟通机制，探索建立有关国家机关、社会团体、专家学者等对立法中涉及的重大利益调整论证咨询机制，健全法律法规规章草案公开征求意见和公众意见采纳情况反馈机制。因此，党的十八大通过《决定》明确提出了人民在依法治国中的主体地位，确立了"立法为民"的理念和举措。这不仅是党的十八大报告中"将以人为本作为科学发展观的核心立场"进一步落实到治国理政思想中

的具体体现，从中国法治发展史的视角看，可谓具有里程碑的重大历史
意义。

一 从"立法治民"到"立法为民"的重大历史意义

众所周知，先秦社会发展中先有"罪"的概念，既而才有惩罚，曰
"刑"，再后才有刑法。刑法是继氏族部落时期"习惯法"之后我国最早
的法律，随着社会发展的需要，才产生出日益复杂的法律体系。由于司法
是国家的重要职能，故论及中华大地上早期国家"立法设刑"的目的，
可以参考一下马克思主义的国家学说。恩格斯在《家庭、私有制和国家
的起源》中指出："国家是承认：这个社会陷入了不可解决的自我矛盾，
分裂为不可调和的对立面而又无力摆脱这些对立面。而为了使这些对立
面，这些经济利益互相冲突的阶级，不致在无谓的斗争中把自己和社会消
灭，就需要有一种表面上凌驾于社会之上的力量，这种力量应当缓和冲
突，把冲突保持在'秩序'的范围以内；这种从社会中产生但又自居于
社会之上并且日益同社会相异化的力量，就是国家。"① 恩格斯的阐释十
分清楚，国家的职能就是"缓和冲突"、将社会矛盾冲突"保持"在也就
是"调节"在"秩序"范围内。所谓"调节"，当然是使用包含镇压在
内的各种手段来"调节"；所谓"秩序"，当然是统治集团希望造成并维系
的那种绝非真正平等而是更加有利于冲突的某一方的社会秩序。司法既是
国家机器的重要组成部分，承担着重要的国家"调节"功能，自然是为造
成并维系统治集团需要的那种"秩序"服务的。恩格斯对国家的论述与我
国古代传统上对"刑"与"法"的理解不谋而合。《汉书·刑法志》在述
及刑法产生时说，人为万物之灵，但只能依靠群体的力量才能在险恶的自
然环境中生存。"故不仁爱则不能群，不能群则不胜物，不胜物则养不足。
群而不足，争心将作……"如果没有形成一定的规则来约束因"群而不足"
产生出来的矛盾（"争心"），这个群体就会因无法控制矛盾冲突"把自己
和社会消灭"。于是，作为"君王"的圣人"制礼作教，立法设刑"② 来约
束"争心"，维系"秩序"，使这个人民群体得以生存繁衍下去。

---

① 《马克思恩格斯选集》第 4 卷，人民出版社 2012 年版，第 186—187 页。
② 《汉书》，中华书局 1962 年版，第 1079 页。

之所以"礼""法"并用以约束"争心",中国先民有自己的一套理论:"圣人取类以正名,而谓君为父母,明仁爱德让,王道之本也。爱待敬而不败,德须威而久立,故制礼以崇敬,作刑以明威也。"① 十分明显,古人认为"礼"与"法",都是用以维系"群"即人类社会的规范,只不过"礼"似乎是一种倡导性规范,要求人们应当遵循;"法"则是限制性的规则,违者要受到惩罚;礼禁将然之前(哪些事该做,哪些事不该做),法禁已然之后(做了不该做的事当如何惩处),故东汉和帝时名臣陈宠为廷尉,曾这样来阐述礼与法的关系:"礼之所去,刑之所取,失礼则入刑,相为表里也。"②

中国传统文化中的"礼"与"法"的关系不是本文讨论的主要内容,这里要重点分析的是"立法设刑"的功能和实际针对性。众所周知,先秦时期诸子百家中,特别强调"以法治国"的学派是法家,早期法家的杰出代表人物就是春秋时期助齐桓公首先取得"霸主"地位的管仲。记载管仲言行的《管子》一书,对法律的功能作过不少明晰的阐述。《管子·任法》称:"法者,上之所以一民使下也。"③ 这就十分明确地阐明了法律的作用是"一民(划一民众的思想行为)",以便于统治者驱使;《管子·君臣》篇称"齐民以政刑"。④ 战国晚期集法家学说之大成的韩非说"一民之轨,莫如法"⑤。这些法家代表人物都十分清楚制定法律(立法设刑)其功能就是"一民""齐民"。非但法家如此,先秦儒家的代表人物孔子也说:"道之以政,齐之以刑,民免而无耻;道之以德,齐之以礼,有耻且格。"⑥ 孔子虽说是在比较以法"齐民"与以礼"齐民"的高下,但对法律的功能是"齐民"的看法则与法家是一样的。十分明显,一旦进入阶级社会以后,统治者是一定要"立法设刑"即制定法律的,而法律的基本功能则是"一民""齐民",也就是要广大人民向维护既定统治秩序的法律规定看齐,直到"国家"消亡。

---

① 《汉书》,中华书局 1962 年版,第 1079 页。

② 《后汉书》,中华书局 1965 年版,第 1554 页。

③ 《二十二子》,上海古籍出版社 1986 年版,第 152 页。

④ 《二十二子》,上海古籍出版社 1986 年版,第 1125 页。

⑤ 《二十二子》,上海古籍出版社 1986 年版,第 1122 页。

⑥ 《十三经注疏》,中华书局 1980 年版,第 2461 页。

前文也言及，"国家"及作为国家机器重要组成部分的法律是用以造成和维护某种"秩序"的，这种"秩序"当然是有倾向性的。这就是恩格斯论"国家"产生时所说的"这些经济利益互相冲突的阶级"中，谁是国家治理的主体，法律去造成和维护的"秩序"当然就会对谁更有利。"立法设刑"既然是一种限制性的规定，那么首先针对的自然是作为非主体的广大劳动者阶级的民众。集夏商以来典制之大成的《周礼》中，"以乡八刑纠万民"①"以五刑纠万民"② 等记载不绝于书，十分清楚地显示出"作刑以明威"的威慑与纠察的主要对象就是"万民"。《魏书·官氏志》开篇就说"百姓不可以自治，故立君以司牧"③，立君主（建立国家机器）是用来"牧民"的。史籍中经常见到把江山社稷称作"重宝""重器"，把百姓称作"重畜"，民众不过是统治者"牧养"的对象而已。统治者统治万民，拥有不可争议的立法权，这就是《管子》所说的"夫生法者君也，守法者臣也，法于法者民也"④。立法权是属于国君的，国君用法控制官僚队伍，让官僚队伍依国君所立之法去协助国君治理民众（守法者臣），让百姓一切向法律看齐。商鞅更是直言不讳地说"智者作法，愚者制焉"⑤。身为"上智"的统治者立法设刑就是用来治理被视为"下愚"的民众的。至于在立法时民众的意愿如何，商鞅则根本不予考虑，因为"民不可与虑始而可与乐成"⑥，民众会各是其是各非其非根本商量不清楚，统治者制定的法律造成既成事实后民众自然会接受现实。至于立法中是否该考虑一下民众对切身利益的诉求，商鞅、韩非这样的法家代表人物认为作为"下愚"的民众只知道关心一己之私利，根本没有关心天下之公利的觉悟，只有作为统治者的国君才关心天下的公利。由于早已预先设定统治者必然是国家公利的天然代表，统治者制定的法律必然会代表公利，因而坚决主张"圣人之治民，度于本，不从其欲，期于利民

---

① 《十三经注疏》，中华书局1980年版，第707页。
② 《十三经注疏》，第870页。
③ 《魏书》，中华书局1974年版，第2970页。
④ 《二十二子》，上海古籍出版社1986年版，第152页。
⑤ 《史记》，中华书局1959年版，第2229页。
⑥ 《史记》，中华书局1959年版，第2229页。

而已"①。国家立法有什么考虑民众诉求的必要？君主立什么法，民众就接受什么法的治理，这是老百姓的本分。十分明显，我国古代传统——以先秦各家为例，在立法上各家学说的主张虽不尽相同，但立法的主要目的是"治民"。

历史上的"以民为本"理论并未主张改变人民受"治"地位。

党的十八大报告指出："必须更加自觉地把以人为本作为科学发展观的核心立场，始终把实现好、维护好、发展好最广大人民根本利益作为党和国家一切工作的出发点和落脚点……"② 显而易见，报告中所言的"以人为本"之"人"包括"广大人民"。十八届四中全会所作的《中共中央关于全面推进依法治国若干重大问题的决定》使用的措辞则是"要恪守以民为本、立法为民理念……"，可见"十八大"报告中的"以人为本"与十八届四中全会决定中的"以民为本"是同一个概念，这个概念的本质在于，充分肯定和坚持人民在依法治国中的主体地位。

"以民为本"这个提法古已有之，但党的十八大以来提出这个"以民为本"，和以往历朝历代的"以民为本"文字虽然一样，内涵却有本质的差别。回顾先秦以来的历史就会发现，华夏民族自氏族社会转入阶级社会之后，虽然君权日渐膨胀而民权式微是历史发展的总趋势，但经历了漫长社会发展阶段的氏族民主制的传统不可能在进入阶级社会中立即退出历史舞台，夏商两代多次出现过君主滥用其权、民众起而抗争推翻滥权之君的事件。因而古籍中有不少告诫统治者要重视民心向背的记载。其中最有代表性的是《尚书·夏书》中的《五子之歌》，据传系指夏王太康荒淫而失国，其五个兄弟因怨恨而作："皇祖（大禹）有训，民可近，不可下；民为邦本，本固邦宁……予临兆民，懔乎若朽索之驭六马（紧张得像用腐朽的缰绳驾驶六匹马拉的车）。为人上者，奈何不敬？"③ 经历失国的惨痛教训，认识到民可亲近，不可令其夫去职分（失去工作与生计），为国君者，"奈何不敬"？能始终保持敬慎的态度，才能居高而不危。"民为邦本，本固邦宁"，中国学术界均将其视作中国古代主张"以民为本"的民

---

① 《二十二子》，上海古籍出版社 1986 年版，第 1188 页。

② 胡锦涛：《坚定不移沿着中国特色社会主义道路前进 为全面建成小康社会而奋斗——在中国共产党第十八次全国代表大会上的报告》，《求是》2012 年第 22 期。

③ 《十三经注疏》，中华书局 1980 年版，第 156 页。

本主义最基本的思想和最典型的说法。但是，作为"以民为本"说法的出处的《五子之歌》，它的言词反映得再清楚不过：国家治理的主体是君主，被治理的对象是"兆民"。如果君主和民众不是矛盾对立的双方而是利益高度一致的共同体，那么治理国家怎么会紧张得像用腐朽的缰绳驾驶六匹马拉的车呢？这样的"以民为本"虽然强调统治者绝对不可以罔顾人民的利益和愿望，但其并未把民众视为治国的主体，而只是视为被统治者"治"与"制"的对象，因而它不是国家行为的目的，而只是维护统治秩序的一种手段。

中国历史上对实施治国理政影响最大的传统思想，当属积极入世的儒法两家。众所周知，崇尚君主专制集权的先秦法家完全站在君本位的立场上设计治国方略，其中集法家学说之大成者韩非则可以说是站在极端的君本位立场上设计治国方略。什么叫"君本位"？君主是治国的主体，"兆民"只是受治理的对象。所以在法家的字典里就没有"以民为本"这一说。儒家的代表人物孔子自然也是"以民为本"思想的拥护者。前文言及孔子主张"道之以德……"是崇尚"德治"的，而"德治"的落脚点就是"以民为本"①。但是孔子是否认为人民是治国的主体，而"以民为本"是治国理政的目的呢？并不是。孔子在《论语·子路》中说："上好礼，则民莫敢不敬；上好义，则民莫敢不服；上好信，则民莫敢不用情。"② 一个又一个的"莫敢"措辞，使民众一切受制于统治者的被治理身份跃然纸上。《论语·为政》所言最为形象："为政以德，譬如北辰，居其所而众星共之。"③ 实行德政的君主犹如北极星高居中央，万众（众星）环绕之、拱卫之，君主在国家治理中的主体地位毋庸置疑。韩非在《韩非子·扬权》中说："事在四方，要在中央，圣人（君主）执要，四方求效。"④ 虽然在"礼治"为上还是"法治"为上，儒法两家有很大分歧，但在把君主作为治国主体的腔调上，孔子和韩非有异曲同工之妙。

论及君主为治国主体还是人民为治国主体，就不能不言及孟子。孟子

① 陈玉屏：《中国古代的德治与民本》，《中华文化论坛》2003 年第 4 期。
② 《十三经注疏》，中华书局 1980 年版，第 2506 页。
③ 《十三经注疏》，中华书局 1980 年版，第 2461 页。
④ 《二十二子》，上海古籍出版社 1986 年版，第 1123 页。

有名言:"民为贵、社稷次之、君为轻。"① 然而我们不能错误地将孟子的
这种说法解读成孟子认为人民在国家政治生活中居于首屈一指的主体地
位。孟子所言之民当然是指人民,所言之社稷本质上是领土,而国君为国
家机器的最高体现者。孟子的"民贵君轻"之说,不经意之中道出了
"国家"的所有实体性要素。孟子的"民为贵、社稷次之、君为轻"的排
序,是就国家的三个实体性要素重要程度而论:没有了人民和土地,哪里
还有国君存在的余地。而只要有人民和土地存在,国君一再更换也不足为
奇。但是,在孟子心目中,民众在国家治理中却并非居于主体地位。孟子
一再强调:"劳心者治人,劳力者治于人。治于人者食人,治人者食于
人,天下之通义也。"② 代表国家"立法设刑"的君主是治人者,人民虽
然重要,但是仍然是受制于人的被治理者。显而易见,连主张"德治"
和"以民为本"的儒家主要人物孔子和孟子都十分明确地把民众当作受
制于统治者的被治理对象,因而"以民为本"在他们看来就是一种统治
策略与手段。

后世如董仲舒对周秦以来的统治思想进行系统的改造,将儒、墨、
道、法、阴阳等各家学说糅杂于孔子旗号之下,以此作为实施统治的指导
思想。经过改造后的儒家学说既保留了法家专制主义中央集权的体制和制
度,同时又在统治理论中加入了以民众的群体意愿为"天意"以制衡君
权的"柔性"成分,对中国社会有很强的适应性,故而熔先秦儒墨道法
阴阳各家思想于一炉的改造后的儒学不仅取得"独尊"的地位,而且成
为以后中国历朝统治者的指导思想,行世两千年而不衰,成为中华传统文
化的核心内容,对中国社会产生了重大的影响。历朝统治者均不同程度地
接受不触动统治者作为治国理政主体的"以民为本"思想,作为一种调
节和缓和阶级矛盾、稳定统治秩序的手段。而君主及支撑国家机器的官僚
队伍立刑设法来"治"民,人民群众受"治"于统治者和各级官僚成为
整个社会传世的习惯性思维。

二　确立"立法为民"理念与人权的立法保障

我国传统上一直都是"立法设刑"以"治"民,目的是制造和维系

统治阶级所希望的秩序。新中国成立后，自最初的新民主主义到后来的社会主义，我党提出"为人民服务""一切从人民的利益出发""以人为本"等理念作为自己的根本宗旨。从 2013 年党的十八届三中全会通过的《中共中央关于全面深化改革若干重大问题的决定》，到 2014 年党的十八届四中全会通过的《中共中央关于全面推进依法治国若干重大问题的决定》，"人民的权益"被牢牢确立为依法治国的"主体"以及"出发点和落脚点"。党的十八大树立了"立法为民"的理念，切实贯彻"立法为民"的原则，是在建设社会主义法治国家上践行"为人民服务"的根本宗旨，是将人民群众主体地位落到实处的具体体现。自此人权的法治保障措施越来越具体、细化，越来越紧密地纳入中国特色社会主义法治体系整体，以及国家和社会生活的各个领域中。如今依法治国的目的不只是维系社会安定和秩序，更是为了保障和促进人权。法律从"治"民到"为"民的转变，是"人民的权益"从手段到目的的根本性改变。

实际上，"法治"是一个极其富有争议和复杂的概念。① 例如，继 H. L. A. 哈特之后当代法哲学家和实证主义代表者的拉兹（Joseph Raz）认为"法治"是价值上中立的，他认为一个符合"法治"各种基本要求的法律不一定是良法，因为"如果法治是良法之治，那么解释它的性质就是提出一套完整的社会哲学。但是若是那样，这一术语也就失去了任何用途。仅仅为了去发现信奉法治就是相信良善应当获胜，是不必求助于法治的……法治只是一个法律制度可能拥有以及据以评判该制度的优点之一。它不应与民主、正义、平等、种种人权，或者对人或人格的尊重相混淆。一个基于否认人权、普遍贫困、种族隔离、性别歧视和宗教迫害的非民主的法律制度，可能在大体上要比任何一个开明的西方民主国家的法律制度更符合法治的要求。"② 拉兹引申出若干"法治"的基本要求或基础原则，其列举的包括：（1）所有的法律都应是不溯及既往的、公开的和明晰的；（2）法律应当是相对稳定的；（3）其制定应依靠公开、稳定、明晰和一

① Jeremy Waldron, "Is the Rule of Law an Essentially Contested Concept?" (2002), 21 *Law and Philosophy*, p. 137; W. B. Gallie, "Essentially Contested Concepts" (1956), 56, *Proceedings of the Aristotelian Society*, p. 167.

② Joseph Raz, "The Rule of Law and itsVirtues", in *The Authority of Law: Essays on Law and Morality* (Oxford University Press 2009) 211.

般的规则为指导；（4）司法独立必须予以保证；（5）法院应当具有审查权力以保证其他原则的实施；（6）法院应当是普通大众容易接触的。[1] 价值和道德中立的法治的目的是：法律具有指导/引导人民大众的行为的能力。因此，对此类法实证主义理论而言，"法治"要求的是程序和形式上的合法性（例如满足以上六条原则），而并不对法律/立法的本质内容做限制。[2] 法实证主义式的"法治"（formal rule of law）受到一些学者攻击和批评，例如朗诺·德沃金（Ronald Dworkin）认为包涵了自由、平等、人权等的价值原则（principles）和法实证主义倡导的规则（rules）都是"法治"所必须的要素。[3] 有所共识的是，无论怎样定义"法治"的概念和内涵，法治的实体和本质要件都是对权力的限制，因此人权的保障诉求于法律去防止因权力的滥用对人权造成的侵害。秉要执本，党的十八大以来我们确立了中国的社会主义法治必定建立在保护和促进人权的基础之上，我国的立法必须以保障人权的更好实现为其最终目标。

这一诉求是与当今国际社会对于法治和人权的认识充分一致的。世界人权宣言在序章中开宗明义地肯定了法治对于人权保护的重要性，其指出"有必要使人权受法治的保护"。人权与法治之间相辅相成和互相促进的关系在全球范围内日益达成共识。[4] 2012年，第67届联合国大会以"国内和国际的法治问题"为主题举行高级别会议，并通过了《国内和国际的法治问题大会高级别会议宣言》，确认"人权、法治和民主是相互关联、相辅相成的，同属普遍和不可分割的联合国核心价值和原则"[5]，并在法治与妇女和儿童权利的关系上特别指出"我们确认务必要确保妇女在男女平等的基础上享受法治的所有惠益，并承诺使用法律来维护妇女的平等权利，确保妇女充分平等的参与，包括参与政府机构和司法体系，并再次承诺建立适当的法律和立法框架，防止并处理对妇女所有形式的歧视

---

[1]　Ibid., 215–219.

[2]　虽然本章并不做讨论，然而法实证主义式的"法治"也对防止权力的滥用和人权的保障有诸多积极意义。

[3]　Ronald Dworkin, *Law's Empire* (Harvard University Press 1986); Ronald Dworkin, "Political Judges and the Rule of Law", in *A Matter of Principle* (Cambridge University Press 1985).

[4]　参见例如，人权事务委员会在2012年通过的"人权、民主与法治" UN Doc A/HRC/RES/19/36；联合国大会在2006年通过的"国内和国际的法治" UN Doc A/RES/61/39.

[5]　联合国大会《国内和国际的法治问题大会高级别会议宣言》，UN Doc A/RES/67/1.

和暴力，确保赋予妇女权力，确保妇女有充分机会诉诸司法"和"我们确认法治对于保护儿童权利来说具有重要意义，包括提供法律保护，防止儿童遭受歧视、暴力、虐待和剥削，在所有行动中确保儿童的最佳利益，并再次承诺充分落实儿童的各项权利"①。这些决议和宣言作为"软性"的国际法②，不但反映国际社会对于"法治"的一些共识，更是体现了当今世界对于法治与人权之间的密切联系的肯定。

党的十八大以来，我国确立了建设以"民"为主体和目的的社会主义法治国家的目标，即法治中国须建立在保障人权的基础上，并以不断促进人权的更好实现作为发展目标。时至今日，我国已形成了以宪法为核心的中国特色社会主义法律体系，构建了保障人权的基本法律框架。党的十八大以来，"立法为民"这一基本原则越来越贯穿到立法领域使得现有的立法程序和法律体系得到进一步的完善，并为确立、保障和实现各项人权，以及促进社会公平正义做出了重要贡献。劳动教养制度的废除和死刑罪名的减少在促进人权保障上令中外瞩目。2013 年 12 月，十二届全国人大常委会六次会议通过《关于废止有关劳动教养法律规定的决定》，废止了劳动教养制度，并规定对正在被依法执行劳动教养的人员，解除劳动教养，不再执行剩余期限。在我国施行 50 多年并饱受争议的劳动教养制度，随着中国特色社会主义法律体系的形成与不断完善而退出历史舞蹈。废止劳动教养制度，是人权保护越来越受重视的结果，体现了社会主义法治和人权的进步。继 2011 年刑法修正案（八）取消 13 个罪名的死刑的基础上，2014 年的刑法修正案（九）再次取消了 9 个罪名的死刑。经过这两次适用死刑罪名的减少，刑法中的死刑罪名从 68 个减少到 46 个，减少了总数的 32% 以上。同时，刑法修正案（九）进一步完善了对死缓罪犯执行死刑的规定，将执行死刑的条件由死刑缓期执行期间"故意犯罪"修改为"故意犯罪，情节恶劣"，提高了执行死刑的门槛，从而进一步减少了死刑的适用。生命权作为不可克减的基本人权是所有其

---

① 第 15，16 条。

② 对于国际软法的理解，参考 Andrew T. Guzman, TimothyL. Meyer, "International Soft Law" (2011) 2 *The Journal of Legal Analysis* 171; Hartmut Hillgenberg, "A Fresh Look at Soft Law" (1999) 10 *European Journal of International Law* 499.

他权利的基础①，我国死刑适用的不断减少正是体现了国家对于生命权的尊重和保护，对于未来进一步减少死刑以至废除死刑打下了基础。2012年修改的劳动合同法更加精细和严格地界定了劳务派遣用工范围，保证他们享受同工同酬待遇的权利，切实有效地促进了劳动者权益的保护。2014年，在党的十八届四中全会后，全国人大常委会对实施24年的行政诉讼法作出了首次大修。新修改的行政诉讼法明确规定人民法院依法受理行政案件，行政机关不得干预、阻碍，同时针对行政诉讼"立案难、审理难、执行难"的问题采取了一些措施，促进人权司法保障，包括：扩大受案范围、扩大原告资格、完善审判体制机制和执行制度等。还将拆迁、社会保障等直接关系人民权益的问题纳入可诉范围。2017年全国人大会议表决通过了民法总则的修改，扩大和提高了民事主体所享有的各项权益，如胎儿利益保护、民事行为能力制度、老年监护制度、英雄烈士人格利益保护等。其他诸多改革如修改或建立消费者权益保护法、环境保护法、安全生产法、慈善法、公共文化服务保障法、国家赔偿法、食品安全法、精神卫生法等不再一一详述。

另一方面，在不断完善健全法律体系的同时，国家致力于完善立法体制，提高立法质量。② 十八届四中全会《决定》指出"健全有立法权的人大主导立法工作的体制机制，依法赋予设区的市地方立法权"。2015年十二届全国人大三次会议通过立法法的修改决定，围绕税收法定原则的落实、授权立法制度的完善、设区的市地方立法权的赋予等方面作了补充修改。全国人大及其常委会也就立法草案公开征求意见机制、审议机制和表决前评估等立法程序进行了进一步增强。立法程序和体制的完善进一步体现了人权保障制度体系的优化。党的十八大以来"立法为民"和人权保障的目标业已融贯于各项法律的制定、修改和废止中。法律体系和立法体制的完善，实际落实了"尊重和保障人权"的宪法原则，使得公民权利和政治权利，以及经济、社会、文化权利在坚实的法律制度的支撑下日益得到更好的实现。

---

① 见《公民权利和政治权利国际公约》中第6（2）条，以及人权事务委员会的"结论性意见36"UN Doc CCPR/C/GC/R.36/Rev.2。

② 李适时：《学习贯彻党的十八届四中全会精神：完善立法体制》，《人民日报》2014年11月26日。

　　自先秦以来中华大地国家"立法设刑"的目的是"治民"，即便是所谓的"良法善治"统治者仍然是治国理政的主体，民众是被治理的对象。在儒、法两家为主要代表的各家的思想理论中，上述理念都是一致的。虽然"以民为本"的民本主义思想一直在中华传统文化中据有一席之地，但即便是一直主张"以民为本""民贵君轻"的儒家，也从未认为民众不是居于受"治"地位，因而传统文化中的"以民为本"在历代统治者心目中仅仅是一种治国理政时的策略和手段。虽然我党把"为人民服务"作为根本宗旨，但是沿袭了几千年的"立法治民"根深蒂固的传统思维作为历史积淀必然是新中国的法治进程上的负面影响。党的十八大以《决定》的形式，将"立法为民"确立为完善中国法律体系的根本原则，切实保障人民在依法治国中的主体地位，宣告了传统的"立法治民"理念的终结，在中国法治思想的发展史上具有极为重大的历史意义，在全面推进依法治国和人权保障中必将发挥极为重大的现实作用。依法治国，立法先行，究其本质立法是权力和权利的博弈与平衡，是不同诉求和思想的交锋与妥协，在依法治国的前进和探索过程中，党的十八大历史性地指出了中国社会主义特色法治的前进方向和终极目标——尊重和保障人权，为此要坚持将"立法为民"作为党和政府以及全体人民的坚定意志与不懈追求。

第三节　人权的执法保障与执法的人权约束

　　行政执法要以尊重和保障人权为标准，这是因为，行政权力天然具有扩张性，行政执法常呈现出一种强势姿态，由此极易造成违反人权标准的执法现象出现。行政执法的人权标准要求树立以人为本的执法观念，在执法的整个过程中能够表达对人权切实的尊重与关怀；同时在执法方式上要更趋人性化，"通过执法方式实现行政民主，通过行政民主推动执法方式的人性化和多元化"[①]。党的十八大以来，我国在行政执法领域高度重视促进和保障人权，坚持将人权普遍性原则同我国实际国情相结合，推动了行政执法领域的人权保障。

----

① 肖金明、冯威主编：《行政执法过程研究》，山东大学出版社 2008 年版，第 108 页。

一　基于人权保障的行政法律体系建构

（一）行政立法的人权原则

在整个法律体系中，宪法与行政法之间关系最为密切，同属"政治法"和公法范畴，据此行政法常被冠以"属宪性"。"行政和行政法主要由其所在时代的宪法决定"①，宪法为行政法奠定了基本价值理念基础，而行政法的根本功能就是将宪法中的公法价值理念制度化。"行政法，可以直接认为是关于实现宪法价值的技术法。"② 行政法的任务就是将宪法价值理念落实到制度与规范层面。宪法中的人权原则在行政法领域体现为：一是行政主体及其工作人员在实施行政行为时，应充分尊重行政相对人的人格；二是行政机关应积极履行职权，切实保障公民的各项基本自由；三是行政主体及其工作人员在实施行政行为时不得侵犯公民的各项政治权利；四是行政主体及其工作人员应注重保护行政相对人的财产权。

为贯彻人权原则，行政立法应当以构建有限政府、正当程序政府和责任政府为目标。所谓有限政府主要是指政府的职权来自法律的明文授权，政府不应有无限的职权。③ 人民通过法律对政府行为的授权是政府权力正当性的唯一来源，因此，法律禁止的行为政府不能为，没有明文授权的行为政府亦不能为。倘若政府可以自我授权，则政府行为就会缺乏约束，人权保障便无从说起。所谓正当程序的政府主要是指政府行使职权的方式必须符合法律规定的程序要求。④ 权力是一把双刃剑，它既是充分保障人民权利的有力武器，也可能成为侵害公民私权的强大利维坦。因为权力具有天然的扩张性，在其行使过程中若不加控制将导致权力的变异，成为危害人民、危害社会的主要来源。所以，在法律明确政府职权和职责的基础上，还需要程序法来规束政府的活动。如若缺乏程序法对政府职权行使过程的约束，政府的权力就可能偏离人民授权的初衷，造成对人权的践踏。

---

① ［德］哈特穆特·毛雷尔：《行政法学总论》，高家伟译，法律出版社2000年版，第13页。

② ［日］盐野宏：《行政法》，杨建顺译，法律出版社1999年版，第49页。

③ 胡美灵：《人权保障视野下的人本政府》，《河北法学》2009年第4期。

④ 胡美灵：《人权保障视野下的人本政府》，《河北法学》2009年第4期。

所谓责任政府是指政府违法同样要承担法律责任。[①] 政府的职权和职责是法定的，政府行使职权的一切程序性事项以及承担职责的方式都由法律法规作出明确规定，政府必须遵守。政府有任何违反法律法规行使法定职权和职责的行为，或者不积极行使法定职权和职责，以及不遵守社会的一切法律法规，均应承担法律责任。正是在这个意义上，职权法定原则、正当程序原则、责任政府原则已经成为我国行政立法的基本原则。

（二）行政立法在人权保障方面的成就

党的十八大以来，全国人大及其常委会与国务院在基于人权保障的行政法律体系建构上颇有建树，涉及的人权保障涵盖了公民生活的方方面面，落实了尊重和保障人权的宪法原则，全面推进了中国人权事业发展。

1. 生存权保障

2013 年制定的《特种设备安全法》分别规定了国务院、地方各级政府及负责特种设备安全监督管理的政府部门的相关义务和责任，其立法目的为"预防特种设备事故，保障人身和财产安全"，这体现了对人民人身安全权和财产安全权的保障。

2014 年 8 月 31 日，第十二届全国人大常委会通过了新修改的《安全生产法》，并于当年 12 月 1 日起正式施行。首先，该法总则第一条明确提出了新安全生产法的目的在于加强安全生产工作，防止和减少生产安全事故，保障人民群众生命和财产安全，促进经济社会持续健康发展，这充分肯定了人的生命权高于一切的重要价值理念。其次，新法第三条与旧法条文相比，新增加了安全生产工作应当以人为本，坚持安全发展这一内容。以人为本，是科学发展观的核心，提出安全生产工作应当以人为本，体现了发展观念的巨大转变。这一理念首先要求安全生产工作始终要重视人的权利，要把保障人民群众生命和财产安全作为安全生产工作的根本出发点和落脚点。最后，强化和落实生产经营单位的主体责任，因生产经营单位处于安全生产保障工作的第一线，是保障安全生产的关键所在。单位的主要负责人对本单位的安全生产工作全面负责，单位要依法保障本单位从业人员能够获得安全生产所必须的条件，同时应当履行生产过程中的安全保障义务，工会组织也应当依法对安全生产工作进行监督，维护职工在安全

---

① 胡美灵：《人权保障视野下的人本政府》，《河北法学》2009 年第 4 期。

生产方面的合法权益。

食品安全问题是近年来我国立法工作中的重要议题，该议题关涉保障公众生命安全、身体健康及生活水准。全国人大常委会于 2015 年 4 月 24 日通过了《食品安全法（修订草案）》，修订后的《食品安全法》在食品安全监管上，明确并强化了政府的相对统一的监管职责，对受食品安全问题影响的公众身体健康和生命安全等方面加强了保障力度。在监管工作机制方面，该法规定县级以上政府需建立食品安全全程监督管理工作机制和实行食品安全监督管理责任制，以保证落实食品安全问题的监管工作。

近年来，恐怖（主义）活动已成当今各国政府的头号公敌，其严重危害国家安全、公共安全和不特定个人的生命、人身和财产安全。全国人大常委于 2015 年 12 月通过《反恐怖主义法》，对我国的反恐工作做出更细致的规范，进一步完善了现行法律关于反恐工作的规定，加强打击恐怖活动犯罪的力度，以此更好地维护国家安全和社会公共秩序，保障人民群众的生命和财产安全。

国务院也出台了诸多与保障公众生存权基本人权相关的行政法规。2012 年制定的《缺陷汽车产品召回管理条例》，以保障公众的人身安全为出发点，明确了国务院产品质量监督部门和其他相关部门的监督管理职责。2013 年制定《铁路安全管理条例》以保障公民的人身安全权和财产安全权为首要目的，规定了行政部门在铁路安全方面负有的义务以及违反义务应承担的责任。2014 年修订通过的《医疗器械监督管理条例》，通过的《企业信息公示暂行条例》和公布的《不动产登记暂行条例》对于保障个人的生命权、健康权、知情权、监督权等基本人权也具有一定的促进作用。

2. 参与权保障

2013 年，《选举法》得以修改，城乡按相同人口比例选举全国人大代表首次正式全面实行；加强政府信息公开立法，畅通网络表达渠道，完善信访机制，依法保障公众的知情权、参与权、表达权、监督权。2014 年，国务院发布《中华人民共和国保守国家秘密法实施条例》，其新增内容约束了机关、单位设定保密事项的权限，从而有助于扩大公民的知情权、表达权、监督权、隐私权等权利的适用范围。

3. 自由权保障

2012 年，国务院制定《关于加强网络信息保护的决定》，该法以保障公民隐私权为目的，明确规定国家保护能够识别公民个人身份和涉及公民个人隐私的电子信息。同年制定的《教育督导条例》以保障公民的受教育权为出发点，专门规定了实施素质教育、提高教育质量、促进教育公平、推动教育事业科学发展的教育督导的内容、原则、机构、措施和法律责任。

2014 年，《行政诉讼法》得以修订，该法以监督行政机关依法履行职权为立法目的，公民、法人和其他组织对行政部门的起诉权利得到进一步强化保障。公民、法人或者其他组织就侵犯其合法权益的具体行政行为向人民法院提起诉讼，是其维护人身权、财产权与其他合法权益的重要途径。国务院同年通过的《事业单位人事管理条例》以"保障事业单位工作人员的合法权益"为目的，其规定事项对事业单位工作人员的工作权、荣誉权、受教育权、社会保障权等基本人权的实现具有促进作用。

2015 年，《立法法》得以修订，该法以"防止公民权利遭受除宪法和法律规定之外的其他规范性文件的任意侵犯和限制"为目的，对行政机关设定减损公民权利或者增加义务的规范作出了严格的限制。同年 7 月通过的《国家安全法》明确了公民和组织向从事国家安全工作的国家机关提出批评建议的权利，以及对此类机关及其工作人员提出申诉、控告和检举的权利，禁止国家机关及其工作人员在履行国家安全的职责时侵犯个人和组织的合法权益，确认了在国家安全工作中采取限制公民权利和自由的特别措施所应当遵守的合法性、必要性和有利性原则，从而为作为人权直接体现的公民权益提供了若干原则性或具体性的法律保障。① 国务院同年通过的《居住证暂行条例》对居住证的申领条件和程序，证件管理机关，持证人的权利和便利，国务院有关部门、地方政府及其有关部门的义务以及有关机关和个人的违法责任等问题分别做出了规定，这对公民的居住权进行了充分保障。自由选择居住、工作和生活的地点是居住自由权和迁徙自由权的集中体现，与工作权、受教育权、适当生活水准权、健康权、社

---

① 班文战：《2015 年国家人权立法分析报告》，《中国人权事业发展报告》，社会科学文献出版社 2015 年版，第 245 页。

会保障权、文化生活权、人格尊严权、平等和免受歧视权等多项权利也有直接而密切的联系。① 该条例的制定有助于更好地保障公民的合法权益，促进社会公平正义。国务院同年通过《博物馆条例》，对博物馆的设立、终止、变更、管理等等问题分别做出规定，博物馆的设立和相关活动的开展与表达自由权、结社自由权、文化生活权和受教育权等项人权直接相关，该条例的制定对促进上述权利的实现大有助益。

4. 对特定群体权利的平等保障与特殊保护

对特定群体通过立法予以保护，主要是通过法律的规范、引导和利益调整功能，对特定群体的权益加以保障和促进。其正当性基础在于：尊重和保护人权的要求；实现社会公平正义的要求；维护社会稳定、促进和谐发展的要求。进一步加强对特定群体的保护立法，有利于促进社会的公平正义，促进社会的协调可持续发展，促进对少数人权利的尊重和保障。2014 年国务院制定《社会救助暂行办法》，明确了社会救助工作的基本原则以及国家、政府和社会救助管理部门的社会救助职责。社会救助是指"国家和社会对依靠自身能力难以维持基本生活的公民提供的物质帮助和服务"。该办法首次以法律形式确定了医疗救助、教育救助、住房救助、就业救助、临时救助等新型的社会救助制度，为我国社会救助事业的全面发展奠定了良好的法律基础，使基本生活发生严重困难的个人切实享有获得物质帮助权、社会保障权、适当生活水准权、健康权、受教育权、工作权等基本人权。②

二　基于人权保障的具体行政执法实施

在当代政治文明之中，对于人权保护的首要标志即执法过程的合法性。因为，社会文明必须在民主和人权的基础上构建，公共权力必须为人民的利益服务。故此，严格执法，依法办事，已成我国行政执法的基本要求。正是基于此种意义，人权保障已经成为我国行政执法的基础目标。人权保障要求文明执法，这体现在我国行政部门执法的具体实施过程之中。

---

① 班文战：《2015 年国家人权立法分析报告》，《中国人权事业发展报告》，社会科学文献出版社 2015 年版，第 260 页。

② 班文战：《2014 年国家人权立法分析报告》，《中国人权事业发展报告》，社会科学文献出版社 2014 年版，第 335 页。

（一）劳动社保执法与人权保障

劳动监察执法，是指劳动保障行政部门对用人单位违背劳动保障法律、法规行为进行监督、检查和依法查处的行政执法行为，是保持社会和谐稳定、维护劳动关系双方合法权益的重要手段。劳动监察执法活动是国家行政执法的一个重要组成部分，该制度对于维护用人单位和劳动者之间力量关系的平衡、保障劳动法律、法规的贯彻和实施与劳动者合法权益的保护都具有极其重要的意义。

2004 年 11 月 1 日，国务院发布《劳动监察条例》。《劳动监察条例》在总结实践经验的基础上，对劳动监察的主体、对象、范围和程序，监察机构和监察员的职责，法律责任等方面都做出了明确规定。《劳动监察条例》的出台标志着我国劳动监察立法上升到了一个更高的层次，使劳动监察建立在统一的法规依据之上。《劳动监察条例》确立了劳动保障监察的法律地位，加强了政府依法监管人力资源市场、调整劳动关系、发展社会保险的职责，切实维护了劳动者的合法权益，在构建健康、有序的劳动力市场和和谐、稳定的经济社会秩序上发挥了巨大作用。截至 2013 年，全国共建有劳动保障监察机构 3291 个，各级人力资源社会保障部门配备专职劳动保障监察员 2.5 万人，基本形成了省、市、县（区）三级网络。截至 2013 年，全国劳动保障监察机构责令用人单位与 511.7 万名劳动者补签了劳动合同，责令用人单位为 471.2 万人次劳动者追发工资等待遇268.5 亿元，督促 5.9 万户用人单位办理了社会保险登记、申报，督促9.4 万户用人单位补缴社会保险费 34.8 亿元，依法取缔非法职业中介机构 3543 户，为减少劳动违法行为和劳动争议的发生夯实了基础。截至2014 年 10 月，全国劳动保障监察机关通过日常执法，共主动检查用人单位 171.5 万户，督促缴纳社会保险费 17.2 亿元。[1]

党的十八大明确提出，要健全劳动标准体系和劳动关系协调机制，加强劳动保障监察和争议调解仲裁，构建和谐劳动关系。为全面贯彻党的十八大和十八届二中、三中、四中全会的精神，构建和谐劳动关系，中共中央、国务院 2015 年 3 月 21 日印发了《关于构建和谐劳动关系的意见》

---

[1] 《劳动保障监察条例》实施效果评估研究课题组：《劳动监察十年回眸》，《中国人力资源社会保障》2014 年 12 期。

（以下简称《意见》）①，对"依法保障职工基本权益"的内容进行了阐释："依法保障职工基本权益"涉及四项基本权益，即取得劳动报酬权利、休息休假权利、获得劳动安全卫生保护权利、享受社会保险和接受职业技能培训权利。在 2015 年 4 月 28 日庆祝"五一"国际劳动节暨表彰全国劳动模范和先进工作者大会上，习近平总书记强调指出："要最大限度增加和谐因素、最大限度减少不和谐因素，构建和发展和谐劳动关系，促进社会和谐"。② 习近平总书记和《意见》所指的"职工基本权益"在劳动法法学术语中也称为劳动基准权益，其法律依据主要来自劳动基准法，是劳动者享有的有关工资、工时、休息休假、劳动（职业）安全卫生、女工与未成年工保护等最低劳动条件的实体性劳动权利总称。劳动基准既是用人单位必须执行的强制性规范，也是劳动者维持基本生活、保障生命安全与身体健康的底线劳动标准，是公共利益和社会经济秩序的重要组成部分。保障劳动者的劳动基准权益是构建和谐劳动关系的基础和关键点。

随着市场经济进程的不断加速，经营主体面对日益激烈的竞争，劳动就业的权利是否得到保障，不仅关系到每个劳动者合法权益能不能实现、用人单位的自主用人权利能不能得到贯彻，还关系到依法行政以及我国依法治国的宏伟蓝图能否实现。因此，劳动社保执法已经成为我国人权保障事业的重要一环。

（二）教育文化执法与人权保障

2014 年，中国共产党十八届四中全会审议通过的《关于全面推进依法治国若干重大问题的决定》提出了"建设中国特色社会主义法治体系，建设社会主义法治国家"的总目标，这既是引领国家发展的宏观战略，又是指导法治建设的行动纲领。面对当前我国教育改革与发展中出现的新情况、新问题、新矛盾，必须加强教育法治，全面推进依法治教。这是建设社会主义法治国家的必然要求，是依法治国的重要组成部分，也是推进国家治理体系和治理能力现代化的重要基础。

我国非常重视义务教育，《中华人民共和国义务教育法》以及《中华

---

①　《中共中央国务院关于构建和谐劳动关系的意见》，《中华人民共和国国务院公报》2015 年第 11 期。

②　《在构建和谐劳动关系中充分发挥工会组织作用》，人民网—人民日报：http：//politics. people. com. cn/n/2015/0519/c1001 - 27020459. html。

人民共和国未成年人保护法》都明确规定了适龄儿童少年入学接受义务教育的权利。为了实施素质教育，提高教育质量，促进教育公平，2014年5月7日，教育部发布了《教育部办公厅关于做好2014年普通高校招生考试执法监察工作的通知》。该通知强调要进一步强化对高等学校、招生考试机构及工作人员招生行为的监督制约，保障普通高校招生考试各项工作安全、有序、顺利进行，切实维护高校招生考试的严肃性、权威性和公平性，进一步加强招生考试执法监察工作，为全面推进高考制度改革营造风清气正的育人环境。① 2016年6月8日，教育部、国家发展改革委、财政部、国家新闻出版广电总局联合发布了《教育部等四部门关于2016年规范教育收费　治理教育乱收费工作的实施意见》，着力解决损害群众利益的乱收费、乱办学等不正之风，营造风清气正的育人环境，推动教育事业科学发展、健康发展，强调要继续深化中小学有偿补课问题治理、深入推进义务教育阶段择校乱收费和中小学教辅材料散滥问题治理、规范各级各类教育收费行为、规范民办教育办学和收费行为、严肃惩治虚报冒领民生资金问题等。②

此外，党的十八大以来，我国始终把教师队伍建设摆在优先发展的战略地位，出台了一系列政策措施，培养和支持教师队伍的建设。2013年，教育部、财政部印发通知，对在连片特困地区工作的乡村教师给予生活补助，2015年6月，国务院办公厅印发《乡村教师支持计划（2015—2020年)》，2016年，在享受连片特困地区政策的22个省份708个县中，有684个县实施乡村教师生活补助，覆盖率达到96.6%，比上年提高了14.6个百分点。受益学校共8.1万所、乡村教师129.5万人，分别比去年增加了1.4万所和34.6万人。③ 在补助标准较高的地区，乡村教师的职业吸引力显著增强。除此之外，构建覆盖大中小学完整的师德建设制度体系也是重要的一方面。2013—2014年，《关于建立健全中小学师德建设长

---

① 《教育部办公厅关于做好2014年普通高校招生考试执法监察工作的通知》教育部：http://www.moe.edu.cn/publicfiles/business/htmlfiles/moe/s3149/201405/169177.html。

② 《教育部等四部门关于2016年规范教育收费治理教育乱收费工作的实施意见》，教育部：http://www.moe.edu.cn/srcsite/A01/s7048/201606/t20160622_269350.html。

③ 《教育部：乡村教师生活补助标准不断提高》，央广网：http://edu.cnr.cn/list/20170303/t20170303_523633006.shtml。

效机制的意见》《关于建立健全高校师德建设长效机制的意见》等文件相继出台，划出中小学教师不可触犯的 10 种师德禁行行为和高校师德 7 条红线，提出"六个严禁"，构建了覆盖大中小学完整的师德建设制度体系，将师德建设推向制度化、规范化和法治化轨道。① 另外，国家重视健全教师管理制度，2013 年，《中小学教师资格考试暂行办法》和《中小学教师资格定期注册暂行办法》两项政策出台。教育部相关负责人评价说："这意味着中国教师质量的国家标准开始建立，教师资格考试与定期注册改革试点，严格了教师职业准入，破除了教师资格终身制，将深刻改变中国的教师教育体系。"②

受教育权是人权的重要内容，保障教师的权利、明确教师的义务与责任是教育领域执法的重要内容。我国已经建立健全相关法律法规体系、构建了全民教育体系，并注重加强教育领域的执法活动，这有利于提高教育质量，促进教育公平，保障教育领域的人权。

（三）城管执法与人权保障

城市管理是社会管理的一个重要组成部分。在中国加速城市化建设的过程中，城市管理综合行政执法应运而生。城市管理综合行政执法（以下简称为"城管执法"），是指在城市管理领域相对集中地行使行政处罚权。根据我国《行政处罚法》与《行政强制法》的规定，综合行政执法机关除了行使行政处罚权之外，通常还会具备相关的行政强制权、行政调查权等。

2013 年，中国共产党十八届三中全会作出的《中共中央关于全面深化改革若干重大问题的决定》中明确提出："深化行政执法体制改革。整合执法主体，相对集中执法权，推进综合执法，着力解决权责交叉、多头执法问题，建立权责统一、权威高效的行政执法体制。……理顺城管执法体制，提高执法和服务水平。"③ 这一决定为深化行政执法体制改革提供了指引。

---

① 《教育部关于建立健全中小学师德建设长效机制的意见》，教育部：http://www.moe.edu.cn/publicfiles/business/htmlfiles/moe/s7002/201309/156978.html。

② 《加强教师队伍建设　引领中国教育提质发展——党的十八大以来教师队伍建设成果综述》，人民网—人民日报：http://politics.people.com.cn/n1/2016/0910/c1001-28705580.html。

③ 《中共中央关于全面深化改革若干重大问题的决定》，《人民日报》2013 年 11 月 16 日。

　　2014 年，党的十八届四中全会做出的《中共中央关于全面推进依法治国若干重大问题的决定》提出："深化行政执法体制改革。根据不同层级政府的事权和职能，按照减少层次、整合队伍、提高效率的原则，合理配置执法力量。推进综合执法，大幅减少市县两级政府执法队伍种类，重点在食品药品安全、工商质检、公共卫生、安全生产、文化旅游、资源环境、农林水利、交通运输、城乡建设、海洋渔业等领域内推行综合执法，有条件的领域可以推行跨部门综合执法。"① 同时，文件还强调要完善政府行政执法管理，加强统一领导和协调，理顺城管执法体制，加强城市管理综合执法机构建设，提高执法和服务水平。

　　2015 年 11 月 10 日，中央深改组第 18 次会议召开，会议审议通过了《关于深入推进城市执法体制改革改进城市管理工作的指导意见》等文件。2015 年 12 月 30 日，《中共中央国务院关于深入推进城市执法体制改革改进城市管理工作的指导意见》（以下简称《意见》）正式发布，这是新中国成立以来中央层面首次对城市管理执法工作做出专项部署。《意见》首次框定了城市管理的主要职责，并明确由国务院住房和城乡建设主管部门负责对全国城市管理工作的指导。《意见》提出，整合归并省级城市管理执法队伍，具备条件的应当纳入政府机构序列，到 2017 年年底，实现执法制式服装和标志标识统一。《意见》旨在理顺城市管理执法体制，解决城市管理面临的突出矛盾和问题，消除城市管理工作中的短板，进一步提高城市管理和公共服务水平。②

　　我国城镇化快速发展，城市规模不断扩大，建设水平逐步提高，保障城市健康运行的任务日益繁重，加强和改善城市管理的需求日益迫切，城市管理工作的地位和作用日益突出。城管执法往往会涉及相对人的财产权，有时会涉及公民人身权甚至可能危及公民的生存权利。党的十八大以来，我国以人权保障原则作为基本指导原则，深化了城管执法体制改革，明确了城市管理执法部门主体资格，确定了其执法权限，完善城管执法方式，将行政指导、行政合同、社区建设等柔性执法作为执法方式，健全城

---

　　① 《中共中央关于全面推进依法治国若干重大问题的决定》，中国共产党第十八届中央委员会第四次全体会议 2014 年 10 月 23 日通过，《人民日报》2014 年 10 月 29 日。

　　② 《省级城市管理执法队伍将归并》，京华时报：http://epaper.jinghua.cn/html/2015-12/31/content_268699.htm。

管执法的监督机制和行政相对人的权利救济机制，有效避免了城管执法部门与行政相对人的冲突，从而大大加强了对行政相对人财产权利和人身权利的保障。

（四）卫生执法与人权保障

卫生监督是指国家授权卫生部门对所辖区内的企业、事业单位贯彻执行国家的卫生法令、条例和标准的情况进行监督和管理，对违反卫生法规并造成危害人体健康的情况，进行严肃处理。卫生监督是加强卫生管理的重要手段，各级卫生监督机构是主要的卫生监督管理执行机构，各级卫生行政部门是卫生监督的具体责任部门。

2013 年 3 月，《国务院机构改革和职能转变方案》决定：将卫生部的职责、国家人口和计划生育委员会的计划生育管理和服务职责整合，组建国家卫生和计划生育委员会，不再保留卫生部、国家人口和计划生育委员会；将国务院食品安全委员会办公室的职责、国家食品药品监督管理局的职责、国家质量监督检验检疫总局的生产环节食品安全监督管理职责、国家工商行政管理总局的流通环节食品安全监督管理职责整合，组建食品药品监督管理总局，不再保留国家食品药品监督管理局和单设的国务院食品安全委员会办公室。① 自此，我国卫生监督执法工作具体内容主要包括食品安全风险监测、职业卫生和放射卫生监管、公共场所和生活饮用水监督抽检、学校卫生和传染病防治监督、医疗卫生和血液安全监管等方面。②

2015 年 11 月 12 日，国家卫生计生委、中央编办和财政部等 6 部门联合发布了《关于进一步加强卫生计生综合监督行政执法工作的意见》，该意见提出，加强卫生计生综合监督行政执法是维护群众健康权益的重要保障，是深入推进依法行政的迫切要求，应当科学合理设置执法层级，强化顶层设计，筑牢织密网底，加快推进基层卫生和计划生育执法监督力量整合，充分发挥基层计生干部在卫生计生监督工作中的作用。③

2017 年 1 月 22 日，国务院印发《国家卫生计生委关于印发"十三

---

① 《国务院机构改革和职能转变方案》，《人民日报》2015 年 3 月 15 日。

② 《卫生监督》，中华人民共和国国家卫生和计划生育委员会：http://www.gov.cn/test/2012–04/18/content_ 2116052.htm。

③ 《关于进一步加强卫生计生综合监督行政执法工作的意见》，国家卫生计生委综合监督局：http://www.moh.gov.cn/zhjcj/s7885/201511/e16a067b926247d58f73b6b8b5ce1081.shtml。

五"全国卫生计生监督工作规划的通知》，该通知提出，加大执法监督力度，有效维护群众健康权益，加强卫生计生综合监管和执法监督体系建设。加强医疗服务监督、加大医疗卫生机构传染病防治和突发公共卫生事件应对监督、强化公共卫生监督、提升计划生育监督能力、加强中医服务监督、开展国家监督抽检、强化执法能力保障、构建科学有效的卫生计生综合监管和执法监督网络体系、充实配备监督执法人员、提升监督机构能力水平。①

另外，在卫生监管方面，食品安全问题关系国计民生，是保障公民人身财产安全的重要内容。在食品安全监管方面，2013 年"两会"后，进一步规定由食品药品监督管理部门承担国务院食品安全委员会日常工作，负责食品安全监督管理综合协调，推动健全协调联动机制。2015 年 2 月29 日，中共中央政治局就健全公共安全体系进行第二十三次集体学习，习近平总书记提出了要用"四个最严"来加强食品药品安全监管，即用最严谨的标准、最严格的监管、最严厉的处罚、最严肃的问责。② 2015 年4 月 24 日，第十二届全国人大常委会修订了新的《食品安全法》，其亮点在于建立了最严格的监管制度。2015 年 12 月 15 日，国家食品药品监管总局出台《关于推进食品药品安全信用体系建设的指导意见》，要求按照国家统一规划和部署，编制信用信息目录，结合食品药品行业领域的实际情况，加快建设食品药品安全信用信息数据库和信息交换共享平台，加强信用信息收集、管理与公开，开展食品药品生产经营企业及相关人员信用等级评价，实现守信激励和失信惩戒，最大程度保障食品药品安全。③ 2017 年2 月 21 日，为加强食品安全管理，增进人民福祉，国务院印发《"十三五"国家食品安全规划》，明确提出了未来的发展目标以及主要任务。④

卫生计生监督工作是依法推动健康中国建设、保障医药卫生体制改

---

① 《国家卫生计生委关于印发"十三五"全国卫生计生监督工作规划的通知》，国务院：http：//www. moh. gov. cn/zhjcj/s7885/201702/4b2740aab5cb401ab05d2875b3d0313f. shtml。

② 《习近平主持中共中央政治局第二十三次集体学习》，新华网：http：//news. xinhuanet. com/politics/2015 –05/30/c_ 1115459659. htm。

③ 《食品药品监管总局推进食品药品安全信用体系建设》，国家食品药品监督管理总局：http：//www. sda. gov. cn/WS01/CL0050/138005. html。

④ 《国务院关于印发"十三五"国家食品安全规划和"十三五"国家药品安全规划的通知》，国务院：http：//www. gov. cn/zhengce/content/2017 –02/21/content_ 5169755. htm。

革、促进卫生计生系统法律法规有效实施、维护人民群众健康权益的有力保障。加强卫生计生监督工作是推进社会治理体系建设、全面推进卫生与健康领域法治建设的重要举措，是推进职能转变、加强事中事后监管的重要内容，对推进健康中国建设具有十分重要的意义。

（五）安全监管和人权保障

安全权，是由人权引申出的一项权利，是公民的人身、财产和精神免受不法侵害的权利。安全生产事关人民群众生命财产安全，是全面建成小康社会的重要方面，我国历来高度重视安全生产工作。近年来，我国安全生产整体形势呈现稳中向好的趋势，安全生产监管工作对人权保障事业的发展所作的贡献巨大，尤其是自党的十八大以来，党和政府出台一系列政策、法律法规，确保在建成小康社会决胜阶段安全生产工作能够取得积极进展。

2014 年修订的《安全生产法》以"加强安全生产工作，防止和减少生产安全事故，保障人民群众生命财产安全，促进经济社会持续健康发展"为立法目的，从应急能力建设、安全生产规划、监督管理安全生产、安全生产行政执法等方面，落实了国务院、各级地方政府以及政府部门在监督、管理和保障安全生产方面的职责。安全生产直接关涉工作者的生命、健康和财产安全，享有安全的生产环境或条件也是工作权的一项重要内容。① 通过对《安全生产法》的修订，进一步明确了政府部门在安全生产执法方面的职权、责任与程序，从而保障了工作者的生命健康权和工作权。

2016 年 12 月 18 日，《中共中央　国务院关于推进安全生产领域改革发展的意见》（以下简称《意见》）印发，这是新中国成立以来第一个以党中央、国务院名义出台的安全生产工作的纲领性文件。该意见提出，必须坚守发展决不能以牺牲安全为代价的底线。坚持依法监管，要运用法治思维和法治方式，深化安全生产监管执法体制改革，完善安全生产法律法规和标准，增强监管执法，争取到 2020 年，安全生产监管体制机制基本成熟。《意见》在健全落实安全生产责任方面，一方面提出要明确地方党委和政府的领导责任，齐抓共管，完善安全生产责任体系，党政主要负责

---

① 参见我国批准的《经济、社会和文化权利国际公约》。

人对本辖区内的安全生产负总责，严格安全生产绩效考核和失职责任追究；另一方面还需明确部门监管责任，理清安全生产监管与行业监管的关系，坚持管行业必须管安全、管业务必须管安全、管生产经营必须管安全和谁主管谁负责的原则，将监管责任落实到位。在改革安全监管监察体制方面，要求有关部门按照各自职责建立完善安全生产工作机制，形成齐抓共管格局；针对某些行业安全事件频发的现象，改革重点行业监管体制，加大对重点领域的监督执法力度，对处在生产工作第一线的公民人权加强了保障。

加强安全监管，推进安全生产领域内的改革，关系到广大人民群众身体健康和生命安全。作为全面建成小康社会的决胜阶段，党和政府对于安全监管没有丝毫懈怠，抓住问题核心，坚持源头治理，划分责任归属，制定清晰可行的监管目标，完善监管体制，建立健全安全绩效考核机制，将安全工作纳入到党和政府的重要工作议程和我国社会发展的总体规划上来，尊重和保障人权始终贯穿于安全监管工作的全过程。

（六）警察执法和人权保障

在我国，人民警察代表国家进行执法活动，其目的是要保护公民的生命财产安全以及其他合法权益免受非法侵害。而当公民的生命财产或者其他合法权益受到不法侵犯时，通过警察执法对打击违法犯罪行为来维护公民的正当权益。因此，警察执法是人权能够得到充分的保障和实现的重要基石。

党的十八大以来，全国公安机关进一步深化执法规范化建设，坚持把执法规范化建设作为提升执法公信力的重要载体，以解决群众反映强烈的执法突出问题为突破口，健全执法制度，推进执法公开，开展执法培训，强化执法监督，严格管理队伍，着力增强法治思维，有力地推动了公安工作和队伍建设的全面发展，吹响全面迈向"法治公安"的新号角。① 保障公民知情权是警察执法工作当中的一项重要内容，2013 年 1 月 1 日起施行的《公安机关执法公开规定》，要求遵循合法有序、便民利民的原则及

---

① 王文硕：《以"规范"应万变　开启全新执法时代——感受党的十八大以来公安机关执法规范化建设成效》，中国警察网—人民公安报：http://news.cpd.com.cn/n3559/c25515181/content.html。

时向社会公众或者特定对象公开行政执法的依据、流程、进展、结果等相关信息，以及开展网上公开办事的活动。推行执法公开有利于增进公民对警察执法的了解，减少因警民信息不对称带来的执法阻力和误解，保障了公民的知情权、监督权；公民可以自行获取所需的相关信息，降低了公安机关的执法成本；执法公开突出强调对公民权利的保护和对执法权力的监督，是提升警察执法公信力的必然要求。

警察执法水平是衡量国家人权保障水平的重要依据。2013 年，公安部出台了《公安机关执法细则》，对公安执法程序及规范作出更加详细的规定，使得执法流程具有规范性；明确执法标准，对警察执法的自由裁量权加以限制，降低了在执法过程中侵犯公民权利的可能性，对规范警察执法行为发挥了重要作用。该执法细则是公安机关通过对具体执法操作层面的科学设置，将实践中不断积累的各类执法经验制度化，目的在于规范警察执法行为，保障公民合法权益。

2013 年 12 月 28 日，全国人大常委会通过了《关于废止有关劳动教养法律规定的决定》，这标志着曾经饱受争议的劳动教养制度被正式依法废止。作为特殊时期的历史产物，劳动教养制度曾在一段时期内对于维护社会秩序、保护人民群众的生命财产安全有一定积极作用，但在当前形势下已经失去了存在的必要性：劳教制度违反了《宪法》《立法法》和《行政处罚法》，可以不通过严格的司法程序而随意限制或者剥夺公民的人身自由；劳教场所并不能严格按照有关的法规进行管理，时而发生侵害人权的事件，这些弊病使得该制度饱受非议。此次正式废止劳教制度，有助于推动国家的法治化进程，同时又贯彻了尊重和保障人权的宪法精神，使得我国的人权保障工作更上一个台阶。

在 2015 年 2 月 15 日，中央深改组会议和中央政治局常委会会议先后研究审议并通过《关于全面深化公安改革若干重大问题的框架意见》及相关改革方案。完善执法权力运行机制是此次改革的七个主要任务之一，并且提出了规范执法的一系列改革举措。值得注意的是，此次改革措施中提出了要更加注重证据规范，完善证据收集和非法证据排除规则，强调有罪和无罪证据的收集要并重，更加注重人权保障；在刑事案件的询问环节需全程录音录像，从源头上防止非法取证和刑讯逼供等与人权保障格格不入的行为。在涉及财产的执法活动中，规范查封、扣押、冻结、处理涉案财物程序，实行涉案财物集中管理。

在规范警察执法权方面，我国有着中国特色的理论和实践，即习近平总书记提出的要把权力装进"制度的笼子"，确保执法权力在法治轨道和制度框架内运行。2016 年，中共中央办公厅、国务院办公厅印发了《关于深化公安执法规范化建设的意见》，该意见总结起来就是要将执法制度化和法制化，保障执法质量，规范执法行为，努力让人民群众在每一项执法活动中都能感受到公平正义的阳光。

随着政府职能不断扩大，来自警察执法过程中对公民权益的侵害问题摆在了人权保障工作的面前。问题倒逼改革，党的十八大以来，党和政府高度重视人权保障，不论是进行公安改革还是出台执法细则，其目的都是要求人民警察在执法过程中必须牢固树立尊重和保障人权的执法理念；规范了警察执法活动，必须严格依法执法，注重方法方式，文明执法，切实保障人权。

（七）环境执法与人权保障

党的十八大报告提出，要把生态文明建设放在突出的位置，融入经济建设、政治建设、文化建设、社会建设各方面和全过程，努力建设美丽中国，实现中华民族的永续发展。生态文明建设的目的是为人民群众创造良好的生活环境，因此，环境权利成为生态文明建设的应有之义。2012 年发布的《国家人权行动计划（2012—2015）》中，便明确将环境权利确立为一项基本的人权，对于环境权利，要求加强环境保护，着力解决重金属、饮用水源、大气、土壤、海洋污染等关系民生的突出环境问题，保障环境权利。[①] 可见，我国早已把环境权利的保障行动上升到国家战略层面。

有法可依是环境执法的前提，在《国家人权行动计划（2012—2015）》中，提出要修改《环境保护法》，保护和改善生活环境和生态环境，防治环境污染和其他公害，以及完善环境监察体制机制。建立跨行政区环境执法合作机制和部门联动执法机制，健全重大环境事件和污染事故责任追究制度。[②] 2014 年 4 月 24 日，新修订的《环境保护法》颁布，相

---

① 《国家人权行动计划（2012—2015）》，人民出版社 2012 年版。
② 《国家人权行动计划（2012—2015）》，人民出版社 2012 年版。

比旧环保法，新法从制度层面上保证环境执法的可操作性，首先是明确和完善了政府在环保领域的职责，新环保法将旧环保法当中关于政府责任的规定扩展为监督管理一章，强化了政府环境执法的法律责任。同时，赋予了环保部门更大的环境执法权力，新法第25条、第60条就明确规定了县级以上人民政府环保部门可以采取相应的查封、扣押，甚至是限制生产、停产整顿等措施；对于情节严重的，报经有批准权的人民政府批准，责令停业、关闭。

2014年11月27日，中央政府发布了《国务院办公厅关于加强环境监管执法的通知》，该通知是国务院首次针对环境监督执法问题发布的工作通知，是配合新环保法实施的重要政府文件。随着人民生活水平和质量的提高，人们对环境品质也提出了更高的要求，环境监管执法的重要性不言而喻。为加强环保执法和保证相关环保法律法规得到落实，要求用严格的法律制度保护生态环境，强化生产者对环境保护的法律责任，大幅提高其违法成本，对各类环境违法行为"零容忍"，加大惩治力度，对环境污染行为进行严防死守，在行政和刑事领域共同出击。坚决纠正执法不作为现象，强化对监管执法的监督。划分责任归属，理清责任，切实落实政企和个人的责任，县级以上政府对本辖区内的环境监管执法负领导责任，环保部门对工作进行统一管理，相关部门和单位在环境监管执法中形成工作合力。该通知把准了人民群众当下对于青山绿水迫切需求的脉，同时也表明了我国政府坚决捍卫人民群众享有的环境人权，执行最严格环境保护法，向污染宣战，改善环境的坚定决心。

新《环境保护法》正式实施以来，从中央到地方，环境治理力度前所未有，进程加速推进，环境质量改善取得积极进展。法律的生命在于实施，良好的法规、政策，关键还需不遗余力地执行。2016年，由环保部牵头成立的，由中纪委、中组部的相关领导参加的，代表党中央、国务院对各省（自治区、直辖市）党委和政府及其有关部门开展的环境保护督察的中央环保督察组第一站在河北开展工作。相比以往的工作模式，本次督察组从地方政府开始抓，范围涵盖监督企业到监督党政机关。过去地方政府为了片面追求GDP的政绩，对污染问题睁一只眼闭一只眼，即便是对"史上最严厉"的环保法，企业也是有恃无恐，政企之间甚至达成某种"默契"。现如今，督察组约谈党政一把手，实际上是将地方政府官员的政治前途和环保绩效考核绑在了一起，创造性地把中国特色的治理模式应用到环境执法当中去，是一次伟大的尝试。将地方政府被动执法变为主动抓环保执法，企业不能再对污染问题置之不理，政企双方不再"默契"；正视环保问题也就成了企业生死存亡的前提，企业没有讨价还价的余地，污染源头再也没有了污染由头。

2016 年 11 月 15 日，国务院常务会议审议通过了《"十三五"生态环境保护规划》，作为在新时期里统筹部署全国生态环境保护工作的基本依据，顺应了当前人民群众对于良好生态环境的迫切需求，突出了环境保护作为国家长远发展的战略地位，对于全面建成小康社会具有十分深远的意义。12 月 25 日，第十二届全国人大常委会通过了《环境保护税法》，开征环境保护税，是贯彻党的十八届五中全会确立的绿色发展理念，减少污染物排放，推进生态环境保护和生态文明建设的具体实践。把开征环保费税正式立法，显示我国对于环保事业的重视。通过税收杠杆能够调节社会生产，促使企业减少排污，使得我国的环境执法工作又增添了一把利器。

党的十八大以来，我国比以往任何时候都更加注重环境保护工作，重视保障人民群众的环境权利。习近平总书记曾经多次强调，绿水青山就是金山银山，像保护眼睛一样保护生态环境，像对待生命一样对待生态环境。"十三五"规划期间是全面建成小康社会的决胜阶段，环保问题是制约全面迈进小康社会的重要因素，加大环境执法力度，出台环保法规、政策，开展环保督察，加强环境执法力度，中国建设社会主义法治国家，以保障公民基本权利、捍卫人性尊严、落实基本人权为根本目的。

三　基于人权保障的行政执法权力控制

行政执法权力控制是对行政执法过程中权力滥用的有效制约，亦是保障行政执法相关制度顺利运行的必要举措。党的十八届四中全会提出"必须以规范和约束公权力为重点，加大监督力度，做到有权必有责、用权受监督、违法必追究，坚决纠正有法不依、执法不严、违法不究行为"[①]。对行政执法权力进行控制对于人权保障具有重要意义，一方面，

[①] 《中共中央关于全面推进依法治国若干重大问题的决定》，中国共产党第十八届中央委员会第四次全体会议 2014 年 10 月 23 日通过，《人民日报》2014 年 10 月 29 日。

对行政执法权进行控制将有助于预防及纠正执法错误，从而维护个人权利及社会公共利益；另一方面，这将有助于建设高效廉洁政府，使权力在阳光下运行，从最根本上保障公民的权利。党的十八大以来，我国在行政执法权力控制方面取得了诸多成就，在"以人为本"的行政执法理念下，行政执法权力控制体系也日趋完善，更加注重对于公民权利的保障。

（一）行政程序与人权保障

行政程序是规范行政权力、体现行政合理性的过程，因而行政程序的发展作为行政法治健全与否的标志具有重要意义。遵循行政正当程序是依法行政的必然要求，是人权保障的重要举措，亦是法治国家建设的重要内容。行政程序对人权保障的核心价值体现为通过正当程序制约行政权力，保障公民权利。一方面，通过行政程序的设置，行政机关行使权力将在法定程序下进行，受到诸多制约，行政程序赋予公民制约者和监督者的角色；另一方面，传统的行政法律关系因行政机关的优势地位而常体现为管理与被管理的关系，而通过赋予行政相对人程序性权利，使其参与到行政过程中，并将影响行政活动的结果，从而有助于保障公民的实体权利。自党的十八大以来，我国不断推进行政程序的完善，在行政决策程序和权力运行程序等诸多领域取得了成就。

1. 完善行政决策程序，扩大公众参与

党的十八大报告提出："坚持科学决策、民主决策、依法决策，健全决策机制和程序。"党的十八届四中全会提出："要健全依法行政决策机制。把公众参与、专家论证、风险评估、合法性审查、集体讨论决定确定为重大行政决策法定程序，确保决策制度科学、程序正当、过程公开、责任明确。"① 该决定对行政决策机制的完善提出了明确的要求，确立了五项行政决策的程序，将行政决策纳入法治化轨道。而"公众参与"作为行政决策程序的第一道程序，体现了民主决策，通过多种渠道确保公民参与权的实现。同时，十八届四中全会还提出建立行政机关内部重大决策合法性审查机制，从源头上杜绝非法决策对公民权益的损害；积极推行政府法律顾问制度，吸收专家与律师参与行政决策，确保科学决策，保障公民

---

① 《中共中央关于全面推进依法治国若干重大问题的决定》，中国共产党第十八届中央委员会第四次全体会议 2014 年 10 月 23 日通过，《人民日报》2014 年 10 月 29 日。

权利；建立重大决策终身责任追究制度及责任倒查机制，保证了正确决策、及时决策，从而维护公民的根本利益。

随着依法行政的不断推进，地方政府在决策程序法治化建设上也取得了许多成果。一些地方出台了重大行政决策程序规定，把公众参与作为重要法定程序，明确了公众参与行政决策的方式方法，广泛采用公开征求意见、听证会、座谈会、问卷调查等方式。① 如苏州市政府第 15 次常务会于 2013 年 7 月 30 日通过了《苏州市人民政府重大行政决策程序规定》，对政府决策程序做出了明确而详细的规定，规范了政府决策行为，促进了民主决策、科学决策的实现，从而保障了公民的权利。

2. 完善权力运行程序，保障公民民主权利

我国制定和修改了行政许可、行政处罚等相关程序，消除权力设租寻租空间，使公民民主权利得到切实保障。2013 年国务院发布《国务院关于严格控制新设行政许可的通知》，规范了行政许可设定审查程序，从而有效防止行政许可事项边际不明，通过设定严格标准与程序保障公民权利。同年，国家发展委员会令第 22 号修改了《价格行政处罚程序规定》，该规定明确了价格主管部门应当依照法律、法规、规章的规定实行行政处罚，同时清晰地明确了执法人员的回避条件，从而保护了当事人的权益免受侵害。2014 年国家食品药品监督管理总局公布了《食品药品行政处罚程序规定》，对先行登记保存物品处理、听证程序等作出了具体规定。2015 年发布的《国务院关于规范国务院部门行政审批行为　改进行政审批有关工作的通知》，从全面实行"一个窗口"受理、推行受理单制度、实行办理时限承诺制、编制服务指南、制定审查工作细则、探索改进跨部门审批等工作六个方面入手，在程序上规范了行政审批行为，为民众维护自身权益提供程序性便利。

（二）行政公开与人权保障

行政公开是行政主体依法向行政相对人及社会公开相关信息的制度，是公民权利保障的重要方式。通过行政公开，公民可以了解并参与行政权力行使过程，保障了公民的知情权与参与权；行政机关在行使权力过程中

---

① 国务院新闻办公室：《发展权：中国的理念、实践与贡献》，人民出版社 2016 年版，第6 页。

也将受到公民的监督，从而控制权力滥用，提高行政效率，惠及社会公共利益及公民的合法权利。国家高度重视政府信息公开工作的开展，党的十八届四中全会指出："全面推进政务公开。坚持以公开为常态、不公开为例外原则，推进决策公开、执行公开、管理公开、服务公开、结果公开。"① "涉及公民、法人或其他组织权利和义务的规范性文件，按照政府信息公开要求和程序予以公布。推行行政执法公示制度。推进政务公开信息化，加强互联网政务信息数据服务平台和便民服务平台建设。"② 行政公开贯穿于行政权力行使过程的始终，并呈现出积极推动、有序发展的姿态。

1. 规定信息公开事项，保障公民监督权

近几年，国务院办公厅每年发布政府信息公开工作要点，细致明确地规定了应当公开的事项。重点推进行政审批、财政预决算、保障性住房、食品药品安全、征地拆迁等领域的信息公开。2013 年启动"美丽中国——中国政务信息无障碍公益行动"，126 个政府单位政务网站完成了无障碍改造。③ 2014 年国家发布了多项法规，《企业信息公示暂行条例》确立了企业信息公示制度，规定了政府部门、工商部门及企业的信息公示义务，从而构建了良好的经济环境。《关于依法公开制售假冒伪劣商品和侵犯知识产权行政处罚案件信息的意见（试行）》，明确规定了此类案件的信息公开内容、范围、程序等内容，并将其作为政府信息公开的重要内容，从而保障了公众的知情权与监督权。2014 年 12 月 31 日，国务院常务会议审议通过了《政府采购法实施条例（草案）》，将公开透明原则贯穿于采购过程中，对于未依法在指定媒体上发布政府采购项目信息的，需追究法律责任。2015 年中共中央办公厅、国务院办公厅印发了《关于推进地方各级政府工作部门权力清单制度的指导意见》，地方各级政府需公布权力清单，将职权名称、类别、依据、监督方式等信息予以公布。2016年，中共中央办公厅、国务院办公厅发布了《关于全面推进政务公开工

---

① 《中共中央关于全面推进依法治国若干重大问题的决定》，中国共产党第十八届中央委员会第四次全体会议 2014 年 10 月 23 日通过，《人民日报》2014 年 10 月 29 日。

② 《中共中央关于全面推进依法治国若干重大问题的决定》，中国共产党第十八届中央委员会第四次全体会议 2014 年 10 月 23 日通过，《人民日报》2014 年 10 月 29 日。

③ 《〈国家人权行动计划（2012—2015 年）〉实施评估报告》，人民出版社 2016 年版。

作的意见》。该意见提出要推进"五公开"原则落实到公文办理、会议办理，建立健全主动公开目录，扩大公众参与，从宏观上对全面推进政务公开工作提出了要求。

2. 畅通信息公开渠道，满足社会信息获取需求

政府信息公开工作为满足社会公众获取信息的需求，拓宽了政府信息公开渠道，以接受公众的监督。2015 年，中共中央办公厅、国务院办公厅引发了《关于加强中国特色新型智库建设的意见》，提出要落实政府信息公开制度，发挥政府网站、政务微博、政务微信等新兴信息发布平台的作用，方便及时获取政府信息。《国务院关于积极推进"互联网＋"行动的指导意见》提出要充分利用互联网为民众提供信息服务，加快推进政务新媒体发展建设，加强政府与公众的沟通交流，提高政府公共管理、公共服务和公共政策制定的响应速度。[1] 此外，政府信息公开网站更加注重公众获取信息的便利性，部分省市、部门还可提供多种格式的年度报告，综合运用图片、图表，使公众对信息公开情况一目了然，提升了政府公开的服务水平，从而最终保障了公民的知情权、监督权等相关权利。

（三）行政裁量与人权保障

行政权力是行政主体履行公职的一种重大权力，如果没有行政权力的运行，国家和社会的秩序就无法实现，公民权利保障更将沦为一纸空文。行政权的精髓在于行政裁量，人权保障需要依托行政权力，同时，也需要防范行政权力。正如英国的威廉·韦德所说，"所有的自由裁量权都可能被滥用，这仍是个至理名言"[2]。因此，对行政裁量权进行约束和规范，不仅有利于国家和社会秩序的管理，而且也有利于公民人权的保障。

对行政裁量权进行约束和规范，是建设法治政府的必然要求。自党的十八大报告提出要建设法治政府的目标以来，我国对法治政府的建设逐步推进。2013 年，十八届三中全会从法治国家、法治政府、法治社会的角度提出了一体化建设。2014 年，十八届四中全会又以全面推进依法治国为主题，对建设法治政府作出了进一步的部署。党的十八大以来，我国在

---

[1]　《国务院关于积极推进"互联网＋"行动的指导意见》，《中华人民共和国国务院公报》2015 年第 20 期。

[2]　［英］威廉·韦德：《行政法》，徐炳等译，中国大百科全书出版社 1997 年版，第 70 页。

行政裁量方面的成果比较突出，对行政裁量权的滥用等问题做出了相关的努力，从 2012 年开始，中央和地方从简政放权、制定权力清单和制定行政裁量权基准制度两个方面，对行政处罚自由裁量权加以限制和规范。① 我国各级政府对行政裁量权的约束和规范工作，不仅成果显著，也在公民人权保障事业方面取得了很大的进展。

1. 制定权力清单，防止滥用行政裁量权

为从源头上防止行政裁量权的滥用，转变政府职能，保障公民人权。从 2013 年到 2017 年，各级政府一直在紧抓简政放权的工作，简政放权的工作一直稳步推进。2013 年《国务院机构改革和职能转变方案》发布，重点研究了推进政府转变职能的事项；2014 年第一次常务会议，决定进一步推出深化行政审批制度改革的三项措施；2015 年首次常务会议确定了规范和改进行政审批的措施；2016 年 1 月的国务院常务会议决定再推出一批简政放权改革措施；2017 年国务院第一次常务会议又对简政放权工作做出了一系列的部署。到目前为止，国务院分 9 批审议通过取消或下放的行政审批事项共 618 项，② 提前两年完成了精简行政审批事项的三分之一。

为使行政裁量权有明确的边界，防止滥用行政裁量权，政府推出了权力清单制度。自党的十八大以来，各级政府推行权力清单制度的工作稳步推进。在中央的指导精神层面，十八届三中全会的《决定》指出，推行地方各级政府及其工作部门权力清单制度，依法公开权力运行流程；十八届四中全会的《决定》强调，推行政府权力清单制度，坚决消除权力设租寻租空间；李克强总理在 2014 年夏季达沃斯论坛开幕式的致辞中也提到，政府要拿出"权力清单"，明确政府该做什么，做到"法无授权不可为"。在地方实践方面，各地方政府也积极推进权力清单和责任清单工作。例如，2014 年 1 月，浙江省政府首先在富阳县开展试点，同年 3 月，富阳市正式公布了全国首份县级权力清单。③

---

① 万静：《近 30 省市规范行政处罚自由裁量权 含北京河北等》，中国人权网：http://www. humanrights. cn/html/2015/1_ 1127/12316. html。

② 数据资料来源于：中国政府网，http://www. gov. cn/zhengce/zhuti/2013 - 2017jzfq/in-dex. htm，访问时间 2017 年 5 月 4 日。

③ 佟丽华：《十八大以来的法治变革》，人民出版社 2015 年版，第 109 页。

简政放权和制定权力清单是对行政裁量权的有效约束，这对之前行政权滥用、随意执法侵犯公民人权的现象有了解决的措施。简政放权和制定权力清单，可以从源头上防止行政裁量权的滥用，从而保障了公民的人权。

2. 制定行政裁量权基准制度

党的十八届四中全会提出："坚持严格规范公正文明执法，依法惩处各类违法行为，加大关系群众切身利益的重点领域执法力度……建立健全行政裁量权基准制度……全面落实行政执法责任制。"行政裁量权基准制度，是在行政主体内部运行的、旨在通过规则细化的裁量权行使标准，其目的在于对行政裁量权进行自我控制。[①] 我国法律过于原则化，给行政执法预留了诸多自由裁量的空间，由于执法人员的素质、规则的欠缺等因素，导致在执法实践中出现了许多随意执法、滥用裁量权的现象出现。这不仅不利于行政机关对社会进行管理，而且对行政相对人的人权也是一种侵犯。因此，行政裁量权基准制度的建设，是对行政权的规范性控制，也是对公民人权的重要保障。

行政裁量权基准制度最早于 2004 年在浙江省金华市公安局成功推行，此后，全国各地各级行政机关分别推出了自己在执法实践中的裁量基准。在 2008 年，深圳市发布了《深圳市规范行政处罚裁量权若干规定》，成为国内首个规范行政处罚自由裁量权的政府规章。党的十八大以来，我国各级政府加大行政裁量权基准制度的建设，纷纷出台规范行政裁量权的规定或指导意见。例如，2012 年 10 月，甘肃省发布了《甘肃省规范行政处罚自由裁量权规定》；2013 年 5 月，吉林省施行了《吉林省规范行政处罚裁量权办法》；2017 年 3 月，内蒙古自治区人民政府印发了《规范行政处罚裁量权基准办法》等。对于行政裁量权基准制度的建设，有的省份仅对行政处罚中的裁量权进行规范，比如北京市、天津市、重庆市、甘肃省、陕西省等；而有的省份将行政处罚、行政许可、行政征收、行政确认等全部行政权力中的裁量权都纳入规范的范围之中，比如福建省、河北省、宁夏回族自治区等。[②]

---

① 周佑勇：《行政裁量基准研究》，中国人民大学出版社 2015 年版，第 1 页。

② 万静：《近 30 省市规范行政处罚自由裁量权　含北京河北等》，中国人权网：http://www.humanrights.cn/html/2015/1_ 1127/12316. html。

（四）行政执法监督与人权保障

孟德斯鸠曾说过，"一切有权力的人都容易滥用权力，这是一条万古不易的经验。"① 因此，对于行政权，如果不加以监督和制约，行政权就可能会发生异化，不仅无法实现对国家和社会的有效管理，还可能对公民的人权造成不同程度的侵犯。党的十八大报告明确指出，要"健全权力运行制约和监督体系"。自党的十八大以来，我国各级政府在建设法治政府的指导下，加强了对行政执法的监督，对公民人权的保障起到了促进作用。

1. 完善制度规范，为行政执法监督提供政策指导和执法依据

自党的十八大以来，中央高度重视行政执法的监督工作，在精神层面和制度规范层面为行政执法监督做出了相应的努力，旨在规范行政执法活动，保障公民的人权。党的十八届四中全会决定提出，要全面推进依法治国，提出了六项重大的任务，其中第二项指出要加快法治政府的建设，强调了要强化对行政权力的监督和制约。2015 年 12 月 27 日，中共中央、国务院印发了《法治政府建设实施纲要（2015—2020）》，指出要加强对规范性文件的监督管理，健全行政权力的运行制约和监督体系，加强行政监督和审计监督。《法治政府建设实施纲要（2015—2020）》是在进一步落实十八大建设法治政府的要求，提出了对行政执法监督的多方面措施。

党的十八大报告指出，要"推进权力公开化、规范化政府信息公开……让权力在阳光下运行"，党的十八大以来，我国各级政府在信息公开方面做了许多努力。例如，国务院办公厅每年印发的政府信息公开工作要点，为各级政府提供了当年的政府信息公开指导，将政府信息公开作为加强监督的重要手段，保障了公民的知情权、参与权和监督权。此外，2016 年 3 月 1 日，新修订的《公安机关人民警察执法过错责任追究规定》正式施行。该新规规定，因故意或者重大过失造成错案，不受执法过错责任人单位、职务、职级变动或者退休的影响，终身追究执法过错责任。②

① ［法］孟德斯鸠：《论法的精神》（上），张雁深译，商务印书馆1961 年版，第 154 页。
② 《人权大事记·2016》，中国人权网：http://www.humanrights.cn/html/2016/dsj_0215/14340.html。

另外，监察部印发的《2012 年行政监察工作要点》，国务院在 2014 年制定的《关于加强审计工作的意见》，2017 年 3 月住房城乡建设部印发的《城市管理执法办法》等都对行政主体的行政执法工作加强了监督。

这些指导文件和制度规范的逐步完善和推出，为行政执法监督提供了政策指导和执法依据，公民的人权从根源上得到保障。党的十八大以来，以往行政执法过程中存在的随意执法、重复执法、执法扰民等问题得到了有效改善，国家在制度层面上对行政执法的监督做出了进一步努力，公民的人权得到了切实保障。

2. 适应新的形势，在实践中不断创新执法监督模式

2015 年 3 月 5 日，李克强总理在第十二届全国人民代表大会第三次会议政府工作报告中首次提出了"互联网 +"行动计划；2015 年 7 月 1 日，国务院正式印发了《国务院关于积极推进"互联网 +"行动的指导意见》。在中央的指导精神提出后，各地政府积极响应，紧跟信息时代的潮流，提出了适用于本地区的"互联网 +"实践模式，例如，湖南省、成都市、南京市、广东省、黑龙江省等省市已经开始了"互联网 +"的政府管理与服务模式运行，不少省市也在积极筹划着"互联网 +"的政府管理和服务模式。[①]"互联网 +"的政府管理与服务模式不仅使得政府职能得到了全面履行，优化了政府的管理和服务模式，"互联网 +"模式对于政府的行政执法也是重要的监督。"互联网 +"模式使得政府的行政执法活动清晰地展现在所有公众的视线范围内，公民不仅可以平等地享受到政府的服务，还可以对政府的行政执法活动进行有效监督，因此，"互联网 +"的政府管理与服务模式为所有人提供了平等参与权和舆论监督权。为了加强行政执法的监督，保障公民的参与权和监督权，在行政执法监督的实践中，多地政府启用了行政执法监督网络平台，对行政执法过程、行政执法的相关信息进行监督，加强了行政执法活动监督。到目前为止，山东省、天津市、江西省、石家庄市等省市已经启用了行政执法监督平台。

法治政府的建设要求政府改进和完善管理与服务模式，在保障人权的

[①] 中国行为法学会编：《中国法治实施报告（2015 年）》，法律出版社 2016 年版，第 58—59 页。

基础上对国家和社会进行有效管理。党的十八大以来，我国各级政府在行政执法监督方面做了各层次的努力，完善了行政执法的监督，从多层次、多角度来对行政主体的行政执法行为进行监督，充分发挥了公民的平等参与权和监督权，在行政执法过程中进一步保障了公民的人权。

（五）行政执法与人权救济制度

"有权利必有救济"，权利救济制度是人权保障的重要手段。近年来，针对行政执法过程中产生的诸多问题，我国在行政执法侵犯人权的救济方面取得诸多成果。尤其是新行政诉讼法的修改，扩大了行政诉讼的受案范围，更大范围地保障了公民的人权；除此之外，我国在行政复议、信访方面也取得了许多进步。

1. 新修改的行政诉讼法有关人权救济的规定

自党的十八大要求建设法治政府之后，我国在行政诉讼方面做出了诸多努力，旨在规范行政诉讼行为，充分保障公民的人权，完善行政执法过程中的人权救济制度。2014 年 11 月 1 日，第十二届全国人大常委会第十一次会议表决通过了修改行政诉讼法的决定，同年 11 月，《行政诉讼法》得到了重新修订。新修订的《行政诉讼法》针对"立案难""审理难"等问题都作出了进一步的规定，不仅解决了行政诉讼中存在的问题，也进一步加强了对行政权力的监督，在保障人权上取得了重要进展。2016 年 7 月 7 日，国务院办公厅印发了《关于加强和改进行政应诉工作的意见》，对全面加强和改进行政应诉作出了相关的工作部署。2016 年 8 月 16 日，最高人民法院发出了《关于行政诉讼应诉若干问题的通知》，对抵制干扰、阻碍人民法院依法受理和审理行政案件的各种违法行为作出了一系列的工作要求和部署。随着社会的发展，我国的行政诉讼制度也越来越完善，公民权利受到侵害的救济方式得到了完善与发展。

2. 推进行政复议

行政复议是行政主体内部的监督机制，相比于行政诉讼来说，行政复议可以节省司法成本，完成行政主体内部的监督。党的十八大以来，我国在行政复议方面加强了改善，付出了诸多努力，我国各级政府积极推进行政复议的改进和完善工作。

2014 年 5 月，国务院办公厅发布了《关于落实全国人大常委会行政复议法执法检查报告及审议意见的报告》，提出要加强完善行政复议的法律制度，改进行政复议的相关工作。《最高人民法院关于人民法院办理执行异议和复议案件若干问题的规定》已于 2015 年 5 月 5 日起施行，对规范行政复议工作，切实维护公民的合法权益做出了更细致的规定。国务院法制办在 2015 年抓紧研究起草了行政复议法修订草案，目前行政复议法的草案也在提请审议中。该提案建议扩大行政复议的受案范围，设立行政复议委员会等，对行政复议的相关工作作出了进一步的推进。① 自 2011 年国务院法制办行政复议司发布《关于进一步加强行政复议工作规范化建设的实施意见》以来，各省市结合自身实际，对行政复议工作的规范化建设做出了部署。到目前为止，全国大部分的省市，如安宁市、成都市、广安市、湖北省、江苏省等省市已经下发了行政复议规范化建设方案，对行政复议的相关工作提出了具体的要求。

    3. 信访制度的法治化

    除了行政诉讼和行政复议的人权救济制度之外，我国还有特有的信访制度可以供公民进行人权救济。党的十八大以来，中央就推动信访工作制度改革做出了一系列的决策部署。党的十八届三中全会《决定》提出，要"改革信访工作制度，实行网上受理信访制度，健全及时就地解决群众合理诉求机制。把涉法涉诉信访纳入法治轨道解决，建立涉法涉诉信访依法终结制度"。党的十八届四中全会《决定》提出，要"把信访纳入法治化轨道，保障合理合法诉求依照法律规定和程序就能得到合理合法的结果"。② 2014 年和 2015 年，中共中央办公厅、国务院办公厅印发了《关于创新群众工作方法解决信访突出问题的意见》和《关于依法处理涉诉信访问题的意见》，要求各地区各部门切实加强协调配合，健全涉法涉诉信访工作机制，对信访工作做出了具体的部署。信访制度的不断完善，是我国法治政府建设的必然要求，也是我国推进人权事业发展的必然要求。

---

    ①   陈丽平：《国务院法制办正研究起草行政复议法修订草案》，中国法院网：http：// www. chinacourt. org/article/detail/2015/01/id/1534562. shtml。

    ②   《"信法"时代有效维权》，中国人权网：http：//ww. humanrights. cn/html/special/ xinfang10years/? pc_ hash = bw5ltG。

第四节　人权的司法保障与司法的人权约束

一　人权的司法保障与司法的人权约束

党的十八大以来，党和国家高度重视公正在全面推进依法治国中的作用，提出"全面依法治国，必须紧紧围绕保障和促进社会公平正义来进行"①。司法作为正义的最后一道防线，其为人权保障目的的实现提供重要保障，是中国特色社会主义人权机制的重要组成部分。

（一）人权司法保障的目的

2004 年，我国将"国家尊重和保障人权"写入《宪法》。有权利就需要有救济，否则权利就可能会被肆意侵犯。在人权保障体系中，司法保障无疑是至为关键的一环，其为人权实现提供不可或缺的救济手段和最后防线。也正是由于人权司法保障在确保人权实现方面的极端重要性，党中央对人权司法保障机制的完善作了细致的规定。党的十八届三中全会通过《中共中央关于全面深化改革若干重大问题的决定》，明确提出"完善人权司法保障制度"。党的十八届四中全会通过的《中共中央关于全面推进依法治国若干重大问题的决定》，进一步提出"加强人权司法保障"的要求和新举措。通过《中共中央关于全面深化改革若干重大问题的决定》和《中共中央关于全面推进依法治国若干重大问题的决定》两份文件，党和国家也明确了其大力推进人权司法保障机制的目的，即实现司法公正。如《中共中央关于全面推进依法治国若干重大问题的决定》将"加强人权司法保障机制"放入"保证公正司法，提高司法公信力"部分，即"加强人权司法保障"是实现司法公正、提升司法公信力的一项重要举措。

司法的本意在于为公正提供最后的防线，冤假错案以及人权司法保障机制的不健全，影响到司法的公信力，甚至影响到党和政府的执政正当性。故而，党的十八大以后我国启动以实现司法公正、提升司法公信力为核心目的的司法体制改革。重塑司法公信力没有捷径可走，只能通过一件

---

① 中共中央宣传部：《习近平总书记系列重要讲话读本（2016 年）》，学习出版社、人民出版社 2016 年版，第 94 页。

件的司法个案逐渐积累起来。这也是《中共中央关于全面深化改革若干重大问题的决定》明确提出"让人民群众在每一个司法案件中都感受到公平正义"目标的重要原因。"感受到公平正义"是一项主观的标准，这就要求改变过去那种"重结果、轻程序""重打击、轻保护"的思路，必须要在整个司法程序中都体现出公正司法的理念。

（二）人权司法保障的内容

依据人权与司法权的关系，人权司法保障包括人权司法救济、人权对司法权的约束、被羁押人员和服刑人员的人权保障。

第一，人权的司法救济。人权作为公民的基本权利，其可能会受到侵犯，当其受到侵犯时，司法应当为提供救济。当然，当公民人权受到侵犯时，其并不必然会申请司法救济，亦可通过私力救济、社会救济等方式。但一旦公民不愿通过私力救济或社会救济进行救济，或私力救济或社会救济无法提供有效救济时，司法应当为公民提供有效的救济方式。《世界人权宣言》第 8 条规定："任何人当宪法或法律所赋予他的基本权利遭受侵害时，有权由合格的国家法庭对这种侵害行为作有效的补救。"

第二，人权对司法的约束。人权司法保障机制还包括人权对司法的约束机制，这要求司法权应当满足人权的诸多标准。联合国《公民权利和政治权利国际公约》第 14 条第 1 款规定"……在判定对任何人提出的任何刑事指控或确定他在一件诉讼案中的权利和义务时，人人有资格由一个依法设立的合格的、独立的和无偏倚的法庭进行公正的和公开的审讯……"。依据该条规定，法庭应当满足"依法设立的""合格的""独立的"和"无偏倚"的条件，审讯应当满足"公正"和"公开"的条件。通过这些条件设定，人权可实现对司法的约束，确保司法可为人权提供有效的保障机制。

第三，被羁押人员和服刑人员的人权保障。被羁押人员和服刑人员虽然被临时限制或剥夺人身自由，有些被羁押人员和服刑人员可能被剥夺集会、游行示威等政治权利，但其仍然依法享有其他未被限制或剥夺的人权。但由于被羁押人员和服刑人员暂时丧失人身自由，相关羁押场所应为被羁押人员和服刑人员有效行使这些基本人权提供便利，且应当注重培养被羁押人员和服刑人员重新融入社会的能力。

（三）人权司法保障的限度

虽然人权司法保障对于维护公正司法和提升司法公信力具有十分重要的作用，但司法对人权的保障亦应存在一定的限度。实现公正是司法的核心价值，但并非是唯一价值，司法还应当考虑秩序、效率等其他价值。而且，公正本身的涵义也十分丰富，如程序公正、实体公正等，不同内涵的公正也会对人权司法保障产生不同的影响。故而，人权的司法保障应当存在一定的限制，应当在维护社会秩序与实现公正司法间寻找到平衡点。

首先，人权司法保障应当受到维护社会秩序价值的限制。随着人权保障理念的发展，各国以及国际社会规定了日趋严苛的人权司法保障机制。严苛的人权司法保障机制虽然有利于保障当事人的基本人权，但在一定程度上可能会牺牲司法的其他价值。这种情形如果发展至极致，则会违背人权司法保障的本来目的。如"如果只讲人权保障，不讲打击犯罪……势必导致犯罪猖獗，人民无法安居，社会不得安宁，国家建设、经济发展随之化为泡影"①。所以，人权司法保障应当兼顾人权与秩序的双重价值。

其次，人权司法保障应当受到效率的限制。随着人权司法保障体系日趋严密，司法程序所费时日逐渐增多，需要国家投入更多的司法资源予以保证。但司法资源是有限的，国家不可能无限制地投入司法资源。随着案件数量的急剧增加，司法资源有限性的制约更加突出。司法资源的有限性决定了必须要对司法资源进行优化配置，使其能够最大程度地实现司法目的。此外，诉讼拖沓亦成为当前司法制度的一大"顽疾"，亟须对司法程序予以简化，使当事人减少讼累。所以，人权司法保障应当平衡人权与效率的关系。

最后，人权司法保障应当兼顾程序公正与实体公正。从内容上，公正可分为程序公正与实体公正。实现公正司法也应当包括实现程序公正和实现实体公正双重内容。长期以来，我国对公正的理念是"重实体、轻程序"，片面注重对实体公正的追求，而忽视程序公正对于公正司法的独立价值。但绝对的实体公正是很难实现的，"重实体、轻程序"亦是刑事司法领域中刑讯逼供的重要思想来源。所以，人权司法保障应当兼顾程序公正与实体公正。

---

① 转引自陈卫东《刑事诉讼法学研究》，中国人民大学出版社 2008 年版，第 6 页。

二　人权的司法救济

所谓人权的司法救济，是指当人权受到损害时，当事人可通过司法途径获得有效的救济。党的十八大以来，党和国家高度注重人权司法救济机制的完善，通过司法体制改革着力改革并完善影响人权实现的司法程序。

（一）畅通司法救济渠道

人权作为人的一项基本权利，其内涵十分宽泛。但受制于我国相关法律制度的规定，并非所有的侵犯人权行为都可获得司法救济。为解决这一问题并为人权提供充分的司法救济，党的十八大以来的司法体制改革扩充了人权的司法救济内容，以为人权提供充分的司法救济。

第一，建立立案登记制，着力解决"立案难"问题。立案是司法救济程序的开始，不被立案的案件当然就无法获得司法救济。长期以来，我国民事和行政领域中的立案实行立案审查制，而立案审查制度也带来较为严重的选择性司法，对一些纠纷以政治的、社会的、习俗的等非司法名义阻挡在诉讼程序之外。① 而刑事司法领域中，受破案率等考核因素的不当影响，也出现"不破不立"等立案难问题。此即司法领域中的"立案难"问题。《中共中央关于全面推进依法治国若干重大问题的决定》提出"增强全社会尊重和保障人权意识，健全公民权利救济渠道和方式"，并"改革法院案件受理制度，变立案审查制为立案登记制，对人民法院依法应该受理的案件，做到有案必立、有诉必理，保障当事人诉权"。依据《最高人民法院关于人民法院登记立案若干问题的规定》的规定，对起诉、自诉，人民法院应当一律接收诉状，出具书面凭证并注明收到日期；对符合法律规定的起诉、自诉，人民法院应当当场予以登记立案；对不符合法律规定的起诉、自诉，人民法院应当予以释明。

第二，建立检察机关提起公益诉讼制度。公益诉讼是以保护社会公共利益为目的的诉讼，《中共中央关于全面推进依法治国若干重大问题的决定》提出"探索建立检察机关提起公益诉讼制度"。2015 年，《全国人民代表大会常务委员会关于授权最高人民检察院在部分地区开展公益诉讼试

---

① 陆用棣：《从立案审查到立案登记：法院在社会转型中的司法角色》，《中国法学》2016年第 2 期。

点工作的决定》授权"最高人民检察院在生态环境和资源保护、国有资产保护、国有土地使用权出让、食品药品安全等领域开展提起公益诉讼试点"。此后,最高人民检察院发布《检察机关提起公益诉讼试点方案》和《人民检察院提起公益诉讼试点工作实施办法》,标志着检察院提起公益诉讼制度正式开始试点。依其规定,检察机关提起公益诉讼包括检察机关提起民事公益诉讼和行政公益诉讼两种。①

第三,推进涉法涉诉信访法治化,完善权利救济渠道。按照"诉访分离、有序分流、依法解决"的原则,我国规范涉法涉诉信访工作的受理范围、标准、程序和工作职责,整合来信、来访、电话、网络、视频等诉求表达渠道,推进综合性受理平台建设,保障人民群众依法表达诉求权利。2014年2月,最高人民法院开通网上申诉信访平台。如2014年5月,最高人民法院开通远程视频接访系统,截至2015年,完成接谈8200余件;最高人民检察院建成全国四级检察机关全联通的远程视频接访系统。② 此外,还组织律师参与信访接待、代理信访案件,增强化解信访问题的公信力。

第四,完善司法救助制度。为做好困难群众的司法救助工作,党的十八大、十八届三中全会提出要完善司法救助制度。2014年,中央政法委、最高人民法院等发布《关于建立完善国家司法救助的意见(试行)》,对司法救助原则、救助对象、救助程序等作出明确规定,实现从"因访救助"过渡到"因案救助"。国家司法救助制度是中国特色社会主义司法制度的内在要求,也是改善民生、健全社会保障体系的重要组成部分。

---

① 检察机关提起民事公益诉讼是指,人民检察院在履行职责中,发现污染环境、食品药品安全领域侵害众多消费者合法权益等损害社会公共利益的行为,在没有适格主体或者适格主体不提起诉讼的情况下,可以向人民法院提起民事公益诉讼;检察机关提起行政公益诉讼是指,人民检察院在履行职责中,发现生态环境和资源保护、国有资产保护、国有土地使用权出让等领域负有监督管理职责的行政机关违法行使职权或者不作为,造成国家和社会公共利益受到侵害,公民、法人和其他社会组织由于没有直接利害关系,没有也无法提起诉讼的,可以向人民法院提起行政公益诉讼。

② 中华人民共和国国务院新闻办公室:《中国司法领域人权保障的新进展》,《法制日报》2016年9月13日第2版。

（二）强化当事人在司法程序中的权利保障机制

当事人并非是司法的客体，其在司法程序中具有主体地位，其权利应当获得保障，这些权利保障机制同样也属于人权范畴。

第一，强化诉讼过程中当事人和其他诉讼参与人的知情权、陈述权、辩护辩论权、申请权、申诉权的制度保障。过去我国庭审流于形式，当事人和其他诉讼参与人参与庭审的程度相对较低，这在一定程度上也造成冤假错案的产生。故而，《中共中央关于全面推进依法治国若干重大问题的决定》提出"强化诉讼过程中当事人和其他诉讼参与人的知情权、陈述权、辩护辩论权、申请权、申诉权的制度保障"，通过强化当事人和其他诉讼参与人对诉讼的参与，逐渐改变过去"侦查中心主义"，确保证据质证在法庭、案件事实查明在法庭、诉辩意见发表在法庭、裁判理由形成在法庭，使庭审真正成为解决罪、责、刑问题的核心环节。[①]

第二，坚持疑罪从无，纠正并防范冤假错案。我国过去受"重打击、轻保护"、有罪推定等思维方式的影响，实践中出现"罪疑从轻""罪疑从挂"等现象，这也导致不少冤假错案的出现。随着人权司法保障理念的兴起，我国逐渐确立起疑罪从无的司法理念，也纠正了一批冤假错案，如佘祥林案、张氏叔侄案、呼格吉勒图案、聂树斌案等。疑罪从无是无罪推定原则的重要内容，也是现代法治国家处理刑事疑案的普遍做法。依据疑罪从无的要求，虽然案件已有相当证据证明被告人有重大犯罪嫌疑，但全案证据尚未达到确实、充分的程度，尚不能确认被告人就是真正的罪犯时，应当从法律推定被告人为无罪。[②]

第三，尊重当事人的人格尊严。人格尊严是人的一项基本权利，犯罪嫌疑人、被告人亦享有该项权利。联合国《公民权利和政治权利国际公约》第 10 条第 1 款规定"所有被剥夺自由的人应给予人道及尊重其固有的人格尊严的待遇"。过去我国对犯罪嫌疑人、被告人的人格尊严权关注不够，实践中也出现不少漠视、侵犯其人格尊严权的现象，如给犯罪嫌疑人、被告人强制性地"剃光头""穿号服"等。近年来我国刑事司法改革

---

① 宁杰：《周强在全国法院刑事审判工作总结表彰大会上强调——充分发挥刑事审判职能作用　依法惩治犯罪保障人权　推进平安中国法治中国建设》，《人民法院报》2017 年 6 月 3 日第 1 版。

② 沈德咏：《论疑罪从无》，《中国法学》2013 年第 5 期。

强化对当事人人格尊严的保障，如《最高人民法院关于全面深化人民法院改革的意见》第 11 条规定，"彰显现代司法文明，禁止让刑事在押被告人或上诉人穿着识别服、马甲、囚服等具有监管机构标识的服装出庭受审"。

第四，强化律师在司法中的作用，完善法律援助制度。获得律师帮助也是当事人的一项基本人权，对于保障当事人合法权益、防范冤假错案以及有效化解社会纠纷具有至关重要的意义。党的十八大以来，党和国家不断完善律师制度，并强化律师在人权司法保障的作用。

其一，完善刑事辩护制度。2012 年《刑事诉讼法》对辩护制度作了大幅调整，将辩护律师介入刑事诉讼的时间提前至犯罪嫌疑人被采取强制措施或第一次讯问之日起，明确了辩护律师持"律师执业证书、律师事务所证明和委托书或法律援助公函"即可会见，并规定"辩护律师会见犯罪嫌疑人、被告人时不被监听"等。2015 年，最高人民法院、最高人民检察院、公安部、国家安全部、司法部联合发布《关于依法保障律师执业权利的规定》，要求"人民法院、人民检察院、公安机关、国家安全机关、司法行政机关应当尊重律师，健全律师执业权利保障制度……不得阻碍律师依法履行辩护、代理职责，不得侵害律师合法权利"。

其二，试点建立值班律师制度。讯问犯罪嫌疑人、被告人律师在场制度是防范刑讯逼供的重要方式。近年来我国开始进行一些试点，即建立值班律师制度，这一制度已具备律师在场制度的雏形。如《最高人民法院、最高人民检察院、公安部、国家安全部、司法部关于在部分地区开展刑事案件认罪认罚从宽制度试点工作的办法》第 10 条第 2 款规定"犯罪嫌疑人自愿认罪，同意量刑建议和程序适用的，应当在辩护人或者值班律师在场的情况下签署具结书"。

其三，完善法律援助制度。法律援助是维护弱势群体合法权益的一项重要制度，旨在确保公平正义的实现。党的十八大以来，国家先后发布多个法律援助的文件，进一步强化了法律援助制度。① 通过法律援助制度改

① 如《中共中央办公厅、国务院办公厅关于完善法律援助制度的意见》、《中央政法委关于建立律师参与化解和代理涉法涉诉信访案件制度的意见（试行）》、《最高人民法院、最高人民检察院、公安部、司法部关于刑事诉讼法律援助工作的规定》、《最高人民法院、司法部关于加强国家赔偿法律援助工作的意见》、《司法部关于进一步推进法律援助工作的意见》等。

革，法律援助的范围、质量以及保障机制等得到大幅度提升。

三 人权对司法权的约束

司法保障人权的同时，人权亦对司法构成一定的约束，并在一定程度上引领司法体制改革。党的十八大以来，在司法公正和人权保障等理念影响下，我国启动司法体制改革，强化司法权的规范运行。

（一）完善权力制约机制，防范冤假错案的出现

《中共中央关于全面推进依法治国若干重大问题的决定》明确提出"健全公安机关、检察机关、审判机关、司法行政机关各司其职，侦查权、检察权、审判权、执行权相互配合、相互制约的体制机制"。通过完善权力制约机制，防范冤假错案的出现。

第一，确保法院、检察院依法独立行使审判权和检察权。造成冤假错案的一个重要原因就是审判和起诉受制于侦查①，甚至出现政法委协调案件并事先作出结论性处理意见的情形。此时，作为公正最后屏障的法院也失去其独立公正地位。为提升司法公信力并完善人权司法保障体制，司法体制改革着力解决法院、检察院地位不独立的问题。如建立领导干部干预司法活动、插手具体案件处理的记录、通报和责任追究制度；健全行政机关依法出庭应诉、支持法院受理行政案件、尊重并执行法院生效裁判的制度；建立健全司法人员履行法定职责保护机制，等等。

第二，完善检察机关对人权实现的法律监督机制。检察机关是我国的法律监督机关，有权对公安司法机关侵犯人权的行为行使检察权。《最高人民检察院关于深化检察改革的意见（2013—2017年工作规划）》明确提出"强化法律监督职能，完善检察机关行使监督权的法律制度，加强对刑事诉讼、民事诉讼、行政诉讼的法律监督"。该意见规定了若干具体举措，如完善侦查监督机制，探索建立重大、疑难案件侦查机关听取检察机关意见和建议的制度，建立对公安派出所刑事侦查活动监督机制；健全冤假错案防范、纠正、责任追究机制，实行办案质量终身负责制和错案责任倒查问责制；完善羁押、刑罚执行等刑事执行活动和强制医疗监督机制；完善民事行政诉讼监督机制；完善对涉及公民人身、财产权益的行政强制

---

① 沈德咏：《我们应当如何防范冤假错案》，《人民法院报》2013年5月6日第2版。

措施实行司法监督制度；探索建立健全行政违法行为法律监督制度，等等。

第三，完善审级制度，强化审级监督。完善的审级制度，可以确保当事人获得有效的司法救济。为完善审级制度，我国主要从如下三个方面作出规定：其一，完善提高审级制度。三大诉讼法规定了不同案件可由不同级别的法院审理，同时也规定了一定的变通方式，将本应由下级法院审理的案件提高至上级法院审理，即提高审级制度。但提高审级意味着对普通审级制度的突破，故而，我国对提高审级所需遵循的程序规则和限定条件作出规定。其二，完善审级功能。我国法院在审级功能的区分上是模糊不清的，不同审级的法院承担着相类似的功能。《最高人民法院关于全面深化人民法院改革的意见》提出"推动实现一审重在解决事实认定和法律适用，二审重在解决事实和法律争议、实现二审终审，再审重在依法纠错、维护裁判权威"。其三，强化审级监督。虽然我国法院上下级间是监督关系，但实践中法院上下级间的行政化倾向明显。故而，《最高人民法院关于全面深化人民法院改革的意见》规定"严格规范上级法院发回重审和指令再审的条件和次数，完善发回重审和指令再审文书的公开释明机制和案件信息反馈机制。人民法院办理二审、提审、申请再审及申诉案件，应当在裁判文书中指出一审或原审存在的问题，并阐明裁判理由"。

（二）强化司法公开，建立公开透明的执法办案机制

获得公开审讯是《联合国公民权利和政治权利国际公约》中获得公正审判权的一项基本要求，这也要求公安司法机关执法办案要依法公开。党的十八大以来，深化司法公开成为司法体制改革的重要内容，也是党和国家落实宪法法律原则、保障人民群众有序参与司法的重大举措。最高人民法院、最高人民检察院、司法部等各自发布司法公开规定，旨在建立公开透明的执法办案机制。

第一，扩大公开的事项和内容。传统的公开主要是指审判公开，我国将司法公开的事项和内容扩展至法院、检察院、公安机关和司法行政机关的其他业务和行政领域。如人民法院将审判公开延伸到立案、庭审、执行、听证、文书、审务等各个方面；人民检察院依法充分公开办案程序、复查案件工作规程、诉讼参与人在各诉讼阶段的权利和义务、法律监督结果；公安机关、司法行政机关将主要职责、执法依据、执法程序、执法结

果及警务工作纪律等向社会广泛公开。

第二，丰富公开的形式和载体。司法公开从各部门分散发布，转变为统一的信息服务窗口集中发布。如最高人民法院建设审判流程公开、裁判文书公开和执行信息公开三个平台，依法公开法院的相关信息。而且，公开载体从传统的公示栏、报刊、宣传册等，拓展到网站、博客、微博客、即时通讯工具等网络新兴媒介。如济南中院就薄熙来受贿、贪污、滥用职权案审理时，济南中院官方微博进行了庭审直播，5 天中共发布 155 条庭审信息，包含文字、图片、长微博、证人视频等形式。此外，建立健全新闻发言人和新闻发布会制度，及时发布司法信息。

第三，强化公开的效果和保障。为了增强司法公开的效果，公安司法机关强化裁判和检察、公安业务文书的说理和论证，邀请民众、专家参与公开听证、论证过程，开通民意沟通电子邮箱，设立全国统一的举报电话，建立部门负责人接待日，加强司法公开的人力物力保障。如截至 2015 年，全国各级法院共开通微博账号 3980 个、微信公众号 1447 个、新闻客户端 1468 个，全国检察机关共开通微博账号 4085 个、微信公众号 3186 个、新闻客户端 2550 个，全国公安机关共开通微博账户、微信公众号 2.6 万余个，各级司法行政机关共开通微博账户、微信公众号、法治宣传客户端和普法网站 8000 多个。① 通过上述举措，确保了司法公开的有序推进和良好效果。

（三）完善权力运行机制，提升司法领域中的人权保障水平

第一，确立非法证据排除制度，防范刑讯逼供。2012 年《刑事诉讼法》确立非法证据排除制度，将非法收集的言词证据直接予以排除。《中共中央关于全面推进依法治国若干重大问题的决定》进一步提出要完善非法证据排除制度。《关于推进以审判为中心的刑事诉讼制度改革的意见》中提出探索建立重大案件侦查终结前对讯问合法性进行核查制度。②

---

① 中华人民共和国国务院新闻办公室：《中国司法领域人权保障的新进展》，《法制日报》2016 年 9 月 13 日第 2 版。

② 即对公安机关、国家安全机关和人民检察院侦查的重大案件，由人民检察院驻看守所检察人员询问犯罪嫌疑人，核查是否存在刑讯逼供、非法取证情形，并同步录音录像。经核查，确有刑讯逼供、非法取证情形的，侦查机关应当及时排除非法证据，不得作为提请批准逮捕、移送审查起诉的根据。

而且，为保障犯罪嫌疑人合法权益，我国还进一步规范录音录像制度。如2014年公安部对需要进行讯问录音录像的案件范围、录制要求等进一步作出明确规定，并在公安机关办案区讯问室和看守所讯问室普遍安装录音录像设施，开展讯问犯罪嫌疑人录音录像工作；最高人民检察院发布《人民检察院讯问职务犯罪嫌疑人实行全程同步录音录像的规定》，进一步规范侦查讯问活动，强化对犯罪嫌疑人合法权利的保障。

第二，减少羁押性强制措施的适用，保障被羁押人的人身权利。依据国际公约的要求，羁押候审不得作为一般情形。我国过去羁押率一直居高不下，为减少羁押性强制措施的适用，2014年最高人民法院、最高人民检察院、公安部联合发布规定，明确了换押和羁押期限变更通知的范围、换押程序、通知程序、送达方式等，进一步预防和纠正超期羁押；2016年最高人民检察院发布《人民检察院办理羁押必要性审查案件规定（试行）》，对发现不需要继续羁押的，建议释放或变更强制措施。

第三，严格控制和慎用死刑，进一步推进死刑程序的诉讼化改造。严格控制和慎用死刑，是我国一贯的死刑政策。党的十八大以来，我国进一步限制死刑的适用。首先，立法上继续减少可适用死刑的罪名。《刑法修正案（九）》取消走私武器、弹药罪，走私核材料罪，走私假币罪，伪造货币罪，集资诈骗罪，组织卖淫罪，强迫卖淫罪，阻碍执行军事职务罪，战时造谣惑众罪9个罪的死刑。其次，推动死刑复核程序的诉讼化改造，通过司法程序严格控制死刑适用。如在死刑案件中充分保障被告人的辩护权和其他合法权益，实行死刑第二审案件全部开庭审理；最高人民法院复核死刑案件要依法讯问被告人，听取辩护律师的意见等。

第四，规范涉案财物的司法程序，保护当事人的财产权。财产权是人权的基本内容，但过去司法程序中对涉案财物的保障并不十分有力，而且"执行难"问题一直困扰着财产权的保障。为保障当事人的财产权，《中共中央关于全面推进依法治国若干重大问题的决定》规定，"切实解决执行难，制定强制执行法，规范查封、扣押、冻结、处理涉案财物的司法程序。加快建立失信被执行人信用监督、威慑和惩戒法律制度。依法保障胜诉当事人及时实现权益"。

第四，严厉打击司法领域中的腐败行为和职务违法犯罪行为。司法作为公正的最后一道防线，其对维护社会基本价值具有至为关键的作用。司法领域的腐败或职务违法犯罪行为不仅仅损害了当事人的合法权益,更严重危害着司法公信乃至政府公信力。党的十八大以来,党和国家严厉查处司法领域中的腐败和职务违法犯罪行为,如《最高人民法院 2017 年工作报告》中指出,"落实全面从严治党责任,对 769 名履职不力的法院领导干部进行问责,查处违反中央八项规定精神干警 220 人……坚持有案必查、绝不姑息,最高人民法院查处本院违纪违法干警 13 人,各级法院查处利用审判执行权违纪违法干警 656 人,其中移送司法机关处理 86 人"①。基于对司法腐败严重危害的认识,《中共中央关于新形势下加强政法队伍建设的意见》按照从严管理的思路,提出坚持把纪律挺在前面、持续整改作风突出问题、完善权力约束监督机制、坚决惩治执法司法腐败等要求。

四 被羁押人员和服刑人员的人权保障

虽然被羁押人员和服刑人员的人身自由被临时或长期剥夺,其部分政治权利或财产权利亦可能被依法剥夺或限制,但其仍然享有未被依法剥夺的人权,对这些权利依法应予保障。被羁押人员和服刑人员的人权保障,涉及其人格尊严、人身安全与健康、财产权、申诉控告权、促进其再社会化等多方面内容。依据目的不同,可将这些权利划分为保障被羁押人员和服刑人员在羁押场所内合法权益而设置的人权和为促进其回归社会而设置的人权两大类。

(一)保障被羁押人员和服刑人员在羁押场所内合法权利

由于被羁押人员和服刑人员通常被羁押在封闭的羁押场所内,而空间的封闭性中极易发生侵犯人权的现象,为防止被羁押人员和服刑人员的人权遭受不当侵犯,我国近些年来大力强化对羁押场所的管理,以保障被羁押人员和服刑人员的合法权益。

第一,保障被羁押人员和服刑人员的基本生活权利。被羁押人员虽然丧失人身自由,但其仍然应当获得良好的生活保障。党的十八大以来,我国着力改善被羁押人员和服刑人员的生活条件。我国制定新的《看守所

---

① 周强:《最高人民法院年工作报告——2017 年 3 月 12 日在第十二届全国人民代表大会第五次会议上》,《人民日报》2017 年 3 月 20 日第 3 版。

建设标准》，全面推行床位制，对看守所的建筑标准和人均最低使用面积作出规定。对于服刑人员的生活条件，我国制定《关于加强监狱生活卫生管理工作的若干规定》，对服刑人员的伙食和日常用品供应、被服、居所以及疾病防控等作出规范。此外，我国还注重被羁押人员和服刑人员的心理健康保障。如截至 2015 年，全国有 2169 个看守所建立被羁押人心理咨询室。①

第二，保障被羁押人员和服刑人员的人格尊严、人身安全、合法财产和辩护、申诉、控告、检举等合法权利。针对过去羁押场所中发生的多起侵犯人权的行为，党的十八大以来，我国强化对羁押场所监管工作的法治化要求，以切实维护被羁押人员和服刑人员的人权。《中国司法领域人权保障的新进展》指出"进一步改善监狱、看守所监管条件，强化对监管活动和刑罚执行的监督，严格规范减刑、假释和暂予监外执行，规定刑事被告人或上诉人出庭受审不再穿着监管机构的识别服，切实保障被羁押人的人格尊严、人身安全、合法财产和辩护、申诉、控告、检举等合法权利"。此外，我国还建立羁押场所的社会巡视制度，通过定期向社会开放来提高执法工作透明度，防范出现侵犯被羁押人员和服刑人员合法权益的现象。

（二）促进被羁押人员和服刑人员回归社会

被羁押人员和服刑人员（特别是服刑人员）在被长期剥夺人身自由之后，还会面临着与社会较为严重的脱节问题。为防止服刑人员因服刑而丧失在社会生活工作的基本技能，现代社会普遍将服刑人员的再社会化作为羁押场所的一项工作要求。《联合国公民权利和政治权利国际公约》第 10 条第 3 款规定"监狱制度应包括以争取囚犯改造和社会复员为基本目的的待遇"。党的十八大以来，我国亦强化对被羁押人员和服刑人员再社会化权利的保障。

第一，完善社区矫正制度。社区矫正制度作为刑罚的执行方式，在减少监狱服刑人员从而促使其回归社会方面发挥积极作用。我国社区矫正制度自 2002 年试点实施，《刑法修正案（八）》将其规定为正式的刑罚执行

———————

① 中华人民共和国国务院新闻办公室：《中国司法领域人权保障的新进展》，《法制日报》2016 年 9 月 13 日第 2 版。

方式，社区矫正制度在我国获得快速发展。如截至 2015 年，各地累计接收社区矫正对象 270.2 万人，累计解除矫正 200.4 万人，现有社区矫正对象 69.8 万人；全国累计建立县（区）社区矫正中心 1339 个。现有社区服务基地 24787 个，教育基地 9218 个，就业基地 8165 个，社区矫正小组 67.2 万个。① 随着社区矫正制度的迅速发展，我国适时启动社区矫正的立法工作。《全国人大常委会 2016 年立法工作计划》将《社区矫正法》列为 2016 年"初次审议的法律案"，2016 年 12 月 1 日国务院发布《社区矫正法》第一版公开征求意见稿，2019 年 12 月 18 日，第十三届全国人民代表大会常务委员会第十五次会议通过了《中华人民共和国社区矫正法》。随着社区矫正法的实施，我国社区矫正工作正在不断完善。

第二，宣布特赦。2015 年 8 月 29 日，第十二届全国人大常委会第十六次会议通过关于特赦部分服刑罪犯的决定，对依据 2015 年 1 月 1 日前人民法院作出的生效判决正在服刑、释放后不具有现实社会危险性的四类罪犯实行特赦。这是新中国成立以来第八次，也是改革开放以来第一次实行特赦，是实施宪法规定的特赦制度、贯彻全面依法治国和体现人道主义精神的新实践，具有重大政治意义和法治意义。经人民法院依法裁定，全国共特赦服刑罪犯 31527 人。② 此外，对无工作单位、无劳动能力、无生活来源、无法定赡养人的被特赦人员，依法按政策落实最低生活保障等措施，帮助被特赦人员顺利融入社会。

第五节　全民守法与人权保障的进一步推进

法治是法律史上的一个经典概念，同时也是在当代中国重新焕发勃勃生命力的一个重要的法律思想。③ 依据古希腊思想家亚里士多德所给出的那个经典命题，"法治应包含两重含义：已成立的法律获得普遍的服从，

---

① 中华人民共和国国务院新闻办公室：《中国司法领域人权保障的新进展》，《法制日报》2016 年 9 月 13 日第 2 版。

② 中华人民共和国国务院新闻办公室：《中国司法领域人权保障的新进展》，《法制日报》2016 年 9 月 13 日第 2 版。

③ 参见夏勇主编、胡水君副主编《法理讲义：关于法律的道理与学问》（上），北京大学出版社 2010 年版，第 378 页。

而大家所服从的法律又应该本身是制订得良好的法律"①。如果说，"大家所服从的法律应该是制订得良好的法律"这半句文字其所意指的乃是科学立法之重要性的话，那么，"已成立的法律获得普遍的服从"这半句，从其文义角度来看，无疑是在强调全民守法的深远价值。而这一价值，从亚里士多德的表述来看，是"法治"所蕴含的最明显、最直观的意涵；而法律能否获得普遍的服从，也成为判断法治与否、衡量法治程度的一个最为重要的标尺。如是，全民守法关系到了法治成败。

"法治的真谛是人权"②。"国家尊重和保障人权"③ 不仅仅是《中华人民共和国宪法》的一个基本原则和一项具体条款，同时也是现代国家、文明社会的根本标志、伦理底线和价值准则，此外，这更是法治的精髓，是法治的核心价值与无上追求。④

由此可见，全民守法在很大程度上决定了法治的成败，而法治的成与败，归根结底，它还是系于人权，归诸人权。正因为如此，全民守法与我国人权事业的进一步推进和发展，二者相辅相成、紧密相关。

一　营造与构建尊重人权的全民守法文化

所谓的文化，指的就是人作为类的生存所具有的一种独特的创造以及由此创造所形成的成果。⑤ 这一定义借用了吉林大学高清海先生所曾提出的"类哲学"的观点⑥，将文化理解为人类的生存方式；而且这种生存方式，本质上是"人类中心主义"的，或者说，是以人为其核心的。具体而言，文化包括了思维模式、行为模式、语言习俗等多个层次的文明成果的总和，是人们在改造自然界、人类社会及其自身的过程中所形成的。⑦

---

① ［古希腊］亚里士多德：《政治学》，吴寿彭译，商务印书馆1965年版，第199页。

② 徐显明：《法治的真谛是人权——一种人权史的解释》，载《学习与探索》2001年第4期。

③ 《中华人民共和国宪法》第三十三条第三款。

④ 参见夏勇主编、胡水君副主编《法理讲义：关于法律的道理与学问》（上），北京大学出版社2010年版，第378—404页。

⑤ 谢晖：《法哲学讲演录》，广西师范大学出版社2007年版，第12页。

⑥ 参见高清海、胡海波、贺来《人的"类生命"与"类哲学"》，吉林人民出版社1999年版。

⑦ 参见齐延平《人权与法治》，山东人民出版社2003年版，第215页。

　　从现代国家和文明社会的角度来说，文化是推进法治社会建设的一个重要基础，因为它不仅形塑了社会关系之中主体间交往的行为模式，更为重要的是，它深刻地影响甚至是造就了主体的意识和思维，生成了人的理性，进而左右抑或决定了人的行为本身。因此，我们认为，法律的权威不仅源自人民的遵守和奉行行为，而且"法律的权威源自人民的内心拥护和真诚信仰"①。正因为如此，"弘扬社会主义法治精神，建设社会主义法治文化，增强全社会厉行法治的积极性和主动性，形成守法光荣、违法可耻的社会氛围，使全体人民都成为社会主义法治的忠实崇尚者、自觉遵守者、坚定捍卫者"②，也就成为推进法治社会建设的题中之义，同时，也成为全面推进依法治国这项系统工程的一项长期的基础性的工作。

　　就实行法治的需要来说，科学精神、社会契约观念、政治市场观念、思想市场观念、公民意识、权利义务观念、平等自由等理性文化要素有着特别重要的作用。③ 而在这些理性文化要素之中，与法治有着直接的血缘性联系的权利文化，尤其是人权文化构成了现代法治的人文基础④，同时，也成为全民守法文化构建和营造的重中之重。

　　文化的核心是价值观念和人生信仰。价值观念和人生信仰，决定着人们对人生意义的解释和评价。⑤ 而以人权文化为其核心及本旨的权利文化，就是要倡导那种对于人的尊严的崇奉，吁求那种对于人的价值的肯认，正视那种对于人的利益的有界限、有节制地努力追求和正当实现，希冀那种人与人之间非暴力、无冲突、存小异、求大同、爱人若己、视己如人的和谐有序的良性社会状态的实现。从一方面来说，权利文化对于人权的尊重和保护，主要体现在于法律法规、方针政策等国家制度层面⑥对于那些人们所应享有的正当权利，特别是对于其中的基本权利的承认、尊重、保障与促进。从另外一方面而言，权利文化对于人权的尊重和保护，

---

①　《中共中央关于全面推进依法治国若干重大问题的决定》，中国共产党第十八届中央委员会第四次全体会议 2014 年 10 月 23 日通过，《人民日报》2014 年 10 月 29 日。

②　《中共中央关于全面推进依法治国若干重大问题的决定》，中国共产党第十八届中央委员会第四次全体会议 2014 年 10 月 23 日通过，《人民日报》2014 年 10 月 29 日。

③　张文显：《法学基本范畴研究》，中国政法大学出版社 1993 年版，第 298 页。

④　齐延平：《人权与法治》，山东人民出版社 2003 年版，第 215 页。

⑤　常健：《当代中国权利规范的转型》，天津人民出版社 2000 年版，第 454 页。

⑥　参见薛进文、常健等《中国特色人权发展道路研究》，中国社会科学出版社 2016 年版。

更加体现在于权力在其行使和运行过程之中，无论是在立法、还是在司法、又抑或在行政等各个环节，受到规范、受到限制、受到约束、受到制衡；毕竟，权利和权力二者之间一般来说在法律状态之下是一种此消彼长的反比例的关系，即公权力越大则私人权利和基本自由就越小，而当公权力包办了社会和个人所有问题的时候，私人权利和基本自由也就基本上不存在了。[①]

我们说，无论是全民守法这样一种社会氛围的营造与形成也好，还是尊重和保障人权这项光荣而伟大的事业的进一步地推进也罢，其出发点和落脚点，归根结底来说，还是以尊重和保障人权为基本内涵、以权利本位为主要面向、以义务重心为必要支撑的社会主义法治文化的建设。其一，构建与营造尊重人权的全民守法的文化，有赖于坚持把全民普法和守法作为依法治国的长期基础性工作，深入开展法治宣传教育，引导全民自觉守法、遇事找法、解决问题靠法。其二，构建与营造尊重人权的全民守法的文化，有赖于健全普法宣传教育机制，同时，广泛开展各种形式的人权教育和培训，在全社会传播人权理念，普及人权知识，提高全社会人权意识。其三，构建与营造尊重人权的全民守法的文化，有赖于牢固树立有权力就有责任、有权利就有义务的权力责任观念和权利义务观念。其四，构建与营造尊重人权的全民守法的文化，有赖于加强公民的道德建设，弘扬中华传统文化，增强法治的道德底蕴，强化规则意识，倡导契约精神，弘扬公序良俗。[②]

二　开展并深化理解人权的法律知识教育

为了响应联合国关于制定国家人权行动计划的倡议，进一步推进人权事业的发展，截至 2021 年，中国政府在认真总结经验、客观分析实际情况的基础之上，先后制定了《国家人权行动计划（2009—2010 年）》、《国家人权行动计划（2012—2015 年）》、《国家人权行动计划（2016—

---

①　谢晖：《法哲学讲演录》，广西师范大学出版社 2007 年版，第 255 页。

②　参见《中共中央关于全面推进依法治国若干重大问题的决定》，中国共产党第十八届中央委员会第四次全体会议 2014 年 10 月 23 日通过，《人民日报》2014 年 10 月 29 日；《国家人权行动计划（2012—2015 年）》，人民出版社 2012 年版；《国家人权行动计划（2016—2020 年）》，人民出版社 2016 年版。

2020 年)》和《国家人权行动计划（2021—2025 年）》四份国家人权行动计划，并且分别于 2011 年 7 月、2016 年 6 月和 2021 年 9 月对已经完成的前三份国家人权行动计划进行评估总结，而且制作和发布了相应的实施评估报告。而在这四份国家人权行动计划之中，"人权教育"都被作为一项重要的内容专门予以阐述，其工作目标和具体措施也分别都在四份国家人权行动计划之中得到了逐步地明确。

《国家人权行动计划（2009—2010 年）》明确指出："2009—2010 年期间，国家将结合普法活动，积极依托现有的义务教育、中等教育、高等教育、职业教育体系和国家机关内的培训机构以及广播、电视、报刊网络等多种媒体，有计划地开展形式多样的人权教育，普及和传播法律知识和人权知识。"这是法律知识教育和人权知识教育第一次在国家方针政策的层面得到了协调和统一，同时，也正是以此为契机，借助国家多年来悉心搭建的普法宣传平台以及系统的法律教育体系，人权专业知识得以在普通民众范围之内得到进一步普及，以人为本、尊重人权、崇尚人权的理念也得到了进一步的传播和弘扬。

《国家人权行动计划（2012—2015 年）》则是从六个方面进一步要求："广泛开展各种形式的人权教育和培训，在全社会传播人权理念，普及人权知识。"这六个方面分别是：将人权教育纳入公务员培训计划；加强中小学人权教育；鼓励高等院校开设人权公选课程和专业课程；鼓励并推动企事业单位普及人权知识，形成尊重和保障人权的企业文化；鼓励新闻媒体传播人权知识；发挥国家人权教育与培训基地的作用等。在这里则需要注意的是，相比较第一份国家人权行动计划来说，第二份计划在人权教育的领域，从注重人权专业知识普及和传播这一方面逐渐转向到了尊重和保障人权的软环境的塑造这一方面，在这份计划之中，"营造尊重人权的教育环境""形成尊重和保障人权的企业文化""形成全社会重视人权的舆论氛围"等被着重强调，对于人权法律知识教育的要求和期待由此也有了显著的提高。

《国家人权行动计划（2016—2020 年）》在人权教育领域的工作目标和具体措施又有了进一步的发展。它要求："加大人权教育与培训力度，提高全社会人权意识；搭建人权研究平台，为人权事业发展提供智力支持。"与前两份国家人权行动计划相比，这份文件顺应了时代发展的需要，考虑得更加周全，规定得更加完备。其一，从特定执法机构和人员的人权教育培训到公务人员的人权教育培训，这份计划则是明确要求将人权教育推广到国家工作人员；有义务接受人权教育培训的主体范围进一步扩大，有权力必有责任的观念进一步得到了深化。其二，这份计划首次提出"把人权知识纳入国民教育内容"，而国民教育既涵盖了义务教育（九年或十二年），也包括了我国宪法第十九条所规定的中等教育、职业教育、高等教育和学前教育。此外，这份计划不仅强调了对于受教育者的人权教育，还专门提到了对于教育者亦即教师的人权知识培训等内容。其三，这份计划继续关注人权领域的企业的社会责任（Corporate Social Responsibility，CSR），并且第一次提到了"在境内外投资中将尊重和保障人权作为决策的重要考虑因素"，进一步满足了我国国际化经营战略中的政策需求，适应了我国经济发展的新形势，为更好地以"一带一路"战略引领中国企业"走出去"提供了更加完备的决策依据。其四，自从2011年首批国家人权教育与培训基地建立以来①，截至目前，在各个高等院校，我国一共建立了十四家国家人权教育与培训基地。这份计划延续前一份计划的相关内容，在强调发挥相关基地的作用的同时，要求进一步规范相关基地的工作，力求建设中国特色新型高端人权智库。

《国家人权行动计划（2021—2025年）》在"人权教育和研究"的专章中进一步划分出"学校人权教育""人权研究""人权知识培训""人权知识普及"四个类目。在内容上，第四期国家人权行动计划继续强调要"将人权教育纳入国民教育体系"，"将人权知识培训作为公务员考试、初任培训和任职培训的重要内容，并在年度培训中结合工作实际开展人权培训"，"形成尊重和保障人权的职场文化"，"增强全社会尊重和保障人权的意识"。该章同时提出了一系列探索性的举措，包括"探索在师范类院校建立人权师资培训中心"，依托现有人权基地"探索建设人权国际教育交流中心"，"支持在社科院、党校（行政学院）系统建立国家人权研究机构"，在公职人员培训方面"探索建立人权教育培训示范单位"，在

①　2009年，国务院授权国务院新闻办公室发布我国第一份以人权为主题的国家规划《国家人权行动计划（2009—2010年）》，明确提出要"选取若干开展人权教育较早的高等院校作为人权教育与培训基地"。2011年10月，经教育部批准，南开大学人权研究中心、中国政法大学人权研究院和广州大学人权研究与教育中心首批三个国家级人权教育与培训基地正式成立。

企业人权培训方面"探索评设人权培训示范企业",以及奖励优秀研究成果,等等。①

由此可见,在我国,以法律专业知识教育为依托、以人权理念和基础知识为主要内容、以尊重和保障人权为基本目标的人权教育培训,其主要是通过国民教育、职业培训、专业研究、大众传媒、国际交流等多渠道、多层面、多领域、多角度、多面向的形式,来有效地开展起来的,并且正在不断地推进和深化。

三　构筑和完善保障人权的法律服务体系

《中共中央关于全面推进依法治国若干重大问题的决定》在其第五部分"增强全民法制观念、推进法治社会建设"中,明确要求要"建设完备的法律服务体系"②。它指出:"推进覆盖城乡居民的公共法律服务体系建设,加强民生领域法律服务。完善法律援助制度,扩大援助范围,健全司法救助体系,保证人民群众在遇到法律问题或者权利受到侵害时获得及时有效的法律帮助。发展律师、公证等法律服务业,统筹城乡、区域法律服务资源,发展涉外法律服务业。健全统一司法鉴定管理体制。"③

完备的法律服务体系的构筑和完善,需要从以下三个方面来协调推进、一体建设。其一,全面覆盖的公共法律服务体系,这是人权保障法律服务体系的主体和基础;因为它所面向的是数量众多的城乡居民,他们是不特定的主体,是不特定的每一个人,包括了本国公民,也包括了外国人、无国籍人等。此外,它所提供的乃是民生领域的法律服务,涉及居民日常生活中的衣、食、住、行、就业、就学、就医、社会保障等方方面面的事务,而这些事务无一不与公民的基本权利,甚至是人的尊严、生存、发展以及基本自由等息息相关。由此,可以认为,公共法律服务体系,其所要面向的是普罗大众,其所要应对的是民生问题,其所关涉的很大一部分就是基本人权。

---

① 《国家人权行动计划(2021—2025 年)》,人民出版社 2021 年版,第 52—54 页。
② 《中共中央关于全面推进依法治国若干重大问题的决定》,中国共产党第十八届中央委员会第四次全体会议 2014 年 10 月 23 日通过,《人民日报》2014 年 10 月 29 日。
③ 《中共中央关于全面推进依法治国若干重大问题的决定》,中国共产党第十八届中央委员会第四次全体会议 2014 年 10 月 23 日通过,《人民日报》2014 年 10 月 29 日。

其二，行之有效的法律援助制度和司法救助体系，这是人权保障法律服务体系的底线和补充。在我国，法律援助制度是以 2003 年就开始施行的《法律援助条例》这部行政法规来作为其法律基础的；而我国现有的司法救助体系，尽管目前还不具备相应的法律规范作为其合法性的基础，但是，2015 年由中央政法委等六部门所联合下发的《关于建立完善国家司法救助制度的意见（试行）》，却从政策的层面，为从 2004 年就已然开始实施了的司法救助工作[①]提供了不可或缺的有效规范、政策导向和工作指引。正如法谚所云："没有救济就没有权利。"当权利受到侵害的时候或者有被侵害的危险的时候，当事人的权利能否得到及时有效的公力救济，就成为我们来判断一项权利事实上存在与否，甚至是与之相关联的法律规范的实效存在与否的一项重要标准。有效的救济救助关系到了权利本身；但是，这其实更关涉到了作为权利之载体的法律条文、法律规范，甚至是一个国家整个的法律体系和法律制度。由此，权利的救济是权利保障和权利实现的基石与前提，而法律援助制度和司法救助体系则是整个法律服务体系得以稳定且有效运作的基础。无论是在司法行政领域之中的法律援助，还是在三大诉讼领域之中的司法救助，这些其实都标志着当事人的权利在整个法律制度的现实运作之中所受到的救济的程度；这其实也是一条水平线，或者说，是一条底线，因为它是每一方当事人在特殊情况之下其基本权利获得保障的底线和量度。

其三，优质发达的涉外法律服务行业和健全统一的司法鉴定管理体制，是人权保障法律服务体系的业务成长点以及未来发展空间。运作良好的人权保障法律服务体系，尽管它的宗旨和目标是保障性的、兜底性的，但是随着人民群众物质文化需求的不断成长，基本权利的保障水平也应该是不断提高的，因而，这一法律服务体系本身应该是持续发展、不断健全的。一方面，诚如前文所述，伴随着我国国际化经营战略的进一步纵深拓展，以"一带一路"倡议为引导，更多的中资企业"走出去"开展投资业务和海外建设；而另外一方面，与"走出去"相对应的必然就是"引进来"，持续增长的国外投资和技术转移不仅是改革开放的不断深化，更

---

① 徐日丹：《健全司法救助制度，让困难当事人感受到司法温暖》，载《检察日报》2015年 12 月 8 日第一版。

意味着我国经济的持续发展。也正是在这一来一往、内外联动、双向交流的过程之中，一方面，身处海外的华侨华人和中资企业的权利诉求和法律需求大量增加；而另外一方面，在我国境内的外国人、无国籍人的各项权利也需要得到法律承认和充分保障。是故，无论是个体的权利维护也好，还是企业的社会责任也罢，优质而且发达的涉外法律服务行业成为整个人权保障法律服务体系进一步发展完善的一个重要的方面。除此之外，司法鉴定活动由于其专业化和技术化，在日常生活之中其实并不常见；但是，也正是因为它的这种专业性和技术性，其实际上关涉到了司法裁判活动的进行，甚至深刻地影响到了司法裁判的客观与公正。我们知道，在现代法治国家，司法保障是人权之国内保障最重要的方式；司法，既是衡量一个国家法治化程度高低的基本标志，也是衡量人权保障水平高低的重要量度。① 因此，健全且统一的司法鉴定管理体制，有助于司法鉴定工作专业化和技术化水平的进一步提高，有助于为公正而客观的司法裁判活动保驾护航，并且更加有助于人权的司法保障的进一步实现。

按照《中共中央关于全面推进依法治国若干重大问题的决定》的指引和要求，保障人权的法律服务体系的构筑和完善，既不能离开尊重人权的全民守法文化的营造和构建，也不能离开理解人权的法律知识教育的开展和深化。更加重要的是，"多层次多领域依法治理的推进"以及"依法维权和纠纷化解机制的健全"，也为保障人权的法律服务体系的构筑和完善提供了非常重要制度空间和不可或缺的现实动力。

"推进多层次多领域依法治理"要求"坚持系统治理、依法治理、综合治理、源头治理，提高社会治理法治化水平。深入开展多层次多形式法治创建活动，深化基层组织和部门、行业依法治理，支持各类社会主体自我约束、自我管理。发挥市民公约、乡规民约、行业规章、团体章程等社会规范在社会治理中的积极作用"②。与此同时，它还要求"发挥人民团体和社会组织在法治社会建设中的积极作用。建立健全社会组织参与社会事务、维护公共利益、救助困难群众、帮教特殊人群、预防违法犯罪的机

---

① 徐显明主编：《人权法原理》，中国政法大学出版社 2008 年版，第 305—306 页。

② 《中共中央关于全面推进依法治国若干重大问题的决定》，中国共产党第十八届中央委员会第四次全体会议 2014 年 10 月 23 日通过，《人民日报》2014 年 10 月 29 日。

制和制度化渠道。支持行业协会商会类社会组织对其成员的行为引导、规则约束、权益维护的作用"①。自治、他治与互治是治理的三种基本类型②；而多层次多领域依法治理的推进，一个基本路径也就是以权利主体的自我管理和自我约束为行为基础，以主体在交往过程之中所形成的尊重彼此利益界限、实现彼此利益预期为基本内容，从而达致一种权力意义上的"他治"，换言之，权力统治让位于权利治理，进而实现在权力谦抑和权利自律基础之上③的人权的尊重和保障。

"健全依法维权和化解纠纷机制"要求"强化法律在维护群众权益、化解社会矛盾中的权威地位，引导和支持人们理性表达诉求、依法维护权益，解决好群众最关心最直接最现实的利益问题"④。此外，它还要求"构建对维护群众利益具有重大作用的制度体系，建立健全社会矛盾预警机制、利益表达机制、协商沟通机制、救济救助机制，畅通群众利益协调、权益保障法律渠道"；同时，"健全社会矛盾纠纷预防化解机制，完善调解、仲裁、行政裁决、行政复议、诉讼等有机衔接、相互协调的多元化纠纷解决机制"⑤。我们说，人权是对主体的正当利益的肯认与界分；说其是正当的，这是因为人权证立的前提是自利和利他，也就是既是利己的，也是无害他人的；说其是利益属性的，这是因为人权的本质属性首先表现为利益，无论利益的表现形式是物质的还是精神的。⑥ 由于主体各自的利益时刻处于平等主体彼此之间各自利益动态平衡又或是不平等关系间权力与权利此消彼长的张力之中，因而以利益表达机制、协商沟通机制、社会矛盾预警机制、权利救济救助机制等为途径，以利益诉求的理性表达、合法权益的依法维护、现实利益的有序实现和社会矛盾的妥善化解等

---

① 《中共中央关于全面推进依法治国若干重大问题的决定》，中国共产党第十八届中央委员会第四次全体会议 2014 年 10 月 23 日通过，《人民日报》2014 年 10 月 29 日。

② 谢晖：《法治讲演录》，广西师范大学出版社 2005 年版，第 15—30 页。

③ 贾卓威：《网络环境下言论自由及其界限的法理探究》，山东大学 2010 年度硕士学位论文，第 78—84 页。

④ 《中共中央关于全面推进依法治国若干重大问题的决定》，中国共产党第十八届中央委员会第四次全体会议 2014 年 10 月 23 日通过，《人民日报》2014 年 10 月 29 日。

⑤ 《中共中央关于全面推进依法治国若干重大问题的决定》，中国共产党第十八届中央委员会第四次全体会议 2014 年 10 月 23 日通过，《人民日报》2014 年 10 月 29 日。

⑥ 徐显明主编：《人权法原理》，中国政法大学出版社 2008 年版，第 82—83 页。

为目标，纠纷的解决和权利的保障二者相互结合，通过矛盾的消弭来达致权利的实现，而又通过权利的彼此尊重来减少社会的摩擦与冲突。如是，以保障人权为旨归的法律服务体系的自身价值及重要作用，可见一斑。

综上所述，全民守法作为全面推进依法治国"四轮驱动"① 的一个重要方面，不仅对于依法治国的全面推进以及中国特色社会主义法治体系和社会主义法治国家的建设具有非常重要的理论价值和现实意义，也对于我国人权保障这一伟大事业的进一步发展和推进具有非常重要的意义和价值。全面守法与人权保障，二者相辅相成、相得益彰。诚如法儒卢梭所言，一切法律中最重要的法律，既不是刻在大理石上，也不是刻在铜表上，而是铭刻在公民的内心里。② 与之同理，一切理念之中最重要的理念之一——对于人的尊严、人的价值和人的基本权利的尊重、崇尚与保障，既不是写在宣言或是法律的文本段落之中，也不是烙印在每一个人的言谈举止和一举一动之上，也应该和法律一样铭刻在每一个公民、每一个人的内心里。人人享有人权，人人也应该践行人权、铭念人权，唯有如此，人权才不会仅仅是一个遥不可及的全世界的共同梦想。《庄子·外篇·知北游》中写道："东郭子问于庄子曰：'所谓道，恶乎在？'庄子曰：'无所不在。'东郭子曰：'期而后可。'庄子曰：'在蝼蚁。'曰：'何其下邪？'曰：'在稊稗。'曰：'何其愈下邪？'曰：'在瓦甓。'曰：'何其愈甚邪？'曰：'在屎溺。'东郭子不应。"人权犹如道，无所不在；人权有赖于法，全民必守。

---

① 在笔者看来，科学立法、严格执法、公正司法、全民守法，这既是全面推进依法治国的四大基本目标和四个基本方面，同时，它们也是全面推进依法治国的四大基本途径，因此，笔者将其称之为"四轮驱动"。

② 中共中央文献研究室编：《习近平关于全面依法治国论述摘编》，中央文献出版社 2015 年版，第 88—89 页。

第八章 人的自由全面协调发展的政治保障

实现人的自由全面协调发展不仅需要法治保障，还需要强有力的政治保障。在中国，中国共产党的坚强领导是人的自由全面协调发展的最重要政治保障。

第一节 中国共产党是中国人权事业的领导核心

中国共产党始终是中国人权理论与实践发展坚强的领导核心。如何建设、巩固和发展社会主义，使中国人民享有充分的人权，一直是中国共产党不断探索的命题。在实践中，党领导中国人民为争取人权、实现人权、促进和发展人权不懈奋斗，尽管期间也经历了曲折，但最终取得了举世瞩目的巨大成就。可以说，中国共产党 90 多年的历史，就是一部为民族独立、国家富强和为中国人民实现享有充分人权的崇高理想，进行艰苦卓绝的探索和奋斗的历史，实践已经证明并将继续证明，中国共产党始终是中国人权事业发展和创新的核心领导和重要保障。

一 党领导翻身解放开创中国人权事业新纪元

自鸦片战争到 1949 前的一百多年间，帝国主义列强先后对中国发动了大小数百次战争，大规模屠杀中国人民，强迫中国签订了 1000 多个不平等条约，割地赔款，极大侵害了中国人民享有的生命权、财政权和人格权等基本人权。中国近代的国情决定了国家独立权和民族自决权是中国人民实现人权的基本前提。1921 年中国共产党诞生后，即领导中国人民进行反帝反封建的民族民主革命，为实现国家的独立和人民的基本人权而不屈不挠地斗争。中国人民在中国共产党的领导下，英勇奋斗了 28 年，终于取得胜利，结束了中国人民长期受帝国主义、封建主义、官僚资本主义"三座大山"压迫和奴役的历史，实现和捍卫了完全的国家独立，为新中国人权事业的发展创造了必不可少的前提，为中国人民享有充分的人权提供了根本保证。

中华人民共和国成立以后，党领导人民开创了中国人权发展的新纪元。党领导人民进行土地改革，废除封建土地制度和其他压迫劳动人民的旧制度，从根本上改善了劳动者基本的生活条件，解决人民的生存权问题；逐步建立了遍布城乡的各级各类医疗卫生机构，各种传染病、地方病的发病率大幅下降，麻风、霍乱、鼠疫、天花等烈性传染病基本被消灭，中国人民的生命权和健康权得到了基本保障；建立了人民民主专政制度和人民代表大会制度，1954 年通过了《中华人民共和国宪法》，确立人民的主人翁地位，保障公民的各项民主自由权利，包括选举权和被选举权以及思想、言论、集会、出版、结社、通讯、人身、居住、迁徙、宗教信仰及示威游行的自由等，为人民享有广泛的民主自由权利提供了政治保障；实行共产党领导下的多党合作和政治协商制度，保障各社会阶层、各人民团体和各界爱国人士都能在国家政治生活和经济生活中表达自己的意见和发挥作用的民主权利；实行民族区域自治制度，提倡民族平等和团结互助，保障少数民族的自治权利和平等权利。到 20 世纪 50 年代，在党的正确领导下，中国建立了社会主义基本制度，促进了社会经济发展，中国的人权状况得到极大改善，人民享有的人权水平也不断提高。

二　党领导改革开放探索中国特色人权发展道路

中国人权理论与实践的发展道路并非是一帆风顺的。从 20 世纪 60 年代起，受"左"倾思想影响，各种政治运动的干扰，人权事业的发展出现了严重的失误，特别是"文化大革命"期间，人权同民主、法治一样受到忽视、轻视甚至践踏。面对令人痛心的错误，党中央及时拨乱反正，总结经验教训，以 1978 年召开的党的十一届三中全会为标志，全会公报中明确指出："宪法规定的公民权利，必须坚决保障，任何人不得侵犯。"人权事业开始重新回到健康发展的轨道上来。1982 年五届全国人大五次会议通过了宪法修正案，这部宪法高度重视公民的基本权利和义务，其中关于公民基本权利的规定多达 28 条，超过了历部宪法。与此同时，美国从 20 世纪 80 年代开始推行企图分化和瓦解社会主义国家的"人权外交"政策。东欧剧变以后，美国更将"人权外交"策略集中对准了社会主义中国。

面对严峻的国内、国际形势与挑战，党中央积极参与和开展国际人权对话，主张在不违背国际上普遍接受的准则的前提下，坚持人权的本土化特色，自主确定中国人权事业发展的优先事项和实施方式。邓小平就曾针对西方对中国的人权攻击，明确地提出了两种人权观，他尖锐地指出："什么是人权？首先一条，是多少人的人权？是少数人的人权，还是多数人的人权，全国人民的人权？西方世界的所谓'人权'和我们讲的人权，本质上是两回事，观点不同。"[1] 显然，中国的人权观是不同于西方个人主义基础上的人权观，是集体主义的人权观，主张集体人权是个人人权的保障。邓小平还批判了那些"人权高于主权""人权无国界"的观点，强调指出"国权比人权重要得多"[2]，以此坚决反击西方国家对我国人权状况的污蔑，提出"搞强权政治的国家根本就没有资格讲人权"[3]，这些精辟的论断戳穿了美国"人权外交"的实质，粉碎了西方大国"西化"、分化我国的图谋，也丰富并发展了中国人权的基本内涵和基本内容，为科学发展中国人权理论与实践指明了正确的政治方向和正确的发展道路。

改革开放以来，中国迎来了中国人权事业发展的春天，党中央几代领导集体把人权的普遍性原则与中国的实际国情相结合，坚持"以人为本""科学发展"等人权理念，大力推动中国人权事业，将人民的生存权、发展权放在首位，以改革为动力，以发展为关键，以稳定为前提，以法治为保障，领导中国人民在实践中探索了一条中国特色的社会主义人权发展道路，逐渐形成了一套不同于西方人权观的具有中国特色的人权理论与实践体系，并建立起一整套促进和保障人权的基本政策和基本制度。中国的人权保障水平大幅提升，中国人民的生活水平和质量进一步提高，经济、社会和文化权利得到全面加强，公民权利和政治权利得到切实保障，全社会尊重和保障人权的意识明显提升，少数民族、妇女、儿童、老年人和残疾

---

[1]　邓小平：《邓小平文选》（第 3 卷），人民出版社 1993 年版，第 125 页。

[2]　邓小平：《邓小平文选》（第 3 卷），人民出版社 1993 年版，第 345 页。

[3]　邓小平：《邓小平文选》（第 3 卷），人民出版社 1993 年版，第 348 页。

人的权益得到切实保障，各领域的人权保障在制度化、法制化的轨道上全面推进，国际人权交流与合作不断发展，积极参与联合国促进和保护人权的努力，签署了一批保护公民权利的国际公约，赢得了国际社会的高度评价和普遍赞誉。

三　党规划新蓝图推进人权事业全面持续发展

中国人权事业取得了有目共睹的巨大成就，这与中国共产党的领导是密不可分的。中国共产党为促进中国人民的人权发展做出了巨大的努力，特别是改革开放以来，在中国特色社会主义理论体系指导下，党不断地加强对中国人权理论与实践发展的领导，将尊重和保障人权写入党的一系列重要文件和国家经济与社会发展规划纲要之中，使"尊重和保障人权"成为执政党执政兴国的核心理念和价值指针，使人权发展逐步在党的政治生活层面实现了"主流化"[1]趋势。党的十五大、十六大将"尊重和保障人权"确立为共产党执政的一项重要目标；2004 年的宪法修正案第一次正式将"国家尊重和保障人权"确定为宪法的一项基本原则，成为中国人权事业发展的里程碑，标志即"尊重和保障人权"成为社会发展的基础和价值，成为政府立法、决策和工作的重要目标。党的十七大首次将"尊重和保障人权"写入党章，表明"尊重和保障人权"已成为党的一项基本政治主张，成为党具有代表性的符号语言和价值理念。与此同时，为了保障人权目标的贯彻实施，促进人权事业的持续发展，"十一五"和"十二五"两个国民经济发展规划，都对中国人权事业发展进行了规划。而且，经党中央和国务院批准，中国政府还连续发布了《国家人权行动计划（2009—2010 年)》《国家人权行动计划（2012—2015 年)》《国家人权行动计划（2016—2020 年)》，这些行动计划是专门从人权角度所做的国家工作规划，也是推进中国人权事业全面发展的纲领性、政策性的重要文件，在切实保障和推动人权事业发展方面发挥了显著作用。

2012 年，党的第十八次全国代表大会召开，标志着中国人权理论与实践的发展迈入了持续稳健、全面推进的新阶段。十八大报告总结了近年来中国人权事业的新发展和新经验，在"尊重和保障人权"方面与时俱

---

[1]　刘波：《中共十八大对人权理论的创新与发展》，《人权》2013 年第 1 期。

进，将其明确作为我国全面建成小康社会和全面深化改革开放的重要目标，这就将尊重和保障人权同全面建设小康社会、推进中国特色社会主义事业的宏伟目标，同立党为公、执政为民的本质要求，同构建社会主义和谐社会、共建和谐世界的重大战略决策，共同构成了相互联系的有机统一的整体，表明党在发展和丰富人权理论方面具有明确的认知和目标、价值取向和行动规范。党的十八大以来，以习近平同志为核心的党中央在治国理政中，提出了"两个一百年"的奋斗目标和中华民族伟大复兴的"中国梦"，并形成了"四个全面"的战略布局，为人权事业提供了更明确的发展目标和强大的物质基础、内在动力和生态保障。十二届全国人大第四次会议审议通过了《国民经济和社会发展第十三个五年规划》，"十三五规划"是实现全面建设小康社会和第一个"一百年目标"的规划，也是实现中国人民的切身利益和基本人权的发展规划。根据全面建成小康社会的奋斗目标和"十三五"规划，国务院新闻办公室和外交部进一步制定了中国的第三个和第四个人权行动计划——《国家人权行动计划（2016—2020）》、《国家人权行动计划（2021—2025年）》，全面规划了中国人权事业进一步发展的新蓝图。

总之，中国人权理论与实践的发展已经证明，中国共产党是中国人权事业建设的倡导者、推动者和实践者，中国人权事业的每一次进步都是在中国共产党的领导下取得的。过去，中国共产党领导中国人民为争取、改善和实现人权进行了不屈不挠的奋斗；现在，中国人权理论与实践发展的巨大成就，也同样是在中国共产党的坚强领导下取得的；未来将继续证明中国共产党依然是中国人权理论与实践发展的坚强领导核心。只有在中国共产党的领导下，中国人权理论与实践的发展与创新才能沿着中国特色社会主义政治方向科学发展，也才能为中国人权的全面发展提供坚实的保障。尤其是，党的十八大报告将"继续推动科学发展、促进社会和谐，继续改善人民生活、增进人民福祉"规定为时代赋予全党的"光荣而艰巨的任务"，在巩固改革开放以来取得的成就的基础上，继续稳步、持续和全面推进我国的人权事业。相信在共产党的带领下，中国人民将继续沿着自己选择的正确道路前行，为全体人民生活得更加幸福、更有尊严，为建设一个更加公正美好的社会而不懈奋斗。

第二节　全面从严治党形成坚强领导核心

中国共产党成立 90 多年来，带领中国人民在人权事业发展上取得了举世瞩目的成就。然而，中国共产党在领导民众创造经济奇迹的同时，也史无前例地遇到"四大考验"，面临"四大危险"。可以说每一个考验、每一种危险都关系到党的生死存亡，那么，作为世界第一大执政党的中国共产党，如何经受考验，保持长期、全面执政的核心地位呢？十八大以来，以习近平同志为核心的新一届中央领导集体，高度重视党的自身建设问题，在多个场合强调"党要管党，从严治党"。

2014 年 12 月，习近平在江苏考察时，提出了"全面从严治党"的战略思想[①]，并将之与"全面建成小康社会""全面深化改革""全面依法治国"并列为"四个全面"战略布局，"全面从严治党"由此提升到治国理政总体布局的新高度。党的十八届六中全会、十八届中央纪委第七次会议继续把"全面从严治党"作为主题，对全面从严治党做了进一步的战略部署，推动全面从严治党向纵深发展，将治标和治本统筹兼顾，思想建党和制度治党紧密结合，依规治党和以德治党有机统一。全面从严治党成为党加强自身建设的一大关键词，"从严"二字，也已成为中国执政党建设的新常态。

"全面从严治党"战略通过进一步严明党的规章纪律，从制度层面解决影响党的先进性、纯洁性与创造力、凝聚力、战斗力的深层次问题，医治损害党的先进性和纯洁性的病症，剔除寄生在党的健康肌体上的毒瘤，从而遏制损害群众利益的不正当行为，使执政党的权力真正用之于对人民人权的保护，从而保持党同人民群众的血肉联系，在巩固党的执政基础的前提下确保党对人权事业的全面领导，这正是全面从严治党战略的人权意蕴。

一　执政党面临的风险

2016—2020 年是中国全面建成小康社会的决胜阶段，也是实现中国

---

① 习近平：《主动把握和积极适应经济发展新常态，推动改革开放和现代化建设迈上新台阶》，《人民日报》2014 年 12 月 15 日第 1 版。

人权事业持续发展的重要时期。在这个时期，要贯彻实施"十三五"时期宏伟的经济社会发展规划和国家人权行动计划，就需要进一步加强党对经济社会发展和人权事业的领导。然而，在全球化、信息化与改革开放的时代，党领导中国人民发展人权事业的前景尽管光明，但面临的挑战也是前所未有的，党能否实现执政党理念与执政方式的与时俱进，能否始终保持自身的先进性、纯洁性，能否不断提升执政能力并推进执政权力的健康运行，关系着"尊重和保障人权"的原则能不能落实，也关系到党能否实现对中国人权事业的全面和持续领导。

加强党的领导的同时也意味着要加强党自身的建设，提高党的执政能力和领导水平，提高党的拒腐防变和抵御风险的能力。然而，中国共产党在领导民众创造经济奇迹的同时，也史无前例地遇到了执政考验、改革开放考验、市场经济考验、外部环境考验"四大考验"，党自身的建设也存在着精神懈怠、能力不足、脱离群众、消极腐败的"四大危险"。可以说每一个考验、每一种危险都关系到党的生死存亡，那么，作为世界第一大执政党的中国共产党，如何经受考验，保持长期、全面执政的核心地位呢？

"办好中国的事情，关键在党。"这一重大论断，凝练地阐明了党在中国特色社会主义伟大事业中的核心作用。中国共产党是同参政党长期合作的唯一执政党，始终居于"领导核心"的位置，从立法、执法到司法，从中央部委到地方、基层，都在中国共产党的全面领导之下。这是中国政治体制的一大特色，也是中国共产党执政的一大特色。因此，"尊重和保障人权"的治国理政的基本原则要进一步贯彻落实，中国人权事业在实践中能否持续推进，都取决于中国共产党对人权问题的自觉意识和重视程度。因此，必须进一步加强中国共产党在人权事业发展中的核心地位和对中国人权事业的全面领导。

但是，从另一个方面来讲，由于执政党掌握和行使国家公权力，且鉴于我党长期执政的特点，因此，在强化党领导地位的同时，更需要加强对其公权力的科学化管理与规范监督。这是由公权力本身的双重属性所决定的。"公权力作为国家治理的重要工具，既具有巨大的塑造力和支配力，又具有巨大的扩张性和侵益性。一方面，任何社会都需要公权力，否则难以进行有效整合，也就难以凝聚力量实现整体目标，因此，对人类来说，公权力是一个必需品；另一方面，公权力天生具有扩张性和侵益性，既可以用来提升人民福祉，又可能滥用为私，甚至可能被用作一部分人压迫和剥削另一部分人的工具"。① 正因为公权力的这种"二重性"，在中国独特的政党格局中，执政党的权力建设，尤其是执政党的"党权"与公民的"民权"之间的关系问题，就具有了特别重要的意义。一般地讲，尊重人权的现实路径就是要加强公民的权利建设。而公民权利的保障与执政党权力的规范与制约是相辅相成的，"离开了对权力的规范与制约来谈权利保障，在权利建设的总体思路上往往会陷入'就权利而权利'的原地踏步，在建设路径上则往往成为'从权利到权利'的空谈"②。这就是说，在公民权利保障和执政党权力之间应该保持适度的平衡，这既是建设和谐社会的基础，也是实现社会主义法治的前提。

改革开放之初，邓小平就曾对党的建设总目标进行了认真的思考，首次提出了要研究解决"执政党是一个什么样的党"这一党的建设的重大问题。江泽民总书记在庆祝中国共产党成立 80 周年大会上的讲话中指出："我们党必须继续围绕在新的历史条件下建设一个什么样的党和怎样建设党这个基本问题，进一步解决提高党的执政能力和领导水平，提高拒腐防变和抵御风险能力这两大历史性课题，全面推进党的建设的新的伟大工程。"③ 党的十七届四中全会提出了执政党能否永远保持先进性的问题，全会指出："全党必须牢记，党的先进性和党的执政地位都不是一劳永逸、一成不变的，过去先进不等于现在先进，现在先进不等于永远先进；过去拥有不等于现在拥有，现在拥有不等于永远拥有。"④ 要求全党必须居安思危，增强忧患意识。胡锦涛在建党 90 周年的讲话中，第一次较为系统地概括了执政党面临的"四大考验"和"四大危险"。他说："执政考验、改革开放考验、市场经济考验、外部环境考验是长期的、复杂的、

---

① 江必新、王瑾：《热话题与冷思考——关于全面从严治党与权力管理科学化的对话》，《当代世界社会主义》2017 年第 1 期。

② 石文龙：《公民权利保障与中国执政党的权力建设》，《上海师范大学学报》（哲学社会科学版）2012 年第 3 期。

③ 北京市邓小平理论研究会编：《"三个代表"与理论创新——纪念中国共产党建党 80 周年论文集》，经济科学出版社 2001 年版，第 165 页。

④ 《中共中央关于加强和改进新形势下党的建设若干重大问题的决定》，《人民日报》2009 年 9 月 28 日 01 版。

严峻的。精神懈怠的危险，能力不足的危险，脱离群众的危险，消极腐败的危险，更加尖锐地摆在全党面前，落实党要管党、从严治党的任务比以往任何时候都更为繁重、更为紧迫。"①

党的十八大根据党面临的"四大考验"和"四种风险"以及全面建成小康社会的新任务，进一步指出："不断提高党的领导水平和执政水平、提高拒腐防变和抵御风险能力，是党巩固执政地位、实现执政使命必须解决好的重大课题。全党要增强紧迫感和责任感，牢牢把握加强党的执政能力建设、先进性和纯洁性建设这条主线，坚持解放思想、改革创新，坚持党要管党、从严治党，全面加强党的思想建设、组织建设、作风建设、反腐倡廉建设、制度建设，增强自我净化、自我完善、自我革新、自我提高能力，建设学习型、服务型、创新型的马克思主义执政党，确保党始终成为中国特色社会主义事业的坚强领导核心。"② 这段论述以"全面提高党的建设科学化水平"为重大命题统领党的建设；提出了"建设学习型、服务型、创新型的马克思主义执政党"的"三型政党"建设目标；并把纯洁性建设与执政能力、先进性建设一同作为党建设的"主线"，谋划了由"两个坚持""五大建设""四自能力"构成的相互联系的执政党建设战略新布局，开辟了马克思主义执政党建设的新境界，形成了在全面建成小康社会总布局中全面提高党的建设科学化水平的新逻辑。

值得指出的是，党的十八大报告提出建设"三型政党"，对党的建设总目标又作出了新的规定，进一步回答了"执政党是一个什么样的党？怎样建设执政党？"的问题。特别是，党的十八大报告首次提出了建设"服务型"政党，反映了党对执政规律认识的深化，体现了党科学建设权力观的趋势。

二　全面从严治党的时代要求

滋养权利、保障民权是执政党的重要职责与历史使命，实现这一职责和使命的现实路径就是加强对执政党的公权力的科学规范和严格监督，落

---

① 胡锦涛：《在庆祝中国共产党成立 90 周年大会上的讲话》，载《党政干部参考》2011 年第 7 期。

② 胡锦涛：《坚定不移沿着中国特色社会主义道路前进 为全面建成小康社会而奋斗——在中国共产党第十八次全国代表大会上的报告》，《求是》2012 年第 22 期。

实到党自身的建设上，则是从严管党、治党。党的十八大以来，以习近平同志为核心的新一届中央领导集体，带领全党向人民做出了"打铁还需自身硬"的庄严承诺，立下了全面从严治党的军令状。全面从严治党，着力解决管党治党失之于宽、失之于松、失之于软的问题，全方位扎紧制度的笼子，把权力关进制度的笼子里，防止公权力滥用对人权造成侵犯。由此观之，全面从严治党实际就是通过科学规范执政党权力以确保正确用权，限制与监督执政党权力以确保廉洁用权的方式，使执政党的权力真正用之于对公民人权的保护，从而达到保障党对人权事业的持续领导和全面领导的目标。因此，全面从严治党的出发点是治党、管党，落脚点则是促进和发展人权。或者说，全面从严治党的根本目的仍然是为人民谋利益。这里，我们从执政党权力合法性来源、执政党公权力科学管理与运作、对执政党公权力的监督与规范三个层面，来进一步解读全面从严治党对我国人权事业发展的深远意义。

（一）权为民赋与权为民用

2010 年，习近平出席中央党校秋季学期开学典礼时提出"权为民所赋，权为民所用"，对执政党权力的合法性来源做出解读，纠正"官本位""为民做主"的错误思想。"权为民所赋"表达的是国家的一切权力源于人民的授予，正如我国宪法第二条所规定的："中华人民共和国的一切权力属于人民。"就此而言，人民乃"权力之母"，执政党权力同样来自于人民的授予；"权为民所用"表达的是执政党行使执政权的最终目的，即尊重和保障人民的基本权利，在中国特殊的语境之中，就是保障"人民当家作主"的权利。"'权为民所赋'，'权为民所用'构成了中国共产党执政权力观的重要内容，也是中国语境中的人民主权的内容之一"[①]。

"权为民所赋，权为民所用"，落实到党的建设上就是"立党为公，执政为民"。人民群众创造历史是马克思主义的一个基本原理，毛泽东将其浓缩为"为人民服务"这一著名的"五字真言"。邓小平同志又将其演绎为"检验我们一切工作的标准"是"人民满意不满意、人民高兴不高

[①] 石文龙：《公民权利保障与中国执政党的权力建设》，《上海师范大学学报》（哲学社会科学版）2012 年第 2 期。

兴、人民赞成不赞成"。"三个代表"重要思想之一就是党要始终"代表最广大人民群众的最根本利益。"科学发展观的核心是以人为本，倡导"发展为了人民、发展依靠人民、发展成果由人民共享"。这些治党思想都反映了党对人民利益的高度重视。党的十八大报告通篇贯穿着"以人为本"的科学发展观，旗帜鲜明地突出了"人民至上"的主题思想。报告中"人民"一词出现 145 次之多，"民主"一词出现达 70 次之多，凸显出"把人民举过头顶"的执政观。党的十八大以来，以习近平同志为核心的党中央，在不断推进"全面从严治党"的进程中，将"人民至上"的思想贯穿于党"五位一体"的总体布局之中，更突显了从严治党思想的人民性意蕴："高度重视思想建设，始终把人民放在最高位置；不断加强组织建设，坚持对人民高度负责；从严加强作风建设，始终保持同人民群众的血肉联系；大力推进反腐倡廉建设，赢得人民群众的信任；突出制度建设地位，保障权为民所用。"①

党的十八大以来，我党转变执政理念和执政方式，强化工作作风建设，密切联系群众，更加注重民生建设，更好地谋民生之利、解民生之忧，使"立党为公，执政为民"的执政理念落到实处，推动我国人权事业更加务实、公平的发展。首先，"务实"体现在民生工程建设方面：一是棚户区改造，2013—2017 年将再改造各类棚户区 1000 万户；二是千方百计扩大就业，2013 年 2 月启动的"春风行动"在全国 31 个省份同步启动，为农民工送去岗位，为高校毕业生提供机会；三是实施居民收入倍增计划；四是让农民都能喝上干净水的饮水工程；五是七村八寨铺通条条坦途，等等。其次，"公平"体现为党和国家更加关注社会公平正义，促进发展人人平等的人民人权：一是通过教育扶贫、平衡教育资源等，逐步实现受教育机会公平；二是改革户籍制度、实行劳动合同、城乡居民按相同人口比例选举产生全国人大代表等，努力实现权利公平；三是消除特权，打破"潜规则"，实现规则公平；四是建立统一的城乡居民养老保险制度等，逐步实现城乡公平；五是实施精准扶贫、精准脱贫，分类扶持贫困家庭，低保政策和扶贫政策衔接，对贫困人口应保尽保等，努力实现贫困及弱势人群的权利救济与权利平等。

---

① 张琴：《习近平全面从严治党思想的人民性意蕴》，《求实》2017 年第 2 期。

（二）制度治党与依规治党

公民权利的充分实现离不开执政党权力的科学运行，实现对党的权力的科学管理，就是将公权力的副作用缩减到最小而其正能量发挥到最大。因此，科学的权力管理与运行，可以确保"严"落到实处，从而使从严治党最终转化为提升人民福祉的实际行动。要实现对党的公权力的科学管理，一方面，需要以法治思维和法治方式构建科学的制度体系，"扎紧制度的笼子"，将"权力关进制度的笼子里"；另一方面，则要依法执政、依规治党，实现公权力的科学化运作，真正"解决牛栏关不住猫"的问题。习近平强调指出："我们党要履行好执政兴国的重大历史使命、赢得具有许多新的历史特点的伟大斗争胜利、实现党和国家的长治久安，必须坚持依法治国与制度治党、依规治党统筹推进、一体建设。"[1] 这些论述都把依规治党和依法治国相提并论，作为车之两轮、鸟之两翼，依规治党被提高到了前所未有的高度。依规治党的提出，意味着党接受规则之治，是党的治理方式从"人治"到"法治"的根本转变，规则之治由此进入中国各个领域，再无特区与死角。因此，依规治党是我们党自身建设的一次革命，反映了我党运用法治方式和制度思维管党治党的科学性与自觉性。

全面从严治党，"严"字当头，依规治党对党的建设提出了更高要求，是对党员遵守法律基础上的从严要求，恰恰体现了全面从严治党的"严"字。从这个层面看，依规治党是依法治国思想的深入发展。党规不同于国法，宪法与法律是治国理政的"国法"，它调节的主体对象是 13 多亿公民，强调的是公民的法律责任；中国共产党党内法规纪律制度是管党治党的"党纪"，调节的对象是 8700 万中共党员，强调的是政治责任。以往我党管党治党的党规党纪较多套用"法言法语"，党内规则混同于国家法律，错把法律当成党内的纪律底线。[2] 由于纪律规矩没能挺在前面，管党往往退守至法律防线，只有严重违纪违法的领导干部才受到惩处，多数党员都不把纪律和规矩当回事。以往党员干部各种作风问题的滋生蔓

---

① 《习近平：坚持依法治国与制度治党、依规治党统筹推进、一体建设》，《人民日报》2016 年 12 月 26 日第 1 版。

② 王岐山：《坚持高标准，守住底线，推进全面从严治党制度创新》，《人民日报》2015 年 10 月 23 日。

延，与缺乏健全的党内法规制度密切相关，不改变以国法代党规的陋习，党员干部的日常作风纪律问题就难以及时纠正，党内监督、执纪、问责都无法落到实处。党的十八大以来，党内制度建设的一个突出特点就是，开始全面清除党内法规中套用"国法"的相关内容，执政党在治国理政与治党方面的法理依据开始区分：依"国法"治国理政，依"党章、党规"从严治党。例如，《中国共产党纪律处分条例》明确列出党内六大纪律的"负面清单"，架设了党内纪律"高压线"，把党纪挺在国法之前，从制度上保障了"全面从严治党"能够落到实处。

党的十八大以来，党中央高度重视党内法规制度建设，本着"力争到建党100周年时形成比较完善的党内法规制度体系"的目标，推动这项工作取得重要进展和成效。一系列具有标志性、关键性、引领性的法规制度陆续出台，包括：《新形势下党内政治生活若干准则》，《中国共产党党内监督条例（试行）》《关于改进工作作风、密切联系群众的八项规定》《中国共产党党内法规制定条例》《中国共产党党内法规和规范性文件备案规定》《中国共产党党组工作条例》《中国共产党廉洁自律准则》《中国共产党纪律处分条例》《中国共产党问责条例》，修订了《干部任用条例》。中组部先后印发了《关于进一步做好领导干部报告个人有关事项工作的通知》《关于严禁超职数配备干部的通知》《配偶已移居国（境）外的国家工作人员任职岗位管理办法》《关于进一步加强领导干部出国（境）管理监督工作的通知》，等等。据统计，党的十八大以来，党中央在首次开展党内法规清理的同时，已经陆续制定出台36件重要党内法规，其中准则1件、条例6件、规则6件、规定14件、细则9件。[①] 这些重要党内法规的出台，有力推动了党内法规体系建设和完善，使党的权力运行有法可依、有规可循，为提高党的执政能力和领导水平、推进党治理能力现代化提供了有力的制度保障。

（三）党内监督与严肃问责

权力是把双刃剑，运用得好，可以造福人民、治国兴邦；运用不好，则可能沦为权钱交易、以权谋私的工具。从我国现实的情况看，还存在一

---

①　以习近平同志为总书记的党中央全面从严治党纪实［EB/OL］. 人民网，http：//cpc. people. com. cn/n1/2016/0118/c64094 - 28061686. html. 2016 - 01 - 18.

些党员干部把公共权力据为己有，以公共权力谋求私利、贪赃枉法、贪污受贿、腐化堕落的现象。这些行为不仅对国家利益造成了重大损失，而且侵害了公民的基本权利，影响了党和政府的权威，妨碍了和谐社会的构建，必须对这些行为进行防范和惩治。而要有效地预防和惩治公权力的不正当行使，就必须加强权力制约，建立有权必有责、用权受监督、违法要追究的监督机制，使国家权力的行使者时刻不忘人民公仆的角色定位，使国家权力能真正做到取之于民、用之于民，真正做到"权为民所用，情为民所系，利为民所谋"。

党的十八大以来，习近平围绕全面从严治党发表的一系列讲话中多次指出："强化监督才能管住权力"，权力不论大小，只要不受制约和监督，都可能被滥用，所以，必须"把权力关进制度的笼子里"。习近平同志在十八届中央纪委二次会议上就提出："要加强对权力运行的制约和监督，把权力关进制度的笼子里，形成不敢腐的惩戒机制、不能腐的防范机制、不易腐的保障机制。"① 这里的"笼子"是制度，是党规，是法律。如果说，"笼子"是针对公权力的一种静态的界限限制，那么，监督就是针对公权力运行所进行的一种动态的管理约束。因此，党的十八大以来，我党加强党内监督与执纪问责，不仅仅停留在修订和发布一系列党内法规制度，而是通过抓巡视、广派驻等创新监督方式，落实主体责任，强化监督执纪问责，坚持有案必查、有腐必惩，治"裸官"、铺"天网"，坚持"苍蝇"、"老虎"一起打，务求全面从严治党得到切实贯彻执行。

党的十八大以来，党在加强党内监督与问责方面创新了以下工作方式方法：（1）把握党内监督主题，加强巡视工作。巡视监督是党内监督的突出创新，是落实党要管党、从严治党的有效手段。党的十八大以来，党中央从党内监督的战略性制度安排入手，高度重视巡视工作，陆续开展了多轮巡视，完成了对中国 31 个省区市和新疆生产建设兵团的全覆盖。（2）健全问责机制，派驻监督机构。权力与责任相统一，权力以责任的存在为前提。因此，加强党内监督，就要发挥问责制度的作用，督促党员领导干部正确使用权力。强化党内监督，必须要强化责任追究。党的十八

---

① 习近平：《树立和发扬"三严三实"的作风》，《习近平谈治国理政》，外文出版社有限责任公司 2016 年版，第 388 页。

大以来，纪委作为党内专职监督机构，坚持有责必问、问责必严，扎实推进了党内监督。据统计，仅2015年一年内，"就有4万多人因违反八项规定被查处、27个'不收敛、不收手'的老虎被严查、860名外逃人员落入'天网'、几千名党组织'一把手'被问责、省一级巡视完成任务2512个。"① 在明确监督职责的同时，中央纪委还向党和国家机关派驻机构监督执纪问责，共派出47个纪检组，进驻139家中央一级党和国家机关，实现了党内权力监督的全覆盖。② （3）创新监督方式，实现常态化监督。党的十八大以来，通过党的群众路线教育活动、"三严三实"专题教育活动和"两学一做"学习教育活动，党内政治生活更加健全，使一些不良风气得到及时纠正。批评和自我批评是我们党的优良传统，也是严格党内生活、加强党内监督的有效方式。批评和自我批评坚持问题导向，正视存在的缺点，使各级党的民主生活会提高了质量和水平，实现了常态化监督。

第三节　全面从严治党反对特权

一　特权现象的产生原因

特权现象是人类社会客观存在的一种超越大众权利而为个别或少数人享有绝对自由和特殊权利的现象。特权是一般人享受不到而仅仅为个别或少数人享有的权利，这种权利具有排他性、竞争性、垄断性等特征，是个别或少数人享有更多、更大、更不受约束的自由和权利，而其他人只享有普通的、受到更多支配和约束的自由和权利。马克思将特权称作"例外权"，即要求别人遵守但自己却可以享受例外的权利。马克思认为，特权建立在私有财产权的基础上。尤其在封建专制社会和资本主义社会，整个国家制度都建立在私有财产的基础上。"具有各自的细微差异的商业和工业，是各种特殊的同业公会的私有财产。宫廷官职和审判权等等，是各个特殊等级的私有财产。各个省是各个王侯等等的私有财产。为国效劳是统

---

① 《全面从严治党，夺取更大胜利》，《光明日报》2016年1月15日。

② 周敏凯、时晓建：《"全面从严治党"新常态阶段党建制度的创新及其特点》，《学习与探索》2016年第5期。

治者的私有财产。圣灵是僧侣的私有财产。……主权，这里指民族，是皇帝的私有财产。"① "在中世纪，权利、自由和社会存在的每一种形式都表现为一种特权，一种脱离通则的例外，在这里，不能忽视这样一个经验事实：这些特权都以私有财产的形式表现出来。这种吻合的一般根据是什么呢？就是：私有财产是特权即例外权的类存在。"② 特权是对人的自由和权利的侵蚀，是对人类文明进步的挑战，是人类社会发展中的毒瘤，自古以来就一直存在并深刻地危害着社会的公平正义。不管是原始社会、奴隶社会、封建社会还是资本主义社会，都是一部分人享有特权，而另一部分的权利被不断剥夺并因而奋起抗争的过程。列宁在谈到俄国的专制主义的时候一针见血地指出：专制制度是一种最高权力完全地整个地（无限制地）由沙皇独占的管理形式。沙皇颁布法律，任命官吏，搜刮和挥霍人民的钱财，人民对立法和监督官吏一概不得过问。因此，专制制度就是官吏和警察专权，而人民无权。俄国全体人民备受无权的痛苦，有产阶级（特别是富有的地主和资本家）却可以任意左右官吏。工人阶级的痛苦是双重的：一方面是由于全国人民的无权；另一方面是由于工人受迫使政府为自己的利益服务的资本家的压迫③。

中国共产党领导的新民主主义革命和无产阶级革命消灭了剥削和压迫，消除了封建特权和资产阶级特权，建立了人民民主专政的社会主义国家。为了跳出人类历史上政权更替的周期律，以及为了防止特权和腐败的侵蚀而导致人亡政息，中国共产党带领全国各族人民进行了积极的探索，建立了人民代表大会制度、政治协商制度、统战制度等一系列有利于保障全体人民权利的制度设计，党和国家领袖以及各级领导干部以身作则、带头垂范、厉行节约、抵制腐败、反对特权，极大地减少了特权现象。但是，社会主义制度下特权现象并没有根除和消失，各种滋生特权现象的温床和土壤依然存在，在适当的条件下甚至会出现反弹和抬头。特权现象屡禁不止，反复出现，不仅表明了特权现象具有顽强的生命力，而且表明了特权现象产生机制的复杂性，更表明了反对特权现象的艰巨性。特权的产

① 《马克思恩格斯全集》第 3 卷，人民出版社 2002 年版，第 136 页。
② 《马克思恩格斯全集》第 3 卷，人民出版社 2002 年版，第 316 页。
③ 列宁：《俄国社会民主党中的倒退倾向》（1899 年底），《列宁全集》第 2 版，第 4 卷，第 219—220 页。

生有深厚的社会经济文化土壤，只要存在资源和权力的分配，以及只要存在等级和差异，拥有支配权利的个人和少部分人就倾向于拥有和享受凌驾于其他人之上的特权，就必然有特权和特权现象的产生，它不以人的意志为转移，也不可能因为社会制度的改变而改变。面对盘根错节的利益关系和复杂的人性心理，中国共产党一直以人民的利益和大众的权利为重，客服重重困难，采取一切措施反对和遏制特权和特权现象。尤其是党的十八大以来，以习近平总书记为首的党中央，不忘初心，以人民的名义，不畏艰险，攻坚克难，大力推动依法治国，将权力关进制度的笼子，掀起了历史上前所未有的反腐败和反对特权行动。

特权和特权现象的顽固性和周期性存在，表明特权具有顽强的生命力和强大的社会基础，同时也表明彻底根除和完全禁止特权是极其艰难的。新中国成立以后，中国共产党领导全国各族人民从制度上、思想上消除了剥削阶级和特权阶级，进入了法律上人人平等、人民当家作主的社会主义社会。但是，法律上的人人平等并不能保证事实上的人人平等。事实上，在中国共产党的长期执政过程中，以及在中国社会经济的不断转型发展过程中，一些党员干部逐渐忘记了党的宗旨和艰苦奋斗的作风。享乐主义和特权思想逐渐抬头，工作中高高在上，官僚习气越来越重，排场越来越大，与人民群众的距离越来越远，一些党员干部甚至走到了党和人民的对立面。同时，通过改革开放先富起来的一部分人，在获取和拥有经济优势的同时，也开始寻求政治上的优势地位。公权和私权的结合、政治资本和商业资本的结合，以及各种优势阶层的结合，加剧了中国社会的阶层分化，催生了一批法律上不允许但事实上客观存在的特权阶层，助长了特权思想、特权行为和特权现象的兴起。

造成特权思想、特权行为和特权阶层抬头和兴起的原因很多，既有社会的原因，又有个人的原因，还有制度的原因，如缺乏有效的监督尤其是外部监督，人性的趋利性和不确定性，政治人和经济人角色的交织错位，等等。但是不可否认，我国在制度设计方面的漏洞和不严谨，是特权思想和特权现象兴起的关键原因。由于我国几千年来的人情文化和人治思想的影响，我国的各项制度设计其实一直隐含着四种制度形态，即正式制度、非正式制度和显性制度和隐性制度。正式制度具有外部合法性但却不一定合理，非正式制度不具有外部合法性但却可能在组织内部获得缄默的认可；正式制度可能是显性的，也可能是隐性的（如特供制度），非正式制度也并非一定是隐性的，它也可以是显性的（如习俗、风俗）。这种模糊的和软化的制度设计，淡化了合理和合法、隐性和显性、内部合法性和外部合法性的边界，使得不合理和不合法的事情可能通过某些变通的方式获得合理性和合法性，从而助长了特权思想、特权行为和不法行为的产生。譬如，我国长期存在的特供制度是一种正式的、隐性的合法制度，但对于广大人民群众来说这种制度并不一定合理，甚至特供制度本身就意味着特权思想。又譬如，针对干部子女设置干部子弟学校是一种合法的、隐性的正式制度，但它同样有违社会主义的公平正义；再譬如，公务接待制度是一种正式的、显性的合法制度，但是，公务接待中的公款吃喝和超标准接待，是中央三令五申严厉禁止的违法乱纪行为，但却是各级政府部门内部缄默认可的隐性制度①。正式制度或显性制度设计上的软约束，非正式制度或隐性制度的大行其道，以及四者之间可能的交叉存在，为我国特权思想和特权行为的滋生和兴起留下了空间和机会。因此，消除和遏制特权思想和特权现象，需要多管齐下，尤其需要强化正式制度的硬约束，消除隐性制度的生存空间，尽可能地减少制度漏洞。

二 中国共产党治理特权现象的方略

党的十八大以来，以习近平同志为核心的党中央，全面认识和把握中国社会经济发展的规律和特点，深谙特权现象产生的社会基础、政治逻辑和运作机理，清醒地认识到特权现象对中国社会主义民主政治的严重危害，从顶层设计开始，全面从严治党，大刀阔斧地整顿吏治，大力压缩特权空间，全力反对腐败，着力推进社会主义公平正义，为保障和发展个体的公民权利提供了光明的前景。新一代党中央并不讳言特权现象的存在，习近平指出：在我们的一些干部中，特权思想、特权现象还是比较严重的。从上到下，违规占有多套住房的，违规占用公家车辆的……明里暗里

① 关于正式制度和非正式制度，以及显性制度的隐性化和隐性制度的显性化的精彩分析，参见严霞、王宁《"公款吃喝"的隐性制度化——一个中国县级政府的个案研究》，《社会学研究》2013 年第 5 期。

为亲属升官发财奔走的，以权枉法的，这样的干部不乏其人啊！"这些特权现象严重损害了社会公平正义，引起了群众极大不满。我们决不能见怪不怪啊！"① 习近平很早就对特权思想、特权行为和特权现象发出了警告，他旗帜鲜明地指出："任何组织或者个人，都不得有超越宪法和法律的特权。一切违反宪法和法律的行为，都必须予以追究。"② 针对中国共产党作为执政党和中国政府作为行政主体，习近平以高度的政治智慧和强烈的时代使命强调："依法治国，首先是依宪治国；依法执政，关键是依宪执政。新形势下，我们党要履行好执政兴国的重大职责，必须依据党章从严治党、依据宪法治国理政。党领导人民制定宪法和法律，党领导人民执行宪法和法律，党自身必须在宪法和法律范围内活动，真正做到党领导立法、保证执法、带头守法。"③ "行政机关是实施法律法规的重要主体，要带头严格执法，维护公共利益、人民权益和社会秩序。执法者必须忠实于法律。各级领导机关和领导干部要提高运用法治思维和法治方式的能力，努力以法治凝聚改革共识、规范发展行为、促进矛盾化解、保障社会和谐。要加强对执法活动的监督，坚决排除对执法活动的非法干预，坚决防止和克服地方保护主义和部门保护主义，坚决惩治腐败现象，做到有权必有责、用权受监督、违法必追究。"④ 针对干部队伍中的少数关键，习近平总书记对各级领导干部发出了忠告："各级领导干部要带头依法办事，带头遵守法律，牢固确立法律红线不能触碰、法律底线不能逾越的观念，不要去行使依法不该由自己行使的权力，更不能以言代法、以权压法、徇私枉法。要建立健全违反法定程序干预司法的登记备案通报制度和责任追究制度。"⑤ 可以说，新一代党中央和领导核心，对于特权现象的本质、

---

① 习近平：《依纪依法严惩腐败，着力解决群众反映强烈的突出问题》，中央文献研究室编：《十八大以来重要文献选编》（上册），中央文献出版社 2014 年版，第 137 页。

② 习近平：《在首都各界纪念现行宪法公布施行 30 周年大会上的讲话》，人民出版社 2012年版。

③ 习近平：《在首都各界纪念现行宪法公布施行 30 周年大会上的讲话》，人民出版社 2012年版。

④ 习近平：《坚持法治国家、法治政府、法治社会一体建设》，载《习近平谈治国理政》，外文出版社有限责任公司 2016 年版，第 145 页。

⑤ 习近平：《促进社会公平正义，保障人民安居乐业》，载《习近平谈治国理政》，外文出版社有限责任公司 2016 年版，第 149 页。

特权现象的主体和特权现象的治理有着清醒的认识和坚定的信心。

　　针对中国社会屡禁不绝、隐性存在的特权现象，新一届党中央和中国政府，紧紧依靠宪法、法律和广大人民群众，大力推进依法执政和依法治国，通过堵漏洞（建章立制）、强基础（增强党员干部素质，提高执政能力和执政水平）、讲法治（依法治国）、重疏导（廉政教育）等铁腕手段和严厉措施，全力抵制和反对特权现象，大力营造社会主义的公平正义，取得了举世瞩目的成就。首先是堵漏洞。制度设计有漏洞，制度约束软性化，法律不长牙齿，是导致一个社会特权现象和潜规则盛行的根本原因。就像邓小平同志所说的那样：好的制度能使坏人变好，坏的制度能使好人变坏。同样，只有良好的、健全的制度才能预防特权现象的产生。为了反腐倡廉，反对特权思想和特权现象，中共中央先后颁布或印发了《关于改进工作作风、密切联系群众的八项规定》《六项禁令》《中国共产党纪律处分条例》《关于新形势下党内政治生活的若干准则》《中国共产党党内监督条例》等一系列党规党纪，并对《中国共产党章程》进行修订，再次重申和明确"党除了工人阶级和最广大人民群众的利益，没有自己特殊的利益。党在任何时候都把群众利益放在第一位，同群众同甘共苦，保持最密切的联系，坚持权为民所用、情为民所系、利为民所谋，不允许任何党员脱离群众，凌驾于群众之上"。这一系列党规党纪，弥补了制度上的短板和漏洞，极大地压缩了特权空间，显示出强大的威慑力和震慑力。随着制度设计的完善和制度执行的严厉，各级官员的特权现象有所减弱。其次是强基础。党员干部的意志是否坚强、立场是否坚定、态度是否分明、意识是否清醒、素质是否合格、道德是否高尚，与特权思想和特权行为有着密切的联系。自身素质过硬，才能自觉拒腐防变，才能自觉抵制特权思想和特权行为。有的党员干部多贪多占公车公房，生活特殊化，以权谋私，贪污受贿，高高在上，与自身素质不过硬有着很大的关系。在贪欲、面子、虚荣心、高人一等、有权不用过期作废等等庸俗思想和不良作风的冲击下，自然滋生特权思想和特权行为。面对党员干部可能产生的特权思想和特权行为，中国共产党历来重视党员干部的教育和再教育，先后开展过整党整风运动、三讲教育（讲学习、讲政治、讲正气）、"三个代表"重要思想学习教育活动、保持共产党员先进性教育活动、学习实践科学发展观活动、党的群众路线教育实践活动等一系列旨在增强党员干部素质的教育活动。尤其是党的十八大以来的群众路线教育实践活动，有的放矢，直接针对新时期干群关系紧张，一部分党员干部脱离群众，大搞特权主义的弊病，具有极强的现实意义。三是讲法治。法律是治国之重器，也是预防、反对和惩治特权现象的利器。只有依法治党、依法治国、依法治吏，才能摆脱特权思想和人治模式的影响，才能实现国家治理体系和治理能力的现代化。党的十八大以来，新一届党中央和中央政府，一方面坚持反腐拒变，反对特权；另一方面又区别对待，分化瓦解。对于贪污腐败，坚持老虎苍蝇一起打和零容忍原则，发现一起查处一起。反腐力度和规模空前，老虎苍蝇纷纷落马，受到应有的惩罚，取得了显著的成效。对于特权现象，则坚持教育疏导为主，法律惩戒为辅。通过思想教育、廉政教育、监狱参观、个案剖析、专家普法等等手段，警钟长鸣，惩前毖后，治病救人。

三　防范特权对立法行为和司法行为的干预

立法和司法是一个国家法治建设的核心和根本，立法是创制法律法规，司法是执行法律法规，二者事关社会主义的公平正义和安定有序。立法和司法还和公民的政治权利和政治自由紧密联系在一起，没有立法和司法的保驾护航，公民的政治权利和政治自由就无法实现。立法和司法的重要意义决定了它们在国家权力体系中享有独特的地位。在我国，特殊的国情决定了我国立法、司法与行政之间的特殊关系。中国共产党是我国的执政党，领导全国的立法、行政和司法，同时，由于长期以来我国行政力量都比较强大，导致党政部门在立法和司法过程中有着举足轻重的影响力，客观上决定了立法、行政和司法之间权力和地位的不平等和不均衡。一部分领导干部尤其是各级党政部门"一把手"，常常利用手中掌握的党政权力，通过递条子、打招呼、下命令等各种隐性或显性的方式干预立法和司法过程，严重损害了司法和立法的公正性，侵害了人民的基本人权。在一段时期发生的拉票贿选、阻截上访民众、暴力执法等案件，背后或多或少都有特权的影子。一部分领导干部利用手中的党政权力，扶持自己中意的候选人或利益相关者，打击压制自己排斥或者与自己形成竞争关系的候选人和利益竞争者，或者利用手中的权力，打击报复举报人，偏袒和庇护某些利益相关者，严重侵犯了公民的政治权利和基本人权。

　　防范和打击领导干部对立法和司法的干预，首先有助于规范党务部门和行政部门的权力运行，减少人治和特权现象。我国的立法、行政和司法不同于西方国家的三权分立，国家政权是在党和政府的领导下实施的，立法、行政和司法是一个有机的统一体。这种体制有利于党的集中统一领导，有利于政府集中力量办大事、办难事，有利于人民群众的参政议政。但是，党政部门的强大必然削弱立法和司法部门的独立性和自主性，为党政领导干部干预立法和司法创造了便利条件。打击和防范特权行为，让党政权力回归执政、行政和服务的本质，才能均衡党政、立法和司法部门之间的关系，才能让一切权力在法律的监督和约束之下阳光运行，才能真正保障公民的参与权、自由表达权、申辩权等政治权利。其次，有助于维护法律的尊严，增强法律的公信力和执行力。立法和司法是一项高度复杂、需要专门知识和技术的法律活动，有自身的内在逻辑和运作特点。如果任由特权行为的介入和干预，潜规则盛行，人治代替法治，法律就会形同虚设，失去应有的公信力和效力。正是由于立法和司法行为的弱化和特权行为的介入，才造成我国现实生活中个别领导干部以权压法、以言代法、贪赃枉法、徇私舞弊等一系列违法犯罪现象的存在。源头上还是权大于法的思想和行为根深蒂固地存在。打掉特权现象，就是要从源头上打掉权大于法、权力不受监督和约束的思想根源。第三，有助于促进公民政治生活的规范化、有序化和法治化，增强公民的参与感和主人翁意识。在一个特权盛行，权大于法，一切取决于领导干部个人喜好，毫无法律和规则约束，一切充满偶然性和不确定性的政治环境中，是不可能有真正的人民民主的。选择什么和怎样选择并不取决于个人意志，人民群众的参与感、存在感和主人翁意识都会大大降低。打击和防范特权行为，就是要真正做到权为民所系，权为民所用，发挥社会主义民主政治的优越性，真正让人民群众当家作主。

　　党的十八大以来，新一届党中央全面实施从严治党。在打击和防范特权现象，保障公民的政治权利和政治自由方面采取了许多切实有效的措施，取得了阶段性的成果。首先是严明宪法的根本地位和崇高地位，明辨了法律法规和党规党纪的关系，澄清了"党大还是法大""权大还是法大"这些思想上的困惑，从而在思想上、意识形态上、法律上将特权现象连根拔起。其次，通过立规矩，将权力关进制度的笼子。权力的任性是产生特权和腐败的根源，如何将权力关进制度的笼子，是世界各国共同面临的难题。党的十八大以来，以习近平同志为核心的党中央，通过不断确立和完善新规矩、新制度，从各个方面编织关押权力的网络和笼子，对领导干部的权力进行约束和限制。如《八项规定》《八项禁令》《关于新形势下党内政治生活的若干规定》《中国共产党党内监督条例》等等，并修订了《中国共产党纪律处分条例》《党章》等党规党纪。这些党规党纪源于相关的法律法规，但又高于相关的法律法规，它们专门针对党员领导干部，对于党员领导干部的要求更高更严。第四，釜底抽薪，削减产生和运行特权行为的资源条件。特权的产生和运行需要一定的资源条件，既包括职位、职务、资金、项目、办公条件、公务车辆等有形资源，也包括由职位和职务而衍生的权威、动员能力、社会资本、网络关系等无形资源。一部分党员干部，正是利用手中掌握的有形或无形的资源条件，大搞特权行为。预防和反对特权行为，必须从资源条件上进行限制和约束。譬如，严禁超标占用办公用房和公务用车，严禁奢侈浪费，严禁新建楼堂馆所，严禁党员干部和商人拉拉扯扯，严禁党内拉帮结派等等。通过思想上、制度上和资源上的限制和约束，极大地压缩了特权空间，减少了特权现象的产生。

四　防范特权对民商事务和经济活动的干预

民事行为、商事行为和经济活动主要与公民的人身权利、财产权利和经济权利联系在一起。

民事、商事和经济领域，恰恰也是容易受到外部权力干预的领域。一些领导干部利用手中的权力开辟寻租空间，干预社会经济活动和民事活动，从中谋取利益。他们或者在市场准入中设置障碍，提高门槛，故意刁难；或者官商勾结，利用强大的公共资源获取不当商业利益；或者凭借国有资源优势，自定规则，自设禁区，与民争利；或者多拿多占，超标或违规使用公共资源；或者干预司法和执法过程，制造社会不公和冤假错案，有的甚至利用手中的特权，调动国家安全力量介入经济和民事纠纷。近年来，每一起重大的社会事件，每一个冤假错案背后，常常都有特权和腐败的影子。这些特权和腐败行为，违背了市场经济原则，干预了正常的社会经济活动，损害社会公平正义，侵犯了公民的基本人权，引起了人民群众的严重不满。这就要求各级领导干部必须严肃纪律，坚持党性，依法行政，并且处理好政商关系。

在政商关系方面，习近平早在担任浙江省委书记的时候，就对政商关系有过精辟的论述。他认为，新型的政商关系，概括起来就是"亲"和"清"两个字。对领导干部而言，所谓"亲"，就是要坦荡真诚同民营企业接触交往，特别是在民营企业遇到困难和问题情况下更要积极作为、靠前服务，对非公有制经济人士多关注、多谈心、多引导，帮助解决实际困难；对民营企业家而言，所谓"亲"，就是积极主动同各级党委和政府及部门多沟通多交流，讲真话，说实情，建净言，满腔热情支持地方发展。对领导干部而言，所谓"清"，就是同民营企业家的关系要清白、纯洁，不能有贪心私心，不能以权谋私，不能搞权钱交易；对民营企业家而言，所谓"清"，就是要洁身自好、走正道，做到遵纪守法办企业、光明正大搞经营。他还特别提醒：同企业家打交道一定要掌握分寸，公私分明，君子之交淡如水①。

五　防范特权对社会生活和文化教育的干预

社会生活领域和文化教育领域是公民休养生息、进行日常交往、充实提升自我的重要领域，公民在这些领域享有社会权利和文化教育权利。社会生活领域和文化教育领域同样是容易滋生和盛行特权思想和特权行为的领域，社会权利和文化教育权利常常受到特权的干预，而且，因为社会生活领域和文化教育领域大都贴近老百姓的日常生活，因而人们对于这些领域的特权现象更加敏感，感受也最深。

在法治环境尚不健全的情况下，封建等级思想和特权思想还有很大的生存空间，社会生活领域和文化教育领域的特权现象并不鲜见。譬如，在公务出行当中，一些领导干部前呼后拥，声势浩大，并且利用手中的特权干预交通管控，甚至因为领导干部个人原因而延缓公共交通的出发时间，造成公共交通晚点或断点，从而严重影响公共交通和群众的正常生活秩序。又譬如，在公共场所或公共活动中，一些领导干部处处享受特殊权利，譬如单独参观、提前参观、免费参观，活动结束后走特殊通道、单独

---

① 习近平：《之江新语》，浙江人民出版社 2007 年版，第 38、95、98 页。

通道、提前离开、优先离开等。再譬如，在社会管理工作中，一些领导干部利用特权干预社会活动，挪用、占用相关资金，如社保基金、三农补贴、救灾款项等等。在文化创作活动中，一些领导干部明明创作水平不高，但却依然可以获得各种奖项和荣誉称号，甚至可以轻松入选各种专业协会。在各级各类教育活动中，一些领导干部可以轻松进入名牌大学攻读任何专业，可以不经考试和答辩就获得学位；一些领导干部利用手中权力，干预招生录取，篡改应试者成绩和排名，用冒名顶替者取代合法考生，严重侵害甚至剥夺某些合法考生的教育权利；一些领导干部利用特权为自己的子女谋求特殊加分和照顾政策，从而享受更优质的教育资源，等等。可见，社会生活领域和文化教育领域同样是特权行为的重灾区，它严重干扰人民群众的正常生活秩序和切身利益，是产生社会不公的重要根源。

面对社会生活和文化教育领域中严重侵害群众社会权利和文化教育权利的特权行为，中国共产党和中国政府积极采取措施去防范和打击这些人民群众感受强烈、呼声最高的特权行为和腐败行为。

首先是要求各级领导干部树立正确的权力观，严以用权。习近平总书记多次告诫各级领导干部要树立正确的权力观，要爱惜权力、敬畏权力和严以用权，即便是政治局的同志，也不能有权力优越感。2013 年 1 月 22 日，在中国共产党第十八届中央纪律检查委员会第二次全体会议上的重要讲话中，习近平总书记指出："各级领导干部都要牢记，任何人都没有法律之外的绝对权力，任何人行使权力都必须为人民服务、对人民负责并自觉接受人民监督。要加强对一把手的监督，认真执行民主集中制，健全施政行为公开制度，保证领导干部做到位高不擅权、权重不谋私。"① 2014 年 3 月 9 日，习近平总书记在中华人民共和国第十二届全国人民代表大会第二次会议安徽代表团参加审议时，作了"三严三实"重要讲话，即"既严以修身、严以用权、严以律己；又谋事要实、创业要实、做人要实"。其中，关于严以用权，就是"要坚持用权为民，按规则、按制度行使权力，把权力关进制度的笼子里，任何时候都不搞特权、不以权谋

---

① 习近平：《将权力关进制度的笼子》，载《习近平谈治国理政》，外文出版社责任有限公司 2016 年版，第 388 页。

私。"为了落实总书记系列讲话,全国掀起了"三严三实"专题教育,对于党员干部树立正确的权力观,严以用权发挥了很好的教育作用。通过树立正确的权力观和严以用权,明确了领导干部权力的来源、宗旨和使用,避免了特权思想和特权行为的产生,减少了特权对社会生活和文化教育生活的干扰。

其次是完善各项社会管理制度,堵塞制度漏洞,确保公民的社会权利和文化教育权利。社会管理制度涵盖的范围非常广泛,包括了社会保障制度、信访制度、收容遣送制度(已废除)、救助制度、福利制度、晋升制度、退休制度、高考加分制度等等。制度上的漏洞,往往为特权行为创造了空间和机会。譬如,在社会保障制度方面,由于缺乏公开性和透明性,以及由于缺乏有效的外部监督,在社会保险、优抚安置、社会福利等各个方面都可能受到特权的干扰,如资源和资金可能被挪用,或者被分配给一些关系户和特权户,而一些真正的无收入、低收入或特殊群体并没有享受到应得的社会福利。在高考加分制度方面,一些领导干部利用特权为亲属或子女谋取非法利益,或冒名顶替获得入学资格,或篡改分数获得优秀成绩,或伪造虚假证书获得加分资格等等。在文凭制度方面,一些领导干部利用特权获得博士、硕士等高级学位或教授、工程师等职称头衔。针对这些制度漏洞和不正之风,党的十八大以来,新一届党中央和中央政府着力推进社会管理制度创新,大力削减特权行为和寻租空间,有效遏制了特权行为对社会权利和文化教育权利的侵害。譬如,在2014—2016年间,中组部组织开展了干部人事档案专项审核工作,从严管理监督干部,重点是查核"三龄二历一身份",让假档案、假文凭、假党龄、假年龄、假工龄、假经历、假身份无从藏身,那些档案存在问题的干部将暂停或失去提拔资格。在两年时间里,工作组通过调取原始户籍材料、学历学位认证、物证鉴定等方式查核了64.5万人的信息;针对档案材料不齐全不完整的问题,补充完善了2549万份材料。充分发挥典型案例的震慑教育作用,对安监总局原党组书记、局长杨栋梁等5起干部人事档案造假典型案例进行通报。各级组织人事部门以"零容忍"的态度,对审核中发现的干部档案造假问题进行了严肃查处①。专项工作反过来规范和强化了文凭管理

---

① 新华社:《全国干部人事档案专项审核工作基本完成》,载中国共产党新闻网,http://renshi.people.com.cn/n1/2016/1203/c139617 - 28922620.html。访问时间:2021年6月16日。

制度、社会诚信制度、教育管理制度等等，从而维护了公民的社会权利和
文化教育权利。

第三是规范领导干部的个人活动、公务活动和社会活动，减少对公民
社会权利的侵害和干扰。由于领导干部身份的特殊性和社会影响的外溢
性，不管是领导干部的个人活动，还是领导干部的公务活动或社会活动，
往往可能会对公民的社会权利和文化教育权利产生影响。如管制或封闭交
通、超规格接待、享受特殊权益等，损害了群众的生活秩序和切身利益，
严重损害了党的形象和威望。因此，领导干部的个人活动、公务活动和社
会活动都必须受到严格限制。中央的《八项规定和六项禁令》，不仅规范
了领导干部的个人活动和公务活动，而且规范了领导干部的集体活动和社
会活动。譬如，严格控制以中央名义召开的各类全国性会议和举行的重大
活动，不开泛泛部署工作和提要求的会，未经中央批准一律不出席各类剪
彩、奠基活动和庆祝会、纪念会、表彰会、博览会、研讨会及各类论坛；
要改进警卫工作，坚持有利于联系群众的原则，减少交通管制，一般情况
下不得封路、不清场闭馆；严禁用公款搞相互走访、送礼、宴请等拜年活
动；严禁向上级部门赠送土特产；严禁超标准接待；严禁违反规定收送礼
品、礼金、有价证券、支付凭证和商业预付卡，等等。为了规范和限制领
导干部的个人活动、公务活动和社会活动，党中央和国务院还颁布了一系
列专项规定。如《关于领导干部报告个人事项的有关规定》《关于规范退
（离）休领导干部在社会团体兼职问题的通知》《关于党政机关领导干部
不兼任社会团体领导职务的通知》《关于严格规范领导干部参加社会化培
训有关事项的通知》等，对领导干部的个人事项、社会兼职、社会培训
等进行了规范和限制。

第四节　严惩领导干部侵犯人权的腐败行为

腐败是毒害人类社会的毒瘤。人类社会自古以来的历史经验已经表
明，任何一个政府的覆灭虽然是多种因素综合作用的结果，但是，来自政
权内部的腐败则是这些诸多因素当中最致命的一个。在当今世界，虽然恐
怖犯罪、有组织犯罪等犯罪危害国家和社会安全，给人们也造成了极大的
心理恐慌，然而，这些犯罪都属于"外发性犯罪"，如果这些犯罪组织不

能渗透、腐蚀国家公职人员，它们在社会中是无法长期存在与发展的。相比之下，腐败犯罪则是"内源性犯罪"，是由掌握国家公共权力的人为谋取私利而实施的犯罪，通常也会对其他犯罪推波助澜，起到"开绿灯""打保护伞"的作用。可见对一个国家和社会的稳定而言，没有什么问题比来自社会内部的腐败带来的威胁更严重了。正如《联合国反腐败公约》序言中所指出的："腐败对社会稳定与安全造成问题、构成严重威胁，它破坏民主体制和价值观、道德观和正义并危害着可持续发展和法治。"今天，反腐败也成为国内外各界的共识，各国都在不断探索建立防止、惩戒和杜绝腐败的措施和机制。

在一段时期，我国腐败现象呈高发态势，党内存在的腐败问题呈现出面广、量大、层次高和贪腐涉及金额巨额化的特点。坚决惩治腐败，是以习近平同志为总书记的新一届党中央全面从严治党的重点内容。习近平多次强调，腐败问题对我们党的伤害最大，严惩腐败分子是党心民心所向。党的十八大以来，我们党坚持"老虎""苍蝇"一起打，以"零容忍"态度和高压态势惩治腐败，深入推进反腐败斗争。一批高级官员因为严重违法违纪落马，多位省部级高官相继被查。除此之外，一些大案要案相继进入司法程序并宣判；曾经身居高位的薄熙来、刘志军、黄胜、田学仁、周永康、徐才厚、令计划、苏荣等被依法追究刑事责任。经过坚持不懈的努力，反腐败斗争压倒性态势正在形成，使"不敢腐"的震慑作用充分发挥，"不能腐""不想腐"的效应初步显现，这同时也增强了人民群众对党的信任和支持。

国家"十三五"规划纲要提出，要"坚决整治和纠正侵害群众利益的不正之风和腐败问题"①，坚持有腐必反、有贪必肃，巩固反腐败成果，构建不敢腐、不能腐、不想腐的有效机制，努力实现干部清正、政府清廉、政治清明，为经济社会发展营造良好政治生态；把权力关进制度的笼子，强化权力运行制约和监督，坚持用制度管权管事管人，铲除权力腐败的温床，让人民监督权力，保证权力在阳光下运行。规范领导干部职责权限，建立科学的问责程序和制度，强化领导干部经济责任审计。健全政府内部权力制约机制，加强对权力部门的监察和审计监督。

---

① 《中华人民共和国国民经济和社会发展第十三个五年规划纲要》，人民出版社2016年版。

一　反腐就是保人权

腐败，不仅是社会的毒瘤，也是人权的天敌。腐败，从本质上讲，就是运用公共权力谋取私人利益的行为。从贪污受贿到滥用职权，从权钱交易再到包庇犯罪，这些行为都属于公权私用、以权谋私行为，严重侵犯和践踏了公民的基本权益。在社会主义社会中，人权是人民的权利的体现，而干部手中掌握的公权力是人民赋予他们的，只能用来为人民谋利益，而决不能为干部自己包括为他们的亲朋好友谋私利。用人民赋予他们的公权力谋私利的腐败行为，从根本上说，都是侵犯人权的行为。从这个意义上，我们完全可以说，腐败是"反人权"，反腐败是"保障人权"。如果不能有效遏制腐败，就谈不上对大多数人，特别是对弱势群体的人权保障；如果不能切实保障人权，以权利限制权力，也就无法有效预防和惩治滥用权力实施的腐败犯罪。

既然腐败是侵犯和危害人权的毒瘤，那么，反腐就是维护和保障人权的利器。因此，反腐与保障人权二者之间，不仅不矛盾，而且具有内在的统一性。就实现路径来讲，反腐是通过消除公权力的私用和滥用来保障公民的基本权利，也即是以"权利"制约和规范"权力"。绝对无腐败当属一种社会理想，但在实践中只要通过加强制度化的建设，真正做到保护人权，腐败还是可防可控的；就价值追求来讲，反腐和保障人权都是为了维护公民的合法权益，都是为了实现自由、民主的社会价值目标。在中国特色社会主义的人权理论体系中，反腐败与维护和保障人权的实现路径与价值追求的内在一致性得到了更充分的体现。在中国，保护绝大多数人民的利益得到实现，就是建设中国特色社会主义人权体系的终极追求。因此，在中国人权发展的现实语境中，反腐不仅仅是为了消除公权力的私有和滥用，更重要的是为了让公权力更好地保障和服务于最广大人民的根本利益。也就是说，反腐的目的在于保障人民的权益得到实现，其价值追求则是实现社会的公平、正义，实现社会的和谐。这一点恰恰是中国特色社会主义高扬的人权旗帜的价值所在，也是中国反腐和保障人权的最终价值追求。

党的十八大以来的反腐斗争实践表明，无论是谁，不论权力大小、官位高低，只要触犯党纪国法，都要一查到底。这种无禁区、全覆盖、零容忍的反腐立场，充分体现出党中央在反腐败问题上的政治决心和坚决态度，提升了人民群众对中国反腐倡廉建设的满意度和信心。2014 年 12 月 16 日中科院发布的《反腐倡廉蓝皮书》中的问卷调查显示，大多数干部群众对未来反腐败充满信心，93.7% 的领导干部、88% 的普通干部、84.8% 的企业管理人员、73.1% 的专业人员、75.8% 的城乡居民对未来党风廉政建设和反腐败工作表示有信心或比较有信心。① 中国社科院中国廉政研究中心的全国性问卷滚动数据表明，2013 年，人们对于未来 5 至 10 年中国反腐败的信心指数为 73.7%，同比上升 13.7 个百分点；2014 年，人们对反腐败的信心指数提升到 85.6%，又提升 11.9 个百分点。② 如前所述，反腐斗争的实质就是捍卫人权与侵犯人权之间的严肃斗争。十八大以来反腐取得显著成效，这既是新一届党中央领导集体决心肃清执政队伍的生动体现，更是党中央决心推进新常态下人权保障建设新发展的生动体现，随着我党反腐败斗争的不断深入，尊重和保障人权的工作也随之推进到了一个新的发展阶段。

二　惩治权钱交易的经济腐败

经济腐败是政府官员腐败的一个重要方面，主要表现形式是贪污、受贿、侵吞国家公共财产等，通过一系列的权钱交易行为实现少部分人的私利。经济腐败是所有腐败行为产生的根源所在，严重损害了国家经济利益，也会侵害公民个体的人权，尤其是基本的生存权和发展权。

一般而言，经济腐败对人权的损害以狭义危害和广义危害两种方式发生。狭义的危害是在受害对象相对确定的情况下发生的，会直接侵害被害人的经济权益，例如，在国家公职人员任免、公共采购、项目招标等诸多领域的竞争中，造成不公平和不公正，使依靠自己的诚实劳动和能力的人失去了获取相应资源的平等机会和应有的经济权益；在受害对象不确定的情况下，腐败对人权同样会造成侵害。这种侵害虽然是间接发生的，但其造成的影响范围更广、后果更严重。腐败行为在谋取私利的过程中，通常

---

① 反腐蓝皮书：超九成领导干部对未来反腐有信心［EB/OL］，中国新闻网，http：//www.chinanews.com/fz/2014/12 – 16/6882414.shtml.2014 – 12 – 16.

② 方大丰：《让"反腐红利"转化为"民生红利"》，《工人日报》2015 年 3 月 12 日。

都会侵犯到公共权益，在这种情况下，除了腐败犯罪人及其团体本身，其他非介入者其实都可视为腐败犯罪的受害者。作为纳税人的公众，其资产或经济权益都可能被侵害，甚至还会造成其他的一些合法权利受损。例如，上海市委书记陈良宇非法挪用几十亿的上海社保资金，利用手中的权力将人民的保命钱挪作他用，极大地损害了人民的切身利益和他们的生存与发展权利；再如，由于权钱交易的官商勾结，引发的对土地的非法征用和强拆冲突。这不仅侵害了公民的经济权利，更为甚者会危害公民的生命健康权。

经济腐败是我国当前经济新常态下人权保障建设道路上的最大"绊脚石"。改革开放以来，中国的整体经济实力实现了跨越式的发展，在中国经济的"蛋糕"越做越大的同时，"蛋糕"的分配问题开始成为一个引人关注的社会问题。改革的最终目的是为了最大程度地提高人们的生活水平，最大限度地使人们分享改革带来的成果。而以权钱交易为特征的经济腐败破坏了国家对社会资源的重新分配及社会资源在市场中的优化配置，带来社会财富分配不公，拉大贫富差距，破坏了社会的公平和正义。从山西的"塌方式"腐败，到国有企业高管的"下饺子式"腐败，这些腐败行为的背后多存有或明或暗的腐败利益链，诸如官商腐败利益链、帮派腐败利益链、家族腐败利益链等，不仅侵犯和危害公民的生存权与发展权，最终还会引发社会不满，导致社会矛盾和冲突的产生和升级，带来诸多不和谐因素，对政治稳定和可持续发展造成威胁。由此可见，在"腐败—不公—不和谐"的发展过程中，根本点还在于，腐败具有对人权的侵犯性与威胁性。

党的十八大以来，我党制定了和谐社会的发展目标，并将促进社会公平正义、增进人民福祉作为一切工作的出发点和落脚点。而"腐败—不公—不和谐"的这一发展链条，与我党的基本国策是相违背的。因此，国家要有效保障公民的最基本的人权，就必然要采取各项措施切实反腐败。党的十八以来，在全国范围内掀起的反腐浪潮日渐高涨，而这次反腐行动的重点清查项目之一就是权钱交易的经济腐败。通过重拳反腐，一批贪腐官员落马，在赃款得到追缴的同时，行贿者也受到了法律的制裁。这些反腐行动一方面震慑了官员进行权钱交易的不法之心，另一方面切断了利益输送的链条。反腐在权力与金钱之间，在权力与利益之间划出了一道明晰的"分界线",使得利益与权力勾结的渠道不能像以前那样畅通无阻。没有了权钱交易的寻租渠道,经济腐败的问题就有机会得到解决和根治,同时也为新时期中国特色社会主义人权保障体系的建设提供了良好的社会环境。

三　惩治公权私用的政治腐败

政治腐败是指国家政府官员利用公权力或职务之便,借此谋取职权以外的利益,甚至做出一些违反社会公共秩序的行为,危害国家政治生活的正常发展。政治腐败行为主要表现为滥用职权、权力寻租以及"在其位而不谋其政"的不作为。政治腐败,归根结底,就是政府官员将公民赋予的公共权力作为自己的私人权力,非法滥用,形成"有令不行、有禁不止、有法不依"的腐败现象。具体而言,政治腐败行为对人权的侵害主要表现在以下三个方面:一是公权私用带来的权力私有化,使得公民的合法政治权利被"剥夺",例如代表选举中的"被代表"现象;二是公权私用引发的权力滥用,不仅破坏正常的社会秩序,而且践踏了公民的合法权益,比如地方政府的"寻租""包庇"行为;三是公权私用不仅引发权力滥用,也会出现政府官员的"不作为"现象,这种不作为是对违法乱纪行为的纵容,也是对公民权利不负责任的表现。

改革开放以来,随着经济的发展,党员干部成为社会经济发展浪潮中的掌控者和受益者,在利益的诱惑面前很容易就丢掉了自己的政治觉悟和政治责任,最终走向政治腐败的深渊。从周永康的"叛国罪"到徐才厚的"买卖官爵",再到令氏兄弟落马,这是中国当前政治腐败的一个缩影。而更令人触目惊心的是,这些高官往往都不是一人腐败,其背后多存有一群或一串"共同利益"人,形成错综复杂的"抱团腐败"案。譬如,令计划就成立了颇具规模的"西山会",成员包括了祖籍山西的铁道部原部长刘志军和国家发改委原副主任刘铁男等人。[1] 在一些腐败高发地区或领域,这种帮派关系就很容易沦为"窝贪"和"串贪",形成"秘书帮""行业帮""家族帮""同乡帮"等帮派型腐败利益链。当"帮派主义"在官场大行其道时,领导干部的重心就早已从"为人民服务"中脱离,

---

① 姚冬琴:《五类官商"朋友圈"最流行》,《中国经济周刊》2015年第4期。

而是投身于寻找"乡缘""学缘""业缘",或是拉关系、架天线、搞勾兑。"以利益输送为纽带,以人身依附为特征,将正常交往庸俗化、圈子化、派系化,对政治生态的危害之大,对政治规矩的破坏之深,对同志关系的异化之大,莫此为甚。"① 如果任由拉帮结派的邪风发展下去,官场的腐败就会陷入恶性循环,因为行贿上来的官员一定会去受贿甚至索贿。于是,腐败就会像瘟疫一样蔓延,造成一片片重灾区——"塌方式"腐败,最终会使党和人民的事业毁于一旦。

习近平在多个场合谈及反对山头主义、圈子文化、利益集团、人身依附、帮派关系。在十八届中央纪委三次全会上,他严肃警示说:"有的干部信奉拉帮结派的'圈子文化',整天琢磨拉关系、找门路,分析某某是谁的人,某某是谁提拔的,该同谁搞搞关系、套套近乎,看看能抱上谁的大腿。有的领导干部喜欢当家长式的人物,希望别人都惟命是从……弄得党内生活很不正常。""党内决不能搞封建依附那一套,决不能搞小山头、小圈子、小团伙那一套,决不能搞门客、门宦、门附那一套。"② 党的十八大以来,中央纪委在重拳出击,严惩腐败的同时,还采取"分围合击",随着一批高官落马,"拔出萝卜带出泥",一个个大圈子、小圈子也都土崩瓦解。

反腐的同时,更需要防腐。俗话说,"阳光是最好的防腐剂"。因此,人们通常把具有预防腐败功能的法律称之为"阳光法",其意在于将政府官员的活动都置于阳光照耀之下,以免产生腐败。阳光法的实质就是要求政府行为公开透明,也就是要保障公民的知情权和监督权。当前,我国一些行业、部门中存在着垄断,行政审批程序烦琐,一些行政官员借助手中的权力大搞权力寻租。同时,由于政府系统相对封闭,公民对于一些信息缺乏有效的认识,致使一些腐败分子寻租和腐败的成本较低,从而为腐败敞开了大门。党的十八大报告指出:"坚持用制度管权管事管人,保障人民知情权、参与权、表达权、监督权,是权力正确运行的重要保证。要确保决策权、执行权、监督权既相互制约又相互协调,确保国家机关按照法

---

① 《维护团结 不许拉帮结派》,《人民日报》2015年1月22日。

② 习近平:《严明党的组织纪律,增强组织纪律性》,中共中央文献编辑室编《十八大以来重要文献选编》上册,中央文献出版社2014年版,第769—770页。

定权限和程序行使权力。"党的十八大以来，我党和政府在建设阳光政府和保障公民的知情权方面做出了许多努力。例如，一些国家机关和政府部门积极探索推行"政务公开""检务公开""警务公开"，以及中央部委的"晒账本"等。2014年3月17日，国务院审改办在中国机构编制网公开了国务院各部门行政审批事项汇总清单。汇总清单涵盖了60个有行政审批事项的国务院部门。彼时各部门实施的行政审批事项共1235项。这是中央政府首次"晒"出权力清单。① 公开权力清单，是建立阳光政府的重要步骤，也是拔除政治腐败的权力根基的一剂良方。正如党的十八届四中全会明确提出的："全面推进政务公开，坚持以公开为常态、不公开为例外原则，推进决策公开、执行公开、管理公开、服务公开、结果公开。各级政府及其工作部门依据权力清单，面向社会全面公开政府职能、法律依据、实施主体、职责权限、管理流程、监督方式等事项。"② 权力清单公开后，就划定了政府的职责边界，明确了政府应该干什么，同时也让公众知道了政府的权力边界。对政府决策和管理工作的知情权得到保障，人民群众才能有效地参与政府的活动并监督权力运行，从而积极有效地参与到反腐倡廉的建设中来，这既是人民群众维护自身权益的现实需要，也是加强人民对公共权力的监督，提高反腐倡廉制度执行力的重要保障。

四　惩治违法乱纪的司法腐败

司法腐败是公权力腐败的一种形式，指从事公、检、法、司等领域的工作人员为了谋取私利而滥用司法权力的行为，具有知法犯法、执法犯法和举报难、立案难、取证难、查处难等特征。司法腐败行为可以分为两类：一类是政府机关人员违反宪法法律规定，公然挑衅宪法权威，破坏正常的社会法治秩序；另一类是党和军队干部蔑视党规党纪，抛弃自己的信仰和职责，做出损害党的权威和形象的行为。党的十八大以来，先后落马的多位高官和高管，涵盖了党、政、军、企等多个领域和行业，而这些腐

---

① 中央首晒"政府权力清单"［EB/OL］，中央政府门户网站 www.gov.cn. 2014 - 12 - 08。
② 《中共中央关于全面推进依法治国若干重大问题的决定》，中国共产党第十八届中央委员会第四次全体会议2014年10月23日通过，《人民日报》2014年10月29日。

败分子都有一个共同特点，就是无视国法党规。政府反腐公报也显示，不管是经济腐败还是政治腐败，每一种类型的腐败最终都可以归结为对法律的漠视。司法机关本是预防和惩治腐败的重要环节，是遏制腐败的"最后防线"。然而，司法腐败却导致司法机关惩治腐败的功能减弱甚至丧失，这无异于为其他腐败分子撑起一把法律的"保护伞"，使大量腐败犯罪分子"法不能治"。可见，司法腐败的恶劣性就在于，它不仅腐蚀了司法机关自身，而且在法治反腐进程中产生权力的"二次腐败"，阻碍了反腐进程，助长了腐败犯罪行为，扩大了社会腐败分子的数量。如果对司法腐败不加以遏制，将会导致一个腐败无限扩张的社会环境。

　　就对人权的侵害而言，司法腐败比其他形式的腐败来得更加直接，这集中体现在其对公民的公正审判权造成的侵害。"有权利必有救济"，"无救济的权利是无保障的权利"。宪法规定的人的生命权、人身安全权、人身自由权、人格尊严权以及人的精神权利、财产权利等，都需要公正的审判加以保障。公正审判权并非司法机关的权力，而是公民享有的一项最基本的程序性人权。按照《公民权利及政治权利国际公约》第 14 条的规定，公正审判权意指人们享有的，由一个合格的、独立的、不偏不倚的法庭，公正地、及时地裁断其权利义务纠纷或对其的刑事指控的权利。简言之，公正审判权就是公民获得公正司法的权利。公正审判权是一项救济性权利，它赋予了当事人在其他权利受到侵害的时候向司法机关请求救济的权利。然而，司法腐败"杜绝了人民的权利与自由受侵犯时的最终救济手段，冤无处伸，理无处讲"[1]。显然，作为诉权的公正审判权如果得不到保障，其他人权的保障自然也就会落空。

　　我国司法领域在一段时期存在的诉讼难、执行难、执法司法不公、办人情案、关系案、金钱案等问题，有案不立、有罪不究、违规立案、越权管辖、刑讯逼供、超期羁押、滥用强制措施等失职渎职行为，其实都直接或间接侵犯了公民的公正审判权，严重破坏了法律的权威性和严肃性，最终导致群众对法律失去信任，进而丧失对国家、政府、对党的信任感与凝聚力。显然，中国要构建和谐社会，建设法治国家，首先需要保障公民享

---

①　郭道晖：《实行司法独立与遏制司法腐败》，《法律科学》（西北政法大学学报）1999 年第 1 期。

受公正司法的权利。"不实现司法公正,不认真对待公正审判权这样的基本人权,建设法治国家将无异于痴人说梦,或者法治将成为一个美丽的谎言。"① 而保障公民获得公正的审判权,公民在遭遇司法腐败行为时才可以理直气壮地要求司法机关公正司法,以公正司法的权利制约司法权。"从这个层面上讲,公正审判权还具有重要的权力制约价值,把公正审判权作为基本权利对于抑制权力的危险性、促使权力依法行使具有重要意义"。②

　　司法腐败妨害司法公正,是依法治国建设进程中的最大阻碍。十八大报告明确指出:"进一步深化司法体制改革,坚持和完善中国特色社会主义司法制度,确保审判机关、检察机关依法独立公正行使审判权、检察权。"十八届四中全会通过的《中共中央关于全面推进依法治国若干重大问题的决定》严肃指出:"有法不依、执法不严、违法不究现象比较严重,执法体制权责脱节、多头执法、选择性执法现象仍然存在,执法司法不规范、不严格、不透明、不文明现象较为突出,群众对执法司法不公和腐败问题反映强烈";并对司法腐败遏制提出了明确的要求:"依法规范司法人员与当事人、律师、特殊关系人、中介组织的接触、交往行为。严禁司法人员私下接触当事人及律师、泄露或者为其打探案情、接受吃请或者收受其财物、为律师介绍代理和辩护业务等违法违纪行为,坚决惩治司法掮客行为,防止利益输送。"③ 最高人民法院、最高人民检察院以及公安部也纷纷出台司法解释及规范性文件,积极应对各自职权领域内的司法腐败现象。2015 年 8 月 19 日,最高人民法院专门印发了《人民法院落实〈司法机关内部人员过问案件的记录和责任追究规定〉的实施办法》的通知,对法院领导及内部人员干预案件办理的现象予以严肃整治。④

　　2012—2016 年,全国纪检监察系统共处分 7200 余人、谈话函询 4500余人次、组织处理 2100 余人。一批高级政法领导干部落马,一批基层的

---

　　① 王彬:《和谐社会呼唤公正审判权》,《河北法学》2010 年第 7 期。

　　② 王彬:《和谐社会呼唤公正审判权》,《河北法学》2010 年第 7 期。

　　③ 胡锦涛:《坚定不移沿着中国特色社会主义道路前进 为全面建成小康社会而奋斗——在中国共产党第十八次全国代表大会上的报告》,《求是》2012 年第 22 期。

　　④ 《中共中央关于全面推进依法治国若干重大问题的决定》,中国共产党第十八届中央委员会第四次全体会议 2014 年 10 月 23 日通过,《人民日报》2014 年 10 月 29 日。

害群之马被清除出政法机关。① 此外，公、检、法等司法机关不断改革，实施了诸如公开审判制度、人民监督员制度、错案追究制度、监狱体制改革等；探索建立政治督察制度，完善岗位职权利益回避制度；建立党委政法委纪律作风督查巡查机制，实行经常性明察暗访、问题通报和责任追究制度等，这些措施对于消除司法腐败起到了一定的积极作用。尤其是探索改革人民陪审员制度，起到了"推进司法民主，促进司法公正，保障民众有序参与司法，提升人民陪审员制度公信度和司法公信力，让民众在每一个司法案件中感受到公平正义"② 的作用。虽然人民陪审制度改革还存在不少问题，但是，这项探索在保障人民的公正审判权、促进司法公正、遏制司法腐败方面迈出了深远意义的重要一步。

五　常态反腐与制度反腐

反腐与保障人权是一项系统性工程。"人权没有最好，只有更好"，人权事业的持续发展需要反腐工作的"给力"支持，坚持反腐对于人权事业的持续推动具有十分重要的现实意义，而反腐与保障人权的制度建设，则是反腐和人权事业得以持续的重要保障，具有稳定性、全局性和根本性的意义。加快反腐的制度化建设，使反腐"常态化"，既是当前反腐进一步发展的需要，也是人权保障建设制度化的本质要求。党的十八大以来的反腐倡廉坚持高压惩处，反腐成绩单上的数字每增加一个，对各级官员的震慑就增加一分，民众对政府的拥戴也就增加一分。但是，仍有一些民众会产生疑惑，当前这种"给力"的反腐行动能够持续多久？尤其是2014年以来，"反腐影响经济稳定""反腐影响干部士气"之类的杂音在社会上开始流传，"越反腐败越多""反腐要提防大老虎们联手反扑"等更让一些人心里没底。针对这些言论，习近平等中央领导曾在不同场合表达过党中央将反腐工作推进到底的决心。"有腐必反，绝不养虎为患""对踩红线、闯雷区的领导干部要零容忍""党风廉

---

① 汤瑜：《历时17年中央再发意见加强政法队伍建设》，《民主与法制时报》2017年1月21日。

② 最高人民法院、司法部《关于印发〈人民陪审员制度改革试点方案〉的通知》（法〔2015〕100号）．〔EB/OL〕，http：//www.court.gov.cn/zixun-xiangqing - 14537. html. 2015 - 05 - 21。

政建设和反腐败斗争永远在路上""当前反腐以治标为主，为治本赢得时间"等铿锵有力的表述，表明我党的反腐工作仍将保持高压态势，并一直处于进行时中。

事实上，中纪委以及监察部门也确实是这么做的，并未像网上流传的"反腐是阶段性的"。在反腐取得阶段性胜利后，很多贪腐官员都松了一口气，以为风头已经过了，自己安全了，但是他们想错了，自党的十八大以来开展的大规模反腐不仅强度大，而且持续时间长，时至今日仍在继续。2014 年 12 月 2 日《人民日报》党建周刊刊登《反腐倡廉步入新常态》一文，2015 年两会期间，求是理论网"政治频道"转载文章《四个全面指引下的反腐新常态》。"反腐新常态"一词的出现，表明中国反腐不再是一时的"风起云涌"，也并非阶段性的"重拳"，铁腕反腐将成为"新常态"，同时，也标志着反腐从"治标"阶段向"治本"阶段的挺进，反腐正在升格为制度化反腐，正如习近平在十八届中央纪委二次全会上的讲话中指出的："把权力关进制度的笼子里，形成不敢腐的惩戒机制、不能腐的防范机制、不易腐的保障机制"①。中国反腐风暴取得持续成效的根本还在于制度建设，而体制化、法治化、社会化则是中央形成反腐制度化格局与全面保障人权的现实路径与战略选择。

（一）反腐倡廉的体制建设

腐败的滋生是腐败动机和腐败机会相结合的产物。在中国社会转型期，体制漏洞是滋生腐败机会的主要土壤，因此，要实现反腐与保障人权发展的制度化，首先需要进行体制改革，修复体制上的漏洞。事实上，党的十八大以来，经历了轰轰烈烈的"拍蝇打虎"后，中央反腐开始进入"不再局限于一城一地、一人一事，着手布更大的局"的新阶段，可谓在经历了"新中国成立之初的初步建设、改革开放时期的'被动反击式'制度弥补、全面改革开放时期制度健全的演变，进入了体制改革、机制盘活时期。"② 党的十八大以来，中国反腐倡廉体制改革在以下方面取得了进展。一是简政放权，发挥市场在资源配置中的决定性作用，"以权力瘦

---

① 习近平：《更加科学有效地防治腐败 坚定不移把反腐倡廉建设引向深入》，《人民日报》2013 年 1 月 23 日第 1 版。

② 郭玉华：《十八大以来中国反腐倡廉新常态：表征、实质和启示》，《社会科学论坛》2016 年第 2 期。

身为廉政强身"①，提升政府、市场主体权力配置的科学化水平，减少权力寻租机会；二是积极推进权力清单和责任清单，强化问责机制，明确权力运行边界，建设责任政府；三是推进纪检监察体制改革，针对党风廉政建设问题，强化党委的主体责任、纪委的监督责任；四是推进"巡视反腐"制度化，改进中央和省区市巡视制度，启动专项巡视工作，做到对地方、部门、企事业单位全覆盖，在一定程度上解决同级监督难、基层查案难问题等等。

（二）反腐的法治化建设

反腐与保障人权都离不开法治。一方面通过法治反腐，另一方面通过法治保障人权，两者是有机统一的：法治的现实目标是清除腐败，而法治的价值追求就是维护和保障人权，可见，法治是反腐之重器，更是保障人权之利器。习近平总书记在党的十八届中央纪委第二次全会上提出：要善于用法治思维和法治方式反对腐败，加强反腐败国家立法，加强反腐倡廉党内法规制度建设，让法律制度刚性运行。中共中央印发的《建立健全惩治和预防腐败体系2013—2017年工作规划》要求要善于用法治思维和法治方式反对腐败，让法律制度刚性运行。在这样的大背景下，"法治反腐"将成为中国特色反腐的新常态。早在2005年10月27日，十届全国人大常委会第十八次会议就批准通过了《联合国反腐败公约》。《联合国反腐败公约》所确立的反腐败法律的基本原则和主要措施，为我国进一步丰富和完善反腐败法律体制机制提供了参考依据。APEC会议通过了《北京反腐宣言》，G20会议通过《布里斯班行动计划》，所有这些举措，都将让"权力笼子"更加细密，也使得"法治反腐"的法制条件趋向成熟。党的十八大以来，由提出"有腐必反""有贪必肃"，到提出"把权力关进制度的笼子里"，再到提出健全社会主义法治体系，建设社会主义法治国家，强调依法反腐和法治反腐，这都表明我党对中国特色反腐倡廉道路的认识和探索在与时俱进。与此同时，我国在反腐败立法、完善监督制度、规范国家公职人员从业行为、惩处违纪行为、完善反腐败领导体制和工作机制等方面也取得了突破性进展，反腐的立法进程加快，反腐的制

---

① 《李克强在十二届全国人大三次会议上作的政府工作报告（摘要）》，《光明日报》2015年3月6日第2版。

度化和常态化渐成格局。"法治反腐"是反腐败必然的发展趋势，同时也提升了全民的团结凝聚力，为新时期中国特色社会主义人权保障体系建设提供了保障。

（三）反腐的社会化推进

反腐与保障人权是一项长期的、发展的社会化工程。在这项工程中，短期的反腐风暴虽然可以遏制腐败的势头，但是要真正实现人权保障建设的价值追求，就需要全体社会公民的共同努力。反腐任务的艰巨性和人权事业发展的长期性决定了两者在制度化和法治化建设的基础上，需要进一步实现社会化。反腐社会化的首要途径之一就是反腐信息向全社会公开化，透明化。以往我党在处理贪腐案件的过程中总是本着"家丑不可外扬"的原则，对一些具体的案情支支吾吾，遮遮掩掩，而现今随着网络等信息技术的飞速发展，继续对腐败案情乃至腐败官员进行保密不但起不到保护党形象的作用，反而有可能加剧对党形象的损害。党的十八大以来，在审理薄熙来案、刘铁男案等案件中，除了邀请市民代表参与旁听，相关部门还利用微博平台对案件的审理过程进行了实况直播，公开了腐败案情。这种阳光透明的方式是我国反腐的一大新特点，获得了广大人民的认可与支持。此外，党的十八大以来反腐日趋社会化的另一个特点就是，更注重民意，更顺应民心。过去民众在发现官员的腐败行为时进行举报揭发，往往很难受到有关部门的重视，甚至还会受到一些官员的打击报复。这是因为传统的反腐往往是自上而下的，上层觉得你有问题才会授权着手去查，底层老百姓的声音很难被听到，并且缺乏对举报人的保护。党的十八大以后，这种情况得到了纠正，党和纪检部门高度重视人民的意见，充分利用微博、微信等公众平台，欢迎人民进行监督、举报，并及时采纳群众的反腐意见和投诉、举报，在核实情况的基础上及时立案处理，这充分激发了民众举报贪腐的热情，从而在全社会形成廉政之风，让腐败行为无所遁形。

总而言之，反腐和保障人权都需要通过制度化、法治化和社会化的建设，形成全社会的价值共识，从而根除腐败，保障公民人权。人权事业发展的长期性，必然要求反腐倡廉常抓不懈。"反腐永远在路上"，中央纪委书记王岐山指出，"反腐"将成为我国政治社会发展的"新常态"。党的十八大以来反腐实践也雄辩地证明：反腐败有力地维护了群众的根本利益、为经济发展提供了强大的正能量，反腐败绝不是"一阵风"，也绝不会成为有头无尾的"烂尾楼"，更不是争权夺利的"纸牌屋"，而是民心所向、正义召唤，永远在路上且必须取得完胜的持久仗！

六 强化权力制约和监督

（一）形成科学有效的权力制约和协调机制

党中央要求形成科学有效的权力制约和协调机制，为公民发展权实现提供政治保障。其中主要举措包括完善党和国家领导体制，坚持民主集中制，充分发挥党的领导核心作用。规范各级党政主要领导干部职责权限，科学配置党政部门及内设机构权力和职能，明确职责定位和工作任务。加强和改进对主要领导干部行使权力的制约和监督，加强行政监察和审计监督。推行地方各级政府及其工作部门权力清单制度，依法公开权力运行流程。完善党务、政务和各领域办事公开制度，推进决策公开、管理公开、服务公开、结果公开。①

（二）加强反腐败体制机制创新和制度保障

党的十八大以来，把全面从严治党纳入"四个全面"战略布局，把党风廉政建设和反腐败斗争作为全面从严治党的重要内容，着力构建不敢腐、不能腐、不想腐的体制机制。坚持有腐必反、有贪必肃，坚持无禁区、全覆盖、零容忍，党内决不允许有腐败分子藏身之地。② 深入推进党风廉政建设和反腐败斗争，不断取得全面从严治党新成效，为夺取全面建成小康社会新胜利提供有力保障。③

（三）健全改进作风常态化制度

党中央要求健全改进作风常态化制度，围绕反对形式主义、官僚主义、享乐主义和奢靡之风，加快体制机制改革和建设。④ 把纠正"四风"

---

① 《中共中央关于全面深化改革若干重大问题的决定》，中国共产党第十八届中央委员会第三次全体会议 2013 年 11 月 12 日通过，《求是》2013 年第 22 期。

② 《中国共产党第十八届中央委员会第六次全体会议公报》（2016 年 10 月 27 日中国共产党第十八届中央委员会第六次全体会议通过），人民出版社 2016 年版。

③ 《中国共产党第十八届中央纪律检查委员会第七次全体会议公报》（2017 年 1 月 8 日中国共产党第十八届中央纪律检查委员会第七次全体会议通过），《人民日报》2017 年 1 月 9 日 01 版。

④ 《中共中央关于全面深化改革若干重大问题的决定》，中国共产党第十八届中央委员会第三次全体会议 2013 年 11 月 12 日通过，《求是》2013 年第 22 期。

往深里抓、实里做，紧盯老问题，关注新动向，坚决防止反弹回潮。对执纪审查对象存在"四风"问题的，要先于其他问题查处和通报。检查落实中央八项规定精神措施执行情况，实事求是修订制度。坚定文化自信，弘扬党的优良作风，推动社会风气好转。①

第五节　惩治领导干部对人权保障的失职行为

保障人权是社会政治经济发展的重要基石，是社会文明进步的重要标志，也是中国共产党治国理政的应有之义。习近平多次强调，必须坚持人民利益至上，任何时候都必须将人民的利益放在第一位。2012 年 11 月 15 日，习近平在新一届中央政治局常委同中外记者见面时的讲话中指出："我们的人民热爱生活，期盼有更好的教育、更稳定的工作、更满意的收入、更可靠的社会保障、更高水平的医疗卫生服务、更舒适的居住条件、更优美的环境，期盼孩子们能成长得更好、工作得更好、生活得更好。人民对美好生活的向往，就是我们的奋斗目标。"② 习近平还指出："让老百姓过上好日子是我们一切工作的出发点和落脚点。"③

一　将保障人权作为领导干部重要责任

保障人权绝不应该是一句空话，而应该成为领导干部在决策过程中的本能反应和惯性思维，只有将保障人权放在至高无上的地位，才能真正落实人民利益至上的执政宗旨。而真正让保障人权进入领导干部的决策思维，关键在于改变现有的干部考核体系，只有改变现有的惟经济、惟绩效、惟发展、惟速度、惟数量的片面考核体系，才能推动领导干部真心、用心落实人权保障政策，才能将人权事业和我国的政治经济文化建设切实

---

① 《中国共产党第十八届中央纪律检查委员会第七次全体会议公报》（2017 年 1 月 8 日中国共产党第十八届中央纪律检查委员会第七次全体会议通过），《人民日报》2017 年 1 月 9 日第 1 版。

② 习近平：《人民对美好生活的向往，就是我们的奋斗目标》，《十八大以来重要文献选编》（上），中央文献出版社 2014 年版，第 70 页。

③ 习近平：《深入实施创新驱动发展战略　为振兴老工业基地增添原动力》，《人民日报》2013 年 9 月 2 日第 1 版。

联系起来。习近平指出，对干部德的考察，要坚持把个人述职、民主测评、个别谈话、民意调查、实绩分析和年度考核、巡视监督、关键时刻考验等多方面多渠道的考察有机结合起来，全面、历史、辩证地评价干部的德。考察干部的才，要注重考察推动科学发展、促进社会和谐的能力，防止简单地把经济总量、发展速度等作为评价干部政绩的主要依据①。这里的德和能，必然包含了领导干部对人民群众疾苦和诉求的感知能力和解决能力；这里的科学发展和社会和谐，必然包含了人权的全面落实和保障。没有民本意识和缺乏人权保障，就不可能有科学发展和社会和谐。

为了提升干部队伍的德能素质，以及为了将保障人权作为领导干部的重要责任和自觉行动，解决干部队伍不作为和乱作为问题，习近平指出："要深化干部人事制度改革，加快健全有利于科学发展的目标体系、考核办法、奖惩机制，着力解决一些干部不作为、乱作为等问题，推动干部能上能下，让那些想干事、肯干事、能干成事的干部有更好用武之地，激发全党坚定信心、鼓足干劲、增强创造活力。"②那么，什么样的干部才是好干部？习近平总书记认为："好干部的标准，大的方面说，就是德才兼备。……概括起来说，好干部要做到信念坚定、为民服务、勤政务实、敢于担当、清正廉洁。"③怎样才能成长为好干部？习近平总书记认为："好干部不会自然而然产生。成长为一个好干部，一靠自身努力，二靠组织培养。从干部自身来讲，个人必须努力，这是干部成长的内因，也是决定性因素。""成为好干部，就要不断改造主观世界、加强党性修养、加强品格陶冶。要时刻用党章、用共产党员标准要求自己，要有'与人不求备，检身若不及'的精神，时刻自重自省自警自励，努力做到'心不动于微利之诱，目不眩于五色之惑'，老老实实做人，踏踏实实干事，清清白白为官。"④为了实现科学发展和社会和谐，习近平总书记提出，要以新的

---

①　《防止简单用经济总量评价政绩》，《江淮》2012 年第 1 期。

②　习近平：《在党的十八届五中全会第二次全体会议上的讲话（节选）》，《求是》2016 年第 1 期。

③　习近平：《着力培养选拔党和人民需要的好干部》，载《习近平谈治国理政》，外文出版社有限责任公司 2016 年版，第 412 页。

④　习近平：《着力培养选拔党和人民需要的好干部》，载《习近平谈治国理政》，外文出版社有限责任公司 2016 年版，第 417 页。

发展理念引领发展，要坚持创新、协调、绿色、开放、共享的发展理念。其中的共享发展注重的是解决社会公平正义问题，实际上就是如何切实保障人民群众根本利益问题，人民群众的根本利益就是最大的人权，保障了人民群众的根本利益，也就保障了中国的基本人权。习近平指出的："让广大人民群众共享改革发展成果，是社会主义的本质要求，是社会主义制度优越性的集中体现，是我们党坚持全心全意为人民服务根本宗旨的重要体现。这方面问题解决好了，全体人民推动发展的积极性、主动性、创造性就能充分调动起来，国家发展也才能具有最深厚的伟力。……为此，我们必须坚持发展为了人民、发展依靠人民、发展成果由人民共享，作出更有效的制度安排，使全体人民朝着共同富裕方向稳步前进，绝不能出现'富者累巨万，而贫者食糟糠'的现象。"①

二　严厉追究在人权保障方面的失职和不作为

如果说建立健全干部队伍考核体系和提升干部队伍德能素质是对领导干部落实人权保障的软约束的话，那么强化党的执纪能力和追责制度，严厉追究和处罚在人权保障过程中的失职行为和不作为行为，则是对领导干部落实人权保障责任的硬约束。

全面从严治党，对于党员干部来说，除了明令哪些是禁止的，哪些是不可触碰的之外，还明确了哪些是必须作为，哪些是不容回避的。《中国共产党廉洁自律条例》第二条：坚持崇廉拒腐，清白做人，干净做事，明确了党员干部既不能有权任性，胡乱作为，处处插手；又不能害怕担责，懒政怠政，敷衍塞责，而是必须清白做人，干净做事。《中国共产党纪律处分条例》部分处分条例也涉及党员干部不作为问题。譬如第五十三条第一种行为：拒不执行党和国家的方针政策以及决策部署的，这就是典型的不作为；第二种行为和第三种行为"故意作出与党和国家的方针政策以及决策部署相违背的决定的"，以及"擅自对应当由中央决定的重大政策问题作出决定和对外发表主张的"都是典型的乱作为甚至是触犯政治纪律的行为。对于这三种行为中任一行为的处罚原则是：对直接责任

---

① 习近平：《在党的十八届五中全会第二次全体会议上的讲话（节选）》，《求是》2016年第1期。

者和领导责任者，给予严重警告或者撤销党内职务处分；情节严重的，给予留党察看或者开除党籍处分。第六十一条规定，党员领导干部对违反政治纪律和政治规矩等错误思想和行为放任不管，搞无原则一团和气，造成不良影响的，给予警告或者严重警告处分；情节严重的，给予撤销党内职务或者留党察看处分。这实际上也是一种严重的不作为，不履行主体责任的行为。第一百零八条规定中的下属行为：对涉及群众生产、生活等切身利益的问题依照政策或者有关规定能解决而不及时解决，造成不良影响的；对符合政策的群众诉求消极应付、推诿扯皮，损害党群、干群关系的，这两种行为同样属于不作为，而且是对群众基本权利和基本利益的不尊重和不作为，对于这两种行为的处罚原则是：对直接责任者和领导责任者，情节较重的，给予警告或者严重警告处分；情节严重的，给予撤销党内职务或者留党察看处分。第一百一十条，"遇到国家财产和群众生命财产受到严重威胁时，能救而不救"同样是严重的尸位素餐、慵懒怠政的不作为行为，对于这种行为的处罚原则是：情节较重的，给予警告、严重警告或者撤销党内职务处分；情节严重的，给予留党察看或者开除党籍处分，等等。中共中央 2015 年 7 月颁发的《推进领导干部能上能下若干规定（试行）》第二条明确规定：本规定所称推进领导干部能上能下，重点是解决干部能下问题。必须坚持党要管党、从严治党，坚持实事求是、公道正派，坚持人岗相适、人尽其才，坚持依法依规、积极稳妥，着力解决为官不正、为官不为、为官乱为等问题，促使领导干部自觉践行"三严三实"要求，推动形成能者上、庸者下、劣者汰的用人导向和从政环境。该条例还对一些具体的不作为、执行不力的行为作了明确规定。可见，全面从严治党，既反对乱作为，也反对不作为。习近平有关"三严三实"的重要讲话，实质上就是强调领导干部必须踏踏实实做人做事，反对不作为和乱作为。

中国共产党和中国政府历来重视领导干部不作为行为治理。譬如，根据媒体报道，武汉市从 2003 年开始实施行政过错责任追究制以来，共有 424 名行政机关工作人员因行政不作为、乱作为被追究。其中，仅 2005 年前 10 个月就又有 215 名干部因行政不作为、乱作为受到责任追究。包括各级行政机关实施行政过错责任追究 171 件，立案 89 件，78 人受到党纪政纪处分，137 人受到取消"评先"资格、扣发奖金等其他形式的追究①。自党的十八大以来，领导干部不作为受到更严厉追责，因为不作为而受到追究的领导干部正逐渐增多。譬如，根据相关媒体报道，2015 年，辽宁省在"不作为、不担当、乱作为"专项整治活动中，6 名党员干部受到了党纪政纪处分②。再譬如，2016 年 10 月以来，天津严打"为官不为"，已处理 373 人；2017 年 5 月，在不作为不担当问题专项治理中，天津市委对天津市工信委不作为问题进行严肃问责，时任市工信委党组书记、主任李朝兴（正局级干部）被免职，这是党的十八大以来因"不作为"被免职的最高级别的干部③。随着全面从严治党的深入进行，必将有更多为官不为的领导干部受到党规党纪和法律法规的严肃追究。

三　鼓励领导干部在人权保障方面敢于担当

我国的社会主义事业是人类社会历史上前所未有的开创性事业，没有现成的经验可供借鉴，加之我国正处于社会加速转型时期，各种潜在的问题和矛盾不断涌现，给党的执政和领导，以及各级领导干部正确履职带来巨大的挑战。由于体制机制不够健全、法制不够完备、内部监督弱化、外部监督缺失、只惟上不惟下的为官之道、领导干部自身能力素质不够等等各种各样的原因，使得领导干部尤其是党政一把手的履职行为和权力行使往往缺乏有效的监督和制约。没有或缺乏有效监督和约束的权力，往往发展成为绝对权力，而正如阿克顿勋爵指出的那样，权力导致腐败，绝对的权力导致绝对的腐败④。在拥有绝对权力的情况下，领导干部的履职行为很容易演变为特权行为和腐败行为。有的领导干部将党和人民赋予自己的权力看成自己的私权，将自己领导和履职的部门看成自己的私人王国，一言九鼎，说一不二，生杀予夺，完全一个人说了算。权力往往成了有些领

---

① 新华网：《武汉 215 干部因行政过错受到责任追究》，http：//news. xinhuanet. com/politics/2005－11/18/content_ 3797662. htm，2005－11－19。

② 新华网：《辽宁重拳处理领导干部"不作为、乱作为"》，http：//news. xinhuanet. com/politics/2015－09/18/c_ 1116603642. htm，2015－09－18。

③ 中华网：《现实版孙连城：天津正局级干部因不作为被免职》，http：//news. china. com/domesticgd/10000159/20170516/30528280_ 1. html，2017－05－16。

④ ［英］约翰·阿克顿：《自由与权力》，候健、范亚峰译，译林出版社 2014 年版，第294 页。

导干部私欲膨胀、大胆妄为的催化剂。党的十八大以来，不少领导干部和官员因为特权和腐败问题而纷纷落马，这与他们不受监督、胆大妄为和乱作为有很大的关系。在全面从严治党和全面反对腐败的高压态势下，面临党规党纪和法律法规的严厉约束和追责，一些党员干部又发出了为官不易、官不聊生等奇谈怪论，在收缩权力和自我约束的同时，也把自己应该履行的职责和义务推卸掉了，一些领导干部跑到了另一个极端——消极作为和不作为。

如何把握好权力行使的边界，如何尊重和保障公民的基本权利，如何切实保障人民群众的生命财产安全，如何保障中国人权事业持续健康发展，是每个领导干部在履行岗位职责和行使权力的时候必须考虑的事务。要敢于担当，开拓进取，有所作为，不能做贪官，同样也不能做庸官和太平官。正如习近平总书记指出的："我们做人一世，为官一任，要有肝胆，要有担当精神，应该为'为官不为'感到羞耻，应该予以严肃批评。"① 习近平进一步分析了为官不为的三种具体表现：一是能力不足而"不能为"，二是动力不足而"不想为"，三是担当不足而"不敢为"②。如何治理为官不为呢？习近平还提出了治理为官不为的具体策略，包括加强对领导干部的教育；把严格管理干部和热情关心干部结合起来；完善考核评价和激励机制；选拔想干事、能干事、敢担当、善作为的优秀干部；教育帮助；强化党内监督，把纪律挺在前面等等。其中在完善考核评价和激励机制方面，要完善考核评价和激励机制，既鼓励创新、表扬先进，也允许试错、宽容失败，营造想改革、谋改革、善改革的浓郁氛围③。

在中国人权保障方面，领导干部的为官不为同样表现为能力不足不能为、动力不足不想为和担当不足不敢为。首先，由于人权保障的哲理性，它有着深厚的哲学意蕴和法制内涵，在不同文化背景下有着不同的表现形态，有的领导干部因为对人权保障事业不了解、不熟悉而不能为。其次，

① 习近平：《在党的群众路线教育实践活动总结大会上的讲话》，《人民日报》2014年10月9日002版。

② 习近平：《在省部级主要领导干部学习贯彻党的十八届五中全会精神专题研讨班上的讲话》，《人民日报》2016年5月10日002版。

③ 人民网：《习近平如何破除"为官不为"》，http://politics.people.com.cn/n1/2016/0512/c1001-28345508.html。

由于人权保障的敏感性，它关系到国家的政治制度、发展道路、意识形态和公平正义，常常成为大国干涉别国内政的藉口，也常常成为本国阶层冲突的原因，有的领导干部因为人权涉及社会制度、意识形态、法制民生等敏感议题而不敢为。第三，由于人权保障的公益性，它不能带来直接的经济收益，在领导干部的考核评价和激励机制中并不占有重要地位，有的领导干部出于经济优先的绩效考虑而不想为。在人权保障事业方面，要鼓励领导干部在职责权限范围和党规党纪约束条件下敢作敢为。首先要认识到人权保障对于社会公平正义的巨大意义。保障人权不仅具有经济意义和社会意义，而且具有重大的政治意义和国际影响。只有将保障人权和发展经济紧密联系在一起，让人们分享改革发展的成果，才能真正体现人民当家作主的社会主义制度优越性和中国共产党立党为公、执政为民的宗旨；只有充分保障人权，才能体现出中国作为一个负责任大国的国际地位，才能在世界民族之林占据一席之位。其次要树立全面发展的思想。中国的发展不是政治、经济、文化、社会和环境保护单方面的发展，而是各个方面的全面发展和协调发展。发展的最终目的是为了实现国家的富强、民族的团结和人的全面解放和自由，没有人权保障事业的发展，其他发展就会失去根本意义。第三要将人权保障事业发展成效列入领导干部考核评级和激励体系。将人权保障事业和其他社会事业提升到相同高度，并将发展成果作为领导干部晋升的重要依据，从而增强领导干部在人权保障事业方面的内在动力。

第九章　人权间关系的平衡及其发展趋势

前面各章分别论述了五类权利内容、性质、在人权结构体系中的地位以及中国促进这些权利实现的方式与成就。本章集中讨论如何促进所有人自由全面发展的协调实现，这涉及如何处理人权结构体系中各类人权之间的关系，以及协调发展的法治保障和政治保障。在此基础上，对全面建成小康社会后中国人权事业的未来发展作出展望。

第一节　各类人权间的结构关系

促进所有人自由全面协调发展，不仅需要全面保障生存权、参与权、自由权和平等权，而且需要处理好它们之间的相互关系，特别是各项权利与作为目的性权利的发展权之间的关系。

一　生存权与发展权的关系

自 20 世纪 90 年代以来，生存权和发展权被中国政府作为首要人权，但对首要权利的概念缺少进一步的分析，对二者之间关系的论述也比较笼统。

在以人的发展为导向的人权结构体系中，生存权是基础性权利，离开了人作为权利主体的实际存在，其他各项人权的保障就失去了主体前提。在这个意义上，1991 年的人权白皮书将生存权作为首要人权，是从唯物主义的基本原理和中国近代以来灾难深重的历史经历出发得出的重要结论。将生存权的首要性解释为基础性，可以更准确地表达对生存权在人权结构体系中地位的理解。

需要注意的是，生存权的基础性是作为客观存在的基础性，而不是作为逻辑内涵推演关系上的基础性。换言之，其他各类人权作为权利的存在及其逻辑内涵并不能完全以生存权为逻辑起点推出。一些学者曾经提出"生存权在当代人权体系中核心地位的确立"①，并指出生命是生存权的自然形式，财产是生存权实现的物质条件，劳动是实现生存权的一般手段，社会保障是生存权的救济方式，发展是生存权的必然要求，环境、健康、和平是生存权的当代内容，国家职能的转换是生存权的保障，并认为生命权、尊严权、财产权、劳动权、社会保障权、发展权、受教育权、自由权、环境权、健康权、和平权等都是生存权的表现方式和包含内容。② 这种分析已经超出了对生存作为权利享有的主体条件的范畴，将生存权作为了所有其他人权的逻辑起点。但正如马岭教授所指出的，要区分生存与生存权，"生存是一种状态和事实，生存权是一种权利。生存就是活着，生存权是活着的权利。一个人活着不等于他有活着的权利，生存着不等于享有生存的权利"③。杨鑫在此基础上进一步分析指出："生存的基础性地位表现在人的自然的存在之中，在这里，没有生存，也就没有人的存在。但是在现实社会中，社会关系的复杂性决定了人的本质存在的复杂性，人不仅是自然的人，同时也是存在于社会关系之中的人。与前者一样，后者也是人的存在的本质规定。因而，在现实的人权保障实践中，过于强调生存权的主导地位是不恰当的，这背离人作为社会存在的本质属性。不过由于不同国家具体的社会经济条件，某一国家在特定的历史阶段优先考虑生存权问题也是基于现实比较合理的战略安排。但是生存权只是一项基础性的权利，而绝不是最终的目的。"④

从人权结构体系内在的逻辑关系来说，生存权是实现发展权所要求的基础性权利，是实现发展所要求的支持性权利，但本身并不是目的性权利。换一个角度说，我们可以合理地从实现发展权的要求来推出生存权的正当性及其基础性地位，却无法通过实现生存权的要求合理地推出以人的发展为内涵的发展权的正当性，有关"发展是生存权的必然要求"的论

---

① 徐显明：《生存权论》，《中国社会科学》1992 年第 5 期。
② 徐显明：《生存权论》，《中国社会科学》1992 年第 5 期。
③ 马岭：《生存权的广义与狭义》，《金陵法律评论》2007 年秋季卷，第 82 页。
④ 杨鑫：《生存权的基本内涵及其在人权体系中的地位》，《武汉科技大学学报》（社会科学版）2014 年第 2 期。

证在逻辑上是过于牵强的。这也正是在 1995 年人权白皮书中不再单独提
"生存权是首要人权"，而是改为"生存权和发展权是首要人权"的重要
意义所在。

　　根据以上分析，在理解"生存权和发展权是首要人权"这一中国政
府的基本主张时，应当将发展权作为人权结构体系中的首要的目的性权
利，而将生存权只作为人权结构体系中首要的基础性权利。生存权作为基
础性权利的地位，要通过作为目的性权利的发展权来解释，即人的发展首
先要以人的存在为前提，但存在不是发展的目的，反过来，发展是存在的
目的，这正是人的存在与动物性存在的本质区别。

　　从人权的实现方式来分析，当人的生存权受到威胁时，就是从根本上
威胁到发展权实现的主体根基，导致发展权无法实现。因此，为了保障发
展权，需要首先保障生存权。这也说明了为什么对于经济落后国家来说，
需要将保障生存权置于国家人权发展战略的首要位置。但是，保障生存权
并不是实现人权的最终目的，而是为了实现发展权必需保障的主体存在基
础。因此，生存权保障必须具有目的指向，其保障方式要考虑到对于促进
实现发展权的作用。在保障人的基本生存的前提下，对生存权保障方式的
选择必须考虑是否有助于实现人自身的发展。正是在这一点上，中国和西
方国家在保障生存权的方式选择上呈现出明显的差别。西方保障贫困人口
生存权的方式主要是提供基本生活水准保障和各种基本社会保障，而中国
除了上述措施之外，还积极开展扶贫工作，不是采取单纯的"输血式"
扶贫，而是采取"造血式"扶贫，提高和增强贫困人口自身的发展能力，
实现人自身的发展。

二　参与权与发展权的关系

　　所有人的自由全面协调发展作为目的性权利，需要通过手段性权利才
能实现。实现发展权的手段性权利就是参与权，它要求保障所有主体自由
平等全面参与各领域社会生活的权利。

　　人的广泛参与是实现社会发展的手段，更是实现人自身发展的手段。
从人权角度说，不能仅仅将人的参与作为经济和社会发展的手段，不能仅
仅将人的参与作为实现经济和社会目的的工具，而必须如康德所说的要将
人本身作为目的。康德论证了人是一种自由的存在，那么以人为目的就被

自由主义解读为以人的自由为目的。然而，自由只涉及对目标的选择，它本身并不是目的，而是实现目的的主体性条件。从以人的发展为导向的人权理论将人自身的发展作为目的。发展是将潜能变为现实的过程，这一过程以人的自主和自由为主体性条件，是通过自主和自由所要实现的目的。将康德的"人是目的，而不能仅仅被作为手段"进一步扩展为"人的发展是目的，而不能仅仅被作为经济社会发展的手段"，可以更有针对性地处理在现代社会发展中经济社会发展与人的发展之间的关系。如果将保障参与权仅仅作为经济社会发展的手段，就背离了人权保障的初衷。保障参与权不仅应当作为促进经济社会发展的手段，而且应当作为促进人自身发展的手段，这才符合人权保障的核心理念，这也是在现代社会发展中提出和保障人权的真正价值和更深刻意义。

因此，保障参与权必须以实现发展权为指向和目的。脱离开人的发展作为指向和目的，参与就会沦为被动的、机械的甚至被奴役的参与。正是基于这样的考虑，在中国工作权的保障中，不仅要求充分的就业，而且要求体面的薪酬、安全的工作环境、平等的提升机会、获得培训的权利、参加工会的权利以及参与企业决策的权利。在政治权利的保障中，不仅要求保障投票选举的权利，而且要求保障知情权、表达权、参与权和监督权。在文化权利的保障，不仅要求保障语言使用、文化遗产和知识产权，而且要求保障参与文化生活、享受文化发展成果的权利。在社会权利的保障中，不仅要求保障享受社会保障、公共服务的权利，而且要求保障通过各种途径和平台参与民主协商和社会工作的权利。因此，需要从现在的经济、政治、社会和文化权利的流行分类中，分离出参与权的内容，以体现人权促进人的发展的目的性指向。

发展权必须也只能通过广泛的社会参与才能实现。人是社会性的存在，而不是孤立的存在。人的发展只能通过参与社会生活才能实现。这也是以人的发展为导向的人权理论与自由主义人权理论的一个重要差异点。为了实现目的性发展权，需要政府采取积极措施为参与权的实现创造必要的条件，这是国家所承担的人权保障的最重要义务之一。

三　自由和平等与生存权和发展权的关系

为了实现所有人自由全面协调发展的人权目标，社会参与必须既是自由的，又是平等的。一般认为，自由与平等之间存在着一定的张力：自由的参与会造成人与人之间的不平等，保障平等的措施会限制人的自由。学者们进一步将自由区分为消极自由和积极自由，将平等区分为形式平等和实质平等。根据这种区分，消极自由与形式平等之间是高度契合，而积极自由与实质平等之间也是同一个主张的正反两面。与此同时，消极自由和积极自由之间以及形式平等与实质平等之间又都是相互补充的。因此，自由与平等之间的张力关系被转换为消极自由与积极自由、形式平等与实质平等之间的比例平衡问题。而实现合理平衡的比例标准，最终取决于生存权保障需求与发展权保障需求之间在特定情境下的比例关系。当民族、国家和人类共同体面临生死存亡的生存权保障需求时，对于积极自由和实质平等的保障要求就会压倒对于消极自由和形式平等的保障要求。如在2020年抗击新冠肺炎疫情这种全球公共卫生危机时，对生存权保障的强制性需求就要求合理限制消极自由和形式平等的保障，提高对积极自由和实质平等的保障比例。反之，当民族、国家和人类的生存状况处于相对稳定状态，发展权需求的保障就会升至更高的水平。在这种情境下，对消极自由和形式平等的保障就有条件占据更高比例。

第二节　后小康时代中国人权事业的发展趋势

2020年是中国全面建成小康社会的决胜之年。全面建成小康社会将促进人的全面发展作为发展的出发点和落脚点，并在"以人民为中心"的理念下将促进人的自由全面发展作为人权的最高价值追求。在完成了全面建成小康社会的各项目标和任务后，中国人权事业的发展仍然会以所有人的自由全面协调发展为目标，但是会根据社会发展和人民需求的变化作出相应的战略调整，它主要体现在人权战略的重心、工作的重点以及权利间关系的平衡点三个方面。

一　战略重心向促进发展权倾斜

如前所述，在以人的发展为导向的人权结构体系中，生存权是基础性权利，发展权是目的性权利。为了实现发展权，首先要保障生存权。而保障生存权的最终目的，是实现发展权，即实现所有人自由全面协调发展。

然而，在制定人权发展战略时，要考虑到实际的国情。在人民生存面临严峻挑战的情境下，人权发展战略应当将生存权保障置于更优先的地位。而在人民生存获得稳定保障的情境下，就有条件在更广阔的领域促进发展权的实现。

在 20 世纪 80 年代提出建设小康社会时，中国的国力孱弱，人民生活水平普遍处于较低水平，因此最初的小康社会建设目标主要是从发展经济以解决人民的基本温饱问题角度提出的。随着经济的发展，人民的温饱得到基本保障，中央进一步提出全面建设小康社会的目标，不仅扩大了生存权保障的领域，而且更多地关注了人的发展。党的十八大进一步提出全面建成小康社会的新目标和新任务，将促进人的全面发展作为全面建成小康社会的出发点和落脚点。这些变化显示，随着中国的经济发展和人民生存权不断得到更充分的保障，人权发展战略的重心正在一步步从保障生存权转向促进发展权的实现。由此可以预见，在完成全面建成小康社会的各项目标和任务后，中国人权事业的发展会在继续稳定保障生存权的基础上，将工作重心更多转向促进人的自由全面协调发展。

二　工作重点更着重于参与权保障

如前所述，促进发展权的实现，除了要保障作为基础性权利的生存权之外，主要依赖于保障作为手段性权利的参与权。随着人权战略重心向发展权的倾斜，人权保障的工作重心将更多放在参与权保障方面。

从前面各章的分析可以看到，在全面建成小康社会的过程中，中国政府在努力保障生存权的同时，也采取了一系列积极措施保障人民在经济、政治、社会和文化领域的参与权，为参与权的实现创造了必要的机会、渠道和物质条件。随着全面建成小康社会各项目标和任务的完成，为了更有力地促进发展权的实现，中国需要采取更加丰富的保障参与权的措施。首先，需要加强参与权的法治保障，使参与权的行使有法可依并受法律保护。其次，需要进一步拓宽参与权行使的领域，使公民通过更广泛地参与社会各领域的生活实现更全面的发展。再次，需要开辟更丰富多样的参与渠道和平台，使得不同身份、不同状况的社会成员都能够有适合的方式参与社会生活。最后，需要建立更多保障参与权实现的有效机制和公正程序，使得各类社会群体都能够有充分和平等的机会参与社会生活并达成和谐的结果。

三　权利平衡适当弥补在消极自由和形式平等方面的不足

如前所述，为实现所有人的自由全面协调发展这一目的性权利，参与权进一步需要两个保障条件，一是主体性条件，它体现为自主原则和自由权；另一个是约束性条件，它体现为平等原则与平等权。自由与平等之间具有一定的张力关系，并进一步体现为消极自由与积极自由、形式平等与实质平等之间的张力关系。

在人权发展战略重心侧重于生存权的情境下，自由与平等的平衡点需要更加侧重于平等，消极自由和积极自由的平衡点需要更加侧重于积极自由，形式平等与实质平等的平衡点需要更加侧重于实质自由。

随着全面建成小康社会后人权发展战略的重心从生存权向发展权的倾斜，自由与平等的平衡点需要适当向自由方面扩展，需要在保障积极自由和实质平等的同时，适当弥补在消极自由和形式平等方面的不足。

参考文献

一 中文著作、教材、文集

常健、陈振功主编：《人权知识公民读本》，湖南大学出版社 2012 年版。

常健、郝亚明：《中国特色人权保障政策研究》，中国社会科学出版社 2016 年版。

常健、黄爱教：《市场经济体制与人权保障制度》，中国社会科学出版社 2022 年版。

常健、李国山编著：《欧美哲学通史》（现代哲学卷），南开大学出版社 2003 年。

常健：《当代中国权利规范的转型》，天津人民出版社 2000 年版。

常健等主编：《当代中国人权保障》，中国人民大学出版社 2015 年版。

黄楠森、沈宗灵：《西方人权学说》上册，四川人民出版社 1994 年版。

李步云主编：《人权法学》，高等教育出版社 2005 年版。

齐延平：《人权与法治》，山东人民出版社 2003 年版。

齐延平等：《人权观念的演进》，山东大学出版社 2015 年版。

王家福、刘海年、李林：《人权与 21 世纪》，中国法制出版社 2000 年版。

王家福、刘海年：《中国人权百科全书》，中国大百科全书出版社 1998 年版。

汪习根：《平等发展权法律保障制度研究》，人民出版社 2018 年版。

夏勇等：《走向权利的时代——中国公民权利发展研究》，中国政法大学出版社 1999 年版。

谢鹏程：《公民的基本权利》，中国社会科学出版社 1999 年版。

徐显明主编：《国际人权法》，法律出版社 2004 年版。

薛进文、常健等：《中国特色人权发展道路研究》，中国社会科学出版社
　　2016 年版。

杨成铭：《人权法学》，中国方正出版社 2004 年版。

张晓玲主编：《人权法学》，中国中央党校出版社 2014 年版。

张永和主编：《人权之门》，广西师范大学出版社 2015 年版。

朱力宇、叶传星：《人权法》，中国人民大学出版社 2017 年版。

朱穆之：《论人权》，五洲传播出版社 1998 年版。

　　二　中文译著

阿玛蒂亚·森：《论经济不平等—不平等之再思考》，王利文、于占杰译，
　　社会科学文献出版社 2006 年版。

阿玛蒂亚·森：《以自由看待发展》，任赜、于真译，中国人民大学出版
　　社 2002 年版。

德沃金：《认真地看待权利》，信春鹰、吴玉章译 中国大百科全书出版社
　　1998 年版。

德沃金：《至上的美德——平等的理论与实践》，冯克利译，江苏人民出
　　版社 2003 年版。

海伍德：《政治学核心概念》，天津人民出版社 2008 年版。

霍耐特：《自由的权利》，王旭译，社会科学文献出版社 2013 年版。

康德：《道德形而上学探本》，商务印书馆 1957 年版。

康德：《法的形而上学原理——权利的科学》，沈叔平译，商务印书馆
　　1991 年版。

康德：《实践理性批判》，商务印书馆 1961 年版。

库恩：《科学革命的结构》，李宝恒，纪树立译，上海科学技术出版社
　　1980 年版。

卢梭：《社会契约论》，何兆武译，商务印书馆 1980 年版。

罗尔斯：《正义论》，何怀宏等译，中国社会科学出版社 1988 年版。

洛克：《政府论》（下），叶启芳、瞿菊农译，商务印书馆 2005 年版。

孟德斯鸠：《论法的精神》（上），张雁深译，商务印书馆 1961 年版。

米尔恩：《人权哲学》，王先恒等译，东方出版社 1991 年版。

密尔：《论自由》，程崇华译，商务印书馆 1996 年版。

穆勒：《政治经济学原理及其在社会哲学上的若干运用》（下卷），商务印书馆 1991 年版。

穆勒：《功利主义》，徐大建译，上海人民出版社 2008 年版。

诺齐克：《无政府、国家与乌托邦》，何怀宏等译，中国社会科学出版社 1991 年版。

潘恩：《潘恩文集》，马清槐译，商务印书馆 1981 年版。

斯金纳：《近代政治思想的基础》（上卷），奚瑞森、亚芳译，商务印书馆 2002 年版。

三　中文期刊论文

常健：《发展主义人权理论及其基本建构》，《学术界》2021 年第 12 期。

常健：《人权事业的理论探索——学习习近平关于尊重和保障人权论述的体会》，《人权研究》2022 年第 1 期。

常健、李婷婷：《全过程人民民主中的过程及权利研究》，《人权》2022 年第 1 期。

常健：《全面建成小康社会的人权意蕴——以发展主义人权理论为视角》，《人权》2020 年第 2 期。

常健、刘坤：《论人权的平等保护与特殊保护》，载《人权》2009 年第 3 期。

常健、殷浩哲《人权理论研究范式的竞争与转换》，《人权研究》2020 年第 1 期。

陈佑武、张晓明：《法治视野下的平等权》，载《社会科学辑刊》2010 年第 4 期。

陈征：《宪法自由权与平等权冲突的解决途径》，载《浙江社会科学》2014 年第 2 期。

龚向和：《生存权概念的批判与重建》，载《学习与探索》2011 年第 1 期。

郭小聪、代凯：《国内近五年基本公共服务均等化研究：综述与评估》，载《中国人民大学学报》2013 年第 1 期。

韩震：《本质主义重建及反思的现代性》，载《哲学研究》2008 年第 12 期。

何颖：《发展权：人权实现与发展的保障》，《中国社会经济发展战略》2008 年第 5 期。

胡美灵：《人权保障视野下的人本政府》，《河北法学》2009 年第 4 期。

李龙：《论生存权》，载《法学评论》1992 年第 2 期。

刘波：《中共十八大对人权理论的创新与发展》，载《人权》2013 年第 1 期。

刘美玲：《关于德沃金平等思想的解读》，载《山西大学学报》2007 年第 5 期。

罗耀培：《〈生存权论〉简评》，载《外国法译评》1997 年第 4 期。

马岭：《生存权的广义与狭义》，载《金陵法律评论》2007 年秋季卷。

马原、常健：《生存权与发展权之间良性循环研究》，《人权》2021 年第 3 期。

南开大学人权研究中心课题组：《当代中国人权的实践基础与理论创新——迈向发展主义的人权结构学说》，《人权》2021 年第 1 期。

上官丕亮：《究竟什么是生存权》，载《江苏警官学院学报》2006 年第 6 期。

石磊：《论参与权在社区中实现的路径》，载《陕西行政学院学报》2012 年第 3 期。

石文龙：《公民权利保障与中国执政党的权力建设》，载《上海师范大学学报》（哲学社会科学版）2012 年第 3 期。

汪习根、吴凡：《论中国对"发展权"的创新发展及其世界意义》，载《社会主义研究》2019 年第 5 期。

汪习根：《新发展理念与中国人权保障》，《人权》2016 年第 4 期。

王金玉：《德沃金视野中的自由权与平等权》，载《人民论坛·学术前沿》2010 年 6 月中期。

吴传毅：《由人权保障原则看人本政府的构建》，载《北京行政学院报》2008 年第 4 期。

徐显明：《法治的真谛是人权——一种人权史的解释》，载《学习与探索》2001 年第 4 期。

徐显明：《生存权论》，载《中国社会科学》1992 年第 5 期。

杨庚：《论生存权和发展权是首要的人权》，载《首都师范大学学报》（社会科学版）1994 年第 4 期。

杨寿堪：《实体主义和现象主义》，载《中国人民大学学报》2001 年第
5 期。

杨鑫：《生存权的基本内涵及其在人权体系中的地位》，载《武汉科技大
学学报》（社会科学版）2014 年第 2 期。

姚元良、徐其仁：《西方国家人权观剖析》，载《上海社会科学院学术季
刊》1997 年第 3 期。

四　中文期刊译文

杜兹纳：《人权的终结》，季乐宇译，载《南京大学法律评论》2003 年春
季号。

纳斯鲍姆：《能力、权益与权利：补充和批判关系》，载《人权》2015 年
第 3 期。

尼克尔、雷迪：《论人权的哲学基础》，安恒捷、童寒梅译，载《研究生
法学》2014 年第 2 期。

五　政府文件

习近平：《坚定不移走中国人权发展道路　更好推动我国人权事业发展》，
《求是》2022 年第 12 期。

习近平：《决胜全面建成小康社会 夺取新时代中国特色社会主义伟大胜
利——在中国共产党第十九次全国代表大会上的报告》，人民出版社
2017 年版。

胡锦涛：《坚定不移沿着中国特色社会主义道路前进 为全面建成小康社会
而奋斗——在中国共产党第十八次全国代表大会上的报告》，《求是》
2012 年第 22 期。

中共中央党史和文献研究院编：《习近平关于尊重和保障人权论述摘编》，
中央文献出版社 2021 年版。

《中共中央关于全面深化改革若干重大问题的决定》，中国共产党第十八
届中央委员会第三次全体会议 2013 年 11 月 12 日通过，《求是》2013
年第 22 期。

《中华人民共和国国民经济和社会发展第十四个五年规划纲要》，人民出

版社 2021 年版。

国家统计局：《中华人民共和国 2021 年国民经济和社会发展统计公报》，
中国统计出版社 2022 年版。

国务院新闻办公室：《发展权：中国的理念、实践与贡献》，人民出版社
2016 年 12 月版。

国务院新闻办公室：《改革开放 40 年中国人权事业的发展进步》，人民出
版社 2018 年 12 月版。

国务院新闻办公室：《国家人权行动计划（2012—2015 年）》，人民出版
社 2012 年版。

国务院新闻办公室：《国家人权行动计划（2016—2020 年）》，人民出版
社 2016 年版。

国务院新闻办公室：《国家人权行动计划（2021—2025 年）》，人民出版
社 2016 年版。

国务院新闻办公室：《为人民谋幸福：新中国人权事业发展 70 年》，人民
出版社 2019 年 9 月版。

国务院新闻办公室：《中国保障宗教信仰自由的政策和实践》，人民出版
社 2018 年 4 月版。

国务院新闻办公室：《中国人权法治化保障的新进展》，人民出版社 2017
年 12 月版。

六　外文著作

Donnelly, Jack. *International Human Rights*, Fourth Edition, Westview Press,
2013.

Dworkin, Ronald, *Sovereign Virtue*: *the Theory and Practice of Equality*, Har-
vard University Press, 2000.

Dunne, T. and Wheeler, N. J. (eds.) *Human Rights in Global Politics*,
Cambridge：Cambridge University Press, 1999.

Foweraker, J. and Landman, T. *Citizenship Rights and Social Movements*: *A
Comparative and Statistical Analysis*, Oxford：Oxford University Press,
1997.

Goodhart, Michael. *Human Rights*: *Politics & Practice*, Oxford：Oxford University Press, 2009.

Goodhart, Michael. *Human Rights: Politics & Practice*, Oxford: Oxford University Press, 2009.

Gregg, Benjamin. *Human Rights as Social Construction*, Cambridge: Cambridge University Press, 2012.

Griffin, J. *On human rights*, Oxford: Oxford University Press, 2008.

Hesse, Vgl. Konrad. Grundzüge des Verfassungsrechts der Bundesrepublik Deutschland, Neudruck der 20. Auflage, Heidelberg 1999.

Morris, L. Sociology and Rights: An Emergent Field, in L. Morris, ed. , *Rights: Sociological Perspectives*, New York: Routledge, 2006.

Nickel, J. Making sense of human rights (Second ed.), Malden, MA: Blackwell Publishing, 2007.

Plummer, K. Rights Work: Constructing Lesbian, Gay and Sexual Rights in Late Modern Times, in L. Morris, ed. , *Rights: Sociological Perspectives*, New York: Routledge, 2006.

Rawls, John. *A Theory of Justice*, Cambridge: Harvard University press, 1971.

Shue, H. *Basic rights: Subsistence, affluence and American foreign policy* (Second ed.), Priceton University Press: Princeton, 1996.

Störring, lars Peter. Daw Untemaβverbot in der Diskussion: Untersuchung einer umstrittenen Rechtsfigur, Berlin 2009.

Wilson, R. A. Human Rights Culture and Context: An Introduction, in R. A. Wilson, ed. , *Human Rights, Culture and Context: Anthropological Perspective*, London: Pluto, 1997.

Wolterstorf, N. *Justice: Rights and Wrongs*, Princeton University Press, 2007.

七 外文期刊论文

Donnelly, J. The Social Construction of International Human Rights, in T. Dunne and N. J. Wheeler (eds.) *Human Rights in Global Politics*, Cambridge: Cambridge University Press, 1999.

Gewirth, A. The justification of morality. *Philosophical studies*, 1988, 53 (2).

Nussbaum, Martha C. Capabilities and Human Rights, *Fordham Law Review*, 1977 (66).

Sen, Amartya. Elements of a Theory of Human Rights, *Philosophy & Public Affairs*, Vol. 32, No. 4 (2004).

Sen, Amartya. Human Rights and Capabilities, *Journal of Human Development*, 2005 (6).

Turner, Bryan S. Outline of a Theory of Human Rights, *Sociology*, 1993, 27 (3).

Turner, Bryan S. A Neo – Hobbesian Theory of Human Rights: A Reply to Malcolm Waters, *Sociology*, 1997, 31 (3).

Turner, Bryan S. Introduction: Rights and Communities: Prolegomenon to A Sociology of Rights, *Australian and New Zealand Journal of Sociology*, 1995, 31 (2).

Waters, Malcolm. Human rights and the Universalisation of Interests: Towards a Social Constructionist Approach, *Sociology*, 1996, 30 (3).

后　记

　　本书是南开大学人权研究中心（国家人权教育与培训基地）的集体研究成果，试图在总结中国人权实践的基础上对人权的关系结构进行理论探讨。参与研究和撰写的学者都是南开大学人权研究中心的成员，分属于南开大学周恩来政府管理学院和法学院。主要研究人员包括：

常　健：博士，南开大学人权研究中心主任，周恩来政府管理学院教授

唐颖侠：博士，南开大学人权研究中心副主任，法学院副教授

郝亚明：博士，原南开大学周恩来政府管理学院教授，现贵州民族大学中华民族共同体研究院院长，民族学与历史学学院教授

茹　宁：博士，南开大学周恩来政府管理学院教授

陈　超：博士，南开大学周恩来政府管理学院教授

刘　明：博士，南开大学周恩来政府管理学院副教授

马　原：博士，南开大学周恩来政府管理学院副教授

王　彬：博士，南开大学法学院教授

高　通：博士，南开大学法学院副教授

王瑞雪：博士，南开大学法学院副教授

贾卓威：博士，南开大学法学院讲师

吕怡维：博士，南开大学法学院讲师

殷浩哲：博士，南开大学周恩来政府管理学院博士后

　　全书的章节结构曾多次调整，各章的写作分工大体如下：

第一章：常健、刘明、殷浩哲

第二章：常健、唐颖侠

第三章：常健、郝亚明、许尧

第四章：常健、许尧、刘明、王瑞雪、马原

第五章：常健、刘明、王瑞雪、马原

第六章：常健、郝亚明、许尧、陈超

第七章：王彬、高通、贾卓威、吕怡维

第八章：茹宁、陈超

第九章：常健、唐颖侠

全书统稿：常健

衷心感谢各位专家的精诚合作，使这项理论研究工作能够形成一些探索性的结论。希望此项研究能够促进政学两界对中国人权事业发展的更深入思考，也期待收到各方的批评和指教。

常健

2023 年 6 月 12 日于天津